キン・ソック
Khin Sok

カンボジア近世史

カンボジア・
シャム・ベトナム
民族関係史
(1775-1860年)

石澤良昭
訳

**LE CAMBODGE
ENTRE LE SIAM ET LE VIÊTNAM**
(de 1775 à 1860)

PAR
KHIN SOK

©École française d'Extrême-Orient, Paris, 1991

目次

まえがき……1

序章 …… 3

1. カンボジア語写本 …… 3
    (1) 『クメール王朝年代記』 …… 3
    (2) 歴史物語および回想録 …… 4
        1) プラック夫人の家系図 …… 7
        2) 憂国の時代：1832年から1847年にかけて …… 8
    (3) 諸法典集 …… 12
        1) 「チバップ・トムニム・ピ・ボラン」 …… 14
        2) 「クロムサンクレイ」の第25条 …… 14
    (4) アランソン市図書館のルクレール寄贈文庫 …… 15
        1) 王令 …… 15
        2) 高官のリスト …… 17
    (5) エモニエの遺稿 …… 18
2. フランス語草稿・書簡 …… 20
    (1) パリ外国宣教会の古文書資料 …… 20
    (2) 国立古文書館海外史料部インドシナ部門（パリ） …… 20
    (3) エクサンプロヴァンス海外古文書館インドシナ部門 …… 21
    (4) 外務省史料館政治書簡部局（パリ） …… 21
● 本書で用いる用語その他について …… 21
    (1) 表記 …… 22
    (2) 地名 …… 22
    (3) 言葉の意味 …… 23
    (4) 太陽暦と太陰太陽暦［カンボジア暦］の対比一覧 …… 24
    (5) 貨幣 …… 25
カンボジア語子音表記一覧 …… 26
カンボジア語母音表記一覧 …… 27
カンボジア語（クメール語）とは …… 28

第1部

第1章 1431年から1775年までのカンボジア … 31

1. プノンペンとロンヴェーク：1431年～1595年 … 32
   (1) ポスト・アンコール王朝の新しい首都プノンペン … 32
   (2) 西部諸州奪回計画の失敗 … 32
   (3) 16世紀の首都：ロンヴェーク都城 … 34
2. 王都ウードン：1620年～1775年 … 40
   (1) 内部抗争の時代 … 40
   (2) スレイ・ソリヨーポール王の統治 … 42
   (3) ウードン時代：1620年から1775年まで … 43

第2章 1775年から1794年までのカンボジア … 53

1. 1777年、オパラチ・アン・トァムの暗殺 … 55
2. 1778年の反乱 … 57
3. 1779年、アン・ノン王、臣下ムーに殺害される … 58
4. ムーの摂政時代：1779年～1783年 … 63
5. カンボジア王国の裏切り者ベン(1783年) … 71
6. グエン・アイン王子支援の第1次シャム軍介入 … 73
7. グエン・アイン王子支援の第2次シャム軍介入 … 74
8. グエン・アイン王子支援のためのカンボジア軍介入 … 75
9. ベンがカンボジア王国の主に：1787年～1794年 … 78

第3章 アン・エン王の時代：1794年～1806年 … 84

1. シャム王、西部地方を不当に併合 … 85
2. カンボジア西部地方併合に関するシャム側の史料 … 89
3. ポックの摂政時代：1797年～1806年 … 93
4. 18世紀末のカンボジアとアンナムの関係 … 97

第4章 アン・チャン王の時代：1806年～1835年 … 100

1. シャム宮廷による破壊的陰謀 … 108

2. ベトナム占領下のカンボジア ································· 115
　　3. シャム軍の介入 ··· 118

第5章 災厄の時代：1835年〜1847年 ························· 128

　　1. アン・メイ王女の登位 ·· 128
　　2. ベトナムの強圧的な行政 ·· 131
　　3. アン・イム王子とアン・ドゥン王子の逮捕 ··············· 135
　　4. 4人の王女の逮捕 ·· 139
　　5. アン・ドゥン王子の帰還 ·· 142
　　　(1) ポーサット砦の奪還 ··· 143
　　　(2) ウードンの戦闘 ··· 144
　　　(3) ベトナムの政策の失敗 ·· 145
　　6. 1845年、支配権をめぐって新たなベトナム・シャム戦争 ··· 147
　　　(1) シャム軍の第1次攻撃 ·· 147
　　　(2) ベトナム軍の反撃 ··· 151
　　　(3) 和平交渉 ··· 153
　　7. 1847年のカンボジア情勢 ·· 158
　　8. シャム、北部地方を併合 ·· 160
　　9. アン・メイ女王の悲惨な最期 ····································· 162

第6章 ベトナムの圧制：1815年〜1836年 ························· 166

　　1. ヴィンテおよびヴィンアン運河の掘削 ······················· 166
　　2. 僧侶ケーの反乱：1820年ごろ ···································· 170
　　3. ノンの反乱：1836年 ··· 173

第7章 カンボジアとシャムおよびベトナムとの関係 ········· 177

　　1. アン・チャン王の中立政策 ·· 177
　　2. シャムとの関係 ··· 181
　　3. ベトナムとの関係 ··· 184

第8章 アン・ドゥン王の時代：1848年〜1860年 ··············· 187

　　1. 国家再建計画 ··· 188

            (1) 社会改革の断行⋯⋯⋯⋯⋯⋯⋯⋯⋯⋯⋯⋯⋯⋯⋯⋯⋯⋯⋯⋯⋯⋯⋯⋯⋯⋯⋯⋯ 190
            (2) 貨幣改革⋯⋯⋯⋯⋯⋯⋯⋯⋯⋯⋯⋯⋯⋯⋯⋯⋯⋯⋯⋯⋯⋯⋯⋯⋯⋯⋯⋯⋯⋯⋯⋯ 193
            (3) 行政機構の再編成⋯⋯⋯⋯⋯⋯⋯⋯⋯⋯⋯⋯⋯⋯⋯⋯⋯⋯⋯⋯⋯⋯⋯⋯⋯⋯ 195
            (4) 防壁と道路の建設⋯⋯⋯⋯⋯⋯⋯⋯⋯⋯⋯⋯⋯⋯⋯⋯⋯⋯⋯⋯⋯⋯⋯⋯⋯⋯ 196
            (5) 仏教の復活⋯⋯⋯⋯⋯⋯⋯⋯⋯⋯⋯⋯⋯⋯⋯⋯⋯⋯⋯⋯⋯⋯⋯⋯⋯⋯⋯⋯⋯⋯ 198
            (6) 年間の伝統行事⋯⋯⋯⋯⋯⋯⋯⋯⋯⋯⋯⋯⋯⋯⋯⋯⋯⋯⋯⋯⋯⋯⋯⋯⋯⋯⋯ 201
        2. 国内情勢⋯⋯⋯⋯⋯⋯⋯⋯⋯⋯⋯⋯⋯⋯⋯⋯⋯⋯⋯⋯⋯⋯⋯⋯⋯⋯⋯⋯⋯⋯⋯⋯⋯⋯⋯ 203
        3. 商業活動⋯⋯⋯⋯⋯⋯⋯⋯⋯⋯⋯⋯⋯⋯⋯⋯⋯⋯⋯⋯⋯⋯⋯⋯⋯⋯⋯⋯⋯⋯⋯⋯⋯⋯⋯ 209
        4. フランス支援の模索⋯⋯⋯⋯⋯⋯⋯⋯⋯⋯⋯⋯⋯⋯⋯⋯⋯⋯⋯⋯⋯⋯⋯⋯⋯⋯⋯⋯ 212
            (1) ベトナムに対するアン・ドゥン王の反撃⋯⋯⋯⋯⋯⋯⋯⋯⋯⋯⋯⋯⋯⋯ 212
            (2) アン・ドゥン王とフランス人宣教師たちの関係⋯⋯⋯⋯⋯⋯⋯⋯⋯⋯ 217
            (3) フランスとの関係⋯⋯⋯⋯⋯⋯⋯⋯⋯⋯⋯⋯⋯⋯⋯⋯⋯⋯⋯⋯⋯⋯⋯⋯⋯⋯ 221
            (4) モンティニ全権大使、シャム公式訪問の波紋⋯⋯⋯⋯⋯⋯⋯⋯⋯⋯⋯ 223
            (5) モンティニ全権大使、カンボジア訪問の波紋⋯⋯⋯⋯⋯⋯⋯⋯⋯⋯⋯ 226
        5. アン・ドゥン王⋯⋯⋯⋯⋯⋯⋯⋯⋯⋯⋯⋯⋯⋯⋯⋯⋯⋯⋯⋯⋯⋯⋯⋯⋯⋯⋯⋯⋯⋯⋯ 233

第2部

第1章 国王と王宮の高官たち⋯⋯⋯⋯⋯⋯⋯⋯⋯⋯⋯⋯⋯⋯⋯⋯⋯⋯⋯⋯⋯⋯⋯⋯ 243
    1. 国王⋯⋯⋯⋯⋯⋯⋯⋯⋯⋯⋯⋯⋯⋯⋯⋯⋯⋯⋯⋯⋯⋯⋯⋯⋯⋯⋯⋯⋯⋯⋯⋯⋯⋯⋯⋯⋯ 243
        (1) 王位の継承⋯⋯⋯⋯⋯⋯⋯⋯⋯⋯⋯⋯⋯⋯⋯⋯⋯⋯⋯⋯⋯⋯⋯⋯⋯⋯⋯⋯⋯⋯⋯ 245
        (2) 王権⋯⋯⋯⋯⋯⋯⋯⋯⋯⋯⋯⋯⋯⋯⋯⋯⋯⋯⋯⋯⋯⋯⋯⋯⋯⋯⋯⋯⋯⋯⋯⋯⋯⋯⋯ 249
        (3) 王の資質と義務⋯⋯⋯⋯⋯⋯⋯⋯⋯⋯⋯⋯⋯⋯⋯⋯⋯⋯⋯⋯⋯⋯⋯⋯⋯⋯⋯⋯ 251
        (4) 戴冠式⋯⋯⋯⋯⋯⋯⋯⋯⋯⋯⋯⋯⋯⋯⋯⋯⋯⋯⋯⋯⋯⋯⋯⋯⋯⋯⋯⋯⋯⋯⋯⋯⋯ 254
            1) プラテァピセーク⋯⋯255
            2) リァチァピセーク⋯⋯257
            3) ソカピセーク⋯⋯258
        (5) 王に対する敬畏⋯⋯⋯⋯⋯⋯⋯⋯⋯⋯⋯⋯⋯⋯⋯⋯⋯⋯⋯⋯⋯⋯⋯⋯⋯⋯⋯⋯ 260
    2. 王宮の高い身分の人たち⋯⋯⋯⋯⋯⋯⋯⋯⋯⋯⋯⋯⋯⋯⋯⋯⋯⋯⋯⋯⋯⋯⋯⋯⋯⋯ 261
        (1) オペヨーリァチ⋯⋯⋯⋯⋯⋯⋯⋯⋯⋯⋯⋯⋯⋯⋯⋯⋯⋯⋯⋯⋯⋯⋯⋯⋯⋯⋯⋯ 261
        (2) オパラチ⋯⋯⋯⋯⋯⋯⋯⋯⋯⋯⋯⋯⋯⋯⋯⋯⋯⋯⋯⋯⋯⋯⋯⋯⋯⋯⋯⋯⋯⋯⋯ 263
        (3) プリァッ・ヴォリァチニ⋯⋯⋯⋯⋯⋯⋯⋯⋯⋯⋯⋯⋯⋯⋯⋯⋯⋯⋯⋯⋯⋯⋯ 265
        (4) プリァッ・ケーヴァ⋯⋯⋯⋯⋯⋯⋯⋯⋯⋯⋯⋯⋯⋯⋯⋯⋯⋯⋯⋯⋯⋯⋯⋯⋯ 267
    3. 王家の人たち⋯⋯⋯⋯⋯⋯⋯⋯⋯⋯⋯⋯⋯⋯⋯⋯⋯⋯⋯⋯⋯⋯⋯⋯⋯⋯⋯⋯⋯⋯⋯⋯ 268

第2章 王妃、王子と王女たち⋯⋯⋯⋯⋯⋯⋯⋯⋯⋯⋯⋯⋯⋯⋯⋯⋯⋯⋯⋯⋯⋯⋯⋯ 273
    1. 1848年におけるアン・ドゥン王の王妃たちと目付役女官のリスト⋯⋯⋯⋯ 276

(1) 王妃たち..276
　　　(2) 王妃とその侍女たちの目付................................278
　2. 1857年の勅令..280
　3. 王の妻妾とその子女の地位と肩書................................281
　　　(1) 現王の婚姻..281
　　　(2) オペヨーリァチの婚姻およびオパラチの婚姻................283
　　　(3) ソムダチの婚姻..284
　　　(4) プリァッ・アン・マチャスの婚姻................................284
　　　(5) ネァック・アン・マチャスの婚姻................................285
　　　(6) ネァック・リァチ・ヴォンの婚姻................................285
　　　(7) プリァッ・ヴォンの婚姻................................285

第3章　バラモン祭官、「バクー」 290

第4章　高官の任命式と宣誓の聖水式 298

第5章　王国の行政機構 306

　1. 軍隊..308
　2. 行政区分..312
　3. 国内各州と担当する王侯および長官の肩書................................314
　　　(1) 王家..314
　　　(2) オペヨーリァチ家..316
　　　(3) オパラチ家..317
　　　(4) 皇太后家..317
　　　(5) 地方長官..320
　　　(6) プムとメ・スロク..324
　　　(7) 税金..326

第6章　民(たみ) 331

　1. ネァク・チァ「自由民」................................332
　2. 奴隷..339
　　　(1) ネァック・ゲァー：ポル、カォムラォス、モハット................340
　　　(2) クニョムあるいはクニョム・ケ................................343
　3. 本来の奴隷身分の人たち................................346
　4. 奴隷の解放..349

結 論 ·· 354

　補遺1　商取引および宗務に関する協定の草稿·· 361
　補遺2　アン・ドゥン王のナポレオン3世宛書簡·· 369
　補遺3　ソムダチ・サンガ・リァチ・テーンの伝記·· 372
　補遺4　ソムダチ・プリァッ・ソクンテァティパディー・パンの伝記····································· 375
　補遺5　シャムのバッダンボーンおよびアンコール地方併合に関する情報
　　　　　（J. ムーラ）·· 377
　補遺6　コシャンシンのカンボジア語地名とベトナム語呼称·· 385

系図·· 386
　　　1）アン・タォン・ノリァイ・リァチァ2世王の王子と王女たち
　　　2）アン・エン王の王子と王女たち
　　　3）アン・チャン王の王子と王女たち
　　　4）アン・ドゥン王の王妃たち、および王子・王女たち
　　　　　王統一覧(1417-1860)
地図
　　　　18世紀のカンボジア……389
　　　　ウードン・プノンペン・キェンスワイ……390
　　　　ウードンとコンポン・ルォン……391
　　　　バッダンボーン地方……391
年表·· 392

参考文献··· 398
訳者参考文献·· 412
キン・ソック博士について··· 414
本書の刊行を心から喜びたい―あとがきに代えて―··· 415
索引·· 416

- （　　）は原著のまま。[　　]は訳者による註記。
- （　-　）[　-　]などの年号は王の在位を示す。
- 王名は、「王統一覧」の表記のように、すべてを書くと非常に長くなるものもあるので、文中・年表では、その一部のみを記した。
- 地名については、できるだけ特定できるように[　　]内に現在の州名を記した。
- モネァン(Mnéang)とメ・ネァン(Mê Néang)はともに王の妻妾の肩書だが、使い分けの基準は不明なので、原著のまま訳出した。

まえがき

　現在のベトナム南部とタイ東北部地方はかつてカンボジア王国領であった。この史実はカンボジア人であればだれもが知っている。ところが、なぜこのカンボジア領が両隣国［現在のタイとベトナム］に併合されてしまったのかについては、はっきりと知っているわけではない。歴史についてカンボジア語で書かれた本は、小学校・中学校の教科書しかなく、1973年にタラゥン・ゲァー氏が2巻からなるカンボジア語の『カンボジア史』を出版した。しかし、この時の担当者たちは、シャムおよびベトナムに併合されたこれらの領土問題には言及しようとしなかった。

　そこでクメール人歴史研究者マック・プン博士と私は『王朝年代記』と史実を突き合わせ、史料批判をする作業にとりかかり、1417年から1595年までの『王朝年代記』については、1975年に完了した。この史料校訂作業からは、『王朝年代記』の年代と日付が、年代記の書記官たちが手を加えたものではないということが判明した。さらにイスパニア人およびポルトガル人などによる旅行記等は、基本的に『王朝年代記』に記された歴史展開を裏付けるものであったことがわかった。本書の出版は、その史料校訂作業を終えた延長線上にあり、以下の目的を持って執筆されたことを申しあげたい。

(1) カンボジアの『王朝年代記』そのものが、信頼できる史実であるかどうかを考察していく。実際の校訂作業としては、外国人たち(商人・軍人・宣教師・フランス人・シャム人・ベトナム人)が残した膨大な史料と記録があり、それらと『王朝年代記』を照合し、比較検討する。
(2) 18世紀と19世紀のポスト・アンコール王朝は、どのような経緯で国土の大半を失うことになったかを詳解し、フランスとカンボジアの出会いの経緯を述べていく。そして、カンボジア社会が抱え持つ独特な民族論理を解きあか

すことにより、なぜそうした歴史展開をたどったのかを解明し、その歴史がどのように繰り広げられたのかを見ていく。

　ここに提示した研究成果そのものだけではおそらく十分とは言えないであろう。ひとつひとつの事件や問題について、史料においてその史実を確認していくことになる。これは当然なすべきである。しかしながら、カンボジアの政変[1975年のポル・ポト政権の登場]によって、プノンペンにある仏教研究所図書館の膨大な原典史料がすべて消えてしまったのである。このことからもわかるように、史料による史実の確認作業は大きく狭められ、研究作業は思うように捗らなかった。したがって、本書が導き出した結論には、議論の余地がある可能性があり、その史料再校訂に関しては私が全責任を負うつもりである。

　なによりも、私たちを常に励まし、惜しみない助言をしていただいたのは、G. コンドミナス先生である。また、故B. Ph. グロリエ先生も私たちを励ましてくださった。同じく再読解の作業にかかわってくださったローズ-マリー・ジオヴァノッジ夫人とJ. P. ヌーギエ氏に感謝する。そして、本書の出版を快く引き受けてくださったフランス極東学院院長F. グロ先生に心からのお礼を申し上げたい。

　　　　　　　　　フランス・パリ近郊クレテイユ市にて、筆者　1989年4月

序章

　1775年から1860年に至る約100年間のカンボジア社会を知るための主要な史料は、『王朝年代記』である。それに加えて、外国人の証言や報告などを参照し、これを裏付けることができる。その報告者の大半はフランス人であり、その職業は宣教師や商人、旅行者、官吏の人たちが含まれる。

1. カンボジア語写本

(1)『クメール王朝年代記』

　われわれは7種類の『王朝年代記』を持っている。古くは1818年に作成されたものから、新しいところでは1966年までのものである。本書の執筆に当たっては、その中から最も確かだと思われる以下の3つの年代記を採用した。作成年代順に並べると

1) コーク・カーク寺院版『プリァッ・リァチ・ポンサワーダー・ノコー・クメール』
   Preah Réach Pongsavadar Nokor Khmer（『クメール国王朝年代記』）1869年作成（略号：KK）。

2) セトボー寺院版『プリァッ・リァチ・ポンサワーダー・カテヤ・モハリァチ』
   Preah Réach Pongsavadar Khatéya Mohareach（『大王王朝年代記』）1978年作成（略号：

1　『王朝年代記』の詳細についてはKHIN Sok, *Les chroniques royales du Cambodge*, (De Baña Yat à la prise de Langvaek) (de 1417 à 1595), EFEO Coll. de Textes et Documents sur l'Indochine, XIII, Paris, 1988, pp.3-26.

3) ヴェァン・チョウン［大臣級の人物と思われる］版『プリアッ・リァチ・ポンサワーダー・クロン・カンプチャティパデイー』 *Preah Réach Pongsavadar Krung Kampuchéathipadei*（『大カンプチア国王朝年代記』）1929年作成。1934年に改訂版。

(2)歴史物語および回想録

アンコール王朝以後のカンボジア史研究について最大の難問は、史料がほとんどないことである。『王朝年代記』を除くと、アンコール・ワット寺院内などの石柱に刻まれた碑刻文と各地の寺院にわずかに残っている残簡を手掛かりにするしかない。碑文以外はたいていラタニア・ヤシの貝葉(ばいよう)に書かれていて、入手はきわめて困難である。ところが思いがけず、2つの韻文と散文1編が見つかった。

A 最初の韻文は、アン・チャン王時代（1806-1834）の歴史的な出来事を綴ったものである。ラタニア・ヤシの貝葉に書かれた写本は、『ロバー・クサット・スロク・クメール』（『クメール王国諸王の物語』）と題されており、1958年にプノンペンで2巻本として出版された。

これはバライ地方のペチという名前のボトム・バォルメイ、つまり、僧伽(サンガ)［仏教僧侶たちの集団］の長老の著書である。1876年1月20日の日付のあるこの写本は、コンポン・チャム州チョン・コッ寺院の高僧、チャン老師が保持していた。この写本が、コンポン・チャム州のプレイ・チョー郡のクローチ村にあるクローチ寺院で見つかった。私たちが研究してきたこの写本は、プノンペンの仏教研究所図書館が所蔵していた。作者ペチの名前は、チャン老師が写本の序文で紹介

2　Cf. S. Lewitz, "Inscriptions modernes d'Angkor", publiées dans le *BEFEO*, de 1970 à 1975.
3　Cf. KHIN Sok, "Deux inscriptions tardives du Phnom Bakhên K465 et K285", *BEFEO*, t. LXV, pp. 271-280. "L'inscription de Vatta Romlok K27", *BEFEO*, t. LXVII, pp.125-133.
4　『クメール王国諸王の物語』は2巻で162ページ、判型は13センチ×18センチ。
5　寺院は、コンポン・チャム州スレイ・サントー郡、コッ・アンデー村、チョン・コッ集落にある。
6　2つの寺院のある2つの郡［スロク］は、メコン川をはさんで約30キロ離れている。
7　ラタニア・ヤシの葉に書かれた写本の参照番号は1049。

している。プロマキト韻律による17節の短い序章をしたためたあと、老師はオリジナル・テキストを一字一句漏らさず書き写し、3巻本に仕上げた。しかしながら、いざ印刷作業のとき、その韻文はそれほど長いものでないことがわかり、販売のことを考えた出版社は2巻本にまとめたのであった。しかしながら、作者が意図した本来の韻律は、最後のバラード［小叙事詩］においてすぐそれと判別できる。

ボトム・バォルメイ・ペチ師が回顧する主要な歴史的事件とは

第1巻：1812年、シャムがカンボジアに干渉、アン・チャン王はベトナムに支援を要請。ベトナムは1815年、運河（ヴィンテ運河、ヴィンアン運河）掘削のためクメール人を動員し、作業に徴用した。このベトナムの暴虐に対して村人が蜂起する。

第2巻：蜂起の責任者に対するベトナム側の報復。ベトナム人側はコンポン・チャムにおいて森林伐採のために村人たちを強制徴用した。ベトナム人側は、クメール人有力者および軍人を殺害。シャム軍が介入。ベトナム軍はサイゴンを出立し、1827年にプノンペンへ。

第3巻：ベトナム軍によるクメール人高官と軍隊長の殺害。アン・イム王子が逮捕される。1835年［?］首都ウードンにおいてシャム軍とベトナム軍が衝突する。

<u>韻文の作者はどのような人物か</u>

先述したように、チャン老師の写本によると、作者は執筆当時、バライ地方仏教界の長老であった。学識もあって、その作品はすばらしく、この種のものとしては異色の出来映えであった。ひとつひとつの出来事の描写は明快で文章の歯切れがよい。仏教教理を想起させる箇所は別として、取り上げた事件につ

8　『プロマキト韻律法』は、悲しみや哀れみの感情を表現するとき用いられる。各詩節は4つの詩句からなる。第1句と第3句はそれぞれ5音節、第2句と第4句は6音節である。第1句の第5音節と第2句の第3音節は同じ韻を踏み、第2句第6音節は第3句第5音節と同じ韻を踏む。さらに第1詩節の第4句第6音節は、次の詩節の第2句第6音節と同じ韻を踏むというように続けられていく。Cf. Ing Yéng, *Kapsas khmer "la versification khmère"*（クメール作詩法）, Phnom Penh, 1972, pp. 47-48.

9　Cf. *Robar Khsat Srok Khmer*, imprimé en 1958, p.162.

10　Cf. *Monographie de la Province de Chaudoc*, Publ. de la Société des Etudes Indochinoisès, Saïgon, 1902, fasc. 6, pp. 9-16.

いて個人的な見解を述べたりせず、ただその事実だけを叙述している。いくつかの出来事については、作者自身の手帳をもとに日付を書き入れている。実はこの作品は、作者が関係していた報告書に基づいているようである。王宮内で展開された特定の事件については、『王朝年代記』の情報を使っていない。さまざまな事件の日付、クメール人およびベトナム人高官の名前とその政治活動に関する記述は正確であり、作者はアン・チャン王時代において、なかなかの情報通であったことが窺える。出家する前には何をしていたのだろうか。この問いには答えは返ってこない。

韻文詩篇が執筆されたのはいつか

　理由はわからないが、古い時代に書かれた文学作品には著者名も発行年月日も記されていないことが多い。時には著者の署名だけだったりする。この韻文詩篇がまさにそうである。

　私たちが把握している3つの年月はあまり役に立たない。まず、作者はアン・チャン王が亡くなった［1835年］あと、1835年12月のシャム軍の介入に言及してこの詩篇を完成したということがわかっている。そして、チャン老師が写本を作ったという1876年1月。最後は、ボトム・バォルメイ・ペチがもう1つ別の詩篇を製作したという1835年である。しかし、あとの2つは考慮に入れなくてもいいだろう。明快な表現、正確な歴史事実、とりわけ戦争で没落した祖国への深い想いなどから考えて、ボトム・バォルメイ・ペチは、1835年からそれほど時間をおかずに執筆したにちがいない。そうでなければ、1835年以降の出来事にも言及しているはずだ。

　B　ボトム・バォルメイ・ペチは、1855年にも別の作品を執筆している。この詩篇は『サストラ・ロベック・ロバー・クサット・ペーンディー・ウーティ・リァチァ・アン・チャン』（『アン・チャン王時代の王族系譜図の原本』）というタイトルがつけられている。仏教研究所図書館が所蔵する写本の登録番号は1613、写本の日付は1951年7月4日、プル・ロスの手による。それはラタニア・ヤシの貝葉に書かれていて、42ページからなる。終わりに近い40ページに、作者の名前ペチとバライ地方仏教界の長老である肩書ボトム・バォルメイが記されているが、

近郊の小都] を居住地に選び、ベトナム軍がプノンペンに駐屯。
── ベトナム軍の占領地、特にコンポン・スワイ、ストーン、チクレン、バライ各地方［カンボジア中部］でクメール人役人に対する拷問と殺戮があった。たとえばデチョ・リァムとその部下たちの暗殺など。
── オクニャ・ヴェァン・ノンは反ベトナム蜂起を呼びかける。
── クメール人に対するベトナム人の報復。クメール人に対しては種々の残酷な体罰と拷問があった。
── アン・チャン王の娘の王女たちが逮捕された。
── アン・ドゥン王、シャムからカンボジアに帰国［1841年］。新王による国家再建の開始［1843年に即位］。

　この2編の詩篇の中で、ボトム・バォルメイ・ペチが述べている史実は、正確であるとみなすことができる。これには2つ理由がある。
　まず第1に、仏教の篤信者としての立場から、嘘は許されなかった。
　第2に、この作者は仏教界および非仏教当局との利害関係がなかった。年代記の作家が、程度の差はあれ、王室の名誉を護ることを義務としていたのと立場が異なる点である。
　ボトム・バォルメイ・ペチは、1806年から1836年にかけてクメール人の国が置かれた悲劇的な歴史を訴えずにはいられず『ロバー・クサット・スロク・クメール』を執筆したのである。
　第2の詩篇の方は、親族の家族を例に取り上げて、万物は流転するという仏教の摂理をはっきり示したかったのだろう。しかし、記録された事柄が本当に史実であったかどうか、常に検証せねばならない。これは歴史家にとって永遠の課題であり、ほぼ十分な調査方法のある現代においても同じである。

　C　3番目の史料は40ページほどの回想録で、これには出版年が記されていない。『ルゥン・バォンダム・タ・メァス（タ・メァスの回想録）』（*Roeung Bândam Ta Méas*）という表題のとおり、著者はメァス老［タ・メァス］である。1907年、当時80歳のメァス老は、アン・ドゥン王時代［1843-1860］からシソワット王時代［1904-1927］までに起こったすべての出来事を書き綴っていたのであった。しかし、それら

の出来事についてあまりにも簡単な記述であり、ボトム・バォルメイ・ペチと比べると、史料としての価値は劣るのではないか。何が起き、その次にはこれとこれ、という箇条書きにすぎない記述のように思われる。とはいえ、時には興味深い記述もある。さらに、タ・メァスの個人的な見解というよりも、一部であれ、当時のクメール人たちが、シャムとベトナムのカンボジア併合の謀略、フランスのインドシナ進出、さらにフランスの保護国になったこと［1863年］をどのように見ていたかが窺える。

　回想録は3部からなる。

—— 3〜7ページは筆者の一族のこと。1847年にアン・ドゥン王が権力を掌握する以前のクメール人の日常生活。
—— 8〜12ページはシャムとベトナムのカンボジア併合政策。シャムとベトナムの支配からカンボジアを解放しようとするアン・ドゥン王の試み。フランスへの保護要請。
—— フランスのインドシナ進出。フランスの保護国カンボジア。

　アン・メイ女王時代［1835-1847］において、ベトナムの占領下にあったクメール人の生活、クメール人の大量殺戮、文化財の計画的・意図的破壊を語る歴史的証言はほとんど見られない。ボトム・バォルメイ・ペチの2番目の詩篇の中にいくつか見つかる程度である。しかし、回想録の前半（3〜7ページ）で、タ・メァスは家族が全員いなくなったと証言している。そこに描かれている光景は凄惨なものである。村人たちがいなくなって荒れ放題の畑地や稲田、経典もその写本もない寺院や僧院など。大量殺戮から生き残った人たちの大半は、未亡人と孤児であったという。
　以下は、その部分の証言である。

（3ページ）「私はメァスという名前です。80歳である。私は鼠年、10年周期の最後の年、小暦［ビルマ起源の暦］1190年に生まれた。西暦では1828年になる。私は次世代のクメール人のためにこの回想録を執筆する」

「かつて私の父は、ロンヴェーク地方の長官つまり私の祖父の補佐官をしていた。アン・メイ女王の時代、祖父はベトナム人との戦いで殺害された。そして、この遠征の途中で、先頭に立ってカンボジア軍を指揮していた父親が行方不明になった。祖母はシャム軍から戦争捕虜とみなされ、徴用のためシャムに拉致された。祖母はバッダンボーンからバンコクへ向かう途中で亡くなった。(4ページ) 祖父の死よりも11年か12年ほど早かった。母は、ベトナム軍がロンヴェークの住民を大量虐殺したとき巻き込まれて殺された。私の3人の兄弟、伯父2人、大勢の従兄弟たちも、時と場所は違うが、みんな対ベトナム戦争で殺されてしまった」

「私はと言えば、カンボジアに平和が戻るまで、またアン・ドゥン王がシャム・ベトナムと友好関係を樹立する［1848年］まで、3年間戦った。その当時、私は既に成人に達していたので、周囲の高官たちが言っていたことをすべて記憶に留めることができた」

(5ページ)「当時、わが国は貧困にみまわれ、家には1リエル[11]さえもない人たちばかりであった。村ではもはや日常生活と言えるほどの生活がなかった。今なおベトナム人やシャム人を恐れていた農民たちは村を出ていった。収穫物はすべて略奪されていた。村の果樹は大半が切り倒されてしまった。150軒あった村の家宅も、せいぜい50軒あるいは25軒にまでに減少してしまった。どの村落も、村人の数は著しく減少していた」

「僧侶たちは混乱に陥っていた。シャム人やベトナム人たちが寺院を襲った。たいていの場合、彼らは金銀銅の仏像を持ち去ったあと、寺院を焼き払った。なんとか姿を留めている寺院でも、屋根がなくなっていたりして、すっかり荒れ果てていた。約50年におよぶ戦争のために、寺を建て直そうとする人はだれもいなかった。村々は放棄されてしまっていた。生活のすべてを失ってしまった未亡人たちが幼子に食べさせようとするものは何もなかった。こうした光景を目の当たりにして、私は断腸の思いであった」

(6ページ)「平和が戻り、アン・ドゥン王が即位した［1843年］。村人たちはすこ

---

11 リエルという語はスペイン語のレアールから来たもので、ペセタの4分の1に相当する。カンボジアには3種類のリエルがある。まずリエル・チェン（中国ピアストル）、リエル・バラン（メキシコ・ピアストル）は文字通りには「ヨーロッパの」、そしてリエル・ルゥン「王室の」あるいはバート。Cf. G. Janneau, *Manuel Pratique de la Langue Cambodgienne*, Saïgon, 1870, pp. 77-78.

し安堵した。良識に富んだ王だとの噂を聞いていたからである。しかし貧困はなお国中に蔓延していた。人々は飢餓に苦しんだ。だれもかれもシャムからの援助を待つだけで、働く気力さえ失っていた」

「私自身、何もかもなくしてしまった。家族もいなくなってしまった。私はしかるべき教育を受けたわけではない。これまでの人生では、苦しみしかなかった。そこで、残された人生を考え、ウードンの寺院で仏教を修め、僧侶になろうと決心した。残念なことに、私が行った寺院には仏典などはなにもなかった。ベトナム人が焼いてしまった。また、シャム人が持ち去ったということだった。(7ページ) プラン寺院（現ウードン市の寺院）では、僧侶たちだれもが仏教経典を学ぶ意欲をなくしていた」

(3) 諸法典集

最初の法典が執筆されたのはいつなのか、解明するのは不可能であると思われる。17世紀以来、法典は2度3度と改正された。これに関わったのはチェイ・チェター2世王 (1618-1625)、アン・ソー・チェイ・チェスダ王 (1675-1706)、そしてアン・ドゥン王 (1843-1860) である。法典には54項目あり、そのうちの39項目は、1881年、ノロドム王［1860-1904］の時代に出版された。現在、これらの法典は4ヵ所に保存されていることがわかっている。パリ国立図書館、フランス極東学院図書館、アランソン市［フランス・ノルマンディー地方の県庁所在地］図書館、個人ではマスペロ夫人が所蔵している。[12]

いくつかの法典には、改訂した王とその年月が序文に記されている。この記されている年月記録は、年代記の年月情報を検証するのに役立つ。法典の利点と言えば、完全とは言えないまでも、社会構造、政治や統治機構についての情報が得られることであろう。

法典は、法律家のためのものであり、またかなり昔に起草されているため、その構文や古語、一部の特殊な記載用語などの解釈に問題が起きている。そのいくつかの事例を挙げると

12　Cf. A. Leclère, *Codes Cambodgiens*, t.1, p. XI: この書には法規名がすべて記されている。Cf. Au Chhieng, *Catalogue du Fonds Khmer*, voir la rubrique "titres juridiques", p. 298.

トゥス・チァヴ・プロマット[13]「悪口で（犯した）間違い」
トゥス・ペォト・チュン[13]「…の間違いか？」
ニイコイ・タォム・バォチ[14]「冗談を言う」
チェウン・カォプ[15]「…？」

　これらの法律的意味を解明するには、クメール人法務官の中の長老格の人に尋ねるのが唯一の方法であろう。残念ながら、1975年のポル・ポト政権以降、もはや不可能になった。
　A. ルクレールは、20世紀初頭、クメール人法務官の助けを借りて、かつての罰金というのは現在ならいくらに相当するかを算出してみた。[16]

イモウス・プリァッ・リァチァ・アーチニャ＝30リエル80セン
ダチ・サヴリエル＝32リエル
サヴリエル・バォン＝31リエル40セン
バォン・サヴリエル＝12リエル40セン

　最後の2項目については、対象の法律用語が入れ替わることで、罰金額がまったく違っているので注意しておきたい。法律用語の注釈作業は、大部分が意味論の研究ということになる。
　法典のほとんどは、H. コルディエとA. ルクレールが訳出し、2巻からなる『カンボジア法典』として出版された。[17] この仕事はたいへんありがたい。まず、昔の単語や表現が現代語に訳されていること、そして、ルクレールが各項目に番号をつけてくれたおかげで、容易に参照できるようになった。[18] しかしながら、『カ

13　2つの表現はそれぞれクロム・サンクレイ「風俗・習慣違反に関する王令」の第17条と第18条にある。
14　クロム・トース・ペッリァー「妻妾の過ちに関する王令」の46条。
15　クロム・アーチニャ・ルーンの99条。
16　Archives de la Bibliothèque d'Alençon, A. Leclère, n° 695.
17　11の法規は翻訳されている：H. Cordier, *Excursions et Reconnaissances,* 1881, vol.III, n° 7, 8, 9.
18　参考文献を参照。

ンボジア法典』を利用しようとする人たちに忠告しておきたい。法典の翻訳・注釈を鵜呑みにしないで、まずカンボジア語の原テキストに当たってほしい。なぜならルクレールは短絡的に結論を引き出していたり、一部削除しているからである。一方、コルディエの翻訳は、カンボジア語テキストから逸脱していることがままある。一部それぞれの翻訳例を紹介しよう。

1)「チバップ・トムニム・ピ・ボラン[19]」

　Preah sangha réach Sovanna Chêdeu méan preah put deika tha boeur sdach preah vong kdei montrei ubasâk téayok éna muoy kdei bangvê khñom téang kruor kdei pol lév pol prei téang kruor kdei dâmrei sès rotès ko krâbei moan téa chké chhma kdei tha doy péak vé tha.

●ルクレールの訳
　「プリァッ・サンゴ・リァチ・ソヴァンノ・チャイ・ディーは言った。もし王、または王室の一員である王族が、また役人、それに高官もしくは村人のだれかが、自分の家族とともに1人の奴隷を差し出した、…と言いながら」

　この訳は、本来次のようになるのではないか。
　「ソヴァン・チェディーの肩書を持つ高僧で最高責任者は言った。王、王室の1人、敬虔な仏教徒が、家族とともに1人のクニョム[20]を、家族とともに1人のポル・レァウ[20]を、自分の家族とともに1人のポル・プレイ[20]を、象・馬・荷車・牛・水牛・鶏・アヒル・犬・猫を（僧院に）差し出した、…と言っていた」

2)「クロム・サンクレイ」の第25条[21]

　tos srei éna chéa hoeuy teou smân ânthkâr ning pros khñom ké tos neou chéa

---

19　Cf. A. Leclère, *Codes Cambodgiens*, t. I, p.174.
　　この条文は：*Chhap Tumnim Pi Bauran*, Manuscrit de l'EFEO, cote p. 25.
20　クニョムは一般に「奴隷」と呼ばれる人たち、ポル・レァウの意味は不明、ポル・プレイは「森林の奴隷」[実際にはお寺で働く寺男・寺女の意味]。
21　Cf. H. Cordier, *Excursions et Reconnaissances*, 1881, vol. III, n° 9; A. Leclère, *Codes Cambodgiens*, t. I, p. 303. カンボジア語版では25条である。

khñom ké phâng téang puong kdei neou manoeun muk montrei mnéang chumtéav khon nang phâng téang puong nis hao tos péat chon.

●コルディエの訳
「奴隷を夫に選ぶ奔放な女は、男が王の奴隷であるとすれば、重大な過ちを犯す」

この訳は、本来次のようになるのではないか。
「個別の個人、王室の妻女、あるいは高官の妻女に仕えている奴隷と不義密通をする奔放な女は、ペォト・チュン[22]の過ちを犯す」

ルクレールの研究論文については、引用の出典をほとんど提示していないという批判もある。

(4)アランソン市図書館のルクレール寄贈文庫

アランソン市図書館にはルクレールの家族から寄贈を受けた遺稿および関連資料が保管されている。『カンボジア史』、『カンボジアにおける仏教』などの下書きや草稿、天文学、クメール文学、古代カンボジア語小説（ハォンユン、ヴォラネトなど）、『ジャータカ』［仏陀の本生話］の翻訳、カンボジア、ベトナム、ラオスの慣習法に関する資料、ジャライ族、プノン族について、奴隷についての資料などが含まれる。ルクレール文庫にはこの他に、とりわけ興味深い資料が2点ある。それは法典に関する資料およびかつて王家に仕えた高官のリストである。

1) 王令[23]
1881年版である。目録には33の法令が記されているが、1984年には30しかなかった。さらに、そのうちの3つの法令は小型船および一般船舶、王室用語に関する王令で、1897年にノロドム王が定めたものである。あとの27を以下の

---

22 この表現が何を意味するのかは不明。
23 Archives de la Bibliothèque d'Alençon, A. Leclère, nº 685

とおり列記する。

— クロム・チゥー：犯罪人に関する王令
— クロム・トース・ペッリィアー：妻妾の過ちに関する王令
— クロム・バォンノル：負債に関する王令
— クロム・サックシー・ピソト：法務試験に関する王令
— クロム・トラカー：裁判官に関する王令
— クロム・リャチ・クリット・サンクレイ：風俗・習慣に関する王令
— クロム・プリャッ・トマサート：侵すべからざる律法書
— クロム・エンタペァス：裁判官がとるべき行動に関する王令
— クロム・プリャッ・トマヌン：法廷の構成に関する王令
— クロム・トトゥル・バォンデゥン：告訴の受理に関する王令
— クロム・カットサォンヌン：証人尋問の方法に関する王令
— クロム・アーニャ・マナ・パデペァ：裁判上における代理に関する王令
— クロム・ウトー：控訴の王令
— クロム・クボット・セゥック：戦時の裏切り行為に関する王令
— クロム・アーチニャ・ルーン：王の使者に関する王令
— クロム・プロマタァン：犯罪者および軽犯罪者に関する王令
— クロム・ヴィヴェート：係争に関する王令
— クロム・テサー・カンマカー：奴隷に関する王令
— クロム・プフル・テプ：農事王令
— クロム・ビアー：賭博に関する王令
— クロム・モティー・ポル：王宮の警備に関する王令
— クロム・トムロン・サォク：典礼に関する王令
— クロム・プリャッ・リャチ・カン：新王令（アン・ドゥン王時代）
— クロム・セス：馬に関する王令
— クロム・モロドック：相続に関する王令
— クロム・プーク：裁判官に関する王令

2) 高官のリスト

　高官のリスト一覧は、ノロドム王に時代のものと思われる。しかしながら、私たちの研究にはたいへん参考になる。かつて、フランス人ドゥダール・ド・ラグレが作成したリストよりもずっと興味深い。というのは、ここには王宮内で働いていた責任者から職場の長まで、ほとんど全員が記録されているからである。各人の肩書、身分、役割が添えられている。これは次のようにグループ分けがされている。

── 王家の高官
── 王に仕える高官
── 所轄大臣職を持った地方長官
── ソムダチ［現王の家族、オペヨーリァチあるいはオパラチの息子］・プリァッ・アン・ケオに仕える高官
── ソムダチ・チャウヴェア・トルハに仕える高官
── オクニャ・ヨマリァチに仕える高官
── オクニャ・クロラホムに仕える高官
── オクニャ・ヴェァンに仕える高官
── オクニャ・チャックレイに仕える高官
── オペヨーリァチ［退位した王］家の高官
── オパラチ［王の長男あるいは弟］家の高官
── 皇太后家の高官
── 王宮内のバラモン職高官

　さらにリストの中には、王が直接命令を下す役職のすべてが記されている。

── 王室事務官
── 裁判官
── 道徳違反を監視するサォンクレイ［役人］
── 占星術師
── 書記官

― 印字官
― 住民登録局「スースディー」
― 象・馬車・牛車の担当官
― 近衛警備隊
― 王の侍従官
― 賭博取締官
― 財務官
― 織部司の大膳官
― 屋形輿の担当官
― 医務官
― 金銀細工担当官
― ゴザと絨毯の担当官
― 土地台帳担当官
― 火薬（爆薬）備蓄担当官
― 絵画師・装飾師
― 彫刻師
― 鋳型および仮面製作担当官
― 刑務囚獄官
― 警察・警護担当官

(5)エモニエの遺稿

　E. エモニエからアジア協会（在パリ Société Asiatique）に寄贈された資料があり、研究者たちは通常これを「エモニエ文庫」と呼んでいる。1978年、私もその資料を整理する作業に関わった。もっとも古いのは1868年、新しいのは1894年のものである。しかし、大半は1879年から1881年にかけての文書類であった。実にさまざまな分野の書類が収集されている文庫である。その所蔵資料の一部を箇条書きにすると、たとえば

― エモニエがノロドム国王と取り交わした書簡、行政当局との往復文書もあ

り、これらはカンボジア語とフランス語である。

—— クメール人、中国人、チャム人からエモニエ宛てのさまざまな訴状がある。その約半数が納められている。

—— クメール文学：童話・詩・民話・寺院の歴史・クメールの昔話など。

—— 調査のため、エモニエがカンボジアおよびシャムの各地に派遣したクメール人が得た調査記録。これはカンボジア語で、小学生が使う小型のノートに収載されている。そのいくつかは既に翻訳されている。

—— 『王朝年代記』などの一部：「柔らかキュウリ王」の物語、「プリァット・トーン王」物語など。

—— カンボジアの地理・カンボジア語文法・クメール文学史などの草稿。

—— カンボジア語法典の写本。

—— バンティ・チュマー、カエーク・トム、プレ・ループ、バコン、プリア・コーの各寺院の伝説について。

—— シャムおよびラオス旅行記。

—— 碑刻文の拓本。

—— カンボジア語小辞典。

—— 占星術用語。

　これらの資料は、『カンボジア語・フランス語辞典』および『フランス語・カンボジア語辞典』の作成はもちろん、3巻からなる『カンボジア』（*Le Cambodge*, 3vol. 1900-1904）に利用された。空白と思われる1860年代から1880年代にかけてのクメール人社会研究という観点から考えると、さまざまな階層からの訴えの手紙が一番役立つ。それと、エモニエから各部署と各地へ派遣されたクメール人調査者の報告も見逃せない。報告には当時の生活情報もあり、1860年代から1880年代にかけてのカンボジア社会を知るための参考にもなり、同時に当時の法令を確認するのに欠かせない資料である。

2. フランス語草稿・書簡

(1)パリ外国宣教会の古文書資料

　18世紀末にコシャンシン［コーチシナ。フランス植民地時代のベトナム南部地方］へ派遣されたフランス人宣教師は、ベトナム［グエン朝］当局から迫害を受けたため、カンボジアに避難するようになった。したがって、宣教師たちは、その当時打ち続くカンボジア内戦と混乱の犠牲者でもあり、時には証言者でもあった。その証言は、まず本部のパリ外国宣教会への報告であり、家族と友人に宛てた書簡類がある。その一部が、『中国・東インド布教団の模範的な手紙撰、および最近の、模範的な手紙、布教活動年報』という形で掲載された。しかしながら私たち研究者にしてみれば、原文がなによりも史料の証拠となるものであるが、実際のところは、採録者の人選という事情や、手紙のあるものは出版できる状態になかったという理由で、最も大切な資料や文章を編集者たちは載せていない。さらに、カンボジアの風俗・慣習についての宣教師たちの考察は用心して読まねばならない。コルディエやミッシュ司教のように、クメール人をキリスト教徒に改宗させようとしてさんざん苦労した宣教師たちは、時には批判的になり、怒りや失望にかられて記述しているからである。

(2)国立古文書館海外史料部インドシナ部門(パリ)

インドシナ　A 00（4）カード1　カンボジア年代記概説（1863年10月16日）
インドシナ　A 30（28）カンボジアの奴隷について（1880年3月）
インドシナ　A 30（67）カンボジアの新しい政治・行政・司法機構（1884年4月）
インドシナ　F 10（1）カード106　カンボジアにおける所有権に関するエモニエ覚書（1885年11月）
インドシナ　A 30（26）ノロドム王の王令の訳（1887年）
インドシナ　A 30（22）カンボジアに関するエモニエの秘密報告（1874年8月）

インドシナ　A 30（1）カード87　フランスとシャムおよびカンボジアの政治関係（日付なし）

(3)エクサンプロヴァンス海外古文書館インドシナ部門

—— 提督　D 30, 10.224 提督宛ノロドム国王からの書簡（1876年10月25日）
—— 提督　12.033（2）カンボジア王国の政府および行政に導入された改革についての王令（1877年1月）
—— 提督　F 42, 12.658（1）オペヨーリャチ［元王］の収入一覧（1884年7月）
—— 提督　F 42, 12.658（2）副王の収入（日付なし）
—— 提督　F 42, 12.658（3）カンボジアで毎年賃貸されている水路および池（日付なし）
—— 提督　F 42, 12.660 カンボジア皇太后の収入内訳（1884年8月）
—— 提督　10.208 カンボジアの行政機構
—— 提督　10.311(1) シャムのバッダンボーンおよびアンコール併合に関する情報（J. ムーラ）［本書補遺5］

(4)外務省史料館政治書簡部局(パリ)

—— シャム・シリーズ　第Ⅰ巻　1855年から1857年まで
　　　　　　　　　第Ⅱ巻　1857年から1863年まで
　　　　　　　　　第Ⅲ巻　1864年から1867年まで
　　　　　　　　　第Ⅸ巻　1883年から1885年まで

●本書で用いる用語その他について

　本書で用いるカンボジア語および一部フランス語の表記について、あらかじめ明確にしておく必要があろう。地名その他、執筆に際して便宜上選んだ単語

など誤解を招かないようにしておきたい。また、太陽暦・太陰太陽暦の対比一覧表、法規でよく使われる貨幣に関する表現なども示しておく。

(1)表記

　ここで用いる表記は、なによりも多くの人々に理解してもらえるように、また活字にする場合カンボジア語の発音や補助記号・音声記号をどのようにするかを示したものである。

　一般に知られている地名については、読者諸賢を混乱させないようにと考えた。ポーサットとかクロチエッなどがそれである。コシャンシン各地の地名に関してはカンボジア語を用いたが、ベトナム語やその土地での呼び名があることを考慮し、巻末にカンボジア語とベトナム語の一覧表を提示した。

　系譜図においては、アンコール王朝以後の最初の国王は「ポニェ・ヤート」とした。そこで、名前の前に数字の1をつけている。王名の記述は即位の時の名前である。カッコ内の年号は、最初は政権を掌握した年、2番目は没年または退位の年である。ただ即位をするとき名前が変わったりすることがあるので、そのような場合は、前の呼び名も記した。

　　例：31.　アン・トォン
　　　　　　ウテイ・リァチャ3世　　　｝異名であるが、
　　　　　　ノリァイ・リァチャ2世 (1758-1775)　同一人物

　アン・トォン王はアンコール王朝の終焉から数えて31代目であり、アン・トォンからウテイ・リァチャと名前を変え、即位した時の1758年にノリァイ・リァチャと名乗った。王の子息は誕生順に左から右へと並べた。

(2)地名

　シャムは現在のタイである。タイという国名は1939年から公式の場で用いられるようになり、認知されたのは1948年である。タイはムアン・タイ「タイ人

の国」の意味で、タイの人たちはムアン・サヤム「シャム人の国」の同義語として使っていた。[24]

中国の唐王朝［618-907］は、679年に現在のトンキン［ベトナム北部、フランス植民地時代の呼称］から南はホアインソン［現在のハティン省とクアンビン省の境にある山地］までの沿岸平野を「安南都護府」と定めた。[25] 1803年、中国清朝の皇帝仁宗はグエン朝［阮朝］の初代皇帝ザーロン帝［嘉隆帝（1802-1819）］の名前で知られるグエン・アイン［阮映］に、かつてのグエン朝の支配地トンキンとメコン川下流デルタを領土とする「ベトナム（越南）」国の皇帝を名乗ることを認めた。[26] 本書ではこの地域の呼称として「ベトナム」を使用することとする。

(3)言葉の意味

それぞれの国には固有の制度や習慣がある。カンボジア語を間違いなく外国語で伝えるのは、時にはむずかしい。また、先人のフランス人たちが使っていた用語が必ずしも本来のカンボジア語と一致しないこともある。読者の誤解を招かないよう、用心のためその意味をはっきりさせておきたい。

奴隷：カンボジア語では「ネァック・ゲァー」と言う。さまざまな種類の「ポル」、「モハット」、「クニョム」、「コーン・ラム」などがそれにあたる。[27]

王の妻妾：あらゆる階層の王の妻妾。この肩書と地位は王との婚礼の儀式に基づいて与えられるが、他方王自身の希望によって与えられることもある。[28]

海運大臣：水上運輸担当大臣のこと。通常は河川輸送であり、この「海運」という単語は海を指し示すものではない。

財政大臣：王国の宝物庫を管理する役職である。

威厳を持つ年配の夫人：王の妻妾の目付役。王に仕える女官で、「イァイ」、「オ

24　P. Fistié, *La Thaïlande*, p.11, n.1.
25　Lê Thanh-Khôi, *Le Viêtnam*, p.121; G. Cœdès, *Les Peuples*, p.51.
26　Lê Thanh-Khôi, *Le Viêtnam*, p.322; Ch. Maybon, *Histoire Moderne*, pp. 376-377. G. Cœdès, *Les Peuples*, p. 200.
27　本書第2部第6章参照。
28　本書第2部第2章参照。

ク」、「チャッス」、「トム」など。[29]
- 一夫多妻：文字通りの一夫多妻。しかしながら、1人の女性が複数の男性と結婚した例に出会ったことはない。
- 王子および王女：王、オペヨーリャチ［退位した王］、オパラチ［王の長男あるいは弟］の子供を指す。いくつかの階層の王子・王女があり、その肩書は両親の位階による。[30]
- 父王：現王の父親。かつて王位にあり、息子に譲位した。

(4) 太陽暦と太陰太陽暦［カンボジア暦］の対比一覧

1月	ボース
2月	メアク
3月	パォルクン
4月	チェート
5月	ピサーク
6月	チェス
7月	アーサート
8月	スラープ
9月	ペトロボット
10月	アーソッチ
11月	カデゥック
12月	ミカセ
	ボース

29 　本書第2部第2章参照。
30 　本書第2部第1章参照。

注意しておきたいのは、太陽暦と太陰太陽暦［旧暦］とは必ずしも一致しないことである。たとえば1962年の場合は
── ボース月の第1日は、1月6日、
── パォルクン月の第1日は、3月6日、
── チェート月の第1日は、4月5日、
── ピサーク月の第1日は、5月4日であった。

(5) 貨幣

　貨幣価値や硬貨の重量は時代によって異なる[31]。ここでは、王令によく使われている貨幣に関する表現を示しておく。
── ネーン：「銀の棒」で100トロノトの価値がある。1ネーンの重さは382.5グラム[32]。19世紀末、1ネーンは90フランに相当した。
── アンチン：80バートに相当。
── ドムリンまたはテール：4バートに相当する銀貨で、重量は37.5グラム。
── バートあるいはリエル・ルゥン：4リガチュールに相当。
── スルン・トム「大スルン」：1リガチュールに相当。
── スルン・トチ「小スルン」：1/2リガチュールに相当。

31　Cf. G. Groslier, *Recherches sur les Cambodgiens*, pp. 27-38; J. Moura, *Le Royaume*, t. I, p. 33; E. Aymonier, *Dictionnaire Français Cambodgien*, p.102; G. Janneau, *Manuel Pratique*, p. 77.
32　G. Groslier, *Recherches*, p. 30.

カンボジア語子音表記一覧

カンボジア語子音	ローマ字表記	カンボジア語子音	ローマ字表記
ក	kâ（カォ）	ឌ	to（ト）
ខ	khâ（カオ）	ឍ	tho（トー）
គ	ko（コ）	ណ	no（ノー）
ឃ	kho（コー）	ប	bâ（バォ）
ង	ngo（ゴー）	ផ	phâ（パォ）
ច	châ（チャォ）	ព	po（ポ）
ឆ	chhâ（チャォ）	ភ	pho（ポー）
ជ	cho（チョ）	ម	mo（モー）
ឈ	chho（チョー）	យ	yo（ヨー）
ញ	ño（ニョ）	រ	ro（ロ）
ដ	dâ（ダォ）	ល	lo（ロー）
ឋ, ឌ	thâ（タォー）	វ	vo（ヴォー）
ឌ	do（ド）	ស	sâ（サォ）
ឍ	tho（トー）	ហ	hâ（ホ）
ណ	nâ（ナォ）	ឡ	lâ（ラォ）
ត	tâ（タォ）	អ	â（アォ）
ថ	thâ（タォー）		

註：日本語のカナ表記は必ずしも発音通りではないが、それに近いカナ表記とした。

カンボジア語母音表記一覧

カンボジア語母音	ローマ字表記 (series អ)	ローマ字表記 (series អ៊)	カンボジア語事例
*	â（アオ）	o（オー）	ចត់/chât（チョッ）/ លត់/lot（ロト）/
ា	a（アー）	éa（イア）	សាត់/sat（サッ）/ លាត់/léat（リアッ）/ លាត់/loat（ロアッ）/មាន់/moan（モアン）/
ិ	e（エッ）	ii（イ）	បិត/bet（ベッ）/ ពិត/pit（ピッ）/
ី	ei（エイ）	i（エイ）	បី/bei（ベイ）/ ពី/pi（ピー）/
ឹ	e（アウ）	i（アウ）	បឹង/beng（バーン）/ ពឹង/ping（プン）/
ឺ	eu（ウア）	u（ウー）	សឺ/seu（サウ）/ គឺ/ku（クー）/
ុ	o（オッ）	u（ウ）	សុខ/sok（ソック）/ ទុក/tuk（トック）/
ូ	au（オー）	ou（ウー）	ច្រូត/chraut（チョロッ）/គូប/kout（クーッ）/
ួ	uo（オウ）	uo（オウ）	ទួល/tuol（トゥール）/
ើ	oeu（アー）	oeu（ウア）	ដើរ/doeu（ダー）/ លើក/loeuk（ロアッ）/
ឿ	oeu（ウア）	oeu（ウア）	លឿង/loeung（ルアン）/
ៀ	éa（イア）	éa（イア）	រៀន/réan（リアン）/
េ	é（エー）	é（エー）	ចេក/chék（チェーク）/ពេក/pék（ペック）/
ែ	ê（アエー）	ê（エー）	បែក/bêk（ベーク）/ រែក/rêk（レック）/
ៃ	ai（アイ）	ai（エイ）	កៃ/kai（カイ）/ ព្រៃ/prei（プレイ）/
ោ	o（アオ）	o（オー）	តោ/to（トゥ）/ គោ/ko（コー）/
ៅ	ao（アウ）	eou（オウ）	ចៅ/chao（チャウ）/ ទៅ/teou（トゥー）/
ុំ	om（オム）	um（オム）	កុំ/kom（コン）/ ឃុំ/khum（クム）/
ំ	âm（アオム）	um（オム）	សំ/sâm（サオム）/ ទុំ/tum（トム）/
ាំ	am（アム）	oam（オァム）	ចាំ/cham（チャム）/ រាំ/roam（ロアム）/
ះ	as（アッ）	eah（エアッ）	បះ/bas（バス）/ ព្រះ/preah（プリア）/

註：日本語のカナ表記は必ずしも発音通りではないが、それに近いカナ表記とした。

カンボジア語(クメール語)とは

　カンボジア語(クメール語)は、アウストロ・アジア語族中のモン・クメール語族に属し、使用人口はカンボジア本土で約1500万人、東北タイ地方(イサーン)では少数民族として70万人、さらにメコン・デルタ地方(ベトナム南部、コシャンシン)に同じ少数民族として約126万人のクメール人たちがカンボジア語を話している。

　7世紀初めには最初の古カンボジア語碑文が作成されている。カンボジア語は独自の文字体を持ち、南インドのラピタ文字に由来する表音文字で、それぞれ文字の形は異なるものの、文字の組み合わせ方の原則はよく似ている。文法的にはいわゆる孤立語で、名詞・代名詞の格変化、動詞の人称・数・時制などによる活用の語形変化は一切なく、語順と助辞が文法的に大きな役割を果たしている。二人称代名詞は存在するが、日本語と同じように「お兄さん」「おばさん」「おじいさん」のような、親族呼称の転用が盛んである。数字は5進法で6は5＋1という形になる。(訳者)

第1部

第1章
1431年から1775年までのカンボジア

　第1章では、カンボジアがアンコール都城を放棄した1431年から1775年まで、きわめて危機的な状況にあった時代に、「ポスト・アンコール王朝」がどのような政治情勢の中で存続してきたかを要約する。ここでの記述は、完成度と一貫性が一番高いヴェァン・チョウン版の王朝年代記に依拠する[1]。年代記の版によって日付の設定が異なっていることについては、問題にしない[2]。

　この約350年、さらにその後に続く1776年から1860年までの間に、カンボジアはアンコール王朝 [802-1431] が東南アジア大陸部で享受してきた役割を終えてしまった。この王朝が否応なく弱体化していった原因は、王位継承問題と王宮内での陰謀、王族同士での絶え間ない争い、そしてシャムとベトナムという2つの民族の侵略であった。こうして、1775年の段階では、クメール人の領土は、アンコール王朝時代の3分の1になってしまった。王朝が突然に衰退壊滅したわけではない。アンコールから遷都したプノンペン時代あるいはロンヴェーク時代と呼んでいる1431年から1595年にかけて、3人の偉大な王、スレイ・リァチァ [1468-1486]、ボロム・リァチァ3世 [1529-1567]、ボロム・リァチァ4世 [1568-1579] は、インドシナの隣接する国々、特にシャムとの友好の増進と関係の安定化を維持しようと努力してきた。しかしながら、「ウードン時代」の17世紀・18世紀には、偉大な王がいたにもかかわらず、政治情勢は悪化の一途をたどった。

1　KHIN Sok, *Les Chroniques Royales du Cambodge*,（De Boña Yāt jusqu'à la Prise de Lanvaek）, publ. de l'EFEO, 1988, pp. 3-26.
2　KHIN Sok, *Ibid*, pp. 219-222.

1. プノンペンとロンヴェーク：1431年〜1595年

(1)ポスト・アンコール王朝の新しい首都プノンペン

　1417年に21歳になったポニェ・ヤート王 [1417-1463] は、近隣ほとんどをシャム人 [アユタヤ王朝 (1351-1569, 1584-1767)] が支配していたアンコール地域において政権の座に就いた。王はシャム人侵略者たちをアンコールの地から追い出そうと闘い続け、1427年、ついに彼らを首都近隣から追い払うのに成功した。しかし、シャム軍は王国の西部諸州 [現在のタイ東部・東北部] を占領し続けただけでなく、その地域に住んでいた何千というクメール人家族を連れ去り、あとには誰もいない田畑や家宅などが残されていた。王は、アンコール防衛のための城砦もないのに、アユタヤにあまりにも近いことと、シャム軍の新たな攻撃を恐れ、アンコール都城をカンボジア南部に移そうと決意した。1431年、王はメコン川の東岸のバサーン [スレイ・サントー。現在のコンポン・チャム州バライ] の地に落ち着いた。しかし1年後、大洪水に襲われて、王はプノンペンに再遷都し[3]、それから15世紀末までプノンペンの地が王国の首都となったのであった。この地域ではあまねく平和で、秩序と正義が保たれた。

　ポニェ・ヤート王は1463年、47年間の在位を終えて、長男ノリァイ・リァチャに譲位した。ノリァイ・リァチャ王 [1463-1468] は1468年に亡くなるまで6年間王位にあった。王位を継承したのは、弟のスレイ・リァチャ王 [1468-1486] である。

(2)西部諸州奪回計画の失敗

　ポニェ・ヤート王時代からシャムが占領していた西部諸州地方は、4地方に分

3　KHIN Sok, *Ibid*, pp. 67-72: Cf. G. Cœdès, La Fondation de Phnom Penh au XVe siècle, d'après la Chronique Cambodgienne, in *BEFEO*, t. XIII, n°6, 1913, pp. 6-11.

割されていた。チャンボレイ[4]、ロヤォン、パッチムボレイ、ノコー・リァチ・セイマーである。権力の座に就いたスレイ・リァチャ王は、これらの旧領土を取り戻そうと戦闘の準備を始めた。王は1475年に、経済も社会も好ましい回復状態にあると判断し、「アユタヤ王国を攻撃せよ」と命令を下した。首相が率いる海軍がコンポートを出発してチャンボレイに向かった。王は弟のスレイ・トマ・リァチャ［1478-1504］に王座を託し、陸軍の指揮をとってプノンペンを出発した。スレイ・リァチャ王はバッダンボーン、スラッ・ケオ［現タイ領サケオ］を横切り、ノコー・リァチ・セイマーに到着した。この攻撃に驚いた各地のシャム軍司令官たちは、クメール軍に降伏した。スレイ・リァチャ王は軍隊をパッチムボレイに集結させて、シャムの首都を攻撃する準備をした。何度か攻撃を仕掛けたが、アユタヤは陥落しなかった。しかし、カンボジア軍はそのまま首都を包囲しつづけた。スレイ・リァチャ王はパッチムボレイに野営していた。

　この間に首都プノンペンでは、ノリァイ・リァチャの息子で王の甥にあたるスレイ・ソリョーテイ［1476-1486］が謀反を起こし、メコン川東岸に退くと、コンポン・シェム、ストゥン・トラン、バライ、チュゥン・プレイの各地方［いずれも現在のコンポン・チャム州］を支配下においた。王座を託された王弟のスレイ・トマ・リァチャは、この機に乗じて、メコン川西岸の全域を、つまりプノンペンから海に至るまでの地域を自分の支配下に納めた。メコン川西岸の地方の司令官たちはスレイ・リァチャ王と行動を共にしていたので、留守であった。これを知ったスレイ・リァチャ王は、シャムから奪回した新領地を将軍たちに託し、急ぎプノンペンに帰還する決心をした。後で述べるように、シャム軍は反撃して失地を回復し、クメール人は二度とこれらの地方を取り返すことはできなかった。

　スレイ・リァチャ王はポーサットに到着した。1476年のことである。王はメコン川を渡り、甥のスレイ・ソリョーテイをコンポン・シェムで打ち負かした。敗北したソリョーテイはスレイ・サントーに退却し、自分はメコン川東岸の王であると宣言した[5]。2年後の1478年に、王弟のスレイ・トマ・リァチャもまたプ

4　これらの地方は現在のチャンタブリー、ラヨーン、プラーチーンブリー、コーラート（ナコーンラーチャシーマー）に該当する。

5　B. Ph. Groslier, *Angkor et le Cambodge au XVIe siècle d'après les Sources Portugaises et Espagnoles*, Paris, 1958, pp. 99-100.

ノンペンにおいて即位した [1478-1504]。したがって、この時代のカンボジアには、3人の王が国内を統治していたのであった。スレイ・リャチャ王と王の甥スレイ・ソリヨーテイの闘いは、10年間続いた。1485年、シャム王モハー・チャクラポァット[6]がスレイ・トマ・リャチャに加担し、それによってスレイ・リャチャ王とスレイ・ソリヨーテイの内戦に終止符が打たれた。2人の王はアユタヤに連れていかれ、数年後に同地で亡くなった。スレイ・リャチャ王の息子の1人であるポニェ・オンは、シャム王の養子になり、シテェアン・リャチャ王と名乗った。王は感謝の印として、スレイ・リャチャ王が取り戻した [現在の東北タイの] クメール人領地をシャムに返還したのであった。

(3) 16世紀の首都：ロンヴェーク都城

　16世紀の第一4半世紀 [1501-1525] は、無名の男スダチ・カォンがカンボジア王として即位した史実ではじまる。カォンの母親は寺院内の寺女（奴隷）であったという[7]。

　1504年、スレイ・トマ・リャチャ王が亡くなった。そこで長男のスレイ・ソクンタバォット [1504-1512] が王位を継承した。この王のお気に入りの王妃ネァン・パウは、スダチ・カォンの姉であった。1508年、王が仕組んだ暗殺計画[8]からうまく逃れたカォンは、反撃するために兵員を集めはじめた。1年後、スダチ・カォンは、王弟であるアン・チャンをシャムに行かせる口実を見つけ、追い払った。1512年、カォンはスレイ・ソクンタバォット王との最初の戦火を交え、王の軍隊は敗走してしまった。王は首都スレイ・サントーを去ってコンポン・シェムに赴いたが、同地で暗殺された。こうして スダチ・カォンは29歳にして、スレイ・チェターティリァチの名で即位した [1512-1516]。それから4年間にわたり、カォンによる平和な時代が続いた。7年間シャムで亡命生活を送っていたア

6　先に挙げた『ヴェアン・チョウン版王朝年代記』の筆者が述べているシャム王モハー・チャクラポァットという名は、当時のシャム王の名前の中には見当たらない。1448年から1488年にかけてボーロマ・トライローカナート王の名で統治した リァメァスーン王にクメール人たちが与えた肩書かもしれない。Cf. G. Cœdès, *Les Peuples de la Péninsule Indochinoises*, Paris, 1962, pp. 142-143.

7　KHIN Sok, *Ibid*, pp. 102-103.

8　KHIN Sok, *Ibid*, pp. 106-108.

ン・チャン王子が、1516年に父王の王位を取り返そうとカンボジアに戻ってきた。しかしながら、アン・チャンが スダチ・カォンを捕らえ処刑したのは、それから9年後のことであった。『年代記』には、13年間に及ぶ スダチ・カォン時代において、人びとが服従していたとか、その権力に高官が対抗したというような記述は見当たらない。おそらく、奴隷の息子が国王として統治することは、法律で禁じられていることもあって、人びとも高官もバラモンもこの不法の王を完全に無視したと思われる。[9]

アン・チャンは、プノンペンから約60キロ離れたロンヴェークに都城を建築するようにと命じた。さらに、1529年には、ボロム・リアチァ[10]［3世。1529-1567］の王名で即位した。王は、ウードンの丘陵のふもとプノム・プリァッ・リアチ・トラォプ[11]に寺院を建立した。ここに王家の人々の骨灰［カンボジアでは高位の人たちは火葬にする］が納められるようになった。

1536年、シャム王モハー・トマ・リアチァ[12]は、シャムに対する従属とシャム

9　A. Leclère, *Les Codes Cambodgiens*, Paris, 1898, t. I, pp. 321-323.
10　この王が、1546年から1564年の間にアンコールの地に戻り、アンコール・ワット第1回廊の浮き彫りを刻ませた。Cf. G. Cœdès, "La Date d'Exécution des Deux Bas-reliefs d'Angkor Vat" *JA*, 1962, fasc, 2, pp. 235-248.
11　文字通りには、「王国の領土（である）丘」の意味である。丘の東側頂上に建立された寺院には奉納されている仏陀像が安置されている。1768年8月、寺院が建てられてから240年後、プラム・ベイ・チョム（トンレ・サープ湖の東岸、ロンヴェークとコンポン・ルォンに挟まれた村）のカトリックの神父ルヴァスゥールの記述がある。「私がまだプラム・ベイ・チョムにいたとき、ある日王宮の近くの山に登った。そこにはパゴダがあった。見たこと気づいたことを述べよう。寝釈迦像は巨大であった。寝釈迦像は右腹を下にして横たわっていた。その前に等身大で跪く男性像が23体2列に並んでいる。前列の12体の服装は僧侶のそれに似ている。身につけているのは、カトリックの司祭のごとく、肩からたすきのようにかけ、脚の途中まで垂れ下がっている帯とスカーフのような布切れだけである。聞くところによると、この12人は仏陀が世界中に遣わした弟子であるという。弟子たちが跪いているのは、釈迦が臨終の床にあり、その死を看取るためである。多くはその場に居合わせたが、間に合わなかった1人は大いに嘆き悲しんだ。横たわっている像は、明らかに死を表している。2列目の11人は、その信仰を護持する王たちである。11人の王はみな王位を示すかぶりものの額の中央に、十字の形をした1輪の花をつけている。そのほかにも、似たような十字を身体のあちこちにつけている。あるものは胸に、他の者は両肩の間に、あるいは頭の後ろにという具合である。弟子たちには十字の形は見当たらない。彼らはかぶりものは付けておらず、「仏教僧」の名で知られる今日の後継者のように頭と眉を剃っている」Cf. *NLE*, t. VI, 1821, pp. 226-227; A. Leclère, *Les Codes Cambodgiens*, Paris, 1898, t. I, pp. 321-323.
12　時のシャム王はチェイ・リアチァ［アユタヤ王朝第13代王チャイヤラーチャティラート王］であり、1534年から1546年まで統治した。『ヴェァン・チョウン版』の筆者は、間違ってノレソ王子（ナレースワン）の父親モハー・トマ・リアチァ［アユタヤ王朝第19代王マハータンマラーチャティラート王］

の援助ともてなしに対する謝意をアン・チャン王に表するように求めた。アン・チャン王は拒否した。シャム王は、アン・チャン王の実の従兄弟シテァン・リァチァに、カンボジア王を服従させよと命じた。シテァン・リァチァは軍隊を率いてアン・チャン王を迎え撃つことになった。ポーサットで決戦が行なわれ、シテァン・リァチァは瀕死の重症を負った。

　こうしてカンボジア王国には再び秩序が戻り、正義と平和がもたらされ、アン・チャン王時代の終わる1567年まで続いた。1568年にアン・チャン王の長男ボロム・リァチァ4世［1568-1579］が、57歳にして王位を継承した。新王は、1569年、1572年、1574年と3回にわたり、シャムから西部4地方を取り戻そうと試みたが、成功しなかった。カンボジア軍にはこれらの地方を取り戻すのに十分な兵力がなかったのである。カンボジア軍がロンヴェークに引き揚げると、シャム軍が進出してきて、さらに広く西部地方を占領したのであった。1576年には、シャム王モハー・トマ・リァチァ［マハータンマラーチャティラート王（1571-1590）］は、モン族の襲撃が予測されたので、カンボジアに和平と同盟を求めてきた。王は国境に境界標識を設置しようとカンボジア側に提案してきた。このような提案は両国の関係史においてはかつてないことだった。1577年に、両国の民間・軍隊・宗教関係の代表たちが、国境標識敷設式典に参列するためロアン・セイラー・バォト（現在のスラッ・ケオ）に派遣されたのである。[13] 1883年に、A.パヴィ（フランス人）がこの同じ場所にカンボジアからシャムに通じる電信線を引いた。

　1572年に、ラオス王[14]からボロム・リァチァ4世王に申し入れがあり、お互いの象と象を闘わせようという提案があった。負けた象の国は相手国に従わねばならないというのである。闘象は現在のコンポン・トム州サォントクの丘近くで行なわれた。そしてカンボジアの象が勝利した。ラオス王は、約束どおりカンボジア王に服従しようとはせず、1573年と1578年の2度にわたりラオスの軍隊

にしてしまった。実際にはモハー・トマ・リァチァは1571年にビルマによって即位させられ［1569年、ビルマがアユタヤを一時占拠した］、1590年に亡くなった。Cf. G.Cœdès, op.cit., p. 144.

13　*Mission-Pavie*, Carton 10, nº 50, A. Pavie, 1883. *Notes inscriptions*, Lettres d'A. Pavie à Monsieur Harmand, Consul et Commissaire de la République Française à Bangkok, pp. 35-36.

14　ラオスでは、1572年はセーヌ・スゥランタ将軍による安定した摂政時代（1571-1575）であった。Cf. P. Le Boulanger, *Histoire du Laos Français*, Paris, 1930, p. 90. この時代の王を特定するのは不可能である。G. マスペロは、パヤー・ジャヤ・シッダ王とした。Cf. G. Maspéro, *Indochine*, p.116.［ラオスの歴史書では当時の王はセーンスリン。ビルマから攻撃され混乱していた時代である］

をカンボジアに送り込み、攻撃させた。しかしながら、2度ともラオス軍は敗北を喫した。ボロム・リァチャ4世王は1579年に亡くなった。長男のサッターが、モヒン・リァチャとして即位した[15]。

サッター王時代 [1579-1595] の初期の1580年代に、シャムはモン族から攻撃を受けた。1577年の合意に基づいて、シャム王モハー・トマ・リァチャはカンボジアに支援を求めてきた。サッター王は、王弟のスレイ・ソリヨーポール[16]が指揮をとる軍隊を派遣した。モン族との戦闘が終わって、シャム王が知らないうちに、スレイ・ソリヨーポールとシャム王モハー・トマ・リァチャの息子ノレソ[17][アユタヤ王朝第20代王ナレースワン王 (1590-1605)]との間で争いが生じてしまった。腹の虫がおさまらないスレイ・ソリヨーポールは、本国への帰国途中でシャム人家族たちをカンボジアに拉致した。このことを聞いたノレソ王子は、クメール人に宣戦布告をしようとした。しかし、モン族の脅威を考えた父王モハー・トマ・リァチャは時宜を得ないことだと判断した。

この係争の直後であると思われるが、1581年にクメール人たちはモン族のアユタヤ襲撃を利用して、西部4州を奪回した。モン族からの脅威が消えないシャムが行動を起こしたのはその6年後のことであった。

1586年に、ロンヴェークの王宮で、サッター王は11歳と6歳になった2人の息子、チェイ・チェターとポニェ・トォンを即位させようと決心した。王弟のスレイ・ソリヨーポールはオペヨーリァチに格上げされた[18]。サッター王の身勝手なこの決定は、王族と高官たちの分裂を招くことになった。これがロンヴェ

---

15 モヒン・リァチャという王名は、『ヴェアン・チョウン版』の筆者が名付けたようである。というのは、ほかの写本ではボロム・リァチャと呼ばれ、アンコール・ワットの碑刻文 n°3 ではソムダチ・プリア・チェイ・チェターティリアチ・オクニャ・ボロム・リァチャティリアチと記されているのである。王の称号はオクニャのあとに続く、つまりボロム・リァチャティリアチがそれであり、したがって チェイ・チェターティリアチは即位以前の名前ということに気づいた。サッターという名前はチェイ・チェターティリアチから来ているらしい。イスパニアの執筆者はサッターをApramlangaraと記した。Cf. B. Ph. Groslier, op.cit., p.17.
16 サッターの異母兄弟で、ソチァト・サトレイ王妃の子である。ソリヨーポールがネァック・モネァン・ケサォ王妃の子供であるのに似ている。
17 1584年にシャムをビルマの支配から解放したのは、この王子である。Cf. G. Cœdès, Id, pp.146. Noresso (ノレソ) という名はサンスクリット語の nara + isvara (人々の主) からきている。カンボジア語では子音 v を母音で o と発音するので、Noressoとなり、シャム語では最後の子音 r を n と発音するので Noresuon (ナレースワン) となる。
18 この称号は退位した王のもの[本書第2部第1章参照]。

ーク都城陥落の一要因となった。高官たちは王への信頼をなくし、職務も義務も放棄してしまった。このような不満や猜疑から、盗みや強盗などの悪質な行為が国内に蔓延するようになった。

　1590年[19]には、アユタヤ王朝ではシャム人たちがこれまで以上に団結していた。頭がよく闘志満々のノレソ王子[20]が父王の跡を継いだ。彼はスレイ・ソリヨーポールの宿敵であった。ノレソは常にクメールの王子への復讐を考えていた。1591年も押し詰まったころ、ノレソはロンヴェークの都を奪い取ろうと自ら軍隊を統率した。1592年初めに、シャム軍は首都に向かって進撃した。しかしながらロンヴェーク都城は陥落しなかった。カンボジア側は、サッター王への不満があるものの、王弟スレイ・ソリヨーポールと何人かの軍隊長たちが反撃に打って出て、シャム軍を敗走させた。ノレソ王子は、戻る途中見つけたクメール人たちを1人残らずアユタヤに拉致した。1593年末ごろ、シャム軍は二手に分かれてカンボジアを攻撃してきた。シャムの戦争大臣が率いる軍は、海側からコンポートに到着した。ノレソ王子自身は、バッダンボーン経由でカンボジアに入ってきた。その時カンボジア側の兵士たちは戦争の準備をしていなかった。なぜなら国中が旱魃等で飢餓状態にあり、それに加えてだれもがサッター王の決定にいらだっていたからである。こうしたシャム軍の大規模な攻撃を前にして十分な準備もなく、クメール軍が敗走する原因となった。1594年4月、ロンヴェーク都城は陥落した[21]。サッター王は家族ともどもストゥン・トラェンに逃げ、王弟スレイ・ソリヨーポールはアユタヤに連行された。当時の知識人たちを含め、何千という家族がシャムへ拉致された。アンコール時代の貝葉写本や経典の一部が、戦闘中に消えてしまったようであり、その他の宝物などはアユタヤに運ばれた。だがそれらの貴重な写本類などは、1767年にモン族がアユタヤ都城に火をつけた時に焼けてしまったという。強力なシャム軍はカンボジアを壊滅に追い込んだ。残されたのは荒廃した大地と貧困にあえぐ人たちだけであった。ロンヴェーク都城の陥落と人的損失はカンボジアにとって壊滅的打撃であった。国内の混迷が深まり、混乱が続いていた。そして、当時のカンボジアは、王族

19　モハー・トマ・リァチァの没年。Cf. G. Cœdès, op.cit., p. 147.
20　Cf. G. Cœdès, *Ibid*, pp. 146-147.
21　Cf. B. Ph. Groslier, op.cit., p. 38.

の中でも最高齢者であるプリァッ・リァム・チュゥン・プレイ王 (1595-1599) の許で王権が細々と続いていた。[22]

　15世紀には既に、カンボジアでは、とりわけプノンペンの町は中国人・マレー人・日本人およびポルトガル人の商人たちによく知られていた。ポルトガル人宣教師ガスパール・ダ・クルスは、1555年にロンヴェーク都城にいた[23]。これ以後、イスパニア人宣教師や冒険家や一旗組が、相次いでロンヴェーク宮廷にやってきた。サッター王はシャムの脅威を前に、宣教師たちを介して、マニラに本拠を置いていたイスパニア軍の支援を求めた。王はお気に入りの冒険家のルイス[24]とベロソ[25]を招き入れた。2人はカンボジア駐在イスパニア代表の役割を果たしていた。最終的には、イスパニアはシャムの侵略に対して一部介入を試みたものの、クメール人を助けることはできなかった。ロンヴェーク占領のとき、ベロソとルイスは捕虜となりアユタヤに連行された。その後、前者は果敢に抗戦したが、後者は機転が利くこともあって、別々にマニラに戻ることができた。

　1594年は、1つの時代の終焉だった。ロンヴェーク時代が終わったというのに加えて、アンコール王朝時代から続いたクメール人の伝統文化が臨終を迎えた年であった。これまでのクメール民族の伝統として、王と高官たちのまわりに団結して、あらゆる侵入者たちに立ち向かうという救国の考えは、徐々に薄れ去り、愛国心は次第に弱まっていった。ロンヴェーク都城の陥落は、インドシナ半島南部におけるカンボジア王国の役割を完全に変えてしまった。

　この時から、シャム人はクメール人と対等に付き合わなくなった。そして、クメール人の王や王族たちの中には、これまでの道徳に反した行動をとる者も出てきた。王室内には常に裏切りや無気力、欺瞞に満ちた言動がはびこっていた。

22　この人物を突き止めようと試みた。『ヴェァン・チョウン版』によると、プリァッ・ヴォン、文字通りには「王族」でありチェイと呼ばれた。つまり、王族たちの長（チュバン＝年長者）である。王族たちはプリァッ・リァメァ（カンボジア語のリァメァは年長と同義）と呼んだ。プリァッ・リァメァはチュゥン・プレイ地方に住んでいたので、プリァッ・リァメァ・チュゥン・プレイという名前になった。これは王族を示す用語ではないので、王家の一員ではない。『ヴェァン・チョウン版』では、プリァッ・ヴォンは高級官僚を意味し、たいてい年長者で、王族たちの長老として王に選ばれる。名誉ある肩書はプリァッ・アン・ケオで、『ヴェァン・チョウン版』には473ページと620ページの2ヵ所に取り上げられている。

23　B. Ph. Groslier, op.cit., p. 28.
24　B. Ph. Groslier, *Ibid.* p. 37.
25　B. Ph. Groslier, *Ibid.* p. 35.

王国の精神的な支柱でもあった仏教も、民族の存亡をかけた大戦争のあおりをまともに受けて衰退していった。仏教の衰退は日常の道徳教育および知識人の養成に大きな影響を与えることになった。

2. 王都ウードン：1620年～1775年

(1)内部抗争の時代

　プリァッ・リァム・チュゥン・プレイ王は、王座に就くにあたって、ウードンに陣取っていたシャム軍を退却させた。王は1595年に即位し、現在スレイ・サントー村と呼んでいるバサーンに王宮を構えた。

　サッター王とその長男チェイ・チェターの方は、1596年、ストゥン・トラェンで亡くなった。王族では、王の正室プリァッ・ペッケァヴォティー[26]とその弟プリァッ・アン・タゥンだけが残った。2人はストゥン・トラェンの気候に耐えられず、タボーンクモン地方のトゥル・アンクンに戻った。

　ベロソはといえば、1595年[27]には、マニラへの帰途中であって、メナム川の河口に着いたイスパニア人4人の脱走兵から、カンボジア王が実権を取り戻したと聞いた。ベロソは、それはサッター王だとばかり思っていた。1596年、ベロソとルイスはこのカンボジア王を助けようとカンボジアに戻ったが、バサーン都城にいたのはプリァッ・リァム・チュゥン・プレイ王であり、2人は失望してしまった。ベロソとルイスがカンボジアに戻って数日後、プノンペンでイスパニア人とフィリピンから来た華僑とのあいだで暴力沙汰が起こった。ベロソとその手下たちが華僑の木造帆船や家宅を襲って焼き払ったのである[28]。この思いがけない騒動で、サッター前王とプリァッ・リァム・チュゥン・プレイ王との間で結ばれていた同盟関係は気まずくなった。プリァッ・リァム・チュゥン・プレイ

26　Cf, Veang Thiounn, t. IV, p. 287.
27　B. Ph. Groslier, op. cit., p. 39.
28　B. Ph. Groslier, *Ibid*, p. 41.

王は一切の交渉を拒否し、暴徒の首謀者を暗殺するように命じた[29]。ベロソとルイスはこのことを知り、手下たちにスレイ・サントー都城を攻撃せよと命じ、王と王子1人が殺された[30]。

　この2人の冒険家はプノンペンを離れ、王位継承権のあるクメール人王族を探すことにした。そして、1597年、プリァッ・アン・タォンに出会った[31]。プリァッ・アン・タォンはスレイ・サントー都城において、ボロム・リァチャ［5世］の名で即位した［1598-1599］。王は感謝の印に、ベロソとルイスをそれぞれバプノム地方とトレアン地方の長官に任命した[32]。2年後の1599年、ベロソとルイス、ボロム・リァチャ5世はラクサマナとポラットが率いるチャム人部隊に殺された。1599年から1601年の間に2人の王子が相次いで王位に就いた。サッター前王の弟ポニェ・アンがボロム・リァチャ［6世］［1599-1600］の名で、そしてサッター前王の末王子ポニェ・ニョム［1600-1602］がその後王位に就いた。この2人の王の無能力と愚かな振る舞いが原因で国内は無政府状態となり、社会混乱が続いた。この国内の無秩序な状況を前にして、王族や高官たちはシャム王ノレソに対して、サッター前王の王弟スレイ・ソリョーポールの帰還を要請した［1594年にアユタヤに連行されていた］。シャム王はこの機会を利用して、カンボジアに朝貢を要求し[33]、シャムの支配権が揺るぎないものにした。シャム王はスレイ・ソリョーポールの2人の息子、チェイ・チェターとウテイ・リァチャは人質として手元に置くことにし、1601年[34]、スレイ・ソリョーポールをコンポート経由でカンボジアに送り戻した。

29　Cf, Veang Thiounn, t. IV, p. 287.
30　B. Ph. Groslier, op. cit., p. 42.
31　イスパニア史料によるとベロソはポニェ・タォン（プリァッ・アン・タォン）にヴィエンチャンで出会った。カンボジア王にカンボジアに帰るよう説得したのはベロソとルイスである。Cf. B. Ph. Groslier, *Ibid*, p. 44.
32　A. Cabaton, *Brève et Véridique Relation des Événements du Cambodge*, Paris, 1914, pp. 237, 249.
33　Cf, Veang Thiounn, t. IV, p. 300.
34　A. Leclère; 仏教僧院建設の古文書には「火の王」と「水の王」の問題について言及がある。「フランス文芸アカデミー活動報告」p. 369（1903）。

(2) スレイ・ソリヨーポール王の統治

　新王が現在のキェンスワイ、当時のコッ・スラケートに到着してからは、国内は少し落ち着いてきたように思われた。しかし、なおいくつかの地方蜂起が続き、討伐せねばならなかった。スレイ・ソリヨーポール王はアユタヤの王宮にチェイ・チェター王子をカンボジアに戻してほしいと要請した。シャム王ノレソはクメール人たちがシャムの支配から逃れるのではないかと恐れ、もう1人の王子プリァッ・ウテイ［ウテイ・リァチャ］の帰国を許した。プリァッ・ウテイ王子はカンボジアに戻るやすぐに、大臣たちとともに北方地方の平定に乗り出した。1603年には、もはやポニェ・ニョムを王と認める人もなく、傷ついたニョムはコンポン・スワイに退いた。王国をシャムから解放したいと望むスレイ・ソリヨーポール王にとっては、ニョムが引退したからよいというわけではなかった。ソリヨーポール王はニョムを捕らえて殺せと命令を下した。

　1604年、チェイ・チェター王子はアユタヤ王宮から抜け出し、コッ・スラケートで父王に合流した。兄のチェイ・チェターは、弟のプリァッ・ウテイとともに、各地の反乱征伐に参加した。1605年、プリァッ・アン・タォン［ボロム・リァチャ5世 (1598-1599)］王の死後バーリアおよびドンナイ両地方［共にベトナム南部］を掌握していた2人のチャム人反乱者が逮捕され処刑された。同年、スレイ・ソリヨーポール王はメコン川東岸のロヴェーエムに王宮を建設するよう命じた。現在ここにはアレイクサット寺院がある。1607年、スレイ・ソリヨーポール王は60歳にして即位した。

　カンボジアではシャムの宗主権を認めたが、長くは続かなかった。シャム王ノレソが1605年に亡くなると[35]、スレイ・ソリヨーポール王はシャム王に朝貢品を贈るのをやめてしまった。この拒否を前にして、ノレソ王の後継者であるエーカトサロット王［1605-1610］は沈黙を守った。シャムの圧力を軽減するため、ソリヨーポール王はアンナム［ベトナム南部］の阮氏（グエン）と同盟を模索していた。同盟は息子のチェイ・チェター［2世］とベトナム王女との結婚によって実現した。年代記によると、王女の名はアン・チョウという。この結婚は、ベトナム人がカンボジア王国内に進出するきっかけを与えてしまった。1617年、シャム王エー

35　G. Cœdès, op.cit., p. 147.

カトサロットの後継ぎであるプリァッ・チャウ・ソン・タム王［ソンタム王。1610-1628］の時代になって、カンボジアはシャムの宗主権を拒否した。その1年後、ソリヨーポール王はチェイ・チェター［1618-1625］に譲位した。

(3) ウードン時代：1620年から1775年まで

　1620年から1775年までの約150年あまりの時代に即位した大半のカンボジア王たちは、王として適正能力も「大地の主」と言われてきた力量をも持ち合わせていなかった。いつも、王族内部では後継者争いが絶えず、これが国の衰退をもたらした。もはや王は人びとにとって「信頼できて気高い心の支え」ではなくなってしまったのであった。高官たちの中には、王の弱みにつけ込んで、自分の利害関係で行動する者もいた。王子たちの中には自分の立身出世のため、シャムやアンナムに援助を求め続ける者もいた。両国は次第にカンボジアの支配者としての手綱を強めていった。

　1618年、34歳になったチェイ・チェター王が即位した。アン・チョウ王妃は「大妻」と呼ばれた。1620年、王はロヴェーエムからウードンに遷都した[36]。王は日常の法廷において慣習法の乱用や法的不公平が多すぎると判断し、これまでの法体系を見直すことにした。1621年と1622年、シャム軍の侵入があり、法律改正の作業は中断された。それでも、チェイ・チェター王が亡くなる1年前の1624年までに、24の法律が改正された[37]。

　シャム王ノレソが1605年に亡くなって以来、実際にはカンボジアはシャムの宗主権を認めていなかった。1621年、シャムのプリァッ・チャウ・ソン・タム王[38]は、チェイ・チェター王[39]にシャムの威力を見せようとして、王自ら軍隊を指揮し、地上戦を意識して北部カンボジアに向かった。シャム王はバッダンボーンを横切りポーサットに到来した。ところがシャム王はこの戦いで敗北してしまった。王は戦線から逃亡し、チョンボリー［チョンブリー］経由でアユタヤに戻った。時を同じくして、カンボジア南部地方がシャム海軍により侵略された。

36　E. Aymonier, *Le Cambodge*, t. I, p. 221.
37　A. Leclère, *Les Codes Cambodgiens*, t. I, pp. XI-XIX.
38　文字通りには「仏法を守る王」。
39　G. Cœdès, op. cit., p. 148.

シャム海軍がコンポートとバンテアイ・メスを占領したのである。シャム軍がトレアン地方を占拠しようとしていたとき、兵隊の一部が毒殺されてしまった。カンボジア軍が攻撃をしかけ、残りのシャム人兵士たちは敗走した。1622年、シャム王ソン・タムは再度攻勢に出たが、成果は何もなかった。

このあと17世紀末まで、カンボジアとシャムとのいざこざは起こらなかったようである[40]。逆に、ベトナムがカンボジアの東部地方に進出しはじめた。1623年、阮氏のフエ宮廷はチェイ・チェター王にプレイ・ノコーとコンポン・クロビー地方［サイゴン］における商業交易権を要求した[41]。こうしてベトナムは徐々にカンボジア領を蚕食しはじめた。

1624年には、24法令を再検討し終えたチェイ・チェター王は、裁判官にこの新しい法令を適用するようにと命じた。チェイ・チェター王の時代、カンボジア領の北限はトンレ・ロボウ、西はスラッ・ケオとロアン・セイラー・バォト、東はバーリアとドンナイ、そして南は海だった。

1625年にチェイ・チェター王が亡くなったあと、カンボジアでは、自主独立が危うくなる19世紀前半まで、内部抗争に明け暮れていた。1626年、王位継承者であったスレイ・トマ・リャチャ1世王が僧院に引きこもり、国事行為は伯父のプリャッ・ウテイ・リャチャ［1626-1627］がとりしきった。この伯父は権力を傘に、スレイ・トマ・リャチャの婚約者だったアン・ヴォディー王女を妻にした。1627年、スレイ・トマ・リャチャ1世王［1627-1631］は即位しようと決意して僧院を出て、チロイチャンヴァの東部にあるコッ・クロクに居を構えた。1630年には、何人かの大臣が音頭を取って、ノコー・リャチ・セイマー地方を取り戻すためシャムを攻撃した。しかし、その結果は半分ほどの成功というところだった。というのは、しばらくして、カンボジア南部地方の住民たちはシャム軍がコンポート地方に上陸する時に備えて、動員されたのである。1631年、スレイ・トマ・リャチャ1世王は悲劇的な最期をとげる。その年の初め頃、アンコール・

40　シャム年代記によると、シャム王プラサート・トーン王［アユタヤ王朝第27代王サンペット5世］時代（1630-1656）、カンボジアはシャムの支配を認めていた。G. Cœdès, *Ibid*, p. 149. A. Leclère, Sur une Charte de Fondation d'un Monastère Bouddhique. この中に「火の王」と「水の王」が出てくる。Ext. des Comptes Rendus des Séances de l'Académie des Inscriptions et Belles-Lettres, 1903, p. 369.
41　サイゴンとバン・ゲェである。

ワットへの旅の間、スレイ・トマ・リァチャ1世王はアン・ヴォディー王女のとりこになった。王女はウードンを抜け出して王とコッ・クロクで密会した。伯父のプリァッ・ウテイはそのことを知って激怒し、主にポルトガル人たちで編成した小隊に2人を殺せと命じた。王は砂糖椰子のてっぺんまで逃げたが、その場で殺された。王女の方はウードンに連行され処刑された[42]。

　スレイ・トマ・リァチャ1世王は教養ある王で、熱心な仏教徒であった。王は詩句を用いて養生訓『チバップ・ハイ・サトー・チョン』、別の言い方では『チバップ・トレイ・ネート』を著した[43]。また、王は国内の中国人たちを取り締まるため、4人の中国人高官からなる組織を設立し、その法規も作成した。

　1631年から1636年の間、スレイ・トマ・リァチャ1世王の弟であるプリァッ・アン・トン王［1631-1636］がカンボジアを治めた。プリァッ・アン・トン王がなにか過ちを犯したあと、おそらくプリァッ・ウテイ・リァチャの推挙で、ウテイの息子のアン・ノン・ボトム・リァチャ1世王［1636-1638］が即位した。この決定はスレイ・トマ・リァチャの弟サッター王子の怒りを買った。サッター王子は伯父プリァッ・ウテイと実の従兄弟アン・ノンを殺して、1638年に王位に就いた［1638-1655］。プリァッ・ウテイの他の息子3人は、仕返しを恐れて、沈黙を余儀なくされた。

　サッターはリァメァ・ティパディーの王名で即位した。1644年、散策の途中、サッターはコンポン・ルォンから南へ10キロほどにあるトンレ・サープ西岸の村、クレアン・スベークのチャム人娘と恋仲になった。この日から王はイスラム教徒になった。そこで、人々は王をプリァッ・リァム・チョール・サッス「背教者プリァッ・リァム」と呼んだ。その上、王は、イスラム教のために仏教を捨てよと宮廷の高官たちに迫った。ウードンの王宮内ではチャム人高官がクメール人高官に取って代わった。この命令を契機として、プリァッ・ウテイの2人の息子たち、アン・ソーとアン・タォンはプリァッ・リァム王に不満を抱く臣下たちを自分たちの味方につけた。王の支持派とウテイの息子派の相剋が始まった。1653年、南部プノンペンの地方司令官たちの支援を受けて、アン・ソーは国王

42　アン・ヴォディー王女は棒で打たれて殺された。21ある刑罰の中で死刑執行の1つである。Cf. A. Leclère, op. cit., p. 294.
43　Saveros Pou & Philip N. Jenner, *Les Cpap ou "Codes de Conduire Khmers"*, IV. Cpap Trineti, in *BEFEO*, t. LXX, 1981, pp. 135-193.

軍をサムロントンで撃破した。しかしながら、アン・ソー軍はウードンを占領するほどの兵力はなかった。そこで、アン・ソーとアン・タォンはボトム・リァチャ［アン・ノン］の義理の母アン・チョウと一緒に、アンナム［阮氏］に援助を求めたのである［当時ベトナムは北部鄭氏と中・南部阮氏に分立し抗争中］。1655年にアンナム軍に助けられて、アン・ソーはプリァッ・リァム王とプレーク・タテーン［現コンポン・チュナン州の運河］近くの河川敷で対決した。プリァッ・リァム王は敗れ、捕らえられた。アンナムの将軍オン・ヘァン・チョはカンボジア全土を手中に入れたいと考えていたので、プリァッ・リァム王を人質としてアンナムに送った。そのあとに、アン・ソーに、これは捕虜になったプリァッ・リァム王自身の問題だからということでウードン王宮の許可をもらってほしいとたのんできた。このずる賢いやり方にクメール人たちはだまされることはなかった。アン・ソーとアン・タォンはウードンに引き返し、ベトナム軍の来襲に備えた。ベトナム人オン・ヘァン・チョ将軍は手下の兵隊たちにコンポン・ルォンに駐屯するよう命じた。数日後、ベトナム軍はウードンに攻撃をしかけてきた。ベトナム軍にとっては残念なことに、この攻撃は失敗に終わり、オン・ヘァン・チョ将軍はアンナムに引き返した。将軍はフエ王朝［グエン王朝］に、プリァッ・リァム王が敗北したあと、カンボジアの王子たちは恩知らずにもベトナム軍に砲門を開いたのです、と報告した。グエン氏の王は、怒り心頭に達して、プリァッ・リァム王を解放するようにと命じた。しかし、プリァッ・リァム王は病気になり、帰国の途上で亡くなった。

　アン・ソー王［ボロム・リァチャ9世］は1656年に即位したが、1670年に甥で娘婿のボトム・リァチャ2世に暗殺された。このボトム・リァチャ2世もまた、1672年、アン・ソー王の未亡人にそそのかされたチャム人たちによって殺されてしまった。

　紛争や連続した暗殺事件などがあり、外国人商人たちはカンボジアから逃げ出してしまった。これがシャムに幸いした。フチソンが以下に指摘するように、当時、シャム王国は一段と豊かで、国力を増強していた。

　1659年当時、カンボジアはアンナムに侵略され、イギリス商人たちはカンボジアからの出国を余儀なくされ、海路アユタヤに脱出してきた。王位獲得に成

功したシャムの新国王ナーラーイ［1656-1688］はイギリス人たちを好意的に受け入れた。国王は彼らを通じて、その代表者に、オランダ東インド会社の商館をシャムに開設するように働きかけてほしいと依頼した。[44]

　アン・ソー王が殺されたとき、王弟のアン・タォンは甥のアン・ノンを連れ、助けを求めてベトナムへ旅立った。1672年に、2人がカンボジアに帰国すると、アン・ソー王の長男アン・チ王［1672-1675］が権力の座に就いていた。これは、親族の一員を王座に就けたいと考えていたアン・タォンにとってはうれしいニュースだった。しかし不幸なことに、アン・チ王はベトナム軍に守られたアン・タォンの帰国を自分への挑戦と思い込んでしまった。そして結果は、甥が伯父に宣戦布告をしたのであった。激しい闘いが始まった。1674年、アン・タォンは重病におかされ亡くなった。アン・ノン王子が闘いを引き継いだ。1675年、アン・チ王が亡くなり、アン・ソー王［1675-1695］という名の弟が王位を継承した。アン・ソー王がアン・ノン軍を破り、アン・ノンはベトナムに亡命した。5年後、アン・ノンはプノンペンの真向かいのチロイチャンヴァに戻った。アン・ノンは繰り返しウードン王宮を攻撃したが、完全に占領することはできなかった。アン・ノン王子は、どんなことをしても相手をひざまずかせたいと思っていた。1683年、アン・ソー王はサムロントン王宮で暮らし、皇太后の方はウードンに住み、その距離は30キロ離れていた。これを知ったアン・ノン王子は攻撃をしかけて成功し、皇太后を人質にとり、チロイチャンヴァに閉じ込めた。それから何度もアン・ノンはウードンを攻めたが、決定的な決着はつかなかった。1684年にアン・ソー王は流血なしに母親を救い出し、ウードンに帰還した。この2人の王子の闘いは1691年にアン・ノンが亡くなるまで続いた。アン・ソー王はこの王室の内紛に決着をつけたいと願い、アン・ノンの息子であるアン・イムにウードンに戻るようにと要請した。しかし、アン・イムは仕返しをされるかもしれないという高官たちの助言に従って、アンナムを選んだ。

　1695年、アン・ソー王は甥のアン・ヨンに譲位した。しかしながら、この甥は即位10ヵ月で亡くなってしまった。1696年、王位はアン・ソー王に戻ってきた。王は、王族間の争いを終わりにしたいと願い、アン・イムが戻ってきてくれる

44　Cf. *BSEI*, t. XXII, 1947, n°1-2, p. 47.

ようフエ宮廷に使者を送った。何ヵ月間か働きかけが続けられた結果、ベトナムの反対はあったものの、アン・イムはついにカンボジアに戻ってきた。憎しみ合いが終わった印として、1697年にはアン・ソー王の娘とアン・イムの婚礼が執り行なわれた。3年後、アン・イム王が即位した。1年統治して、1701年に、アン・イム王は義理の父親に譲位した。アン・ソー王は1702年に、息子のトマ・リャチャ[2世]を王位に就かせた。トマ・リャチャは1705年まで王座にあったが、それからまた1年間、父親王に交替した。1706年に17歳になったトマ・リャチャが再び王座に就いた。この王子の再度の即位はアン・イム元王の妬みと恨みを買うことになった。1714年にアン・イムはベトナムの山岳民族の支援を受けて、ウードン王宮を襲撃した。トマ・リャチャ王は、息子のひとり[同名の]アン・イムと甥のアン・トンを伴ってアユタヤへ亡命した。

　1715年、シャム王タイ・スラッ[45]はトマ・リャチャがカンボジアの王権を奪回できるよう肩入れしようと考えていた。王はバッダンボーンにシャム軍を繰り出し、アン・イム王を威嚇し、3人の王子の帰国を受け入れるようにと要求した。この要求ははねつけられた。アン・トン王子は1716年にアユタヤを離れ、民衆を引き込んでアン・イム王を相手に軍事行動を起こした。両派の支持者たちがポーサットで対決し、アン・トン王子は負傷した。1718年、タイ・スラッ王はカンボジアに介入する決心をした。シャムのポニェ・コサティボディー将軍の率いる海軍が、ピェム地方から進軍を開始したが、海軍は完敗し、シャム兵士たちは敗走した。[46]陸軍の方は、アン・イム王を快く思わないクメール人地方長官を抱き込み、バッダンボーン経由でウードンに進軍してきた。ところがアン・イム王は、3人の王子たちをアユタヤ宮廷に留めておくという条件を持ち出し、同時に、タイ・スラッ王へ朝貢品を進呈した。その後、カンボジアは1731年と1732年にはベトナムから攻撃を受けたが、アン・イム王が亡くなった1736年までカンボジアはおしなべて平和だった。1722年から1737年まではアン・イム王の息子アン・チが王位にあった。ただ、途中1729年に7ヵ月間だけアン・イム王が権力の座に返り咲いた。

45　ターイサの名前で知られているプーミンタラーチャー王で、1709年から1733年まで統治した。Cf. G. Cœdès, op.cit., p. 151.
46　W. A. R. Wood, *A History of Siam*, pp. 227-228.

1737年、アユタヤで32歳になったアン・イム王子は、父親と同じくスレイ・トマ・リァチァ［3世］と呼ばれた。王子は和平を願い、アン・チ王に、シャムからカンボジアへ帰還することの許可を求めた。疑い深いアン・チ王は、この申し出を策略だと見て拒否した。その上、アン・チ王はスレイ・トマ・リァチァ王側の何人かの王子や王女たちを暗殺しようとしたが、その陰謀は発覚し失敗した。アン・チ王はロンヴェークから追放され、そしてベトナムに亡命した。トマ・リァチァ父王は、1738年、ウードンに帰り、再度即位した。この王は1747年に亡くなり、長男［アン・イム・スレイ・トマ・リァチァ3世］が王位を継いだ。長男は数ヵ月王座にあったが、弟に暗殺された。王位は従兄弟のアン・トン［1748-1749, 1756-1757］に渡った。

1748年に国内の混乱に乗じて、アン・チ王は2人のベトナム人将軍カム・サイ・ダイ・タンとバー・ホーの助けを得て、王位を奪回しようと行動を起こした。そして、ごく短期間のうちに南部地方全体を支配下に入れ、次いでウードンを占領した。アン・トン王はシャムに亡命した。アン・トン王は1748年末、アン・チを倒そうと帰国した。アン・チは敗れて、アンナムに戻る途上で客死した。

王位継承権問題はこれまで定まった規則がなく、王族たちの中でも王位継承について、間違っているとか、いや正しいとかいう議論がしばしばあった。1749年から1755年まで統治したアン・スグォン王（アン・イム王の弟）の時代に、プリァッ・クサット・エクの肩書を持つ1人の高官が、アン・スグォン王子の王位継承について異議を唱え、国内でいくつもの騒乱を巻き起こした。そのいざこざの目的が何であれ、このことで、伝統的にすべての高官が尊崇しなければならなかった王位そのものが傷つけられたということが問題だった。200年にわたってこの国を苦しめてきた王族内部の対立が王権を根底から揺るがすことになった。このことが大混乱の発端となり、18世紀末には重大な結果をもたらすことになるのであった。

1756年から1757年までアン・トン王が再度王位に就いた。ちょうどこのころ、アン・イム・スレイ・トマ・リァチァ［1747-1748］の弟アン・ヒン王子が、アン・トンの孫である若いアン・タォン王子の暗殺を企てた。このことを知ったアン・タォン王子はウードンを抜け出した。南部の地方長官たちの協力を得て、王子は自分の軍隊を編成した。軍隊の駐屯地はコンポン・ルォンであった。陰謀の

首謀者アン・ヒンはプレイ・クディに逃げ、末の弟は僧院に身を隠した。しかしながら両人どちらも極刑を免れることはできなかった。一方、この陰謀に加わった2人の甥アン・ノンとアン・チはというと、前者はアユタヤ王宮にたどり着いて命拾いし、後者は捕らえられて殺された。

　1758年、アン・タォン王子が権力の座に就いた。アン・タォン王［1758-1775］はウードンを拠点としていた。王は熱心な仏教徒であった。1768年、シャムにおいてタークシン王［トンブリー王朝の王（1767-1782）］は既に南シャム地域を支配していた。[47] タークシン王はアン・タォン王に以前からの慣習に従い朝貢品を届けるようにと要求してきた。この要求は2つの理由によって拒否された。まずタークシンはアユタヤ王家の血を引いていない［元の職業は牛車商人と言われる］、そしてタークシンに朝貢品を贈るということは、前王ボロムコサ[48]［ボーロマコート王アユタヤ王朝第31代王ボロマラーチャティラート3世（1733-1758）］。に対する礼を欠くことを意味するというのである。そこで、タークシンはカンボジアを服従させようと試みたが、成功しなかった。1771年、アン・ノン王子の要請によって支援するという名目で、タークシンは自ら海軍を指揮してコンポートに上陸し、バサック川をさかのぼってウードンに進軍した。アン・タォン王はアンナムに逃げた。タークシンはアン・ノン［1775-1779］に王位を委ね、新王をポニェ・チャクレイ将軍［チャオプラヤー・チャクリー。後のラーマ1世。チャクリー王朝の創始者］の軍隊に護衛させた。その後、ポニェ・チャクレイ将軍は国内平定とビルマ軍の侵入を阻止するため、アユタヤに戻らねばならなくなった。タークシンとポニェ・チャクレイが出発すると、脅威を感じたアン・ノン王はコンポートに退却した。1772年、アン・タォン王が復権し、プノンペン以南の一部の地方を除いてカンボジア国内を支配した。アン・タォン王はアユタヤ王朝に対して、カンボジアに駐屯していたシャム軍引き揚げの交換条件として、朝貢品を進呈すると提案した。タークシンは快諾して、軍隊に引き揚げるようにと命令した。このように決定はしたものの、南部地方住民にとってはアン・ノン王子は相変わらず君

47　Cf. G. Cœdès, op.cit., p. 155.
48　1758年にボロムコサが亡くなり、次男のウトンポー［ウトゥムポーン王。アユタヤ王朝第32代王ボロマラーチャティラート4世（1758）］が継承したが、父親の火葬が終わると、兄のプリァッ・ティネァン・スリヤマリン［スリヤートアマリン王。第33代王ボロマラーチャ3世（1758-1767）］に譲位した。ところが兄はビルマの攻撃に耐え切れなかった。Cf. G. Cœdès, *Ibid*, p. 152.

主であった。1775年、アン・トォン王は王家の内部紛争を終結させようと決心した。アン・トォン王はアン・ノンに王位を継いでくれるように提案した。

シャムでは、アユタヤ都城がビルマ軍により陥落したが［1767年］、シャム経済が急速に回復した理由は在留華僑商人の働きであった。華僑たちが国内市場を活性化したのである。ある神父の手紙にもこれを証明するようなくだりがある。

> 「彼ら(華僑たち)は、シャムで金銀を転がしている。この王国の素早い(経済活動の)立ち直りは、彼らの取引に負うところが大きい。彼らが金儲けに熱心でなかったら、今日シャムに金銭はまったくなくなっていたであろう。[49]」

さらに、ヨーロッパ人商人との商取引関係も完全に絶えたわけではなかった。彼ら外国人たちがシャムから引き揚げ、自分の本拠地に移ったのはビルマ軍が進攻してきた戦争の期間だけであった。トンブリーとの商取引関係は変わらず保たれていた。

1775年当時、カンボジア王国の境界は、北はトンレ・ロポウ、西はスラッ・ケオとロアン・セイラー、東はプレイ・ノコー、南はシナ海に囲まれた地域であった。いくつかの地方がシャムとアンナムの属領となっていたが、このことは両国とカンボジア関係にとってそれほど重要問題というわけではなかった。確かに、シャムやベトナムは侵略者ではあったが、これはカンボジアの内部抗争が原因であった。王の中には確かに「大地の主」あるいは「すべての人の君主」という尊称に値しない人物がいた。彼らはクメール民族にとって当たり前の正義と義務を怠るようになった。王たちの中にはただ単に能力がないだけでなく、利己主義に走り公平を欠き、誠実ではない人物もいた。

このようなわけで、1752年には、アン・スグォン王子の登位に際して1人の高官が異議を唱えたのである。確かに王位継承の権利については明確な決まりは全くなかった。現王が後継者を指名するか、そうでなければ指名は高官たちと王族に委ねられた。17世紀と18世紀の内部紛争、一部の王たちの能力のなさと野望が、社会組織をひどく痛めつけ、国を崩壊と没落に導いた。クメール人の国は、勇敢で忍耐づよく働き者のクメール民族と、アン・チャン (1529-1567)、

49　A. Launay, *Mission de Siam*, 1662-1811, t. II, pp. 269-270.

スレイ・ソリヨーポール（1607-1618）、アン・ソー（1675-1706）、アン・タォン（1758-1775）など、祖国を救うため全力を尽くしてきた王たちのおかげでなんとか生き延びることができたのである。

第2章
1775年から1794年までのカンボジア

　アン・ノン王子が1775年に即位した。アン・タォン王の後継である。王位継承争いに終止符を打ったということで、王族も人びともこれを喜んだ。そして1年後、王はカンボジアがアンナム［グエン王朝］にもシャム［トンブリー王朝タークシン王］にも隷属しないようにしようと決心した。ベトナムの攻撃に備えて大砲を鋳造し、火薬の準備をし、さらにプノンペンの丘の上に砦を構築するように命じたのである。アン・ノン王はかつてアンナムの庇護されていたこともあるが、その王による反ベトナムの勇気ある決断にだれもが喜んだ。この結論は偶然のことではなかった。アン・ノン王は、1774年以来ベトナムでタイソン[1]が起こした混乱に乗じたのである。トンキン［ベトナム北部］のゲアンで蜂起したのは、グエン・ヴァン・ニャク［阮岳］、グエン・ヴァン・ル［阮侶］、グエン・ヴァン・フエ［阮恵］の三兄弟だった［1771年、現在のビンディン省のタイソンで起きた三兄弟の反乱が混乱の発端だと言われている］。

　地方領主チン［鄭氏：ベトナム北部を支配］がグエン氏［阮朝：ベトナム南部を支配］と闘っている間、1760年に三兄弟の一族の人たちは捕虜になり、ビンディンに居を構えるようにと強制された。ニャクは傑出した才能を買われて、財政担当に任命されたが、賭け事に熱中して、借りを返すために金庫から金を持ち出した。

1　Cf. G. Aubaret, pp. 39 ～ ; *La Chronique Cambodgienne de Veang Thiounn*, t. VI, pp. 643-644.『ヴェアン・チョウン版』によるタイソンの話は次のようなものである。1776年、アンナムは山岳民族タイソンが引き起こした紛争に巻き込まれた。彼らは兄弟で、兄はドゥク・オン・アン、弟はドゥク・オン・エムといい、カイ・フー村で暮らしていた。ある日、兄は自分に用意された剣が海辺に隠されている夢を見た。翌日、海辺に出掛けて、お告げのあった場所で剣を見つけた。この噂で、兄は救世主になり、大勢の支持者を集めることができた。富を貯えたドゥク兄弟は労せずして軍を組織し、英雄あつかいされるようになった。そして、ザーロン［嘉隆］帝と王位を争わんとフエに向かった。レ・タン・コイによると、タイソンはアン・ケー高原地方だという。クイニンからコントゥムへ、平地の商人たちがモイ族の住む地方へ商いに通う道筋である。Cf. *Le Viet-Nam*, p. 297.

発覚しそうになって、ニャクは西部の山岳地帯タイソンに逃亡し、そこで3000人ほどの支持者からなる小部隊を編成してタイソンと名づけた。それから間もなくクィニョンの城砦を占領し、最終的には王位［グエン王朝］を簒奪して、1777年にタイ・ドゥックの名で即位した［それまでベトナム中部・南部（アンナム）を支配していた阮氏（広南阮＝クアンナム・グエン）と区別して西山阮（タイソン・グエン）と呼ぶ］。

　1776年、フエ・ヴオン王［クアンナム・グエン朝］はサイゴンへ、ついでカントー、そしてカマウへと逃げるが、最後は王は息子と共に敵［タイソン・グエン］の手中に落ち、サイゴンに連行されて殺害される［クアンナム・グエン朝の滅亡］。そして、ただひとり生き残った、後にザーロン［嘉隆帝（1802-1819）］の名で知られる甥のグエン・アイン［阮映］が、17歳にしてグエン氏一族の長になるのである。

　1776年、フエ・ヴオン王は海路をとって脱出し、5日間の航海の末サイゴンへ着いた。クィニョン、クアンガイ、フーイェン地方［いずれもベトナム中部南方海岸地方］は陥落し、反乱者たちの支配下に置かれた。キン・ルォックあるいはオン・トン・チュ[2]と呼ばれるサイゴンの長官は、王軍の非力と敗北を見てとり、クメール人に食糧と武器・弾薬の支援を訴えた。

　アン・ノン王は、サイゴン司令官への支援を断った。その理由はシャムの妬みと疑念を掻き立てかねないと憶測したからである。本当のところは、アン・ノン王はこの機会にアンナム［グエン王朝］への服従を終わりにしようとしたのであった。ベトナムの年代記作家たちはオン・トン・チュのこの一件に触れていないが、カンボジア年代記によると、拒否されたベトナムの将軍はアン・ノン王に思い知らせてやろうと、軍隊を送り込んだ。ベトナム軍は、首都を目指して侵攻し、チロイチャンヴァに陣取った。プノンペンで待機していたカンボジア軍は、すぐさま戦闘に突入した。カンボジア軍は、本隊の将軍オパラチ［王弟もしくは王子］・アン・トァムと特殊戦闘部隊長であるオクニャ・バォヴォ・ネァイヨク・スーの指揮を受けて、敵を敗走させることに成功した。ベトナム軍の撤退のあと、治安対策から、バサック、プリァッ・トロペン、クロムン・ソァ［いずれもメコンデルタ地方］地方全域を受け持つ部隊長にチャウヴェア・ムーが任命された。さらに、アン・ノン王は武器の製造を継続するようにと高官に命じた。

2　カンボジアの年代記ではオン・トン・チェーである。G.オーバレによると、コシャンシン（コーチシナ）の最高司令官であり副王に任命された。

武器貯蔵庫はサムロントン州のダォムナク・クロコッ村に準備された。

オペヨーリァチ［元王］・アン・トォンは病が重く、ベトナムが進攻してきた時にはウードンからサムロントンに移っていたが、その後コンポン・ルォンに近いトンレ・サープ川の河畔のピェム・チュムニクに戻った。オパラチ・アン・トァムは毎晩ここを訪れ、見舞った。

1. 1777年、オパラチ・アン・トァムの暗殺

アン・ノン王［1775-1779］即位の2年後、王族たちの間に相互理解が進み、国内は安定したように思われた。しかしながら、オペヨーリァチ・アン・トォンに仕えていた高官たちの中には、現在の王アン・ノン王の過去、特に以前のベトナム人との関係に不信を抱き、支持できないとする人たちがいた。その人たちの先頭に立って強硬に対立していたのが、オクニャ・ヴィボルリァチ・スーだった。ヴィボルリァチ・スーはアン・トォン元王と同じ家系の王子を即位させ、アン・ノン王を排除しようとしていた。ある夜、スーはオパラチ・アン・トァムに嘘の情報を伝えた。「王はあなたを殺そうとしています。あなたを尊敬し、支持している私は、アン・ノン王を亡きものにしようと思います」。炯眼のアン・トァムは、スーの嘘を看破した。アン・トァムはスーを叱責して、王族たちの間のいざこざの火付け役になるなと申し渡した。しかし、アン・トァムはスーの陰謀をアン・ノン王に伝えなかった。

オクニャ・ヴィボルリァチ・スーは、密告されて命を落とすのを恐れて、なりふり構わず反撃に転じた。スーはウードンに戻るとアン・ノン王に耳打ちした。王の実の従兄弟のオパラチ・アン・トァムは王位に疑念を抱いており、常にオペヨーリァチ・アン・トォンの方に忠実で、毎晩ピェム・チュムニクで人と会っているのは単なる儀礼的なものではなく、支持者たちを結集しようとしているのだと伝えたのであった。アン・ノン王は、ウードン王宮内で孤独を感じ、判断力をなくしていて、スーの言葉を信じた。王はスーにオパラチ・アン・トァム

の暗殺を謀るようにと言い渡した。オクニャ・ヴィボルリァチ・スーは手下を集めるため、国はいま権力簒奪を狙うオパラチ・アン・トァムの不誠実な問題に遭遇し、王は腹を立てている、と周辺に吹き込んだのであった。アッカリァチ・プルというヴィボルリァチの友人の元高官は、この偽情報に驚き、平和のためならと、スーの計画に力を貸すことを受け入れた。

オペヨーリァチの病気が重くなっていき、高官たちは王にお見舞いの言葉を伝えるためにウードンと［オペヨーリァチのいる］コンポン・ルォンを行ったり来たりしていた。そこで、スーとプルは容易にアン・トァム王子と出会う機会が得られたのであった。深夜、アン・トォンのまわりにほとんど人がいなくなった時だった。2人の高官は、時間を持て余したので、チェスをしようとアン・トァムに提案した。ゲームが進むうちに、両者がお互いをからかう度合いが激しくなっていった。スーとプルは、怒り狂ったふりをして、王の従兄弟アン・トァムを拳骨で殴り殺した。

これが計画的な殺人であり、ヴィボルリァチ・スーとアッカリァチ・プルの2人の高官は道具に過ぎず、主犯はアン・ノン王自身であるということはみんなわかっていた。しかしながら、だれもが仕返しを恐れて、非難したり不満を漏らしたりはしなかった。病がかなり重くなっていたオペヨーリァチ・アン・トォンは、この事件で衝撃を受け、1777年に39歳で亡くなった。

この悲劇的な事件のあと、多くのクメール人は同情してアン・トォンの子供たちのまわりに集まってきた。この子供たちは、王家の人々が精神的な指導者

3　Cf. *Kampuchea Suriya*, 1964, n°10,11,12, rassemblés et réimprimés par le *CEDORECK*, 1982, 24 pages.
4　チェスゲームでは、相手をからかうことが許されている。相手の集中力をそらせるのに役立つ。
5　アン・トォン王には4人の子供があったが、末っ子だけが男児である。長女のアン・メンは1765年に右の王妃プリァッ・メ・ネァン・メァレア・ボパー・ヴォティー［モネァン・ヴォン］を母として生まれた。ムー［首相］は、1780年、アン・メン王女をソムダチ・プリァッ・モハー・クロサットに任命した。次女はアン・エイといい、1767年生まれ、母親はオクニャ・ヴィボルリァチ・スーの娘メ・ネァン・ペンである。1780年、アン・エイはスレイ・ヴォレック・リァチ・ティタに任命された。三女はアン・ポウといい、1768年(?)生まれ。母親はオパラチ・アン・トァムの姉アン・エイ・クサットレイである。彼女は左の王妃だった。末子が王子でアン・エンと呼ばれた。1773年生まれで、母親は王の内縁の妻でモネァン・チェイという。年代記は、アン・エン王子は、アン・トォン王の家庭教師を務めた、僧侶たちの王であると崇められているプリァッ・ソクンテァティパディー・ペムの生まれ変わりであると伝えている。Cf. *VJ*, t.V, p. 652.

とあおぐアティヴォンサ・ポック[6]のところに預けられていた。そのアン・タォンの後継者は末子のアン・エンしかいなかった。1777年にはたった4歳であったアン・エンは、後年カンボジア王国の君主になる運命にあった。

2. 1778年の反乱

　1767年にタークシンがシャム王に即位して、シャムはますます強大な国になった。これに貢献したのはパヤ・チャクリー将軍[7]［チャオプラヤー・チャクリー＝ボニェ・チャクレイ］であった。そして1771年には、この将軍はカンボジアをシャムの支配下に入れた。将軍は1778年にはヴィエンチャンを占領し、1782年まで辣腕を振るっていた。チャクリー将軍がラオスに遠征した理由を史料に求めようとしても、不可解なことばかりで、なんとも合点がいかない。1767年、ラオス王オン・ブン［シリブンニャサーン王］（1760-1778）時代に、ビルマがアユタヤを襲撃したとき、ヴィエンチャンはビルマ軍に占領されていたらしい。シャムが復興して、ヴィエンチャンは1778年の報復戦の目標にされた。シャム史料によると、オン・ブンはバサック地方［ラオス南部］の司令官を介して、シャムの保護を受けていた元大臣プラ・ヴォー［パウォーラウォンサー］を暗殺させたらしい[8]。

　タークシン王はヴィエンチャン遠征のとき、クメール人側に大々的な支援を求めてきた。しかしながらクメールの人たちも高官たちも、この支援には気が進まなかった。人々は、これまで続いた闘いに疲れはて、とにかく静かにしていたかったのである。しかしながら、かつてシャム王の保護を受けていたアン・ノン王はタークシン王への謝意を表するため、人びとの願いとは反対のことを[9]

6　ポックの生涯については、年代記にまったく言及がない。1778年以後、アン・タォン王の4人の子供たちの警護の任務についたとだけわかっている。1779年、ムー［首相］の許で、オクニャ・ヴェァンに任命された。1794年（?）、アン・エン王の時代に、最高位のソムダチ・チャウヴェア・トルハに昇りつめた。1806年、バンコクで65歳の生涯を閉じた。

7　このパヤ・チャクリーはドゥンという名であった。Cf. *VJ*, t.VI, p. 652.

8　Cf. G. Cœdès, *Les Peuples de la Péninsule Indochinoise*, p. 166.

9　Cf. Le Boulanger, *Histoire du Laos*, p.155.

約束してしまった。アン・ノン王はシャム軍のために2万人の兵隊と食糧を送ると約束したのであった。そして、東部地方の住人たちが残らず兵役に駆り立てられた。シャム兵たちがメコン川を渡るため船という船が徴用された。この決定はアン・ノン王にとって重大な過ちとなり、最終的には王座を失うことになった。

　バライ、コンポン・スワイ、コークセッ地方では男たちが兵員として出発したあと、女性たちは食糧補給のために動員された。女たちは日夜働かされて、田地の耕作ができなくなった。農業作物が駄目になり、この不安はアン・ノン王への不満となっていったのである。盗みや略奪が横行するようになった。一方、夫や父親の不在をよいことに、コークセッに駐留する司令官ソとその手下の兵士たちは、クメール人の女たちをもてあそび、暴行を働いた。食糧の運搬人を通じてその事実を知ったラオス駐留のカンボジア兵たちの中には、家族のことを気遣ってカンボジア軍隊を脱走する決心をした者もいた。王は特使のプリャッ・クレァン・ティパディー・ソムからそうした事実を聞き、混乱を引き起こした者とその脱走者を厳しく罰するように命じた。

　この王の決定は事態をさらに悪化させただけであった。脱走兵たちはその責任は王にあるとした。兵士たちは団結して王の軍隊と闘う準備をした。ソムから告発されるのではないかと恐れた司令官ソは、反乱者集団に寝返った。こうして不満兵士の小隊の隊長になったソは、ソムとその取り巻きの幹部たちを排除しようと決めた。一部始終を知らされたアン・ノン王は、テン、ペァン、ソの3人兄弟にウードンへ戻ってくるようにと命じた。3人の行く末は後述のとおりである。

3. 1779年、アン・ノン王、臣下ムーに殺害される

　ここ200年間にわたり、クメール民族は王家内の係争に明け暮れてきたと言われている。そうした内部抗争がシャムやベトナムに干渉の機会を招いてしまった。たとえば1775年には、アン・トォン王は王位継承争いに決着をつけようと

多大な犠牲を払い、アンナムで暮らしていたアン・ノン王子を権力の座に就かせようとした。

　しかしながら、1778年には、カンボジア王国はまたしても衰退の極に達し、国家権力は高官の手に移った。これが、カンボジア西部地方がシャムに併合される発端になったのである。

　アン・ノン王の暗殺という結末に至った1778年の悲劇の立役者は、高官ムーと3人の兄弟、そしてスーとベンという高級官吏であった。手元にある史料では、これらの人たちの経歴を述べることは不可能である。年代記の中にそれぞれについて断片的な資料がいくらかあるにすぎない。

　まずムーは、テン、ペァン、ソ3兄弟の長兄である。兄弟の父親についてはまったくわからないが、ラウンという名の母親の肩書は「チュムテァウ」[10]と言うから、カンボジア社会では上流階層であったことは確かである。振り返れば、1757年に、既にアン・トォン王に仕えていたムーは、オクニャ・デチョの位階に格上げされた。その後、コンポン・スワイに逃亡していたアン・ノン王子を逮捕するようにと命じられた。戦闘の最中に王子は胸に傷を負ったが、下僕たちの計らいで、バンコクに逃げ延びることができた。1760年、ムーは今日で言う首相格の地位「チャウヴェア・トルハ」に任命され、アン・ノン時代［1775-1779］まで勤めた。当時コンポン・スワイの地方長官はムーの弟テンであった。あとの2人の弟ペァンとソについては、1778年にそれぞれがバライとコークセッ地方の長になるまでしか、年代記に記載がない。名誉ある地位に就いた4人の兄弟がアン・トォン王に終生忠誠を誓ったことは言うまでもない。逆にアン・ノンに対しては、先に述べたとおり、弟たち、とりわけチャウヴェア・ムーは反

10　アン・ドゥン王の王令によって（*VJ*, t.VII, p. 830.）、チャウヴェア・トルハから7ポァン［1ポァンは禄高1000。268ページ参照］の位までの高官の妻たちはチュムテァウの肩書を授けられた。Cf. P. Bitard, "Les Membres de la Famille…", *BEFEO*, t. XLVIII, fasc. 2, pp. 563-579. マリカ王女によると、チュムテァウ・ラウンには5人の子供があった。
　―テン：コンポン・スワイの地方長官
　―ペァン：バライの地方長官
　―ソム：プレイ・クディの地方長官
　―ムー：トレアンの地方長官
　―スレイ：ヴィボル・リアチの肩書を持ち、「クロラホム」の副官。ある日、スレイはアン・ノン王を暗殺しようとした。しかしながら、計画が発覚してスレイは捕らえられ極刑に処された。Cf. *Pongasavodar*, p.117.

抗的な姿勢を崩さなかった。
　2番目の人物はスー［オクニャ・ヴィボルリァチ・スー］である。アン・タォン時代［1758-1775］の1767年、スーはオクニャ・バォヴォ・ネァイヨクの地位にあった[11]。娘のモネァン・ペン［メ・ネァン・ペン］は国王の側室のひとりだった。1776年に、ベトナムが攻撃したとき、アン・ノン王はスーを特殊戦闘部隊の隊長に任命した。このような名誉にもかかわらず、スーは王に忠実でなく風見鶏だった。既に述べたように、1777年のオパラチ・アン・トァム暗殺の首謀者はこのスーなのである。

　3番目はベンである。1770年ごろ、アン・ノン王子がカンボジアの南部に逃亡していたころ、側近として仕えることになった。そして、その才能と功績により、オクニャ・ヨマリァチに昇格した[12]。1771年、王子の軍隊を指揮してアン・タォン王の軍隊と闘った。ベンはアン・ノン王子にとって忠実な側近であったが、のちにシャムの手下になり、カンボジア西部地方をシャムに割譲してしまった。カンボジア国家にとって裏切り者になったのである。

　結局、このうち2人だけが対立したままだった。アン・タォン王に忠実なムーと、アン・ノン王のお気に入りで後にはシャム側についたベンの2人で、スーはどこまでも煮え切らなかった。

　ムーの弟たち3人がウードンに到着すると、アン・ノン王は裁判所に出頭するようにと命じてきた。3人の陰謀の真相はすぐ判決の結果となった。この争乱の張本人であるソは死刑の判決を受けた。ペァンは籐で50回の鞭打ち刑、テンは口頭で叱責された。ペァンとテンの2人は、反乱を鎮圧するという条件つきで任務に復活し、そうでなければ同じく命を失うところであった。

　ソの死刑をもって、コンポン・スワイ、バライ、コークセッ地方の反乱は終結したが、その死は母親のチュムテァウ・ラウンの怒りを招き、彼女はなんとしても息子の仇を打とうと考えた。チュムテァウ・ラウンは、この3地方に密かに人を送り込んで、アン・ノン王に対する暴動を起こそうと画策した。その理由は、アン・ノン王はアン・トァム王殺害の首謀者であり、タークシン王の要請に応じてラオスに人と食糧を送り国家に損害を与えた、さらにシャムの介入

11　王室衣装役の高官。
12　法務大臣。

を嫌った地方長官ソを死刑にした、というものであった。テンとペァンは事実を知り困惑したが、弟に対する肉親としての哀惜の情から、この暴動に参画することをやむなしとした。念のため、2人はまず国王に仕えているベンを見張るようにとスーに頼んだ。それから使いの男を送って、万が一のベトナムの攻撃に備えてアン・ノン王がバサック地方に派遣していた兄のムーにこのことを知らせた。陰謀にからんだ暴動は、1778年6月初めに突発した。6月6日、パリ外国宣教会の神学校の校長にあてて、アドラン教区の司教ピニョー・ド・ベエヌ[13]は次のように書き送っている。

「カンボジアは現在混乱の最中にあります。王国の一州バサック地方の長官の弟たちが国王に反旗を掲げました。ここの地方長官自身も右にならえとなるのではと皆恐れています[14]」

　メコン川東岸地方は1779年には、ほとんど反乱者たちの支配下に入っていた。実のところ、暴動事件が起きたとき、アン・ノン王はこの敵を甘く見ていた。王はまずこのテンを倒さんと2000人の軍隊をコンポン・スワイに送ったが、この王の軍隊に立ちはだかった敵方兵士たちは戦意が高揚し、思った以上に善戦して、王の軍隊を敗走させてしまった。敗北に驚いた王は、ムーにバサックからウードンに戻るようにと要請した。ところが、ムーは王の使者が到着する数日前に、弟たちから状況を聞いていた。ムーは、サイゴン駐屯地の責任者であるベトナム人将軍オン・バ・ホーと接触して、相互協力協定を結んでいた[15]。バサックを出発する前に、ムーは王と対峙した場合を想定して、部下たちとともに襲撃の計画を立てていた。
　ムーがウードンに到着すると、王はムーに、テンとペァンをなだめて、なに

13　ピエール＝ジョゼフ＝ジョルジュ・ピニョー・ド・ベエヌ はアドラン司教区の司教。1741年　12月、ロアン教区のオリニィで裕福な貴族の家に生まれた。パリ、セミネール・デ・トロント＝トロワで学問をおさめた。1765年、24歳で神父に叙階された。1765年12月、コシャンシン・ミッションのためフランスを離れた。1774年、司教に叙階。1799年10月9日、サイゴンで亡くなった。Cf. L. E. Louvet, *La Cochinchine Religieuse*, t. I, pp. 379-381 et p. 476.
14　Cf. *NLE*, des Mission de la Chine et des Indes Orientales, Paris,1821, t.VI, p.310.
15　アンナム史料によると、遠征の指揮官を務めた将軍はドー・タイン・ニオンである。Cf. Ch. Maybon, *Histoire...*, p. 195.

よりも東部地方の住民たちが武器を置くようにしてくれと頼んだ。王はムーに2人の弟を恩赦すると約束した。はじめ、ムーは迷ったようだったが、その時、同席していたスーが一言言った。「わたくしの考えでは、このような難しく複雑な難問を処理できる人はムー以外にはおりません」。それ以上断りきれなくなったムーは、王の決定に従った。

　王宮から退出するとき、スーはムーに耳打ちし、シャムのために熱心に力を貸していたのは国王ひとりなのだから、今回の騒ぎの責任を負わなければならないのは国王だ、王国の将来を危うくしているのはこの王が在位していることだと言った。さらにムーを力づけるために、スーは「ベンはちょっとしたことで気が変わるから」と付け加えた。ムーは、軍隊を率いて、コークセッへ赴いた。そこで彼は母と兄弟たちに迎えられた。兄弟たちの決意を知るために、ムーは最初に、この計画は辛い結果をもたらすかも知れないと話した。そして、国王と同じように、自分もすべてが元通りになることを願っているのだと語った。これを聞いていたチュムテァウ・ラウンは、すぐに言い返した。「私は王に服従するくらいなら死んだ方がましだ。おまえたち、私たちはアン・タォンの支持者であり、よって王からはいつも敵とみなされていることを思い出しなさい」。テンとペァンはもちろん母親に賛成した。ムーは家族全員が反王の活動を支持して自分についてくる決心であると判断し、もはや迷わなかった。3兄弟はそこでアン・タォンの息子であるアン・エン王子をカンボジア王にしようと、アン・ノン王と闘う準備を始めた。

　アン・ノン王はムーの決断を苦い気持ちで聞いた。いつも忠実なふりをするスーに吹きこまれて、王は西部地方の住人たちの中から兵士を募って、自らの手でムーを倒そうと決心した。ウードンの王宮はベンとスーに委ねられた。王はコンポン・スワイにおいて戦陣を張った。

　王が出発すると、王宮内はスーの独壇場になった。ベンには内緒で、ムーと合意したとおり、今こそカンボジアに軍隊を送りこむ時であるとオン・バ・ホーに知らせた。ベトナム軍は即刻カンボジアに侵攻した。ベトナム軍がコンポン・ルォンに到着したことでそこにいるクメール人たちは動揺することはなかった。というのも、だれもが彼らベトナム軍は王を支援するために来たのだと思っていたのである。ところがベトナム軍の一部がスーの命令によってウードン王都

に向かい、王の4人の子供を捕らえ、クレアン・スペークで殺害した。この殺害事件は大騒ぎになった。この混乱に乗じて、ベトナム兵たちは寺院を荒らし、経典写本を引き裂き、王都周辺の村々で略奪を働き、家宅に火をつけた。

　残りのベトナム軍は、コンポン・スワイでムーの軍隊に合流した。アン・ノン王の軍隊は包囲された。ベトナム軍の到着に驚いたアン・ノン王は、兵士たちにクラン[16]に退却するようにと命じた。王はスーの命令で自分の4人の子供が暗殺されたことを聞いたからである。追跡され捕虜になったアン・ノン王は、ムーの命令で殺害された。このとき王は40歳、在位5年であった。

　ムーとスーの秘密合意のことを知らなかったベンは、ただただ驚くばかりで、なんの抵抗もできなかった。ムーはベンをすぐに遠ざけ、そしてなによりスーから引き離そうと決心した。こうしてベンはコンポン・スワイでムーの弟たちの監視下に置かれた。

　ムーはアン・エン王の摂政としてウードンで権力を振るった。肩書はソムダチ・チャウヴェ・モハー・リァチである。さらに弟ペァンはオクニャ・チャックレイ[17]、スーはオクニャ・クロラホム[18]、そしてポックをオクニャ・ヴェァン[19]に任命した。オクニャ・ヴェァンはアン・トォン王の子供たちの養育係を受け持った。1779年、ムーはアン・エン王子を7歳で即位させた。

4. ムーの摂政時代：1779年〜1783年

　ムーがウードン王宮内で指揮を執るようになっていた。スーは権力への執着心はともかくとして、ムーに好意的であるようにふるまった。スーは本心をあからさまにするような素振りは見せず、好機を待っていた。1780年、スーはムーとともに2人の王女、アン・メンとアン・エイの命名式[20]を執り行なった。16歳

16　現在コンポン・チュナン州のスロク（郡）。
17　オクニャ・チャクレイは陸軍・王室付陸上交通手段、象・牛・水牛・馬・馬車担当の大臣。
18　オクニャ・クロラホムはジャンク船による王の交通手段、王室海軍担当大臣。
19　オクニャ・ヴェァンは王宮の財政と王の宝物庫の長官。
20　断髪式の時には、王子あるいは王女に新しい名前が授けられるらしい。Cf. Leclère, "Le

の姉はソムダチ・プリァッ・モハー・クロサット、14歳の妹はスレイ・ヴォリァチー・ティーダと命名された。

　ムーの政権掌握はベトナムにとっては介入する好機であった。そして、ベンをコンポン・スワイへ追放したことは、トンブリーのタークシン・シャム王［1767-1782］を激怒させた。カンボジアをアンナムの支配から解放するために、タークシン王はまずアン・ノン王の支持者だった人たち、特にベンを捜しだし、全面的にカンボジア国に攻勢をかけてきた。

　1780年、タークシン王は、1772年以来トンブリー王宮の捕虜として引き留められていたアン・トォンの元使者プリァッ・アン・ケオ・ドゥンに、ウードンに伝言を届けてくれるよう頼んだ。トンブリー王がベンをシャムに連れてこようとしていることを知り、ムーは喜んだ。ずっと以前からムーはベンを追い払いたいと思っていたのである。それでも、ムーはトンブリー王の要請についてスーと話し合った。ベンがいなくなればと願っていたスーは、ムーが承認することにはまったく異論がなかった。こうしてベンはコンポン・スワイからウードンに連行され、プリァッ・アン・ケオ・ドゥンの手に委ねられた。シャムの首都トンブリーに着いたアン・ノンの元臣下は、厳しい裁判を受け、籐での鞭打ち100回の刑を受けた。最後に、タークシン王はベンの怠慢を諫めて、両耳の一部を切除し、投獄するようにと命じた。

　1782年初め、タークシン王が派遣するシャム軍からの攻撃が始まった[21]。このときベンは、この遠征を任せられたシャム軍の将軍ポニェ・チャクレイ[22]の要請で解放された。ポニェ・チャクレイが率いるシャム軍は北に向かって進攻し、

　　Cûla Kantana-Mangala", *BEFEO*, t. I, 1901, pp. 208-230; J. Moura, *Le Royaume du Cambodge*, t. I, pp. 182-189.
21　Cf. Ch. Maybon, *Histoire...*, p. 197.［タークシン（1732-1782）はトンブリーに都城を建造した王（在位1767-1782）、潮州系華僑との混血。ビルマ軍を撃退し、四分五裂した国内を再統一。部下にはポニェ・チャクレイ（パヤ・チャクリー）＝チャオプラヤー・チャクリー将軍（後のチャクリー朝のラーマ1世、チャラロク王）がいた。カンボジアにシャムの宗主権を回復した。晩年、精神異常を理由に部下に処刑された］
22　チャオ・ポニェ・チャクレイ・ドゥン［チャオプラヤー・チャクリー］将軍。弟クン・ソルサッ・ブンマ［マハー・スラー・シンハナート］と還俗したばかりのタークシンの息子プリァッ・アン・ネイが将軍を補佐した。シャム王はチャウヴァー・ムーを打ち破ったあと、カンボジアの統治を息子プリァッ・アン・ネイに委ねるようドゥン将軍に勧めた。Cf. *VJ*, t.VI, pp. 684-685.

ノコー・リァチ・セイマー[23]を横切り、バッダンボーンとシェムリァップ地方を征服し、さらにウードンに向かった。シェムリァップを出発したシャム軍の一部は[24]、トンレ・サープ湖東岸をたどり、コンポン・スワイを占領した。アン・ノン王の元宮廷人たちはシャム人たちが与えてくれた好機をとらえ、亡き主人アン・ノン王の仇討ちをしようと離散した兵士たちが再び集結してきた。

シャム軍の攻撃に驚いたムーは、ウードン王都を放棄して、プノンペンに落ち延びていた。若き王アン・エンと3人の王女たちは、養育係に連れられてコッ・カゥットに赴いた。現在のコッ・メティンである。

ムーは、シャム軍に反撃するため、アンナムに軍事援助を申し出た[25]。さらに、東部地方の住民たちを動員して、スーとテンの指揮のもとに兵員を集め、対抗するよう命じた。しかし、シャム軍との戦いでは、準備不足のカンボジア軍はことごとく敗退した。トンレ・サープ湖西岸では、シャム軍はウードンを占領した。首都はポニェ・チャクレイ・ドゥンの弟クン・ソァルサッ・ブンマ［マハー・スラー・シンハナート］の管轄下に置かれた。ところがタークシン王の命令は、ウードンは自分の息子のプリァッ・アン・ネイに任せよというものだった。メコン川西岸では、シャム軍の2人の隊長ポニェ・トムメァとクン・リァム・プーベトがコンポン・スワイとコークセツ地方を制圧した。それから2人はコンポン・ルォンに向かい、そこでトンレ・サープ湖からチロイチャンヴァにかけて駐屯していたカンボジア軍とベトナム軍に出会った。しかしながら、1781年4月ごろ、[26]

23　現在のコーラート。
24　軍隊の先頭にはタークシンの甥クン・リァム・プーベトとポニェ・トムメァがいた。
25　グエン・アイン王子は、タイン・ホアの王国郡庁所在地出身のホー・ヴァン・ランとグエン・ヒュー・トゥイが率いる軍隊をカンボジアに派遣した（Cf. Ch. Maybon, p. 197.）。カンボジア年代記作家たちは、2人の将軍のことををそれぞれオン・バォ・マ、オン・クヴァン・ナムと記している。Cf. *VJ*, t.VII, p. 687.［グエン・アイン (阮映)はクアンナム・グエン氏滅亡時 (1775年) に南部へ逃走した、後のグエン朝初代皇帝嘉隆帝(1802-1819)である］
26　Thonol 教区(a)の責任者ジャック・リオ神父はこの戦いについて手短に描写している。神父はカンボジア兵士とベトナム兵士を看病したのである。1782年7月25日付の手紙の抜粋を紹介する。
　「自分たちが手を貸した元カンボジア王 (b) が殺されてしまったと憤慨するシャム人たちは、1781年12月、大隊とともにこの国にやってきた。何度も交戦した。1月末、敗れたカンボジア軍は、新王 (c) と全住民とともにコルムペ (d)（コシャンシン王国に隣接した土地）に退散した。コシャンシンの人々がわれわれの看護の手伝いにやってきた（タイソンはまだ到着しなかった）。戦争は長びかされたが、ついにカンボジアで平和が成立した。この戦争の間、私の傷病用油と私がつくった香油のおかげで、本意ではないが偉大な医者という名誉をいただいた。コシャンシン人もカンボジア

トンブリーにいたタークシン王が精神錯乱に陥り、そのため3ヵ月続いたシャムの攻撃は終わった。

僧侶に対するタークシン王の行動は常軌を逸したものであった。カンボジア年代記によると、王は自らが仏道における聖者の階位の1つに到達したと宣言した[27]。この肩書ゆえに僧侶たちは王を褒め、称えねばならなかった。何人かの高僧たちは盲目的にこの要求に従ったが、たとえ僧侶としての身分は最低であろうと仏陀の教えを頑なに守る大多数の人々は、出家者でない世俗人で訳のわからぬ大人物には、まったく敬意を払おうとはしなかった。タークシン王は憤慨し、従わぬものを寺院から追い出し、柔順なものは昇進させた[28]。王の後継ぎの嫡子チャウ・リァム・リァックはその仲を取り持とうとしたが空振りに終わってしまった。王は逆にこの息子に籐で鞭打ち100回の罰を命じた。これを知った多くのシャム人は、王の態度をとんでもないことだと責め、国内の騒乱の原因はこの王のためだと非難した。

アユタヤにいた2人の高官、ブンナークとソは小隊を編成し、王を捕らえてポニェ・チャクレイ将軍を権力の座に就かせようとした。しかし、この陰謀を知ったタークシン王はポニェ・サォクボレイを隊長とする軍隊を送り、ブンナーク

人もけが人は私に保護を求めてやってきた。だれかが負傷すると、すぐさま私のところに送ってきて、わが家は小さな病院になった。なぜなら、私はこれら気の毒な人々の手当をしながら、少なくとも数日は保護せねばならなかったからである」 Cf. A. Launay, *Histoire de la Mission de Cochinchine*, t. III, pp. 74-75.

(a) ポニェルーのそば　(b) アン・ノン王　(c) アン・エン王子のこと、7歳で ムー長官が即位させた　(d) プノンペン市

27　4つの階位[四果]の1つ、ソーターパッテイ[預流または預流果]の段階。
1. ソーターパッテイ[預流または預流果][四果の最下位。初歩の悟り。この段階に達したことで聖者の域に達したとみなされ、在俗者とは一線を画した存在になる]
2. サカダーガーミン[一来][預流の次の段階。輪廻の過程で再度この世に生を受け、その生を全うすれば、再び同じ世界に生まれ変わることはないという段階]
3. アナーガーミン[不還][一来の次の段階。精神的束縛を完全に断ち切ることによって達する]
4. アラハント[阿羅漢][すべての煩悩を捨て去った者が到達できる段階]
「ソーターパッテイ」では次の3つの煩悩がなくなる。
1. 自我への固執[有身見]、2. 懐疑の心[疑惑]、3. 儀式や象徴への執着[戒禁取]。
Cf. Nyanatiloka, *Vocabulaire Bouddhique de Termes et Doctrines du Canon Pali*, Paris, 1961, pp. 29-30.
28　Cf. J. de Fels: Somdet Phra Chao Tac Sin Maharat, le Roi de Thomburi, Thèse de 3e cycle, Paris, 1976, vol. I, pp. 243-245.

の陰謀を阻止させようとした。しかし、王の狂気に動揺したこの隊長は、ブンナークと共同戦線を張ることにした。こうして2つの部隊は合流してトンブリーの王宮を包囲した。脅えた王は間違いを認め、ポニェ・サォクボレイに許しを乞うた。それから王宮内にあるワット・チェンに立てこもる決心をした。王の支持者とその家族たちは捕らえられ、王の常軌を逸した行動の犠牲者たちは僧侶であるなしにかかわらず解放された。[29]

　チャクレイ将軍はこのときシェムリャップにいたが、ノコー・リャチ・セイマーの副司令官である甥のソリョー・アペイを通じて事の次第を知った。権力掌握の絶好の機会であった。将軍は遠征の途中であるという用心から、トンブリーの出来事について公表することを控えた。将軍は秘かにソリョーに命じて、一方ではタークシン王に王衣を脱がせるよう、もう一方でポニェ・サォクボレイの軍の力を殺ぐようにさせた。カンボジアにおいては、将軍はタークシン王

29　パリ外国宣教会デクーヴリエールの日記（1782年12月12日）に、タークシン王顛落の話がある。「数年来、シャム王は人びとおよび王国に商売にやってきた外国人をひどく虐待した。去年は、この場所で商売をするのが習慣になっていた中国人たちは、ほとんど全員諦めざるをえなかった。この1年、王のこうした虐待は狂気の沙汰で、かつてよりもさらにひどくなり、狂暴になった。ある時は妻を、ある時は役人たちを、気分によって拘留させる、投獄する、めった打ちにした。ある人たちは、本人が覚えのない罪を白状させられて、生活費以上の罰金を払わさせた。他の者には、金持ちであるのはけしからんと、不当な理由で、利益に対して多額の罰金を課した。そのようなわけで、キリスト教信者である2人の高官は痛めつけられ、1人は鞭で打たれて亡くなった。これらすべてが人々と家臣たちが王を憎む原因になっている。家臣の中には、先のような虐待をせよと命令されて、「どうしたらよいのか。もし王の命令を執行しなかったら、われわれは殺されるだろう。もし実行したら、住人たちが王を憎むのと同じように私たちを憎み、彼らの怒りを買うだろう」とお互いに言い合った。そこで、彼らは自分たちで住人たちを焚き付けようと決心した。住人たちはすぐその気になって、賛成した。真夜中、彼らは真っすぐ王宮に向かい、包囲すると、力をふりしぼって侵入しようとした。しかしながら、王宮を警護していた36人のキリスト者が、手際よく大砲を使い、身に付けていた武器を取って、明け方まで反乱者たちが中に入るのをくい止めた。反乱者たちは、王宮を孤立させたことに満足した。翌日、王はもはや長くは持ちこたえられないと判断し、自分自身を僧侶にさせてくれと頼んだ。反乱隊の中心人物は喜んでこれに同意した。王は頭を剃り、僧侶の衣をまとって、包囲していた人たちを中に入れてしまった。住人たちは対カンボジア戦と対コシャンシン戦を担当していた王国の高位の高官2人に、この出来事について詳細に報告した。2人の高官は即座に士官と兵隊を派遣した。彼らはシャムに到着すると、王衣をはぎとり、鎖につないでしまった。数日後、大臣級高官、即ち王国首相と将軍の2人がシャムに到着した。2人は兄弟で、首相の兄がすぐさま全住人の支持でシャム王になった。私が受け取った1通の手紙には、新しい王と弟の命令で、元国王は、息子、兄弟とその子供たち、主たる高官たちともども処刑されたとある。他の手紙によると、虐殺は住人たちの怒りによるという。いずれにせよ、タークシン王は今年、つまり1792年4月7日に殺された」Cf. *NLE*, t.V, 1820, pp.563-565.

の支持者たちの動きに気をつけるよう弟のクン・ソァルサッ・ブンマに指示した。ベンは、コンポン・ルォンを拠点にしていたタークシン王の息子プリァッ・アン・ネイに対抗する準備をするよう命じられ、ブンマはコンポン・スワイにいたクン・リァム・プーベトをトンブリーに連行した。このように段取りをしてから、将軍は首都に凱旋し、住民から熱烈な歓迎を受けた。[30] タークシン王は、将軍の命令により近親者[31]および家族[32]ともども処刑された。

チャクレイは1782年にチャラロク［ラーマ1世］の名前で王座に就いた。即位名はプリァッ・プット・ヤトファ・チャラロク［1782-1809］、現在のチャクリー王朝の創始者である。弟はモハー・オパラチに任命された。この弟は一般にはヴェァン・ナの名前で知られている。2人のクメール人高官プリァッ・アン・ケオ・ドゥンとベンについては、バンコクに住居を提供されることになった。

シャム人軍隊が立ち去ると、ベトナム人将軍オン・バォ・マは自分の隊を率いてアンナムに引き返した。同じころ、タイソン[33]［タイソン・グエン＝西山阮］がザーディン［嘉定。現在のサイゴン川北岸］の要塞を襲撃した。グエン・アイン王子はバンテァイ・メス[34]に逃げ、カンボジアに救援を求めてきた。人々は戦争に疲れ果てていたが、両国の協定によりムーは軍隊を派遣せざるをえず、クロラホム・パンを隊長に任命した。クロラホム・パンは、現在のタケオ州バヨァンコァ平野でオン・バォ・マと合流し、そこで勇猛果敢なタイソン側の兵士たちと交戦した。激烈な戦闘でクロラホム・パンは殺され、その部隊は敗走してしまった。グエン・アイン軍は至るところで敗北を喫し、ムーのクメール人部隊はもはや救援をできる状態にない、と見て取った。そしてクメール人の地方長官リァチァ・

30　ベトナム年代記によると、「シャムに到着したチャトリー（チャクリー）は、夜中、忠実な兵士たちとバンコクの城塞に入った。チャトリーはパヤー・タン（パヤー・ターク）［タークシン］とその息子を殺し、死骸を城塞の外に投げ捨てた。葬儀をさせないことで、多くの人々を納得させたのであった」Cf. G. Aubaret, *Histoire...*, p. 48.

31　カンボジアの年代記によると、「捕らえられると、タークシンはチャクレイ将軍に会わせてくれるよう監視人に頼んだ。将軍に許しを請い、寺院に引きこもるというのである。将軍は遠くから見ていて、兵士たちに会見を拒否すると合図した。こうして王は処刑され、その死骸は王宮の敷地内にあるワット・チェンに埋葬された」Cf. *VJ*, t.VI, p. 696-697.

32　1人だけ助かった王女はタークシンの娘であるが、年代記には名前がない。チャクレイ将軍の親戚であった。Cf. *VJ*, t.VI, p. 699.

33　G. Aubaret, *Histoire...*, pp.50.

34　現在のベトナムのハテイェンである。

第 2 章　1775 年から 1794 年までのカンボジア

　セティーとプリァッ・ソトァトの 2 人は、ベトナムの王子に対してバンコク王宮ラーマ 1 世に助けを求めるようにと勧めた。ここに至って選択の余地もなく、グエン・アインは海路シャムに向かった[35]。オン・ボォ・マ将軍の方は、陸路グエン・アイン王子に合流しようと決心したが、途中で家族ともども殺害された。年代記によると、バッダンボーン州プレイ・トックでのことらしい。

　対シャム戦争のあと、若き王アン・エンと 3 姉妹はコッ・カゥトに戻り、コンポン・ルォン近くのクレアン・スベーク[36]に落ち着いた。シャムから解放されたとはいえ、祖国カンボジアでは平穏な日々ではなかった。年代記によると、住人たちは傷病と飢餓に苦しんでいた。米穀類はほとんどなく、金を積んでも手に入らないと、アドランの司教ピニョー・ド・ベエヌがパリ外国宣教会神学校宛に出した手紙にある[37]。

「みなさん、私は 1782 年 3 月に、コシャンシン [コーチシナ] を放棄せねばならなくなり、コレージュ [教会付学校] とともにカンボジアに引き揚げることにしました。当時、飢餓は非常に深刻で、もし食糧を送ってもらえる約束を取り付けていなかったら、私たちは生き延びることはできなかったでしょう[38]」

　高官スーはアン・トァム王子を殺害し、さらに野望に駆られ、ムーを権力の

35　1782 年、グエン・アイン王子は、自分の軍隊がタイソン軍の攻撃に持ちこたえられないと判断し、ピェム（ハティエン）地方を引き揚げ、コッ・トラル（フー・コック島）に上陸した。1783 年はじめ（Cf. Maybon, pp. 200-201）、グエン・アインはシャムに使節を送り、金銀の花を王に贈って支援を求めた。1783 年 3 月、タイソンの船は島をめざした。王子のジャンクはこれを追いかけ敵のジャンクを焼き払おうとした。しかし、風向きがよくなく、火船は混乱とパニックを引き起こした。士官と兵士たちが大勢殺された。王子にとってこれは完全な失敗だった。王子は絶望して、コッ・トラルを離れコッ・ロン（Cf. Maybon, p. 201）に向かった。7 月、王子はタイソンの 3 番目の弟グエン・フエ [阮恵] に発見され、島を包囲されたが、幸いにも、その網の目をくぐってコッ・カゥトに向かった。その後、タイソンに敗れてバンコクに戻る 1784 年 1 月に、アドラン教区の司教に出会ったのである（A. Launay, *Histoire de la Mission de Cochinchine*, t. III, p. 90）。彼らの会見は次のように要約することができる。王子はピニョー司教に、ルイ 14 世に介入を要請してほしいと頼み（1787 年 11 月 28 日、フランス＝コシャンシン条約がヴェルサイユで結ばれた）、使命の証として、王子は 4 歳になる息子のカインと王国の大印を司教に託した。それから、グエン・アインはこの計画の結果を待ちながら、バンコク王宮に身を寄せた。

36　プノンペンとコンポン・チュナンを結ぶ街道沿いの村で、コンポン・ルォンの南 3 キロにある。

37　本書第 1 部第 3 章参照。

38　Cf. *CLE*, 1825, t. III, p. 493.

座から追い払う好機であると考えた。しかしながら、1人で実行するのは無理だと感じていた。かつての高官ベンはムーの手ごわい相手であると思ったスーは、バンコクのプリァッ・アン・ケオ・ドゥンに手紙を書き、アン・ノン王を殺した王国の裏切り者ムーを排除するため、ベンの帰国を願っている旨伝えた。ドゥンはこの件をチャラロク王［チャオプラヤー・チャクリー・ラーマ1世］に告げた。アン・ノン王の仇を討ちたいとを考えており、何よりカンボジアをシャムの傘下に取り戻したい野望を持っていた王は、この計画に乗り気であった。さらに王は、ムーがアンナム・ベトナム［クアンナム・グエン朝］と同盟を結んでいるとはいえ、タイソン［タイソン・グエン朝］に敗れたグエン氏の支援をもはや期待できない以上、今が好機であると判断した。ベンはバンコクの王宮に呼び出され、チャラロク王の決心を聞かされたが、それには1つ、条件が付いていた。失敗した時には、ベンは死刑に処せられるということである。しかしながらベンは、亡きアン・ノン王とシャムへの忠誠を示す機会が与えられたのであった。

　1782年7月、ベンは家族と配下の者たちを連れてカンボジアに戻った。ベンはまるでシャムの迫害の的になっているかのように振る舞い、逃げ場を探しているようなふりをしていた。ベンの到着はスーを喜ばせた。スーはムーの前では公平な態度を保ちながら、即刻ベンをウードンに呼び寄せる手配をした。ムーは、ベンの帰国に非常に困惑していた。新たな脅威となるかもしれない昔の辣腕家を受け入れることは、とてもできなかった。しかしながら、スーは力説した。ベンは正真正銘の被害者であり、シャム王が［誤解して］鞭打ちの刑を科し、両耳の一部を切り落とし、さらに投獄したのであると強調した。彼もほかの人たちと同じクメール人なのだから寛大に受け入れるべきだ、とスーは言った。すぐスーの口車に乗ってしまうムーは、ベンを閣僚の中に入れることにした。この時点から、スーとベンはムー暗殺の機会を絶えず狙うことになったのである。

　ベンが帰国してまもなくのこと、歓迎のためにウードンの王宮内でふるまわれた夕食会の席で、スーは30人ばかりの兵士に伴われて到着し、優秀な戦士たちであり、王に仕えたいと希望しているのだとムーに紹介した。ムーは喜んで受け入れ、他の高官たちと食事を共にするよう招待し、その前に、これらの兵士たちをベンの配下に入れるよう指示した。

　宴もたけなわになって、夜も更けたころ、ムーの護衛兵たちが酔っ払ってい

るのを幸いに、スーは武装したままの30人の兵士たちに襲撃を命じた。ムーの方の兵たちは大混乱に陥り、血だらけの殺人劇の中を逃げ惑った。ムーの弟ペァンはクラン・ポンレイ川に逃げたが、翌日捕まり殺された。ウードンで暮らしていたムーの親族たち、その中にはチュムテァウ・ラウンもいたが、全員虐殺された。ムー本人は、その夜は逃走に成功し、バサック地方に逃げた。しかし、ムーにとっては不幸なことに、この地方の長官は、事件の成り行きに恐れおののき、ムーの支持者と思われぬようにと、逆にムーを捕らえて、ウードンに連行した。こうしてムーは家族全員と同じ運命をたどった。

5. カンボジア王国の裏切り者ベン（1783年）

　ウードンでは、ムーを排除したスーが、全国にわたって勢力を拡大しようと活動を続けていた。だが、ついに陰謀が発覚してしまった。窮地に陥ったスーは、仲間だったベンの殺害を企てた。しかし、その刃は逆にスーとその家族たちのほうに降りかかってきた。ひとり残ったベンは王国を率い、チャウヴェア・トルハ［首相］の肩書を得た。

　1783年まで、歴代カンボジア王はシャム王に対する服従の証しとして朝貢品を贈るだけで、カンボジア王としての特権を与えることはなかった[39]。それにもかかわらず、ベンは王国の摂政ポックの決定をあおぐことなく、王権の象徴である聖剣をチャラロク王に贈ることにした[40]。この背信行為はこれまでのカンボジア王国の名誉と清廉潔白な行為を傷つけ、カンボジア王国がほぼ完全にシャムの支配下に置かれることになってしまった。それだけでなく、しばらくすると、ベンはカンボジア西部の一部をシャムに譲渡してしまったのである。現在のポーサット州、バッダンボーン州、シェムリァップ州の3州である。

39　贈り物は、通常、金銀の花、象牙、カルダモン、絹地である。
40　王を象徴する品物その他には組み合わせが一定しているわけではない。
　　―たとえば、王冠、聖剣、白の日傘、履物と大扇
　　―あるいは、王冠、聖剣、履物、杖と大扇である。Cf. *Dictionnaire de l'Institut Bouddhique*, vol. II, p.1034.

ムー暗殺のニュースは、国中に広まった。ムーの支持者、とりわけクロチエッ、タボーンクモン、バプノム地域の地方長官たちはベンの野望がいずれ自分たちに降りかかってくるのではないかと恐れた。長官たちはコンポン・スワイの長官であるムーの弟テンのところに集まった。テンは家族が虐殺された当時ウードンにいなかったため生き延びていたのである。こうして編成された部隊にはチャム人の兵士が大勢を占め、チャム人軍隊長トゥン・セトの下で闘ったのであった。

　テンは家族の仇を取るためウードン軍勢と対決する前に、自分の部隊をロヴェーエムとプノンペンに集結させた。ベンはタボーンクモンで敵方をくい止めようとしたがむだだった。それに、初めはベンに好意を抱いていた高官たちの中に、みさかいのないベンの野心と狂気の沙汰にあきれて心変わりしていく者もいて、その立場は逆に危うくなった。そこでベンはウードンを放棄して、バッダンボーンに行こうと決心した。しかしながら、ベンは用心して、摂政のポック、若き王子アン・エンと3人の王女をバンコクに送り出した。[41]

　ベンがひそかにバッダンボーンに引きこもったことをテンは知らなかった。ベンがバッダンボーンに退却した知らせは、プノンペンを支配していたチャム軍の隊長トゥン・セトにとって絶好のチャンスであった。トゥン・セト隊長は首都ウードンにおけるカンボジア王権を奪取できるのではないかと考えた。そうするため、同郷のチャム人の中から小隊長を指名し、周辺の住民を入隊させるように命じた。トゥン・セト隊長の指示についていけないクメール人兵士たちは、野営地を離脱し、テンに知らせるためタボーンクモンに赴いた。テンは地方長官のソクを伴って拠点をロヴェーエムに移し、そこから部隊の一部を急派して、チャム人の反乱を制圧させた。トゥン・セト隊長とその下の小隊長たちは処刑された。

　カンボジア王国は新たに2つの国土に分割された状態となった。1つはポーサット、バッダンボーン、シェムリアップ地方という西部地方で、ベンの支配下に、もう1つは残りの地域で、テンが管轄していたのであった。しかしながら、この国土の分割は安定したものではなかった。シャム王がカンボジアのなせるまま

41　王［ラーマ1世］の弟、シャム人モハー・オパラチ［マハー・スラー・シンハート］はヴェァン・ナの名前で知られているが、第2夫人として3人の王女を娶った。アン・メンは19歳、アン・エイは17歳、アン・ポウは16歳であった。

にしておくはずがなかった。その理由は、カンボジアがベトナムの手に渡ってしまう恐れがあったからである。シャムの監視と覇権を浸透するには好機と思われた。まず、テンのところの兵士たちは打ち続く戦争にうんざりし、虐殺や国土の分割で士気を失い、だれもが平和を望んでいた。それにベトナムはタイソン一族の反乱が全土に及び、平和も統一も取り戻すことができず、国として機能していなかった。タイソン軍が力を維持し、フエの阮氏一族の後継者グエン・アイン王子はシャムで逃亡生活をしていた[42]。

　シャムのチャラロク王［ラーマ1世］はグエン・アイン王子の要請に応えて2度にわたって部隊を派遣したが、反乱者タイソン兵たちと戦う役を負わされたのは強いクメール兵の部隊だった。1783年から1794年までの10年間にわたり[43]、カンボジアの国土はシャムとベトナムの戦場となっていた。無理やり両方の陣営に加えられたクメール人たちは、虐殺と破壊、そして荒廃を耐え忍びつづけたのである。

6. グエン・アイン王子支援の第1次シャム軍介入

　シャム王は1783年半ばごろ、ベンと2人のクメール人高官ケープとカォンをそれぞれバッダンボーン、ポーサット、シェムリアップ地方の長官に任命した。それから間もなく、ノコー・サヴァン将軍が率いるシャム人部隊が、タイソン朝を殲滅させようとカンボジアを通り過ぎ、戦場へ赴いた。この3人の地方長官は兵員の動員とすべての補給をまかなっていた。

　ケープとカォンは、まずコンポン・スワイの地方長官をむりやり参戦させ、それからカンボジア東部地方を支配下に置いた。ベンの方は、再びウードンに落ち着いていた高官テンを追放するため、シャム軍とともにポーサット方面に向かった。シャム人部隊の兵力を前にして、テンは首都を放棄し、サイゴンに亡命を求めた。そこでテンはタイソン側のザーディン［サイゴン］地方長官オン・ト

42　註35参照。
43　1794年は、アン・エン王子が即位した年である。

ゥン・ヨゥン[44]に受け入れられた。

　ベンは、シャム人部隊とともにプノンペンの拠点にしばらく駐留し、それからノコー・サヴァン部隊は川に沿ってサイゴンを目指し進軍した。一方のケープとカォンは、タボーンクモンとローン・ダムレイ地方[45]を通過した。両部隊はプサー・デーク[46]で合流し、タイソン軍に戦いを挑んだ。数回にわたる戦闘の後、多数の捕虜と敵方の戦艦を手に入れて、シャム人部隊が勝利を得たようである。成功に鼻高々のノコー・サヴァン部隊は、タイソン軍の捕虜たちを解放した。この寛大な措置はノコー・サヴァン将軍を妬んでいた将校たちから、国家への裏切りだと手酷く非難された。バンコク王宮に報告が行き、部隊は帰還を命じられた。ノコー・サヴァンは処刑された。

　カンボジア軍はプサー・デークから退却し、ベンはプノンペンを放棄してロンヴェークへ、テンの方はサイゴンにそのまま留まった。

7. グエン・アイン王子支援の第2次シャム軍介入

　1783年の末ごろ[47]、シャムのチャラロク王はグエン・アイン王子に対して2度目の救援部隊の派遣を試みた。シャム軍のテープ・ハリラック将軍とベトナム人グエン・アイン王子の指揮のもとに、軍隊は海路からバンテァイ・メス[48]に到

44　当時、サイゴンは ダン・ヴァン・チャン の管轄下にあった。Cf.T.V.Ky, *Cours d'Histoire...*, t. II, p. 220.
45　現在のベトナムのタイニン地方。
46　現在のベトナムのサデック地方。
47　この2回目の介入が始まったのは1783年の末ごろであるのは確かである。なぜなら、アンドレ・トン神父はデクール・ヴリエール神父への手紙に次のように記している。
　「翌1793［原文のママ］年の1月6日、これらの神父（タイソンに捕らえられたイスパニアのフランシスコ会神父2人のこと）とカンボジアに住んでいるポルトガル人、中国人、マレーシア人、クメール人たち、それにピエール・ランジュノワ氏と私は、カンボジア王都で捕らえられ、捕虜として反乱者たち（タイソン軍）に連行された。彼ら反乱者たちはシャム軍と闘って敗北した。このシャムの将軍は強力な軍隊を率いて、何度も戦闘をしかけ、タイソンの反乱者たちがコシャンシンに戻るようしむけた」
48　シャム隊がバンテァイ・メス（ハティエン）に出発したのは1783年12月後半のことであった。というのは、ピニョー司教は1783年12月12日以降にチャンタブン［現在のチャンタブリー］からインドに向かいたいと望んでいたが、タイソン軍討伐の指揮官であるシャム人将軍から、軍艦が出港までは

着した。周辺のこの地方の長官たちは、またしてもクメール兵の動員と兵站の補給の任務を負うことになった。シャム軍はプサー・デークに陣を構え、グエン・アイン王子はタイソン反乱軍の討伐部隊を組織した。またここで、タイソン軍から被害をこうむった人々の中から多くの新兵を集めた。タイソン軍のサイゴン守備隊長の将軍オン・トゥン・ヨュンも、プサー・デークに布陣した。両軍は正面から向き合った。

　シャム軍とタイソン軍の熾烈な戦闘は数日間続いたが、雌雄を決するまでに至らなかった。戦闘中のある日のこと、シャム軍兵士たちが小舟に武器を積んで前線から戻ろうとすると、満潮で、泳がなければ移動できなくなってしまった。タイソン軍は、この時とばかりに大砲を打ち込んできたので、シャム軍には多くの犠牲者が出た。それでも、シャム兵の一部は難を逃れ陸上に戻ってきたが、反撃することはできず、結局、再び泳いで逃げ出すことになってしまった。こうして、この最前線は放棄せざるをえなくなり、シャム兵士たちはプノンペンに退却した。[49]

　グエン・アイン王子は非常に落胆して、海路バンコクへ帰還した。途中、偶然にアドランの司教ピニョー・ド・ベエヌ[50]師に出会った。テープ・ハリラック将軍はカンボジア経由でシャム本国に戻り、軽率な行為に対して厳しい罰を受けた。[51]

8. グエン・アイン王子支援のためのカンボジア軍介入

　シャム軍が敗退したため、ベトナム人［タイソン軍］がカンボジア領に大挙して

だめだとの命令を受け、1784年1月半ばまで待たざるを得なかったからである。Cf. A. Launay, *Histoire de la Mission de Cochinchine*, t. III, p. 90.
49　Cf. G. Aubaret, *Histoire...*, pp. 57.
50　註35参照。
51　『ザーディン・タゥンチ』［嘉定通志］（の著者によると、「シャムの2将軍（チャウ・タンと チェウ・スオン）は、知能のない犬のように、タイソンに打ちのめされ、それでまたしてもアンナム皇帝を苦しめ、王の命令で処刑された。Cf. G. Aubaret, *Histoire...*, p. 57.

入ってきた。ベトナム軍を率いたテンはウードンに向かい、それからロンヴェークを目指したが、ここで抵抗にあった。しかしながら、カンボジア南部および東部地方はほとんどベトナム軍に降伏した。バライ地方の長官はなおベトナム軍に抵抗しようとしたが、結局敗退してしまった。テンはシェムリャップとポーサットを占領し、1隊がベンのいるバッダンボーン地方に向かった。ベンはシャム兵たちの協力を得て抗戦し、ベトナム軍の攻撃を食い止めることに成功した。こうして、しばらくの間、ベンはカンボジア北部地方を取り戻し、ウードンを手中に納めることができた。一方、テンとそのベトナム人将軍たちのほうはプノンペンを占拠した。

　打ち続く戦闘の最中、シャム兵もベトナム兵も、クメール人に対して盗みといやがらせの限りを尽くした。彼らがこの期間カンボジアの国内において犯した行為は暴虐の極みに達した。カンボジアの国は長い間、繰り返し繰り返し、自らの不運を思い知らされなければならなかった。[52]

　グエン・アイン王子は1784年から1786年までバンコク王宮に滞在していた。王子は［1786年に］コシャンシンに逃げるのだが、それまで自分の立場は捕虜のようなものだと思っていた。王子は2度、シャムに対して力を尽くす機会があった。1785年[53]、王子はビルマ人侵略者相手の闘いに、シャム側の戦闘員として自ら参加した。その翌年[54]に、マレー半島のシャム南部地方でマレー人たちの反乱があったとき、ディンという名の将軍オパラチ・ヴェァン・ナ［ラーマ1世の弟］の下で鎮圧に加わった。こうした協力があったので、シャム王ラーマ1世も、グエン・アイン王子がベトナムの王位を奪回するためにもう一度援助しようと約束した。

　1786年[55]には、1人のポルトガル人が信任状と贈り物を持ってグエン・アイン王子の前に現れた。この人物は、ベトナム年代記にアントン・ロワ（おそらくアントニョ・ルイス）と記されている。彼はグエン・アイン王子の息子カインの要請[56]で、武装した56隻の船を伴って、ゴアからやってきたのであった。そして、グエン・

52　註47参照。
53　Cf. T. V. Ky, *Cours d'Histoire...*, t. II, p. 220; W. A. R. Wood, A History of Siam, p. 273.
54　Cf. G. Aubaret, *Ibid*, pp. 59.
55　Cf. T.V. Ky, *Cours d'Histoire...*, t. II, p. 221.
56　註35参照。

アイン王子が王位を奪回するのを助ける用意があると言った。このポルトガル人の本心は、メコン川デルタ地域においてポルトガル交易が再開できるようシャム王宮に取り入ろうというものだった。チャラロク王はポルトガル人の魂胆を見てとって、返事を渋り、グエン・アイン王子を王位に戻すのはこの自分がやることだと答えた。王子はこのポルトガル人に礼を言い、ゴアに帰ってもらうしかなかった。

　ベトナムではこの間、タイソン［タイソン・グエン朝］は内部分裂し、仲間同士で闘う有様だった[57]。グエン・アイン王子は、帰国してこの反乱者たちと闘う時期が到来したと考えた。シャム王との約束というのは、いつも当てにならないことがわかっていたので、グエン・アイン王子は1786年8月[58]の夜のうちに中国人航海者の助けを借りて、家族を秘かにコッ・トラル（フー・コック島）行きの船に乗せ、王子自身はバンティ・メスへと向かった。日が昇る頃、この事実を知ったシャム人オパラチ［高職者の王子］が追跡を始めたが、追いつくことができなかった。グエン・アイン王子は、ピェムからトゥク・クマウ、クロムン・ソァ、バサック、プサー・デーク［いずれもメコンデルタ地方］の各地へ将校を送って、ベトナム人住民に自らの帰国を知らせ、兵員への志願者を募った。しかし、新しく編成した部隊は人数が少なく、なによりも戦闘の経験に欠け、強力な敵軍に立ち向かうにはあまりにも弱かった。そこで、グエン・アイン王子はカンボジアに戻り、贈り物を携えた代理人をベンのところに送って、救援を求めた。テンを捕らえ、タイソン勢力をカンボジアから追い出したいと願っていたベンは、喜んでこの要請に応えた。

　ドク・シムとトン・ビンの両将軍[59]はテンとともにプノンペンにいたが、グエン・アイン王子の帰還を非常に気にしていた。コシャンシンの一部のベトナム住民が蜂起するであろうと予測した両将軍は、テンとともに、本拠地バサックに移動し、グエン・アインがサイゴンへ戻るのを遮断しようとした。ベンは、タイソン軍が動き出すと、自分の部隊に追撃を命じた。ちょうど同じ時、グエン・アイン王子の部隊はバサックの砦を目指していたので、ベンの部隊と共にバサッ

57　1787年第2・四半期。Cf. Ch. Maybon, *Histoire*..., p. 294-296.
58　Cf. Ch. Maybon, *Ibid*, p. 223.
59　ベトナム年代記には、この2人の将軍についての言及がない。

クを包囲した。数日間の戦闘の末、両将軍とテンの陣地は陥落した。トン・ビン将軍は瀕死の重傷を負い、テンは逮捕されて、ウードンに連行された。

　この勝利のあと、グエン・アイン王子の兵員は毎日のように増加していった。ベトナム人の官吏や知識人たちの間で王子の名声が高まっていったのに対し、タイソン側の評判は悪くなる一方で、支配地内ではタイソン同士の内戦が始まり、自らを守る手段を持たない人たちが大勢死んでいった。

　1791年、グエン・アイン王子はサイゴン都城攻撃の準備を開始した。兵力増強のため今度もベン長官に救援を要請した。ケープとカォンに率いられた5000人の軍隊がグエン・アイン部隊とトゥク・クマウで合流した。グエン・アイン王子はサイゴンを奪取し、砦の反乱首謀者をフエに敗走させることに成功したが、これにはフランス人小隊の助けが何より大きかった。[60]

9. ベンがカンボジア王国の主に：1787年～1794年

　バサックの戦闘で捕虜になったテンは、カンボジアの首都ウードンに連行され、国家反逆罪で裁判を受けた。死刑にするか、シャム王宮内へ監禁にするか、ベンは判断に迷った。判決を言い渡す前に、ベンはかつて副官として仕えていた高官オクニャ・チャックレイ・ケープの意見を聞きたいと考えた。昔テンと友人同士だったオクニャ・チャックレイ・ケープは、バンコク王宮へ厄介払いしてチャラロク王に委ねるのが妥当だと思われると努めてさりげなく伝えた。ベンは寛大さを示し、ケープの提案を受け入れた。こうして捕虜となったテンはシャムの首都に連行され、結局恩赦になった。チャラロク王は、テンが煽動者として加わった1778年の暴動の原因はアン・ノン王の不当な行為であると考えていた。このようなわけでテンは、プリャッ・アン・ケオ・ドゥンあるいは摂政ポックと同じように、シャム高官の身分としてシャム宮廷に召されたのであ

---

[60] 『ザーディン・タゥンチ』の著者は、グエン・アイン王子の王位復帰におけるフランスの関わりについては触れていない。グエン・アイン王子がタイソン軍に勝利した時のフランスの協力については、Cf. Ch. Maybon, *Histoire...*, p. 273 et suiv.; C. L. E, t. III, 1825, pp. 464-469.

カンボジアでは、ベンが王国の主になった。年代記作家によると、この時代のカンボジアは数多くの紛争と略奪行為、あるいはさまざまな暴行の舞台となってきたが、その原因は国内における飢餓と暴力による不法行為だった。ベンは「罪人」を罰する方法を1つしか認めなかった。死刑という極刑である。この迅速な裁判によって数多くのクメール人が犠牲となった。さらに、カンボジアでは既に長年にわたる戦争によって男性人口が大幅に減少していた。当時クメール人たちの間ではやった流言は、苦い思いを込めて、男女数のあまりの不均衡を強調している。「ベンが支配者であるかぎり、腐ったビンロウの実1個で10人の未亡人と結婚でき、銀のスリン1枚で10人の娘と結婚できる[61]」

　カンボジア国内は、一見すると、平穏を取り戻したようであった[62]。長官ベンは国内平定を自慢していたが、これは実際には何千人もの死者の代償なのであった。彼は、いつかカンボジア王になることを期待して、部下を地方長官や宮廷の要職に任命した。ベンは1791年、何回かの戦乱で破壊されたウードン王宮を修復させた。王宮の周囲に濠を掘り、土を高く盛って土塁として、砦のように作り変えたのである。「バンティァイ・ウードン」（ウードンの砦）という名前はここから来ている。

　ベンはシャムから帰国して以来、「アパイティベス」という肩書で、自分の利益を損なわぬように用心しながら、バンコク宮廷への忠誠に励んでいた。ベンは1783年、独断でカンボジア王の象徴である聖剣をバンコク宮廷へ贈っている[63]。その結果、カンボジアはシャムの属国に成り下がってしまったのである。

　こうして、打ち続く戦乱の間に、残念ながら多数が処刑されたために男女の

61　ビンロウの実は結婚式の贈り物になる。新婦の社会階層によってその量は変わるので、平均値を出すのはむずかしい。ちなみに、通常、青年が恋仲の娘との結婚を拒否すれば、罰金として銀貨10バート（40スリンに相当）を支払わねばならない。Cf. Leclère, *Les Codes Cambodgeins*, t. II, p. 493.

62　この平穏な時代は実際にはうわべだけだったようで、当時の宣教師の手紙の中に証言がある。「カンボジアは相変わらず無秩序状態にある。ただ、シャムの属領になったバッダンボーン地方だけは少しばかり平穏を享受していた。ジャン・ア・ジェス神父は迷える子羊たちをここに定住させた。ミッシュ司教の在任中、この小さな集団がカンボジアにおける布教を代表することになろう。1790年1月5日のことであった」Cf. J. Pianet, *Histoire de la* 在任中 *Mission du Cambodge*, 1552-1852, p. 110.

63　聖剣は5つの品の中でもっとも重要である。聖剣なしの戴冠式は法的に認められない。

人口比が不均衡になっていた。それに加えて、1791年には、チャラロク王の命令によって、1万人の男たちが水路や貯水池の掘削のため、また、スラッ・ケート寺院用のレンガを製造するためにシャムの首都に連行された[64]。それもちょうど田植えの時期であったために、カンボジアの水田は放棄されることになったのであった[65]。その上、シャムに徴用された男たちの中には、重労働による疲労や病気が原因で亡くなる者もいた。国が置かれているこうした状況について、摂政役のポック、ケオ・ドゥン、テンに不安を伝える人たちもいた。これら3人の高官は協議してシャム王を説得しようと試みた。「アパイティベス・ベンは独裁的な人間で、カンボジア国王の地位を狙っています。クメール人たちは彼を決して受け入れません、ベンがこのような恐ろしいことをすれば、カンボジアに新たな混乱を引き起こすおそれがあります。すべての人はアン・エン王子の帰国を待ち望んでおります」

シャム王は危険を感じた。一度権力を手にしたら、ベンは腐敗し、自分に刃向かってくるだろう。そこで、シャム王は王子を帰国させる準備をした[66]。それから3年後の1794年、22歳になったアン・エン王子はバンコク王宮内でカンボジア王として即位し、カンボジアへの帰国が許された。

カンボジア本土のクメール人たちは、男も女も、1775年から1794年にかけて20年間にわたり、飢餓による食糧の争奪とシャムやベトナムによる強制徴用に打ちのめされてきた。カンボジアこそ、まさにシャムとベトナムに強要された戦争の犠牲者であった。とりわけ、飢餓が国中を襲い、20年ほどの間、男たちは次から次へと強制徴用に駆り出された。そのため、稲田の農作業は事実上放棄された状態になってしまった。カンボジアの農業は完全に雨水に依存していた。もし雨が不足して旱魃になったり、対外戦争と内戦の20年間のように貯水池などの準備ができていなかったりすると、人々は物乞いをしなければ生きて

---

64 年代記によると、スラッ・ケート寺院は現在の王宮の向かいにある［ワット・サケート］。
65 稲作に関しては、農民は雨の到来をしっかり把握していなければならない。ジャン・デルヴェールは著書『カンボジアの農民』の中で次のように言っている。「稲作従事者は気候と非常に古くからの伝統の奴隷である」Jean Delvert, *Le Paysan Cambodgien*, p. 651.（邦訳『カンボジアの農民』風響社、2003）
66 『ヴェァン・チョウン版』(t.VII, p.742) によると、21歳になったアン・エン王子は、王宮の敷地内にあるモハーテアト（タイ語ではマハータート）寺院で僧侶になるよう命じられたという。

いけなくなる。このような状況の中で、どうすればシャムとベトナムの苛政から逃れることができたであろうか。

　長期間の戦禍によるもうひとつの深刻な影響は、外国商人、とりわけヨーロッパの商人たちとの交易が完全に遮断されて、国内の商業活動が窒息状態に陥ったということだった。戦乱のため外国商館の担当者たちは転地を余儀なくされていた。在プノンペンの商館は閉鎖され、近隣地域内で同じ商品が入手できる都市、たとえばバンコクなどに移っていった。

　カンボジアが1659年にアンナムから侵略を受けたとき、いち早く海路アユタヤに逃げたイギリス人商人たちは、東インド会社の責任者たちに、シャムに新商館を開設するしかないと強く勧めた。こうして、商館員がいなくなったプノンペンは商港としての役割を失ってしまった。プノンペンは、内陸部に位置し、メコン川を通して海と結ばれていた。またたくうちに交易関係者たちから忘れ去られ、外国船の姿は見られなくなった。その後小康状態が続く時期には、クメール人たちは農産物を売りさばくために、コシャンシンに出掛けていくしかなかった。1778年にコシャンシンに滞在していたチャープマンは次のように記している。

「シャム人およびカンボジア人は自国の物産をコシャンシンに運んできて、それを売りさばき、あるいは必要な物品と物々交換するようである」

　カンボジア人たちはベトナム人に対して正直であった。約束はきちんと守り、隣人を害する気持ちはまったくなかった。逆に、グエン時代であれタイソン時代であれ、ベトナム人たちは何かにつけカンボジアを属国にしようとしていた。1778年、タイソン反乱者の1人グエン・ヴァン・ニャク［阮岳］は、クィニョン王宮でシャルル・チャープマンに会見した折、イギリス領インド諸島の役人に、カンボジアを属国にしたい旨を告げていた。

　チャープマンは次のように報告している。

67　外国商人は時には拉致され、プノンペンから連れ去られることもあった。註47参照。
68　Cf. E. W. Hutchinson, "*Aventuriers au Siam...*", *BSEI*, t. XXII, no1-2, p. 47.
69　カンボジアで戦争をするため派遣されたシャム兵士たちで、中国人住民でないことは明らかである。
70　Cf. H. Berland, "*Relation d'un Voyage...*", *BSEI*, t. XXIII, N°2, p. 63.

「彼（グエン・ヴァン・ニャク）はその時、今後の計画のいくつかを打ち明けたいと言った。それはカンボジア王国およびシャムに至るまでの半島の全域、同じく現在トンキン［ベトナム北部］人の手中にあるコシャンシンの北部地方を含めて支配することであった。そのためには（そして彼は強調したのであるが）、イギリス軍艦の参戦を心からお願いしたく、またそのような参戦に対するお礼としては、イギリス人が拠点として必要な土地を譲渡することにいたしたい。最後に、もしこの戦闘に手を貸してくれて、コシャンシン全域の支配を私たち一族に保証してくれるなら、イギリス人たちが満足するような割譲地の用意はある、と締めくくった」[71]

カンボジア王国政府の不在のままでアン・エン王はまったく政治権限がなく、ベンはシャムの言いなりにことを運んでいた。カンボジアは隣接国のベトナムとシャムの餌食にされてしまった。両隣国は、この時代にカンボジア国の分割を目論んでいた。ベトナム年代記にその痕跡が残されている。

「1791年、バタォク［バサック］[72]の諸地方をカンボジア王ネァック・アン・イン[73]の権限のもとに、ロンスエン［ピェム・バリァチ］地方とラクザー［クロムン・ソァ］地方をチン・コンの子孫[74]の支配下に委ねたいと願っていたシャム王［チャラロク、ラーマ1世］が、グエン・アイン［ザーロン帝］にゲアンのタイソンを攻撃するための応援を持ちかけたとき、ザーロンはサイゴンにおいてほぼ準備ができていた。ザーロンは申し出を受け入れ、シャム王にラオス経由でゲアンに来るように要請した。そして、ザーロンはバサック地方を回復しようとするアン・エン王の帰国を認めた。しかしながらザーロンは、ロンスエンとラクザーをシャムの保

71　Cf. H. Berland, *"Relation d'un Voyage..."*, *BSEI*, t.XXIII, N°2, p. 32.
72　シャム王はベトナム人たちに対して、バサック地方がアン・エン王の権限下に置かれるべきであると再確認しようとした。それというのも、数年前からこの地方はカンボジア人の手から離れていたからである。
73　アン・エン王子のこと。
74　マク・キュウ［鄚玖。華人商人。グエン朝とウードンの王の双方から官位を得て、ピェム（ハティエン）を中心に交易ネットワークを確立していた］のひ孫コン・ビンのこと。当時は長の肩書でロンスエンにいた。Cf. Ch. Maybon, *Histoire...*, p. 353.

護を受けてきた中国人の混血の支配下とすることは拒否した」[75]

　ここにおいては、シャムとベトナムがカンボジア王国の分割をもくろみ、画策しはじめた様子が窺える。以後約50年にわたるカンボジア分割をめぐる展開は次章以下で述べる。

75　Cf. T.V. Ky, *Cours d'Histoire…*, t. II, p. 229.

第3章
アン・エン王の時代：1794年〜1806年

　アン・エン王子は、22歳になった1794年、チャラロク王［ラーマ1世］の手によりバンコク王宮内で戴冠した。その王名は「ノリィアイ・リァメァ・ティパディー」である。摂政のポックはチャウヴェア・トルハに昇進した。戴冠式の王位の証明に必要とする聖品、とりわけ聖剣は前もってベンが準備し、アン・エン王に授けられた。[1]

　カンボジアでは、シャム、ベトナム、反乱のタイソンの3者がカンボジアを主戦場に約30年にわたり戦闘を続け、そのためクメール人の国家機構は崩壊してしまった。信頼できる高官もいなくなってしまった。この人材不足を埋めるために、アン・エン王はカンボジアに帰国するにあたって、プリァッ・アン・ケオ・ドゥンと以前アン・トォン王に仕えていた長官テンを同道することの許可をシャム王宮に求めた。チャラロク王はこの要求にまったく反対しなかった。しかしながら、アン・エン王が出発したあとも、家族の多くはシャムにとどまった。[2] このことについて年代記は、王妃2人は妊娠していて、王子たちはこのような陸路の旅をするには幼すぎたとある。しかしながら、実際のところ、王子や王女たちは人質としてバンコク王宮内に引きとめられたのである。この悪辣なた

---

[1] ウードン王宮のチャウヴェア・ポックについて書かれた筆者不明の覚え書きがある。「マチャス・アン・トォン［アン・エン王子］はバンコクにいた。15歳に達したとき、プリァッ・チャオ［ラーマ1世］は国を治めるようにとマチャス・アン・トォンを発たせた。ポックという高官がいた。彼はアン・トォンの養父だった。マチャス・アン・トォンはポックをソムダチの位に格上げして、即位した。ポックは王子を膝に乗せ、王の代理として話した。そして、王子が20歳になって、自分自身で統治できるようになるまで、これが続いた。チャウヴェア・ベンはポックの昇格を不服とし、高官たち全員とともにバッダンボーンに引きあげた。以来、バッダンボーン地方は自治地区になった」Cf. P. A. *Histoire Diverse*, no.17.

[2] 祖母ソムダチ・プリァッ・ペアケアヴァドゥリ・プリァッ・スレイ・ソチエター、精神的な母親（チャウヴェア・トルハ・ポックの妻）ネアック・チェムテアヴ・モハー・クロサット、3人の妻モネァン・ウン、モネァン・ケオ、モネァン・ロスと子供たちである。Cf. *VJ*, t.VI, p. 751.

くらみは、その後、チャラロク王がアン・エン王にカンボジア西部地方の割譲を強要した時に明らかになる。

　こうして、アン・エン王は1794年5月初旬ごろ、バッダンボーン、ポーサット、コンポン・チュナン経由で陸路帰国した。その旅は21日間続いた。道中、王は住人たちから歓呼の声で迎えられた。ウードン王宮では、生き残りの高位高官たちが拝謁し、古式にのっとって、忠誠の印として新王へ自らの誓紙を提出した。3人の高官たちベン、ケープ、カォンは、王から、これら拝謁者たちを酒食でもてなすよう命じられていた。

　数日後、ポックはベンとその他の高位高官たちと協力して、アン・エン王の再戴冠式を計画した。この2度目の儀典式は1794年5月28日に行なわれた。王は首都を3周する儀式［プラダクシュナ］を執り行ない、ノリァイ・リァメァ・ティパディーの王名をそのまま名乗った。

　アン・エン王の治下はたった3年だけであったが、クメールの人たちは束の間ではあるが、日頃の苦しみから解放された。ここ数世紀にわたり、カンボジアはシャムとベトナムの両隣国から交互に侵略を受けてきた。今度はシャム王国のために身を切り裂くことになった。その上、カンボジア南部地方では、グエン・アイン王子と反乱者タイソンの戦闘が再開された。アン・エン王はピェムの地方長官としてプリァッ・アン・ケオ・ドゥンを派遣した。ところが1年後、再び王から命令が出されたらしく、プリァッ・アン・ケオはウードン王宮に呼び戻された。

1. シャム王、西部地方を不当に併合

　チャラロク王は、1783年ベン、ケープ、カォンをそれぞれバッダンボーン、ポーサット、シェムリァップの地方長官に任命した。3人のクメール人長官はカンボジア国内の出来事をすべてバンコクへ報告するように義務づけられていた。それは、1779年と同じようなシャムにとって不愉快な出来事が起きるのを避けるためだった。ところが、アン・エン王がバンコクに滞在している間に、3長官

3　シャムの保護を受けていたアン・ノン王の暗殺のこと。第2章3. 参照。

のうちの2人の長官、特にベンが、野心に駆られて、きわめて乱暴なやり方で、祖国カンボジアの存立と大義名分を裏切る行為に出た。王権が脆弱で、王の許に有能な高官がいないのをいいことにして、ベンは、チャラロクやタークシン[4]を真似て、カンボジア王権を奪おうと考えたのである。ベンはこのように誇大妄想にとりつかれたが、彼には強力な支援者がなかった[5]。とどのつまりベンは、心ならずも、ウードン王宮に戻ったアン・エン王を迎えることになり、そして王宮は、具合の悪いことに、チャウヴェア・ポックやプリァッ・アン・ケオ・ドゥンなどの優秀な高位侍従が取り仕切っており、とりわけかつてのライバル、テンがいるのであった。その上、この3人の高位侍従が結束していて、王に忠誠を誓っていることをベンは知っていた。彼はアン・エン王に、ぜひともバッダンボーンの地方の長官に任命してくださいと頼んだ。その理由は自分の過去の陰謀が発覚するのを恐れたからである。王宮では、ベンのバッダンボーンへの転出がもたらす災難、領土保全の本質にかかわる脅威について、気づいた人はだれもいなかった。とはいえ、王は、ウードン王宮において、ベン、カォンとポック、ケオ・ドゥン、テンの共存を期待するのは無理であると考えていた。

こうしてベンはシェムリァップの地方長官カォンを伴って任地へ出発したが、王の寵愛を受けていたケープは、ウードン王宮に留まる方を選んだ[6]。ベンとカォンは任地に到着すると、もはや王宮の権威を恐れ気遣いすることがなかった。2人はすぐさまシャムの高官を通じて、チャラロクに親書を送った。

「わたくしども2人は、プタチャウ王[7]がカンボジア王に親書を送り、王を手厚くもてなし、援助してくださいました返礼として、バッダンボーン、モハーノコー、サォムナット[8]およびチョンカル[9]をクロン・テプボレイ・スレイ・アユタ

4　Cf. *VJ*, t.VI, p. 747.
5　Cf. *VJ*, t.VI, p. 740.
6　Cf. *VJ*, t.VI, p. 748.
7　プタチャウという言葉はシャム語で王を指す。ラーマ1世のこと。
8　現在のシェムリァップ地方。
9　エモニエ(*Le Cambodge*)もリュネ・ド・ラジョンキエール(*Atlas archéologique de l'Indochine*)もサォムナット地方に言及していない。この4地方の順序からすると、サォムナットはシェムリァップとチョンカルの間に位置する。

ヤの直属として要求されるよう希望します」

　チャラロク王はこれを喜んだ。チャラロクの命令で、領土割譲要求が盛り込まれた親書がしたためられ、カンボジアに送られた。これを読んだウードン王宮は仰天した。

　アン・エン王は高位侍従たちと相談の上、このバンコクの要求に抵抗を試みた。これら4地方は王国領の版図内において大きな比率を占めており、これなくしてカンボジア王国は存立できないというのがその理由である。

　このように拒否されるとは思いもしなかったチャラロク王は、アン・エン王からの返書に激怒し、これはカンボジアに対するシャムの権利だと強弁して、再度領土割譲を要求した。今度の返信は脅迫じみていた。

「私が絶対の権利を要求する地域は、シャムに譲渡されるべきものである。その理由は、チャウ・ポニェ・アパイティベス・ベンおよびヨマリァチ・カォンの地方長官両人が、今後これらの地方をバンコク王宮の直轄領に入れてほしいと求めたからである。もしこれを拒否するならば、重大な事態が引き起こされるだろう。（なぜなら）これはアパイティベス・ベンおよびヨマリァチ・カォンの両地方長官からの申し出である！　本件について熟慮されるよう求める！」

　当時、カンボジアには有能な高官も本当の軍隊もなく、このような取るに足らない脅威にも立ち向かう状態になかった。内戦で混乱しているアンナム［ベトナム・グエン朝］にはまったく援助を期待できないばかりか、バンコク王宮には王子たちが何人か身を寄せていた。なにより国民の平穏を願うアン・エン王は、この不当で一方的な領土割譲要求に屈せざるをえなかった。それでも、被害を最低限にくいとめる対策案として、王はその返書をしたためた。

10　クロン・テプポレイはバンコクの名称で、チャクリー王朝以来シャムの首都。アユタヤは元シャム王国の首都名。Cf. G. Coedès, *Les Peuples de la Péninsule Indoshinoise*, pp. 153-154. たいていのカンボジア王朝年代記に記載される「クロン・テプポレイ・スレイ・アユタヤ」はシャム王を指す。
11　Cf. *VJ*, t.VI, p. 750.
12　Cf. *VJ*, t.VI, p. 751.

「これらの地方がすべてシャムの直属領に編入されることに同意いたしますが、それはチャラロクの御代だけでございます。御代が終わりましたあとは、4地方はもと通りカンボジア王国に返還されることになります[13]」

こうした政治背景のもとに、1795年にカンボジア西部地方はシャムの属領となった。しかしながら、70年後、領土割譲の条文はシャム当局によってねじ曲げられてしまった。

若きアン・エン王は西部地方を譲渡はしたものの、なんとか取り戻したいと画策を始めた。アン・エン王は1796年の初め、当時シャムで暮らしている王族たちを帰国させるため、オクニャ・ヴェァン・スースとオクニャ・ヴィボルリァチ・エクという2人の高官をバンコクに遣わした[14]。アン・エン王は王の権限を摂政ポックに任せて、1796年3月3日木曜日に、自らバンコク王宮に向かって出発した[15]。

バンコク王宮訪問の目的は、西部地方をカンボジアに返却してくれるようチャラロクに懇願するためであった。しかし、有能な高官も軍隊もない若きアン・エンの願いごとは何ひとつ受け入れてもらえなかった。アン・エン王はシャムでむなしい2ヵ月を過ごし、失意のまま1796年5月5日木曜日に帰国した。そしてその7ヵ月後に亡くなった[16]。

---

13 Cf. *VJ*, t.VI, p. 752-753.
14 本章註2参照。4人の王子はアン・チャン、アン・ピム、アン・スグォン、アン・イム。
15 Cf. *VJ*, t.VI, p. 756.
16 蛇年カデゥク月、下弦の月14日目月曜日で、西暦1796年11月28日に当たる。アン・エン王とカンボジアへ派遣された宣教師との関係については、ルラブース（Lelabous）がブランダン（Blandin）に宛てた1797年4月25日付書簡が役に立つであろう。「カンボジア王は、まだ若かったが、今年亡くなった。王は常にアドランの司教に対し尊敬と親近感を持ち、感謝の気持ちを抱いていた。死の数日前、王は司教に手紙を書き、その中で司教を第二の父と呼んで、病床を訪ねてくれるよう懇願したのである。手紙には『私の病を治すことができるのはあなただけです』と書かれていた。王は同時にコシャンシンの王にも手紙を書いてアドラン司教が願いを聞き届けてくれるのを認めてくれるように頼んだ。司教は、パリで会ったことのあるジル（Gillers）というキリスト者に薬を持たせた。王がカンボジアの薬をたくさん飲まなかったら、この薬によっておそらく王は助かっただろう。しかし、クメール人たちは、ジルの薬を飲んだ王が良くなったのを見ると、われもわれもと自分の薬を王に飲ませようとし、王は亡くなった。幸せなことに、王は重病の床で敬虔なキリスト者である医者によって洗礼を受けた」Cf. *NLE*, t.VII, 1823, pp. 392-393.

2. カンボジア西部地方併合に関するシャム側の史料

　カンボジア西部地方を領有とする理由について、シャム側の主張があるので紹介したい。ちょうど、フランスがカンボジアを保護国にしようと考えていた時期でもあった。これについては、1863年と1864年の年号を明記した2史料がある。最初は『カンボジア年代記概説』で、これには1863年10月16日付けのパリ駐在シャム領事からフランス外務大臣宛書簡が含まれている。

「カンボジアに住んでいるチャム人とマレー人は1793年にコシャンシン人と組んで、騒動を起こし、カンボジア国を侵略しました。カンボジアの王族や貴族たちは敗走し、シャム王国に亡命しました。そして、現王朝の第1君主であられるシャム国王［チャラロク］に対し、これらマレー人を屈服させ、コシャンシン人を征服するために貴国の軍隊を準備して派遣してほしいと要請してきました」

「そして、クメール人高官の貴族たちがカンボジア国を守るため派遣されました。これが12年間続きました」

「［カンボジアの］人々はシャムと同じように、地方政庁による徴発に従事し、税を徴収されました。この地方政庁の長官たちはコシャンシン人とはまったく利害関係がありませんでした」

「この当時、コシャンシン人は内戦で分裂していて大きな力を持っておらず、クメール人高官たちはカンボジアを守るため派遣されました。というのは、シャムに亡命を求めざるをえなかったカンボジア副王一族は、3人の王女とヌック・プラ・オン・エンと命名された10歳になったばかりの王子でしたが、彼らは自分たちの利害と名誉を守るに必要な力も知恵もなかったからです。最高君主であられるシャム王陛下は王子を1795年まで手元に置き保護されました。ヌック・プラ・オン・エン[17]王子がそれ相応な年齢に達したとき、最高君主シャム王陛下[18]はカンボジア全土の権限を与えるとして王子を帰国させ、シャムの直轄領域

17　カンボジア語の「ネァック・プリァッ・アン・エン」のシャム語発音。
18　チャラロク王のこと。チャクリー王朝初代王。

はバタトン(バッダンボーン)とシェムリャップだけにしました」

「ヌック・プラ・オン・エン王子はこうして副王の身分でカンボジアへ戻り、毎年シャム王国に年貢を納めました。3年後に副王は亡くなりました」[19]

　この年代記は意図的に史実に即した発言や事項を避けていることに注目したい。チャム人やマレー人たちが引き起こした騒動[20]、あるいはクメール人とベトナム人との関係など、言及している歴史的な事柄は史実と一致しない。カンボジアとシャムとの関係については、この年代記の筆者は、基本的には、シャムがカンボジア国を保護国とし、発展と繁栄を奨励したということを伝えている。

　文中のアン・エン王を指す「副王」という奇妙な肩書は、まさにこのことを示している。「年貢」を払うということは副王の身分を左右するものではない。「年貢」の概念ははっきりさせるべきである。カンボジア年代記は常にカンボジア王からシャム王への「贈り物」、それはカンボジア語では「バンダーカー」[通常の贈り物、新郎・新婦への金品の贈り物の意味]であり、けっして「スイ・サ・アーコ」[通常では弱者が強者に許してくださいという意味で贈呈する貢物]ではない。この贈り物は、カンボジア王が新玉座に就いた時、あるいは平和が戻った証しとして、支援してもらった大国への謝意を表するための金品にほかならない。このような状況にあっても、カンボジア王はカンボジア王国における絶対君主として君臨しているのである。

　アン・エン王を指す「副王」の称号の乱用は、シャム王がバタトン(バッダンボーン)とシェムリャップ区域に対する権限を確保した背景に年代記作家がまったく言及していないだけに、なおさら問題である。もちろん、この地域の実態について知識があまり豊富ではない読者、特にフランス外務大臣を、カンボジア王がシャム王宮に示す恭順の態度がことの本質だとほのめかして、誤った方向に導くのは、もっと大きな問題である。

　全く同じことが、第2の史料にも出てくる[21]。1864年、ノロドム王の戴冠式に派遣されたシャム人高官モントレイ・ソリヴォンの覚書である。

19　Archives du Ministère d'Outre-Mer, Collection Indochine Aoo(4) Carton 1, Siam 1863.
20　第1部第2章参照。
21　オリジナル文書が何語で書かれていたのかは不明、フランス語訳のみ存在。

第3章　アン・エン王の時代：1794年〜1806年

「昔、カンボジアは独立していて、王が自国を統治していた」
「ここ数百年間にわたり、この王国はいつも国内の対立や戦争で混乱状態にあった」
「ついに、カンボジアはシャムに救援を要請し、シャムが平和を回復させた」
「シャムはカンボジアの王座にアン・エン王を即位させた。王は感謝の印にバッダンボーンとアンコール地方をシャム王に贈呈した。それ以来、これらの地方はカンボジア領ではなくなった。ラオス同様、大河［メコン川］までシャム王が統治している」[22]

　ここにあるのは、バッダンボーンおよびシェムリァップの領域についてのシャムの主張であるが、その真実はカンボジア年代記に照らしてあわせて確かめるべきである。しかしながら、何人かのフランス人カンボジア研究者たち、たとえばJ. ムーラ[23]やE. エモニエ[24]はカンボジア年代記を渉猟したが、カンボジア西部地方の併合の条項は何も見つからなかった。歴史事実として確認したことは、ベンが統治して以降、西部地方はシャムの権限の下にあったということだけである。
　カンボジアの西部地方併合に言及した物語が、20世紀初めに出版された年代記『プラチュム・ポンサヴォダ』に載っている。シャム側の釈明である。

22　Archives du Ministère d'Outre-Mer, Collection Indochine B30(4) Carton 37.
23　J. Moura, *Le Royaume du Cambodge*, t. II, p. 98.「今年（1794年）5月、シャム王は、カンボジア王をシャム軍の護衛の下、カンボジアへ送り出した。それはカンボジア王が復権し、王の統治を取り戻すのを助けるためであった。バッダンボーン地方の長官（副王の立場で）ベンが軍隊の先頭に立った。彼は、王を復帰させ、カンボジア王国の秩序を回復させる使命を負っていた。それから、ベンは自分の軍隊とともにバッダンボーン地方に退去しなければならなかった。シャム王に従属し、その命令を受けるという条件で、バッダンボーンの行政を任せられたのである。アンコール地方も同様の条件だったが、行政的にはバッダンボーンの下に入ることになった」
24　E. Aymonier, *Le Cambodge*, t. III, p. 792.「新シャム王は、宗主国の国主の立場で、1794年バンコクにおいてアン・エン王を戴冠させた。アン・エン王は15年前に即位しており、決して野心的な大臣たちの道具などではなかった。それからシャム軍がカンボジア王国までアン・エン王に随行した。軍隊の先頭に立つカンボジア首相ベンは、バッダンボーン、アンコール、および大湖［トンレ・サープ湖］の西部地方の行政権を保持し、この時からシャム王の支配下にあった。こうしてバッダンボーンとアンコールの両地方はシャムの支配下に置かれ、この裏切者［ベン］の後継者たちが治めることになった」

「小暦1156年、第6旬虎年の西暦1794年、プリァッ・プタヤットファ陛下［ラーマ1世］は、アン・エン王の戴冠式を執り行なうよう命じた。アン・エン王はカンボジア王リァメァ・ティパディーを名乗った。チャラロク陛下は、プラー・タバォン［バッダンボーン］とノコー・シェムリァップ地方をクロンテプ［クルンテープ］（バンコク宮廷）の直轄とするようアン・エン王に要請し、さらにあらゆる階級のクメール人高官にプラー・タバォンに滞在するようにと命じた。最後に陛下はベンをプラー・タバォン地方の長官プラヤ・アパイティベスに任命した[25]」

さらに詳しい記述は、『プリァッ・リァチ・ポンサワーダー・チバップ・プリァッ・リァチ・ハタレカー』［王が署名した勅令の王朝年代記］。著者は歴史家のダムロン親王である[26]。

「陛下（チャラロク王）は、アパイティベス・ベンが12年間カンボジア王国をよくまとめていたと思っていた。しかし、ベンは以前、アン・エン王の故父王［アン・トォン王］と王位を争ったアン・ノン・プリァッ・リァム・リァチャ王に仕えていた。したがって、ベンがノリァイ・リァメァ・ティパディー（アン・エン）王やチャウヴェァ・トルハ（ポック）と組むことはありえないだろうと言っていた。それで陛下は、（アン・エン王に）プラー・タバォン地方と周辺地区およびノコー・シェムリァップ地方というタイに隣接した地域を、本土から離れた領土として、アパイティベス・ベンが統治し、バンコク宮廷の直轄支配下に置くように要求した。ノリァイ・リァメァ・ティパディー（アン・エン王）とチャウヴェァ・トルハは、アパイティベス・ベンの機嫌を損ねさせないために、プラー・タバォンとノコー・シェムリァップをカンボジア国から分離し、以後バンコク王朝の属領となることに喜んで同意した。それからアン・エン王とチャウヴェァ・トルハはチャラロク王に暇を願い出て、この虎年第2月にアン・エン王は妻たち子供たちとともに帰国した[27]」

---

25 Cf. vol. XII, p. 125. La Première Édition du Volume I date de 1908.
26 ダムロン親王はモンクット王（ラーマ4世）の王子である。母が王族ではなかったので、王子はプラー・オン・チャオの肩書しか与えられなかった。チュラーロンコーン王（ラーマ5世）の異母弟である。
27 Cf. Vol. II, p. 563. La Première Édition Date de 1912.

これら2つの史料のうち、最初の史料は、カンボジア王国の領土問題については、バンコク宮廷が主導権を持っているのだと、まるで当然のようにカンボジアが隷属した立場であると強調しているのが特徴である。この記載は『カンボジア年代記概要』あるいはモントレイ・ソリヴォンの記述とも一致する。しかしながら、ダムロン親王は、アン・エン王もチャウヴェア・トルハ・ポックもカンボジア西部4地方がシャムの属領になることに反対もせず、むしろ喜ぶ態度をとったことを指摘して、その姿勢を非難しているのである。

3. ポックの摂政時代：1797年～1806年

　臨終が近いと感じたアン・エン王は、王国評議会において、王族の中から後継者を指名する役割をポック摂政に委ねた。王はポックの忠誠とその能力を見込んでの選択だった。その上で、敬虔な仏教徒であった王は、王の子供たちの住居として王宮をベン・プサー・デークの近くに移築して[28]、王宮跡地にパゴダを建築するよう命令した。

　アン・エン王は、カンボジア西部地方の返還を求めてのバンコク詣でであったが、何の成果もなく帰国し、その7ヵ月後に逝去した。死亡の病名については、入手できる史料の中ではただ「熱病」とあるだけで、はっきりしない[29]。しかしながら、アン・エン王はカンボジア王権を代表する偉大な王であり、西部地方の返還を執拗に求めてはばからなかった唯一の王であったことは明らかである。したがって、王の死は、統合への動きを加速させ、カンボジアはますますシャムの従属下になっていくのであった。カンボジアの次期王位継承者は、あまりにも若年であった。アン・エン王の死後、チャラロク王はカンボジアへの影響力をさらに強めた。王は、故人の火葬はバンコクで執り行ない、チャウヴェア・ポックはそのまま摂政役を続け、その指導下にアン・エンの長男アン・チャン

28　プサー・デークは、「旧王宮」ヴェァン・チャス村とウードンの中間にある村の名前。
29　パーリ語から来た visa roga は宮廷用語で「熱」を意味する。文字通りには「毒（が原因の）病」Cf. *Kbuon Réachsap*, Bibliothèque Royale du Kampuchéa, P. Penh, 1931, p. 27.

王子が王位を継承するよう命じた。

　ポックはバンコクの決定を王国評議会に伝えた。1797年3月7日火曜日、彼は、10歳のアン・チャン王子が王座に着かせた。それから、アン・エン王の亡骸をシャムの首都バンコクに移送し、その間ウードン王宮の諸事をチャックレイ・ケープに委ねる計画を立てた。こうして葬送の行列はコンポン・ルォンを出発して、トンレ・サープ湖岸に沿って進み、ロレア・パエァ地方に向かった。

　ところが、同じころ、ビルマのボダーパヤ王[30][コンバウン王朝6代目ボードーパヤ王（1782-1819）]はシャム北部地方に再び攻撃をしかけてきた［1785年の攻撃は食いとめた］。チャラロク王は国土を防衛せねばならず、故アン・エン王の火葬の日程を見直した[31]。そして王は、アン・エン王の火葬礼をカンボジアで行なうようポックに命じ、さらに、ビルマ軍と闘うための援軍をカンボジアから派遣するようにと要求した。摂政は王の亡骸をウードンに持ち帰り、チャックレイ・ケープが率いる1万人の軍隊をバンコク王朝救援のため送った[32]。

　このようにチャラロク王は、カンボジアの人材をまるで征服した国のそれのように利用した。同じく、チャラロク王は1799年には、ベトナムのグエン・アイン王を援助し、タイソン反乱を殲滅するように、ポックに命じている。

　摂政のポックはいつも王家に忠実であった。1798年、ウードンの丘の東頂上にあるストゥーパ2基を修復し、亡き王アン・エンの遺灰を納めた。片方は銅、もう片方は鉛の仏像2体を、王の肖像として、ストゥーパの上部に安置した。1800年には、元の王宮跡にパゴダを建立して、故アン・エン王を象った仏像を納めた。

　アン・チャン王子が13歳になった1802年、ポックは断髪式を執り行なった。同年7月、若い王は新しいパゴダに引きこもり、雨季の3ヵ月間安居した。

　18世紀末は、カンボジアにとってなおも激動の時代であった。最高権力は形式的に1人の子供［アン・チャン王］の掌中にあったにすぎない。摂政のポックの権限についても、複数の高官が異論を唱え、クロラホム・プロムにならって、それぞれが勝手に動こうとした。シャムはと言えば、こうした王室内の不協和

30　Cf. W. A. R. Wood, *A History of Siam*, p. 274; G. Cœdès, *Les Peoples...*, p. 157.
31　*Preah Rachaphongsavadan Chbap Preah Réachharhalekha*, vol. II, p. 573. によると、ビルマの攻撃に加えて、宮廷の高官たちからの非難があった。隷属する王の火葬を国内で執り行なうのは不幸をもたらすことになるであろうというのであった。
32　Cf. G. Aubaret, *Histoire...*, p. 123.

音を積極的に利用して、より一層カンボジアをがんじがらめにしようとしていた。

　前述のように摂政ポックは1799年にバンコク王宮の命令によって、グエン・アイン王救援のため、カンボジア軍を派遣せねばならなかった。兵員としてはプレイ・ヴェーン、バプノム、ロムドール、スワイ・テープの4地方の住民が動員され、1万人の兵士がオクニャ・ヴェァン・ロンの指揮下に置かれた。男性兵員が少なかったため、オクニャ・ヴェァンは病人も兵役につかせたので、住民たちから顰蹙を買った。だが、さらに重大な不正は、従軍したくない者から賄賂を受け取っていたことだった。このような不正を耳にしたポックは、オクニャ・ヴェァンをウードン王宮に呼び出し、極刑に処した。そして、クロラホム・プロムを軍隊長に任命し、責任を果たすように命じた。

　ベトナム史料によると、カンボジア軍は前回のように南部前線でグエン・アイン王軍に合流したのではなかった[33]。シャム軍とラオス軍で編成された大部隊に合流して、森林の道をとり、ベトナム北中部のゲアンまで北上し、北側から攻撃をしかけねばならなかったのである。カンボジア兵士たちは1799年に出発し、グエン・アイン王がタイソン朝の反乱者たちに完全勝利をおさめたところで、1802年に帰還した[34]。カンボジア王国に対する感謝のしるしとして、クロラホム・プロムはベトナムの王子から贈り物を受けた。それはマカラの印の入った2基の大砲であった[35]。1779年のアン・ノン王暗殺とその後の一連の出来事の際、ベトナム軍が持ち去った大砲であった。

　年代記によると、タイソン軍を破って自信満々のクロラホム・プロムは、傲

33　メイボン（Maybon, p. 324）にグエン・アインからシャム王に宛てた要請の訳がある。「1799年をもって、ついに大規模作戦の時代が始まった。春になるとグエン・アインはシャムに使節団を送った。シャム王宛ての手紙には次のようにある。『タイソンたちは争い合い、お互いに殺し合っています。将軍や大臣たちが暗殺されました…彼らに天罰があるように。私は好機を見て出動する用意があります。シャム・カンボジア・ラオス合同編隊と将軍を1人派遣していただけませんか。森林の道をとり、ゲアンまで北上し、そこでタイソンを倒してください。当方は南側から攻撃します。こうすれば、われわれは敵の息の根を止めることができます』」

34　グエン・アインは、1802年6月1日、アンナムの君主であると宣言した。秩序が回復するには、1802年の7月を待たねばならなかった。（Ch. Maybon, p. 349）その結果、クロラホムは同年8月帰国することができた。

35　マカラの頭は、クメール寺院のまぐさによく使われる装飾モチーフである。Cf. G. de Coral-Rémusat, *L'Art Khmer, les Grandes Étapes de Son Évolution*, Paris, 1951, p.43; ID, Animaux fantastiques de l'Indo-chine, de l'Insulinde et de la Chine, *BEFEO*, t. XXXVI, pp. 427-435.

慢になり、もはや摂政ポックの権威を認めなくなった[36]。ポックはプロムがかつてのベンのようになるのではないかと恐れていた。ポックは何の疑念も抱いていないふりをして、ある日プロムを逮捕し、重い罰を科した[37]。

　プロムがこの政治的駆け引きに足をすくわれた根本的な理由は、必ずしも個人的な傲慢さだけにあったのではなかった。きわめて高い可能性としては、シャムとアンナムの果てしないカンボジアへの影響力争いという政治的背景が原因であった。プロムは、ポックの摂政政治に反対して内紛が生じた場合を想定して、ベトナムの保障を取りつけていたにちがいない。ベトナムはもう一度カンボジアを自国の影響下に入れようと意図したのである。この陰謀じみた企みは、カンボジアの権益を何ひとつ譲るまいとするシャムにすぐさま裏をかかれた。プロムが刑罰を受けて何ヵ月もたたぬうちに、摂政ポックはアン・チャン王とバンコク王宮に参内した。この時、プロムも同行した。参内の目的は何だったのか、年代記は黙している。チャラロク王はプロムに恩赦を与えたが、バンコクでの居住を義務づけたとだけはわかっている。王はプロムの代わりにルゥン・ペチナ・ピチェト・モゥンをクロラホムの地位に格上げした。こうして新任クロラホムに付き添われて、若きアン・チャン王とポックはウードン王宮に戻った。しかしながら、ベトナムは謀略が失敗したにもかかわらず、カンボジアに対する権限行使をあきらめたわけではなかった。

　アン・チャン王は1805年12月4日水曜日、再びバンコクへ参内した。摂政ポックが同伴したが、1806年5月、ポックは病に倒れた。ポックは7月ごろ65歳で亡くなった[38]。ポックの弟ヨマリァチ・ノーンがチャウヴェア・トルハ［首相］に任命された。1806年7月26日、16歳になったアン・チャン王はチャラロク王の手によって戴冠された。プリァッ・ウテイ・リァチァティリァチ・リァメァ・ティパディーを名乗ることになり、そして1ヵ月後にウードン王宮へ戻った。

36　クロラホム・プロムはウードンに帰還した。しかしながら、摂政に使命の報告をしなかった。2ヵ月間、プロムは王国上級高官会議への出席を拒否した。摂政からの召喚にも応じなかった。Cf. *VJ*, t.VI, p. 765.

37　クロラホム・プロムの態度は、王国に対する裏切り行為とみなすこともできたであろう。しかし、極刑にはならなかった。国に尽くした、とりわけタイソンとの戦争に参加したことが評価されたのである。

38　ポックの妻はテップという名前で、ネァック・チュムテァヴ・モハー・クロサット の肩書を持っていた。1807年2月8日、テップはウードンで亡くなった。67歳だった。

4. 18世紀末のカンボジアとアンナムの関係

　1775年からこの18世紀末にかけて、カンボジアとシャムとの関係について年代記に書かれているのは、もっぱら1つの場所［カンボジア西部地域］のことだったが、他方、アンナムとカンボジアの関係は、一方が望み、一方が耐えるという軍事的介入ばかりだった。この軍事介入の実質は、いずれの場合も、ベトナム人のクメール人を隷属させたいという野望のあらわれにほかならない。この野望は、19世紀初頭、とりわけ1802年から1805年にかけて、チャールス・メイボンがベトナムの史料を用いてそれを裏付けているように、たとえ外交的な制約があったとしても、弱まることがなかった。

　「この同じ年（1802年）あるいは翌年、カンボジアは当時タイソンを倒したザーロン帝［嘉隆帝(1802-1819) = グエン・アイン。グエン(阮)朝の初代皇帝］のもとに代表団を遣わした。ザーロン帝はその使節をハノイで迎え、アン・チャン王に返礼の贈り物を献上した。1805年、アン・チャン王は毎年ベトナムの皇帝に敬意を払いたいと申し出た[39]」

　この史料によると、1802年と1805年の2度にわたり、アンナムの宮廷にカンボジア代表団が派遣されたということになる。しかし、メイボンは最初の外交使節の事実関係についていくつか疑問を呈している。

　「『目録』（「コムディン・ダイ・ナム・ホイ・デァン・スレ、No. 93」）には、1802年の代表団については言及がなく、1803年となってからである。『嘉定通志』（ザーディン・タゥンチ）と『史書』（タォトルク）（XVIII 17）には1802年とあるが、『史書』はごく簡単に、(9月に) シャム、カンボジア、ラオスの3人の使節が派遣されたとあり、その一方で、チン・ホイ・ドゥクは、アン・チャン王からザーロン帝に叙任の要請があったと付記している。これは捏造だと思われる。『伝記』（「ダイ・ナム・チン・ビォン・リィト・トルエン・ソ・タップ、nº 34"」）(XXXI)、『史書』(XXXIII, 5)、『目録』(CXXXII,

---

39　Cf. Ch. Maybon, *Histoire*..., pp. 380-381.

3 & 20;CXXXIII, 1; CXXXV, 14)では、はっきりと、この要請は1807年のこととある。『カンボジア年代記』によると(Moura, p. 99, 100)、1806年、アン・チャン王はアンナム王［ザーロン帝］の封臣であることを認めた。それに、同年、アン・チャン王はバンコクで戴冠されている[40]」

　アン・チャン王が戴冠されたのは1806年で、1802年にザーロン帝に叙任の要請はできなかったというのは確かだろう。1802年のシャム、ラオス、カンボジアの代表団派遣については、『嘉定通志』および『史書』の記述を考えると、シャム、ラオス、カンボジアの軍隊長3名ということらしい。クメール軍隊長とはクロラホム・プロムのことで、前述のように、チャラロク王がザーロン帝の要請で、ゲアン地方でタイソン軍を攻撃するために派遣したものであった。ベトナム人の執筆者たちがそれを勝手に外交使節としてしまったのである。
　1805年の使節については、カンボジアの年代記にも記されているものの、ベトナムのものとは全く違う。

「1805年11月6日水曜日にあたる、第7旬年、牛年カデゥック月、15夜の日、アンナムの王はカンボジアに93名からなる使節団を送ってきた。アン・チャン王に対する感謝の印に、使節団は贈り物として絹織物68タボーン[41]を献上した。船はコンポン・ルォンに接岸した。
　使節団を迎えるため、摂政ポックは歓迎の化粧金台を5ヵ所コンポン・ルォン港に設置し、別に5つをポー・ベイダゥム[42]に、さらに王宮前には5ヵ所設置した。それぞれの化粧金台は白檀の香りを漂わせ、巨大な2本の蠟燭に火がともされた。カンボジア王宮の高官たちは身分によって決められた民族衣装をつけ、象あるいは馬に乗って行列をつくり、ウードンを出発して、代表団を迎えるためコンポン・ルォンに向かった。
　ベトナム人たちは象の台座駕籠に乗ってウードン王宮に参内した。彼らは王室の儀礼にのっとってアン・チャン王に拝謁した。摂政ポックから使節団の人

40　Cf. *Ibid*, p. 380. n.1.
41　1タボーンは10クデ、1クデは約50センチ。したがって、68タボーンというのは340メートルに相当する。
42　ポー・ベイダゥム村は、コンポン・ルォンとウードン王宮を結ぶ道の途上にあったらしいが、現在の地図には見つからない。

たちに晩餐が供された。

　饗宴のあと、摂政はアンナム王［ザーロン帝］に対する友好の印として、お返しに銀400ドムリン[43]を献上した。そのあと、使節団はアン・チャン王に帰国の挨拶を行ない、アンナムに帰った[44]」

　その歓迎の豪華絢爛さについてはさまざまな説明がなされてきた。ベトナム人によれば、銀400ドムリンの贈呈はカンボジア王からアンナム王への「貢ぎ物」であり、贈り物の交換などではないという。これはカンボジアのベトナム隷属説[45]を意味し、西欧の歴史家たちの注目を引いた。そしておそらく、たとえばムーラやエモニエなどのように[46]、カンボジア王国に対するベトナム国の影響力を過大評価することになってしまった。

　クメール人は、たとえ過分な贈り物であったとしても、あくまでカンボジアの国に対するシャムの影響を弱めるためにしばしば頼った[47]ベトナムの力に対する感謝の印で、それは家族の不和を解決してくれたことへの感謝と同じだと考えている。

　ベトナム人はカンボジアのどうしようもない弱さに徹底的につけこんで、こうした慣習を制度としてしまい、カンボジアの国を事実上の属国だと言い張ってきたのである。

43　1ドムリンは37.8グラム。よって、400ドムリンは15.120グラムになる。
44　Cf. *VJ*, t.VI, pp. 767-768.
45　Cf. Ch. Maybon, *Histoire...*, p. 381; G. Aubaret, *Histoire...*, p. 121.
46　Cf. J. Moura, *Le Royaume du Cambodge*, p. 100; E. Aymonier, *Le Cambodge*, vol. III, p. 793.
47　1617年以後、スレイ・ソリヨーポール王はシャムの影響力を緩和するため、ベトナムの力を必要とした。Cf. *VJ*, t. IV, p. 334.

第4章
アン・チャン王の時代：1806年～1835年

　16歳になったアン・チャン王子は1806年7月26日にバンコクでチャラロク王［ラーマ1世］から王位を授かった。王名は「プリァッ・ウテイ・リァチャ」である。その1ヵ月後、1806年8月にアン・チャン王はシャムの首都を離れ、さらに1ヵ月後の9月15日、ウードン王都に帰着した。12月、プリァッ・アン・ケオ・ドゥンはその年の12月に王宮内の高官たちと合意の上、ウードン王宮においてカンボジアとしての新たな戴冠式を執り行なった。その祝宴は3日間続いた。

　その席には王族たちが全員揃っていたわけではなかった。高官の中で特に重要人物あるいは王の腹心は、カンボジア国を引き続き従属下において置こうとするチャラロク王によって、バンコクに引き留められていた。時には1人もしくは2人の王女が、自分の意志により、あるいはアン・チャン王のとりなしでカンボジアのウードンへ戻ることがあった。

　そのような事情から、1807年1月ごろ、アン・エイ王女[1]と娘がウードンに戻ってきた。おそらく長官アパイティベス・ベンの援助があったのであろうが、ベンはこの帰国する機会を利用してアン・チャン王の王妃にするつもりで、自分の娘のテープを連れ戻した。ベンはさらに、息子のマがウードン王宮で奉職できるように願いでた[2]。

　その1年後、アン・チャン王の要請により、別の2人の王女がシャムから出国することができた。アン・チャン王は、プリァッ・アン・ケオ・ドゥンとチャックレイ・ケープの助言で、チャラロク王に朝貢品を持参する代表団を派遣した

1　アン・エイ王女はプリァッ・アン・エイ・クサットレイの娘で、アン・エン王の腹違いの姉であり、したがってアン・チャン王の伯母にあたる。「王家系図」参照。

2　マはモネァン・テープ［ベンの娘］の弟である。後にアン・チャン王の宮廷で要職に就く。1825年から1826年には既にプリァッ・アン・ケオの肩書を保持している。この肩書はプリァッ・アン・ケオ・ドゥンが亡くなった1810年以後でないともらえないものだった。マはベトナムがカンボジアを占拠したとき重要な役割を果たした。

のである。この時、王は代表団に託して、モネァン・ヴォンとその娘アン・メン、アン・エイ、アン・ポウの4人のカンボジア帰国を許可してほしいとチャラロク王に願い出た。この3人の王女はアン・エン王の腹違いの姉妹であったが、モネァン・ヴォンとアン・メンの2人だけがウードンに戻ることを許可された。後の2人はオパラチ・ヴェァン・ナの側室であった。

アン・エン王時代には、1796年から1808年の間に、ウードンに3つの王宮が建設された。アン・エン王は、亡くなるまで現在は遺跡となっているワット・ヴェァン・チャス王宮で暮らした。アン・エン王は最期に功徳を積もうと、侍従長官に、王宮を取り壊し、この土地を仏教信仰の場として提供するよう命令し、パゴダを建立して、王の功徳にふさわしい名前をつけてほしいと頼んだ。新しい王宮は、そこから数キロ東、ベン・プサー・デークの北に建築された。完成したのは1800年であるが、それから8年後の1808年4月13日夜、南衛兵詰め所から出火して、王宮は全焼した。この火事で建物だけでなく、財宝の大部分が焼失してしまった。

そこで3番目の王宮は、そこから数キロ東のチャムバォクメァス村に建設された。新王宮の北側に王の兄弟たちのそれぞれの住居が建てられた。

アン・チャン王がカンボジアに帰国したにもかかわらず、コンポン・スワイの長官であるデチョ・モゥンは、アン・チャン王に臣従の誓いを述べる儀式を頑なに拒んでいた。1808年末ごろ、王は強硬な手段に出た。チャウヴェァ・ヌォンに命じてモゥンを逮捕しようとした。ところが、逮捕命令を知ったモゥンは逃走し、シャム王宮に保護を求めた。アン・チャン王は1808年12月に自らバンコクの王宮へ赴き、1809年7月まで滞在した。年代記にはその旅行の理由は書かれていないが、おそらくモゥンの逃亡と無関係ではない。

アン・チャン王が権力を掌握してから1808年までは、カンボジアをバンコクの従属下に置いておこうとするシャムの政治的圧力は弱まったようである。その理由は単にチャラロク王が年老いたからにほかならない。1809年、プリァッ・プト

---

3 アン・エイ王女は2人の娘を産んだ。チャウ・プトとチャウ・ヴォンサである。アン・ポウ王女はチャウ・コンポチという娘を1人産んでいる。Cf. *VJ*, t.VI, p. 772. オパラチ・ヴェァン・ナは1803年に亡くなった。Cf. *VJ*, t.VI, p. 766. W. A. R. Wood, A History of Siam, p. 275.
4 Cf. *VJ*, t.VI, p. 762.
5 Cf. *VJ*, t.VI, p. 773.

ラウト・ラ［ラーマ2世（1809-1824）］が即位すると、シャムは再びカンボジアの王族や高官たちのある者をそそのかして騒ぎを起こさせ、王室の権威に刃向かうようにさせた。

　1809年9月7日、チャラロク王が亡くなった。息子のイサラッ・サンダラ［イッサラストーン王子］がプリァッ・プトラウト・ラ・ノピァライの即位名で王位を継承した。1810年1月に挙行された戴冠式には、アン・チャン王は2人の弟アン・スグォンとアン・イムのほか、プリァッ・アン・ケオ、クロラホム・モゥン、チャックレイ・ケープからなるカンボジア代表団を派遣した。代表団はシャムの首都バンコクに約5ヵ月滞在した。1810年5月4日、新シャム王プリァッ・プトラウト・ラ［ラーマ2世］は、アン・スグォンにモハー・オペヨーリァチ、アン・イムにはモハー・オパラチの新しい肩書を与えた。その4日後、代表団はカンボジアに戻った。同行して帰国したのは、シャムに保護されていたデチョ・モゥンであるが、モゥンのアン・チャン王に対する頑な態度は変わらなかった。バッダンボーンに到着すると、デチョ・モゥンはコンポン・スワイに直行した。ウードンに帰着した王子たちは、バンコクで果たした役割について即刻王に報告した。

　バッダンボーンでは、1809年にベン長官が亡くなった。息子のオクニャ・ヴィボルリァチ・ベンが後を継いだ。そして、プリァッ・プトラウト・ラの承認を受け、父親と同じアパイティベスを名乗ることになった。シャムの新国王によ

6　G. セデス（*Les Peuples*, p.157）はチャラロク王の死亡年月日を1809年12月7日としている。
7　プリァッ・プトラウト・ラ・ノピァライは1767年2月25日生まれで、亡くなったのは1824年7月21日である。
8　1809年にアパイティベス・ベンが亡くなったあと、100年の間に7人の長官が着任したが、血縁関係の確定は今後の課題である。しかし、父から子へと引き継いでバッダンボーン地方を統治したと考えるのが妥当であろう。年代記には2代目までの名前が記されている。それ以外は、4代目と5代目を除いて、Iv Tuot, *L'Histoire de la Pagoda de Po Véal*, 1927 に書かれている。これは雑誌 *Kampuchéa Sorya*, 1930, n°6, 7, 8, 9 に発表された。8名を年代順に並べると
　　1代目　アパイティベス・ベン：1809年死亡
　　2代目　アパイティベス・ベン：先代の息子、1809年着任
　　3代目　アパイティベス・ロス：1816年着任
　　6代目　アパイティベス・ノン：1846年着任
　　7代目　チャウ・ポニェ・カタタォン・ノン
　　8代目　チャウ・ポニェ・カタタォン・チュム．この人がバッダンボーンを離れたのは、おそらく1907年。フランスとシャムとの協定が1907年3月23日に終了している。Cf. Henri Marchal, *Souvenirs d'un Ancien Conservateur d'Angkor*, p. 25.（タイプ原稿、日付なし）

るこの任命は、バッダンボーンとシェムリァップ両地方がシャムへ最終併合することを意味した。アン・エン王が望んでいた両地方のカンボジア返還という希望はまったく失われてしまった。初期の併合の背景となる事情を知る当事者や証人たちはだれも生存していなかったのである。その上、カンボジアが自力でシャムに圧力をかけ、これらの両地方の返還を迫るには、軍事的にもあまりにも無力であった。両地方がカンボジア王国へ返還されるのは、1909年になってからで、これはフランスの長く忍耐強い交渉による結果であった。[9]

そして、1810年にはこれまで国を守り治める実力のあったカンボジア最後の大物の高官プリァッ・アン・ケオが亡くなってしまった。このケオ以後、優れて有能な高官がいなくなったように思える。年代記によると、1812年のシャムとの戦争で、アン・チャン王は有能な将官がいなかったため、ウードンを放棄せざるをえなかった。アン・チャン王時代末期には、カンボジアは2度にわたりシャムとの戦争に敗れ、さらにベトナムから侵略を受け、ベトナムに1815年から1835年にかけてそのまま20年間占領されることになった。カンボジア国内では有能な幹部も指導者もいなくなった。エリートの一部は、戦火を逃れてシャムに亡命した。[10] 大勢の高官たちが打ち続く戦争で命を落とし、あるいはプノンペンに駐屯していたベトナム人将軍に暗殺されてしまった。[11]

このように、ここ約100年間にわたりカンボジアでは、政情不穏な状況下にあり、有能な国家指導者の養成はおぼつかなかった。一方、同じ時代を生きるシャムやベトナムの両国においては、行政の再編成および経済発展を目指した諸活動が行なわれていた。[12]

1810年以来、王族たちを引き裂いた権力闘争や陰謀は、国の分裂を引き起こした。カンボジアはトンレ・サープ湖の北側はシャムに、南側はベトナムの支配下に入ってしまった。この悲劇をもたらした原因は2つある。その第1は王宮内の高官たちの個人的な対立や権謀術数、第2はシャムのカンボジア全土を支

---

9 Cf. Pensrl (Suvanij) Duke, *Les Relations Entre la France…*, pp. 296-297; F. Bernard, *A l'École des Diplomates…*, 240 p.
10 序章参照。
11 本書第1部第6章参照。
12 Cf. Ch. Maybon, *Histoire…*, pp. 349-379; W. A. R. Wood, *A History of Siam*, pp. 276-277; H. Berland, *Les Papiers du Dr. Crawfurd*, BSEI, 1941, t. XVI, n°4, pp. 7-134; t. XXIII, n°1, pp. 43-71.

配下に入れようとする野心とコンポン・スワイ地方をシャム領に編入させようとする陰謀である。[13]

まずその発端は、1810年9月に起きた。アン・チャン王は、祖父のアッカリァチ・テイ[14]から、2人の高官クロラホム・モゥンとチャックレイ・ケープが王の命をねらって陰謀を企んでいると聞いた[15]。王はテイを呼び、2人を亡き者にするように命令した。アッカリァチ・テイは、王宮内での要職を約束したトゥン・フォ[16]というジャワ人にこの暗殺の仕事を委ねた。数日後、約束は果たされた。昼日中、クロラホムとチャックレイは職場から誘い出され、冷酷にトゥン・フォの部下の手にかけられた。この2人こそ正直な高官と思っていた人々は驚いた。

王はこの功績を称えて、テイとトゥンをオクニャ・チャックレイとヨマリァチに任命した。この正直者2人が殺された本当の理由は、これまで謎であるが、2つの推測ができよう。

まず、影響力が低下していたアン・チャン王の祖父のアッカリァチ・テイが、復帰と昇格をかけて、陰謀をでっちあげた。

---

[13] 「補遺」参照。

[14] アッカリァチ・テイは年代記によると、また『ロバー・クサット』(王朝年代記)にもあるように、アン・チャン王の祖父である。したがって、王の母モネァン・ウンの父親ということになる。1811年、アン・チャン王はテイをチャックレイに昇格させた。テイはプノンペンの丘の北東部斜面にストゥーパを建て、母親の遺骨を納めた。Cf. *VJ*, t.VI, p.777.

[15] 『ロバー・クサット』(王朝年代記)の執筆者はクロラホム・エクとチャックレイ・ベンと言っている。同名ではあるが、チャックレイ・ベンはバッダンボーンの長官ではない。ベトナム人たちはクロラホム・モゥンをカウ・ラ・アム・マーン、チャックレイ・ベンをザートリー・ベンと呼んだ。Cf. Aubert, *Histoire*, p. 123.

[16] J. Moura, *Le Royaume du Cambodge*, t. II, p. 104 は、トゥン・セト・アスミトのことであるという。Tuan Phâ [トゥアン・パ] というのはジャワ語の名前ではなかった。これは人々が使っていた呼びかけである。トゥンはマレー語を起源とし、パクゥ(カンボジアでは神聖な剣の番人のカースト)あるいは領主のこと。Cf. Aymonier, A. Cabaton, *Dictionnaire Cam-Francais*, 1906, p. 200. pha は po あるいは pu の変形で、マレー＝ポリネシア語から来ていて、「領主、主人、貴殿」を意味する。Cf. Aymonier, A. Cabaton, Idem, p. 309. したがって、トゥン・フォは肩書でもなく、人名でもない。単なる呼びかけで、貴方様ということになる。チャム人やジャワ人がカンボジアの王宮から王宮内の要職に招かれるというのは、これが初めてではない。16世紀末、イスパニア人によるとプリァッ・リァム・チョゥン・プレイあるいはホンカー・プラッパントゥルの時代に、ラクサマナなる人物がオクニャの地位について、カンボジア王のためにイスパニア人を倒したという。Cf. A. Cabaton, *Brève et Véridique Relation des Événe-ments du Cambodge*, p. 141 et p. 147. B. Ph. Groslier, *Angkor et le Cambodge au XVe siècle*, p. 411. サッター王時代(1638-1655)チャム人は政府の要職に就いていた。Cf. *VJ*, t.VI, pp. 410-411.

また、1809年のシャムへの代表団に加わったこのモゥンとケープの2人の大臣が野望を抱いたのは本当であった。アン・チャン王子ではなく、弟のアン・スグォン王子を即位させようと望んでいたバンコク王宮が、2人を後押ししていた。こちらの推測のほうが当たっているように思われる。これは、1812年にアン・スグォン王子がポーサットに移ったことで裏付けられる。

　いずれが真実にせよ、王宮内の人たちは王がこの殺人劇の首謀者であることを知って、正当な行為とは認めなかった。国難に直面していたこの状況下においてアン・チャン王が示した残忍さは、国内に混乱の時代を招くことになった。

　クロラホム・モゥンとチャックレイ・ケープの暗殺を風の便りに聞いたコンポン・スワイとバッダンボーンの両地方長官は警戒を強めた。コンポン・スワイの長官は、王国軍がいつ攻撃してきてもよいように兵員を招集しはじめた。バッダンボーンの長官も同じだった[17]。

　王は、コンポン・スワイの地方長官である高官モゥン［クロラホム・モゥンとは別人］のこのような頑なな態度とその戦争準備に対していきりたった。王はモゥンを逮捕しようと、チャックレイ・ティが指揮する軍隊を派遣した。王軍には到底かなわないとわかっているモゥン長官は、用心深くバッダンボーンに避難し、1811年1月、最終的にバンコクに逃れた[18]。シャム王宮はこうした出来事に、何の反応も示さなかった。シャム王は忍耐強く第2の罠を準備していた。それはカンボジア王宮にとっても、またカンボジア国全体にとっても残虐な罠であることがやがて明らかになってくる。

　国内の秩序を維持しようとするアン・チャン王の厳しくも公正な行ないは、J. ムーラとA. ルクレールが収集した逸話[19]に残されている。この逸話は王室の主治医を決定する時のものである。主治医はポルトガル出身で姓をモンテイロ、名をベンといった[20]。彼の青年時代については情報がない。1811年、王がクルー・ペート[21]、つまり王の主治医の位に格上げしたとだけ、わかっている。5年後、彼は汚職といくつかの重罪で起訴され、極刑に処された。この顛末について、

17　Cf. Aubert, *Histoire*, p. 124.
18　Cf. Aubert, *Histoire*, p. 124.
19　Cf. SP, t.V, p. 1.
20　アンドレという。Cf. Moura, *Le Royaume*, t. II, p. 103.
21　サンスクット語の guru「先生」、vaidya「医者」。

ムーラとルクレールが収集した逸話を紹介しよう。

J. ムーラ：
　ウードンに戻ったアン・チャン王は、主治医モンテイロの忠誠、献身と奉仕の見返りとして、その身分をフッテス、ヴィボル、クロラホムと上げてやった。さらに、彼のことを全面的に信頼していた王は、自分の責任のもとに、大きな権限を与え、自由にさせておいた。ところが、モンテイロはそれをいいことに悪業を犯すようになり、多くの苦情が寄せられたので、王は、カンボジアを代表する高官やあらゆる家系の長たちで構成された特別法廷を設けた。これらアジア人の裁判官は、多少の妬みと、おそらくは罪状の重大さを考慮して、この医者に死刑の判決を下した。刑は1816年にプノンペンで執行された。[22]

A. ルクレール：
　王はこの主治医を忠実な臣下であると信じていた。しかし、彼の仲間は、モンテイロの出身や本物の知識ゆえに彼を嫌い、公金横領、暴力、その他2つの罪で告訴した。王はモンテイロを法廷に連行するように命じた。モンテイロは、自分が面倒を見た者に居所を与えたことが罪になったようだ。つまり、王国の法律に反して、主人のもとに送り返さねばならない奴隷、保護するならば金品を支払って買い取るよう決められている逃げてきた他人の奴隷を自分の家にかくまったということ。そして、他人の妻や内縁の妻を自分の家に呼び寄せ、時には自分のものにして肉体関係を結んだということ。ベン・モンテイロはこれらの間違いを認めた。しかし、罪状を白状した翌日、モンテイロは逃走した。[23] そして、再び捕らえられ、王は首を斬るよう命じた。逃走を手伝ったとして捕らえられた息子[24]の方は、子として当然なすべきことをしたのだという王の意向で許された。

22　J. Moura (*Royaume*, t.II, p.106) によると、このヨーロッパ人の子供たちから情報を得たという。情報は証明されたが、何月何日なのかを証人である老人から聞き出すのは不可能であった。Cf. *PA*, B39, 12 (2º groupe), p. 16 et pp. 21-22.
23　ロヴェーエムに逃げたが、そこでオクニャ・トムメァ・デチョ・モアンに捕らえられた。Cf. SP, t.V, p. 1.
24　ベン・モンテイロの息子はコイと言った。Cf. SP, t.V, p.1.

第4章　アン・チャン王の時代：1806年～1835年

アン・チャンは、自分の部下たちも含めてベン・モンテイロの共犯者たち全員を徹底的に裁くよう望んだ。

クロラーバンチー・ラットとクロラーバンチー・ノーは籐で鞭打ち50回の刑を受け、国の奴隷として馬丁に登録された。囚人を見張るべきなのに逃亡を見逃したなど、共犯者たちもそれぞれに罰を受けた。賄賂で地位を買い取った役人たちは降格され、ただの住人となり、財産はすべて没収された。[26]

このような公正な裁判や不正者の処分にもかかわらず、王の権限は国内において徹底していたわけではなかった。主治医の事件からやっと8ヵ月が過ぎたころ、ウードンの西のカルダモーム山脈のクチョル丘陵出身のシルチェイと名乗る男が、自分には不思議な魔力が備わっていると公言していた。[27]この男が行動に移すか移さぬうちに、アン・チャン王は逮捕を命じ、反乱を起こすかもしれないという恐れから処刑してしまった。

年代記にも、ボトム・バォルメイ・ペチの詩文にも、仏教寺院と政治に関わる人たちについて言及している箇所はない。年代記には上層部僧侶の活動が記されているにすぎない。プリァッ・トムヴィパサナ[28]高僧はモハー・ノコー・ワット（シェムリャップ）地方に住んでいたが、1811年1月ごろアン・チャン王を訪

25　クロラーバンチーは壮健な男たちを採用し登録する責任者であった。

26　A.ルクレールは註で、この情報はコル・デ・モンテイロというモンテイロの子孫から提供されたと記している。コル・デ・モンテイロは1908年11月にアッケモハセナー、つまり首相として亡くなった。Cf. *Histoire du Cambodge*, p. 415.

27　シルチェイという言葉は、おそらく個人の名前であるチェイと、パーリ語からの借用語シーラを組み合わせである。シーラは「戒」を意味し、これは精神と意志のありかたであり、言葉にあるいは行動となって現れる。これは仏教徒の実践の基本で、同時に八正道［仏道修行の基本］のきわみを形成する三修行、戒、三昧、叡知の第1番目でもある。 Cf. Nyanatiloka, *Vocabulaire Bouddhique de Termes et Doctorines du Canon Pali*, p.230. しかし、カンボジア語ではシーラは別の意味で徳の高い人、あるいは霊的な力を持つ人を意味する。

28　1811年3月ごろ、プリァッ・トムヴィパサナはサォントクへ行くため、アン・チャン王に休暇を願い出た。Cf. Aymonier, le Cambodge, t.I, p. 370. サォントクはコンポン・トム地方にあり、丘の上に仏足石を建立するのが目的であった。Cf. Bizot, La Figuration des Pieds du Buddha au Cambodge, in *Etudes Asiatiques*, Rev. de la Sté.suisse d'Etudes Asiatiques, vol. XXV, 1971, pp. 407-439. プリァッ・トムヴィパサナは、王の命令で、オクニャ・プリァッ・クレアン・ノン、オクニャ・スレイ・ティベス・リァチャ・チェイ、オクニャ・アティカヴォン・オン、チャウ・ポニェ・リァチ・シク・ケオという4名の高官を伴った。同年8月、建立作業は完了し、プリァッ・トムヴィパサナはウードンに戻った。Cf. SP, t. IV, pp. 30-31; KK, t. III. p. 14.

問した。この高僧は父王アン・エンの師でもあり、アン・チャン王は尊敬と賛美の念をもって高僧を迎えた。王は、高僧に雨季の間ウドンで過ごしてくださいと勧めた。そして、1811年7月、プリャッ・トムヴィパサナと弟子たちのためにウドンの丘陵東ふもとにトマケー寺院を建立させた。

アン・スグォン王子 [アン・チャン王の弟] は、この高僧の滞在が自分が学ぶよい機会であると考え、3ヵ月間新しいパゴダで高僧と共に過ごした。同じ時期、アン・ドゥン王子 [アン・チャン王の弟] は、チャットテゥス寺院でプリャッ・プロモニ・ノンの教えを受け、雨季を過ごしていた。

寺院における修業を通じ精神的交流が、この王子たちと高師僧を結びつけた。このプリャッ・プロモニ・ノンの場合は、アン・チャン王から始まってアン・イム [アン・チャン王の弟]、アン・ドゥンと、1811年から1812年にかけて、ウドンからコッ・ディ・エットまで、常に付き添っていた。しかしながらプリャッ・プロモニ・ノンは、王がベトナム人と関わっていることを知り、王を見捨て、アン・イム、アン・ドゥンの両王子と共にシャムに亡命した。

アン・チャン王は1812年から亡くなる1835年まで、失敗と不運の連続であった。シャム王とアンナムの皇帝はカンボジアを支配下に取り込もうと張り合っていた。その結果、カンボジア人住民の一部がシャムに連行され、国内にはベトナム人がなだれ込んでくる事態になった。とりわけ、プノンペンは無法地帯となり、王自身もベトナム人の将軍からひどい仕打ちを受けた。

カンボジアにとって不幸な時代は、シャム王プリャッ・プトラゥト・ラ [ラーマ2世] が専制支配に乗り出した時に始まった。これにアン・チャン王が徹底的に抵抗し、とりわけデチョ・モゥンと2人の裏切り者を排除した時がそうである。シャム王は巧みにアン・スグォン王子の野望をかき立て、アン・チャン王に対抗させようとした。

1. シャム宮廷による破壊的陰謀

1812年1月15日夜、王弟のアン・スグォン王子は、ポーサットに新拠点を求

めて、家族や侍従の高官たちとともにウードンの家宅を発った。この突然の政治脱出劇は、1年前に彗星が現れた時に予言されていたと年代記は述べている。[29]

　その翌朝、アン・チャン王は王子の脱出を知り、交渉で解決しようと試みた。そして、王宮からの依頼を受けた高僧たちが高官たちとともにポーサットに急派され、アン・スグォン王子にウードンに戻るよう説得を試みた。ボトム・バォルメイ・ペチによると、この使節の説得は失敗に終わり、王はその次の朝、なんとしてもこの王弟がシャムへ亡命するのをやめさせようと、屈強の男たちを送り込んだ。[30]しかし、残念なことに、この男たちは全員ポーサットで虐殺されてしまった。重大な事態であると考えたアン・チャン王は、今度はオクニャ・アティカ・ヴォンサ・ケオ、オクニャ・ティリァチ・エーソ・ティンとチャウ・ポニェ・モントレイ・アンチト・トチの代表団を送り、アン・スグォン王子に目を覚まさせようと試みた。王子はこの呼びかけに耳を貸さないばかりか、3人の高官を捕虜にしてしまった。

　アン・チャン王は、シャム王が仕掛けた巧妙な罠にはまってしまったように見えた。カンボジア王国には実際には軍隊がないも同然で、その部隊長は闘う気力さえなくしていた。頻発するシャム軍の攻撃に立ち向かうには、ザーロン帝［嘉隆帝（1802-1819）。グエン朝初代皇帝］に援けを求める以外に方法がなかった。アン・チャン王はバォヴォ・ネァイヨク・オックを団長とする代表団をサイゴンに送り、軍事援助を要請した。ザーロン帝はカンボジアにベトナムの地歩を固める好機と判断し、デァン・ディン・テァン将軍率いる500人の部隊をウードンに派遣しようと快く引き受けてくれた。[31]ベトナムの将軍はコンポン・ルォンの向かい側にあるトンレ・サープ湖東岸のコッ・チンに布陣した。

　シャム王ラーマ2世はあわてなかった。王はアン・スグォン王子の亡命の面倒

29　A. Leclère, *Histoire du Cambodge*, p. 409, n.1.「この美しいハレー彗星は世界中で見ることができた。フランスでは1811年製のワインに彗星のワインと名付けている。同じ彗星が1910年に再び手際よく到来した。当時の天文学者たちがあまりにも大騒ぎしたため、多くの人たちはこの年に世界は終末を迎えるであろうと思った。この彗星が初めて認められたのは1456年のことで、ベオグラード包囲戦のときイスラム教徒が彗星を見つけた。この出現は両軍を恐怖に陥れた。教皇カリスト3世（Calixtus Ⅲ（1455-1458））はその後、毎日正午にお告げの祈りをすることに決めた」
30　Cf. *Robar Khsat*, pp. 22-23.
31　Cf. Aubert, *Histoire*, p. 124.

を見ながら機会を待ち、かつての高官プリァッ・アン・ケオ・ドゥンの火葬を利用して、ポニェ・ヨマリァチが率いる小隊をポーサットに侵攻させた。これはベトナム軍がコッ・チンに陣取っているのを恐れるアン・スグォン王子を安心させようとした布陣にほかならなかった。しかし、アン・スグォン王子は、このシャム軍の加勢を受けて、尊大な気持ちになり、クラコー、クロン、クラン各地方を譲渡するようアン・チャン王に要求した。血を分けた実の王弟との戦争は避けたいと、アン・チャン王は譲歩した。好機を得たかのように、シャム軍は5000人からなる軍隊を送り込んで強攻策に出た。

　この大部隊は2方面隊に分かれていた。一方はバッダンボーン方面を目指し、もう一方はストゥン・トラェン方面に向かった。アン・チャン王はそれでも3ヵ所でシャム軍を迎え撃とうと試みた。ロレア・パエァには、オクニャ・ヨマリァチ・コンのもとに1000人を送り、コンポン・チュナンには、オクニャ・バオヴォ・ネァイヨク・スーの陣地補強のため、オクニャ・ヨテァ・サォンクリァム・マを中心に4人の高官を派遣した。そして、トンレ・サープ湖でくい止めようと、オクニャ・トムメァ・デチョを隊長とする戦闘部隊が配属された。

　ベトナム将軍デァン・ディン・テァンも黙って見ていなかった。バッダンボーン方面に駐屯するシャム軍の動静を探るため、チャン・グワーンという将校を偵察に送り込んだ。ところが、この将校は帰還の途中、ポーサットでアン・スグォン王弟軍の兵士に捕らえられてしまった。

　アン・チャン王は敵のシャム軍の方がはるかに多勢であり、2つの最前線でシャム軍が優勢であると知り、王の軍隊をコンポン・ポー・トチまで退却させた。

　アン・チャン王は4月5日日曜日、チャウ・ポニェ・モントレイ・スネーハー・

32　王国の要人であった場合には、伝統的に死後1年あるいは2年たってから遺体の火葬に付すことになっている。プリァッ・アン・ケオ・ドゥンは高官であるので、亡くなったのは1810年、その葬儀は1812年に行なわれた。

33　シャム軍については、4人の高官ポニェ・タイナン、ポニェ・アサォソァクリァム、ポニェ・リァチ・ムアン、ポニェ・アペイノリンが責任者であった。

34　4人の高官は、オクニャ・モントレイ・スネーハー、オクニャ・ネァソァパディチュイ、チャウ・ポニェ・ロットセナー・ロー、チャウ・ポニェ・エンヴィチェイ・メァスである。

35　年代記には、コンポン・チュナンに駐屯していた、あるいはトンレ・サープ川にいた兵士の数は記されていない。

36　コンポン・ルォンの西数キロにあるカンダル地方ポニェルー村。

ソックからシャム軍の攻撃が目前に迫っている旨を知らされた。シャム軍は1812年4月9日木曜日にロレァ・パエァとコンポン・チュナンに駐屯していたクメール軍に攻撃をしかけてきた。シャム軍の攻撃を迎え撃つのは無理だと判断したオクニャ・ヨテァ・サォンクリァム・マは軍に退却を命じ、王に報告した。アン・チャン王はコンポン・ポー・トチを離れ、家族の一部と水路プノンペンの南東数十キロのコッ・ディ・エット[37]に向かった。ベトナム将軍ダン・ディン・ァン[38]は部隊を危険にさらすのを避けた。この将軍はアン・チャン王を警固して付き添い、王族たちを見守ることにした。

　シャム軍がコンポン・チュナンを占領したとき、だれも抵抗しなかった。[39]シャム軍はアン・スグォン王弟のいるウードンに向かった。このような行動に出たシャム王プリァッ・プトラウト・ラの唯一の野望は、カンボジアにおけるシャム軍の圧倒的な力をアン・チャン王に思い知らせることであった。このあとの1833年と1834年のベトナム軍とシャム軍の大衝突のように、ベトナム軍を刺激するようなことはなかった。シャム軍がウードンを越えてさらに前進しなかったのはこうした理由があったのである。

　1812年末にコッ・ディ・エットに逗留を余儀なくされていた王子のアン・イムとアン・ドゥンの2人は、熟慮の結果、兄王のアン・チャン王がとっているアンナムとの同盟には限界であると判断したのであった。2人の王弟はそのことを公にはしなかったが、ある夜、アン・チャン王たちをそのままにして、母親のモネァン・ロスとともにウードンに戻る決心をした。[40] 2人の王子たちの出発を知ったモハー・プロモニ・ノンは、ここに留まっていたら共犯にされると、数人の部下を連れて後を追うことにして出発した。この逃亡を知ったベトナム側は捕らえようと追跡の兵士を派遣したが、既に遅く、ノンの部下3人を捕まえただけ

37　敗走のとき、王家の中で王に従ったのは2人の王子、アン・イムとアン・ドゥンと2人の母モネァン・ロスであった。
38　Cf. コッ・スラケート
39　*Robar Khsat*. pp.29-30. によると、シャムの第2部隊はコンポン・スワイを経由してバライに到着、そこで兵士たちは娘たちを強姦しただけでなく、住民に対して、あらゆる略奪・暴力行為を働いた。
40　コッ・ディ・エットの2人の王子がいつ出発したのか、年代記作者は述べていない。タガイ・ウロイという表現を用いているが、文字どおりには「後に」である。しかし、2人の王子とアン・スグォン王弟がウードンを離れシャムに向かったのは1813年1月10日とわかっている。これを1812年末に位置づけることもできよう。

であった。約40キロ、野原や密林の中を駆け抜けて、アン・イムとアン・ドゥン王子はウードンにたどり着き、アン・スグォン王弟の熱狂的な歓迎を受けた。ウードン王宮を守っていたのはアン・スグォン派のクメール人部隊とシャム軍の小部隊であった。2人の王子と王弟はバンコクに赴き、プリァッ・プトラウト・ラ王に保護を願いでた。

　1812年のシャム軍による攻撃は最初はアン・チャン王に対する示威行動にすぎなかったが、バンコク王朝の完全な勝利に終わった。バンコクに来た2人のカンボジア王子は、1822年にアン・スグォン王弟が突然亡くなってからも、なおシャムのために働くことになる。

　1813年初め、王弟と王子2人が立ってからしばらくして、アン・チャン王は船でバン・ゲェ［サイゴン］に赴いた。地方長官レァウ将軍が王をもてなした。アン・チャン王は3人の高官からなる代表団をフエ宮廷に遣わし、カンボジア王国への支援を願いでた[41]。ザーロン帝にとってこうした政治状況は悪くなかった。しかしながら、シャム軍がカンボジアから撤退したのはその3ヵ月後のことであり、ベトナム軍はそれまでカンボジアへの進駐を待たねばならなかった。

　1813年4月10日土曜日、ザーロン帝の命令でアン・チャン王はタ・クン将軍[42]に伴われ、サイゴンを出発、カンボジアに向けて河川路を進んだ。3月3日、アン・チャン王はコンポン・ルォンに到着した。出迎えた高官たち、謀反を起こした2人の王子たちと自分は関係ないと、身の潔白を証明しようと、臣従の誓いに訪れ、アン・チャン王に王宮に戻るようにとすすめた。しかしながら、ウードン王宮の防備を任されていた高官たち6人はバッダンボーン地方に退却していた[43]。

　ついでアン・チャン王は、王国が取り戻した平和を維持するため、シャム王国に朝貢を納めることを承諾した。モントレイ・ソリヴォンとオクニャ・アッカ

41　3人の高官は、オクニャ・バオヴォ・リアチャ・ウン、オクニャ・プネルテープ・クワン、トーン・ファ・セト・アッミト。

42　カンボジアの年代記作者は、サイゴンの長官をオン・タ・クン「タ・クン氏」と記している。実際にはタ・クンというのはベトナム語の ta-quân を語源とする。これは肩書であり、1万人の部下を抱えていた。本名はレ・ヴァン・ドゥイエトであった。Cf. Ch. Maybon, *Histoire*..., p.382, n.2.

43　6人の肩書は、ポニェ・ヴィチェイ・エントリア、ポニェ・ピバート・コサー、ポニェ・モハーマー、ポニェ・ヨマリアチ、オクニャ・チャックレイ・チェト、プリァッ・ヴィセス・サントー。

リァチがバンコク王朝に朝貢を届けた。見返りに、シャム王は銀2000バートと荷馬車100台分の米穀をカンボジアに贈った。しかし、カンボジアが服従の意を表明したにもかかわらず、その翌年の1814年、シャム軍はまたしてもコンポン・スワイの北部地方であるプレイ・サォ、ストゥン・ポー、ムルー・プレイ、トンレ・ロポウに侵攻し占領した。[44]

シャムとベトナムはここ20年間にわたりカンボジア国内での直接の軍事衝突を避けてきた。しかしながら、クメール人住民たちはこの束の間の平和を享受できなかった。プノンペン駐留のベトナム軍の高官グエン・ヴァン・トゥイ[45]は搾取を働き、厳しい税の取立てに人々は苦しめられた。すべての王の権限と権威をベトナムに奪われたアン・チャン王もまた、1835年に亡くなるまで、住民にのしかかったのと同じベトナムの重圧を終生受けることになった。

1815年12月14日木曜日、ザーロン帝の命令で、マォト・チローク（チャウドク）に砦を建設するため4000人のクメール人作業員が動員された。さらに、『年代記』によると1000人、また『ロバー・クサット・スロク・クメール』によると全国から約2万人の人員が徴用された。同じ地方の2ヵ所に運河を掘削するための動員であったという。[46]

1817年、大洪水がカンボジアの大地を襲った。洪水は大旱魃が続いた直後であった。その年の収穫は思わしくなかった。田地を耕す時間がなく、さらに洪水で植えたばかりの苗が流されてしまったからである。当時カンボジアを支配していたベトナム人官吏たちは、この自然災害の現実を認めようとはせず、例年どおり、物納の税金を払うように厳しく取り立てていた。1820年、クメール人農民たちの不満が爆発して、当然のことながらそれが反ベトナム抵抗運動になった。その先頭に立った人物はケーという名の僧侶で、カンボジアからベトナム人侵略者を追放し、暴虐な統治をやめさせようとしたのであった。[47]

1822年、シャムにおいてアン・スグォン王弟が亡くなった。遺体はバンコクで火葬に付され、遺骨が1827年にカンボジアに戻った。アン・チャン王はその遺骨をウードンの丘、東頂上の仏塔に納めるように命じた。アン・スグォン王

44　Cf. J. Moura, *Le Royaume*, t.II, p. 105.
45　Cf. Ch. Maybon, *Histoire...*, p. 382.
46　本書第1部第6章参照。
47　同上。

子の逝去そのものは、バンコク王宮になんら懸念をもたらすものではなく、シャムの対カンボジア政策を変えるような出来事ではなかった。1812年のシャム軍の攻撃はアン・イムとアン・ドゥンの2人の王子が共にバンコクへ赴くことに意味があって、シャムの政治的目的は十分果たされたからである。

　1832年末、ポーサットの地方長官オクニャ・スールケロク・カォスと、ソムダチ・チャウ・ポニェ・スースの間でいざこざが起きた。ソムダチ・チャウ・ポニェ・スースは、オクニャ・スールケロク・カォスが忠誠心に欠けると王に密告したのであった。これを受けて一方のオクニャ・スールケロク・カォスは、バンコク王朝に保護を求めるのがよいと判断した。バンコクへ行くためにポーサットの住民の約半数が連行されることになったと年代記は記している。『ロバー・クサット・スロク・クメール』はこの事件を詳しく採り上げている[48]。

　ベトナムは1821年にアッカリアチ・テイやチャウヴェア・トゥン・ファなどアン・チャン王を取り巻く重要な高位高官のほとんどを死に至らしめた。この穴を埋める人事のため、王はチャックレイ・スースをチャウヴェア・トルハ［首相］に、オクニャ・スールケロクをチャウ・ポニェに格上げした。この人事はリャチャ・デチァス・カォスなど一部の高官の反感を買うことになった。リャチャ・デチァス・カォスはホーが保持しているヨマリャチの地位に就きたいと望み、思い切って王にその旨を申し出た。アン・チャン王は正直で忠僕なリャチャ・デチァス・カォスの心を傷つけるなどとは考えず、この高官の申し出を非常識だとして受け入れなかった。しかし、彼がしつこく願うので、結局カォスをオクニャ・スールケロクとポーサットの長官に任命することにしたのであった。カォスにとってこの辞令は、宮廷を立ち去って地方を治めろという意味で、不満であった。しかしながら、彼はこの名誉職のオクニャ・スールケロクの辞令を拒否できなかった。

　『ロバー・クサット・スロク・クメール』によれば、約4年間にわたり宮廷も住民も、オクニャ・スールケロクに満足していればよかった。毎年、香辛料のカルダモンがウードンに送られた[49]。ポーサットは平和で静かであったが、カォ

48　Cf. *Robar Khsat*, pp. 70-74.
49　土地の作物にかかる税金に加えて、ポーサットの長官は宮廷のためにもうひとつ別の任務があった。カルダモンの香辛料集荷である。

ス長官の側近たちは宮廷内で反対派たちから嫌がらせを受けていた。[50]そのことに憤ったカォスは、仕返しをしようと考え、宮廷に戻してくれるよう王に懇願した。やっと権力の安定を得たアン・チャン王は、こうした高官たちの諍いに疲れ果ててしまい、カォスの要請を却下した。拒否されて憤懣やるかたないカォスは、故ベン高官の息子で仲のよい友人プリャッ・アン・ケオ・マにけしかけられ、自分の職務を忘れて猛然と反抗した。彼は自分の親族一同をポーサットへ連れてゆき、さらにポーサットの住民の半数を強制的に伴ってシャムへと向かったのであった。

アン・チャン王は、カォスがシャムへ出発したあと、シャムからの攻撃を危惧していた。そこで、オクニャ・モントレイ・クチェン・ユースを[51]ポーサット地方の長官に新しく任命し、その身の安全を保つために、王が用意した2000人からなる軍隊をチャックレイ・ロンの指揮のもとポーサットに向かわせた。

カンボジアの年代記は、1833年のシャムのカンボジア介入を、カォスがシャムに逃げ込んだ事件の結果と関係づけているにすぎない。実は、モネァン・テープ［ベンの娘］はアン・チャン王に無断で玉爾捺印の書信をプリャッ・プトラウト・ラ王に送っていたのであるが、年代記はその件について言及していない。その手紙にはシャム王の介入を要請する内容であった。[52]

2. ベトナム占領下のカンボジア

シャム軍がカンボジアに介入する前年であるが、カンボジアの人たちは、高官たちもその王でさえも、ベトナム侵攻の恐怖にさらされていた。当時、サイゴンの長官タ・クンは、ザーロン帝の命を受けて、対カンボジア政策の立案の主導権を握っていた。彼はその具体的政策の権限をベトナム人軍司令官に委嘱していた。その軍司令官の名前は年代記にはバー・ホーの名で現れるが、C.メ

---

50 ボトム・バォルメイ・ペチはカォスの敵である高官の名前を特定していない。しかし、そのうちの1人がヨマリァチ・ホーであることは明らかである。
51 オクニャ・モントレイ・クチェンは王立象公園の責任者であった。
52 Cf. *Robar Khsat*, p. 76.

イボンはグエン・ヴァン・トゥイと記している。この軍司令官は、クメール民族のこの国をベトナムに従属した一地方に改変するという目的のもとに、その行政を任されていた。その政策の象徴的な出来事が2つあった。その1つはハンチェイ地方における密林樹木の伐採とその責任者であるクメール人高官たちを暗殺したことである。

（a）タ・クン長官はカンボジアから木材をベトナムへ供出するように要請した。[53] アン・チャン王はこの木材供出の職務を臣下のヨマリャチに委ねた。カンボジア東部地方の長官に樹木伐採命令が伝えられた。ハンチェイ[54]地方に滞在していたヨマリャチのもとに木材が集荷された。木材伐採の作業は数ヵ月続いた。伐採する人夫の男たちとそれを運搬する家畜は朝から晩まで駆り出され働かされた。村から家畜と農民がいなくなったため、稲田は耕作されぬまま、荒蕪化してしまった。この田地が荒れ果てた状況を無視したベトナム人たちは、鞭を手にして伐採作業を監視していた。疲れ果てた農民の人夫は罵倒され、血がにじむほどに鞭打たれた。乾季になり、草木がない状況の中で、多くの動物たちが渇きと飢えで死んだ。人夫の男たちは、伐採作業をやったあとで、死んだ家畜に代わって用材を道路まで人力で運び出さねばならなかった。さらに不幸なことには、この地方の密林の負の環境が疲労困憊した人夫たちを苦しめた。多くの人夫がマラリアのため死亡してしまったのである。

（b）1813年、アン・チャン王は、王宮をシャムの攻撃から守るためにプノンペンに移した。王宮はベトナム軍兵舎のそばに移されたというが、場所は確認されていない。1833年、王の命令で、プノンペン王宮建設の建材のレンガを焼くため、各地から人夫の男たちが動員された。[55] しかし、シャム軍の進攻でその作業は中断された。ベトナムによるプリャッ・アン・ケオ・マ逮捕劇が演じられたのはこのころであった。

53　Cf. *Robar Khsat*, pp.60-63. ベトナム人はコキー（*Hopea Odorata Boxb*）の木材を要求した。耐水性が強いので、コキーは船の建造や橋梁の敷設に用いられる。Cf. M. Martin, *Introduction...*, pp. 47 et 70.

54　ハンチェイの村はメコン川西岸にあった。現在のコンポン・チャム州コンポン・シェム郡。Cf. E. Aymonier, *Le Cambodge*, t. I, p. 337.

55　Cf. *Robar Khsat*, p. 74.

カンボジア王宮では、王に次いで、プリァッ・アン・ケオ・マがベトナムとの交渉に当たっていた。マがこのような重要な職務につけたのは、バッダンボーン長官である父親アパイティベス・ベンと、とりわけアン・チャン王の妻女になった姉モネァン・テープのおかげであった。マは友人たちに囲まれ、長官カォスと親密な関係を持っていた。[56] そのようなわけで、ベトナムの計画に通じていたので、マは身を守るための措置を講ずることができたのである。

ベトナムの将軍バー・ホーはクメール人の主要な高官たちの抹殺計画を断行していた。暗殺すべき高官のリストには、次の犠牲者としてマの名前が記されていた。マを捕らえるために、バー・ホー将軍は要塞の入り口に直径1.5メートル、深さ2メートルの落とし穴を掘り、気付かれないように木の枝でふさぐよう命じた。さらに、この第1の罠が失敗した時のために、第2の落とし穴が城内内部の接遇室の前に用意されていた。こちらも同じく木の枝でふさぎ、その上に犠牲者を待つ椅子が置かれた。[57]

こうしてすべての準備が整うと、バー・ホー将軍はプリァッ・アン・ケオ・マのもとに通辞[58]を派遣し、サイゴンからの緊急の命令書を受け取ったので、すぐにマに会いたいと望んでいると伝えた。しかし、マはこの謀略にまったく動揺しなかった。配下の担当者を通じて、数日前から病気であり、休養中である旨をベトナム人通辞に知らせたのである。将軍の命令に従わない者は、厳しく罰せられるはずである。通辞はどうしてよいかわからず、帰国の途につき、この件について上官に報告した。

マはベトナム人たちの悪だくみを完全に見抜いていた。彼は、腹心の部下たちを呼び寄せ、自分に危険が迫っていることを伝えた。そして、自ら生え抜きの屈強の兵士100人を選び、完全武装するように命じた。こうした万端の準備が完了したころ、2人のベトナム人伝令がマのところに到着した。マの下僕が、主人はバー・ホー将軍の招聘を承知しているが体調不良のため出発が遅れているとベトナム人伝令に告げ、そして日暮れにはご指示の城砦に行くでしょうと伝えた。ベトナム人伝令は、バー・ホーが考えだした偽の呼び出し理由を繰り

---

56 前出。
57 Cf. *Robar Khsat*, p. 64.
58 ボトム・バォルメイ・ペチは Thong ngon（トンゴン）というベトナム語を使用している。クメール式に綴ると Thung nguon（タブン・グーン）となるが、これは「通訳」のことである。

返した。そして、重要な命令書が届いて、プリァッ・アン・ケオ・マを除いて責任者たちは全員が集まっていると再度念を押した。マの下僕は主人が身支度をする時間を少しくれるようにと頼んだ。

　日没後マは、部下たちを伴ってベトナム城砦に赴いた。入り口のところで、1人の武官が城砦に入る者はその木枝を敷設した通路を通ってくださいと告げた。マは部下たちに枝の上を歩かぬよう、全員が接遇室に入るように命じた。通辞はマが到着したのを知って、落とし穴の上に置いてある椅子に腰掛けるようにとすすめた。プリァッ・アン・ケオ・マはこの下心ある親切に感謝の言葉を返すことを忘れなかったが、立ったままでいることにした。バー・ホー将軍が接遇室に入ってきて、武装した兵士たちが同席しているのに驚き、開口一番、「ベトナムの慣習では、随員まで連れて会議場にやってくる来訪者は、招聘者に対する尊崇の気持ちに欠け、失礼にあたるとされます」と言った。これに対してマは、兵員を同道したのは、必要ならばお役に立ちたいと願ってのことですと答えた。バー・ホー将軍は人をこばかにしたような笑い声を立て、実は来客に冗談を言いたかったのだと弁明した。それから、将軍は椅子にかけるようにとマにすすめた。マは礼を言って、座るのを断った。暗殺計画が失敗に終わったと判断したバー・ホー将軍は、もはやどうしてよいかわからなくなり、マを夕食に招待した。マは、消化器障害に苦しんでいるのでと丁寧にことわった。それから、バー・ホー将軍を壁際に来させようと考え、サイゴンからの命令書の件を話したいと申し出た。ベトナム将軍は、この招聘者が自分に負けず劣らず頭がよく、感の鋭い人物だとわかったので、それからは無駄話に終始したのであった。もう大した話はないと判断したマは、暇乞いをして無事に自宅へ戻った。翌朝、マは家族や腹心の部下と共にバッダンボーンに発った。[59]

3. シャム軍の介入

　ボトム・バォルメイ・ペチによると、弟プリァッ・アン・ケオ・マの出発のあ

59　Cf. *Robar Khsat*, p. 70.

と、カンボジアではベトナムからの政治的重圧があらゆる社会階層の上に波及しているのを見て、モネァン・テープはアン・チャン王に無断で玉爾を使い、シャムの介入を要請した書簡をシャム王宮に送った。この書簡を機に、事態は急速に進展した。1833年末、シャム軍の一部隊がバッダンボーンに入り、別の部隊がコンポン・スワイに向かった。この来攻に、アン・チャン王は首相のヌォンに防衛態勢をとるよう命じた。年代記によると、王宮ではだれもがシャム軍の到来に驚き、高官たちのあいだには困惑が広がっていた。アン・チャン王の抗戦の裁断が下ると、すぐに高官のチャウ・ポニェ・スースが発言し、頭が切れて軍事に長じたチャックレイ・ロンを軍隊長に任命するよう提案した。チャックレイ・ロンには、オクニャ・モハー・セナ・ペチ、オクニャ・クチェン・ネァイヨク・メイ、オクニャ・クセトラティパディー・メァスという3人の高官がついた。[60] アン・チャン王はこの提案を受け入れたが、チャックレイ・ロンは、シャム軍がとても手強い相手であるとの理由から、バプノムとロムドール両地方の住民による新部隊の編成に数日ほしいと願いでた。チャウ・ポニェ・スースは、事態は切迫しているとして、チャックレイに8300人の兵士とともに即刻出発し、シャム軍の進出を制止するよう命じた。そこでチャックレイ・ロンはロンヴェークへの道をとり、途中で300人ほどの兵員を隊列に加えた。しかし、チャックレイ・ロンがいくら頭が切れ、軍事に長けているとはいえ、兵員数と武器が不十分なのはいかんともしがたく、敗退という結果になった。この戦いで約380人の兵員が無為に犠牲になった。チャウ・ポニェ・スースの判断は、アン・チャン王が支持し、他の高官たちから反論はなかったが、大きな間違いだったようだ。

　実際に戦場では、シャム軍の前衛部隊は即刻ポーサット地方を離れ、ロレァ・パェァにもどった。シャム軍はベンポにおいてオクニャ・スースが指揮するカンボジア軍と最初に遭遇した。[61] カンボジアは、兵員数ではるかに勝る敵軍のシャム部隊に敗れ、クメール人兵士たちは四散してしまった。そして、オクニャ・クチェン・ネァイヨクはシャム軍の捕虜となった。数名の兵士たちとプレイ・クロバスへ逃げたチャックレイ・ロン隊長は、バプノムへ行き、ヨマリァチ・ホーにコンポン・スワイから来たシャム軍を迎え撃つため1000人の兵士を集めて

60　Cf. *VJ*, t. VI, p. 789.
61　ベンポ村は、現在のコンポン・チュナン州、コンポン・トララチ・スロク、コンポン・タチェス・クムにある。

ほしいと要請した。一方、オクニャ・モハー・セナ・ペチは首都のウードンに引き返し、アン・チャン王に敗北を報告した。1834年1月1日、アン・チャン王は家族とともに船で南部のロンホ（ヴィンロン）に落ち着いた。シャムの軍隊長パティン・デチャ・シン将軍[62]［チャオプラヤーボディントラデーチャー。1828年ヴィエンチャンを攻略］は、2人の王子アン・イムとアン・ドゥンを伴って、なんら妨害を受けることなくウードンに向かった。

他方、2人の高官が指揮する第2のシャム人部隊[63]はコンポン・スワイに向かって進軍していたが、途中でカンボジア軍の抵抗に会うことはまったくなかった。ところが、メコン川をわたり、東岸に沿って進み、プレイ・ヴェーンに着くと、そこにはヨマリァチ・ホーの指揮するカンボジア軍が待ち構えていて、撃退されることになる。シャム軍の敗北の理由は2つあった。まず、兵士たちは長旅で疲労困憊していた。そして部隊長はカンボジア軍の抵抗があろうとは予測だにしていなかったのである。ホーの率いるカンボジア軍の攻撃はまさに驚きだった。シャム人部隊は引き返し、ウードンのシャム軍参謀本部に合流することにした。メコン川のほとりに到着したとき、部隊長は兵士たちに命じて、放棄されている家宅を取り壊し、部隊の兵員をロカー・コォンへ運ぶための筏を作らせた。この略奪破壊行為はクメール人住民たちの怒りを買った。住民たちは隠れ場所から出てきて、団結してシャム人部隊を襲撃した。年代記によると、シャム人兵士たちの一部はこの急襲で命を落とし、残りはようやくメコン川を渡って西岸に逃げのびた。

シャム軍の存在は、住民たちに対するあらゆる搾取に加えて、カンボジアの国家経済に重くのしかかった。シャム兵が通過した地方の農民たちは住居も収穫も放棄し、森に隠れた。住民の家宅は荒らされ、放火された。僧侶たちは僧院を去り、森の中に逃げた。

第1次のシャム軍進攻について特記事項が2点挙げられる。

第1点は、上記のヨマリァチ・ホーが指揮したカンボジア軍の攻撃では、ベトナム軍にかつて苦しめられた経験を持つ住民たちが協力したことである。シャムの軍隊から勝ち取った勝利同様、彼らの勇気と愛国心は称賛するしかないが、

---

62 Cf. Kulap, *Annam Yuth*, Bangkok, 1970, pp. 1-104.
63 ポニェ・リャチ・ヴォリャ・ヌコールとポニェ・チャセナティパディ。Cf. *VJ*, t.VI, p. 791.

それは、いかなることをしても自由を取り戻すというクメール人の闘争心を象徴するものであった。歴史ではこれが唯一の事例というわけではなく、同時代にも、僧侶ケーや、オクニャ・ヴェアン・ノンがベトナムが犯した野蛮な行為に対して反抗を企てている。

 第2点は、醜悪下劣としか形容のしようがないベトナム人占領者の行状である。1815年から1830年における平和な時代に、グエン朝第2代のミンマン帝［明命帝（1820-1840）］の臣民たちは、カンボジアの富を奪い、人々を襲い、指導者を殺したのである。シャム軍が攻撃をしかけたとき、ベトナム人部隊はカンボジア王国軍の中にはひとりもいなかった。バー・ホー将軍とその部隊はさっさとサイゴンに逃げ帰り、シャム軍にカンボジアを明け渡したのである。

 ここでシャム軍のパティン・デチャ・シン将軍の大部隊の話に戻そう。大部隊の幹部の中には、前年にシャム王宮に戻っていたリャチャ・デチャス・カォス長官とプリャッ・アン・ケオ・マがいた。両人は精力的に軍事行動に参加した。シャムに亡命していた2人の王子のうち、アン・イムは帰国してウードンに、アン・ドゥンはプノンペンに王宮を設けた。

 パティン・デチャ将軍はベトナム人をカンボジア国内から追い出すことを任務としていた。これはグエン朝にシャムの戦力を誇示することであった。その意味では、アン・チャン王を懲らしめる目的でなされた1812年の侵攻とは異なる。

64　第1部第6章参照。
65　第1部第6章参照。
66　シャム軍の進攻を目前にして、ベトナム軍が抵抗せず引き揚げたのは、ベトナムで勃発した内戦をもって説明できよう。このことは1836年1月29日付の1人の宣教師の手紙からも窺える。「この間（1833年7月）に、宮廷からかなり離れたこの地方（コシャンシン）で内戦に火がついた。不満を抱く2人の将校ギエムとコイ［グエン・ヴァン・コイ］が住民たちを煽動し、何ヵ所か占拠した。その中には昔の王都ザーディン［サイゴン］も含まれた。しかし、やがて2人の間に軋轢が生じ、ギエムは王に従い、自分のために蜂起した兵隊たちとともに帰っていった。1人になったコイは、平野部で抵抗する状態でないと、ザーディンに引きこもることにして城塞を固めた。こうして、コイは何度も包囲されながらも、1833年9月まで持ちこたえることができた。この間に、シャムは内紛を利用してアンナム国内に侵入した。成功とはいえ、かなりのコシャンシン人を捕虜として連れ去ったにすぎない。その中には、レジェロー、何人かの神父とその教え子たちと1500人のキリスト教徒たちがいた。［…］しかしながら、コイは包囲の間に病気で亡くなった。支持者たちは、奮起して防衛しつづけた。1835年9月、ついに王はザーディンの城塞に最後の襲撃を仕掛けた。これは成功した。城塞は奪取され、そこにいた約1200人の男たちは、ここで話した6人を除いて刃の犠牲になった」Cf. *APF*, t. IX, 1836, pp. 573-575.

年代記作家は、このプノンペンから始まってコシャンシンに至るまで展開された軍事作戦については詳しくは報じていない。パティン・デチャ将軍が指揮するシャム軍には、カォス長官とプリァッ・アン・ケオ・マ長官が加わり、マォト・チローク［チャウドック］までベトナム人部隊を追跡した。その間、ベトナム軍の抵抗はないように思えたが、マォト・チロークでシャム軍とベトナム軍がぶつかり、激しい戦闘が起きた。そして、この街の砦[67]はまたたくうちに占領されてしまった。その間に、オクニャ・プリァッ・クレァン将軍が指揮するシャム軍の艦隊がピェム（ハティェン）[68]に到着した。クレァン将軍はパティン・デチャ将軍の部隊に合流し、ペァム・ネァウ[69]の砦を包囲した。シャムの大軍が押し寄せてきたことにベトナム軍は驚き、内部の混乱もあって、ロンホ［ヴィンロン］の砦に撤退して、軍を再集結させた。ベトナム軍部隊はここで一気に反撃に出て、シャム軍を敗走させた。年代記は敗北の理由には言及していないが、パティン・デチャ将軍とカォス長官はベトナム軍の追跡から逃れるため、カンボジア国内へ逃げ帰った。そして、プレイ・カバス経由でバッダンボーンに戻った。オクニャ・プリァッ・クレァン将軍の方は、海路シャムへ帰国した。プリァッ・アン・ケオ・マ長官は、部下の部隊をまずプノンペンに引き揚げさせ、それからウードンに赴き、クメール人王子たちにシャム軍敗北を知らせた。最終的には、出陣していた全員がシャムに帰還した。プノンペンを離れる前に、シャム人兵士たちはアン・チャン王の王宮を建設するため用意された資材をすべて廃棄してしまった[70]。ポニェ・リァチ・ヨーテァのシャム人部隊はこの引き揚げを利用して、トンレ・サープ川沿いに住むクメール住民たちを残らず拉致した[71]。トンレ・サープ湖のほとりの村コンポン・ロテスでは、住民たちはここからバンコクまで歩かねばならなかった。これら住民のうちのごく一部の人たちが逃亡に成功しただけである。長旅の途中で多くの高齢者たちが命を落とした。タ・メァスの祖母も

---

67 砦は1815年に建設された。上述。
68 この小さな町をクメール人はピェムと呼び習わしている。ペアム・カルナー（慈悲の入り口）を小さくしたような形をしているのである。Cf. *VJ*, t. VI, p. 793.
69 現在の地図には存在しない。
70 Cf. *Robar Khsat*, t. II, p. 91. プノンペン王宮破壊命令はレジェロー神父が証言している。1834年3月1日付、「今、シャム人たちは退却する。チャウドックの放棄をやむなくされて、引き揚げぎわに、ナムヴァン（プノンペン）を焼き払った」Cf. *APF*, t. IX, 1834, p. 608.
71 強制移送を命じたのはプリァッ・アン・ケオ・マであった。Cf. *Robar Khsat*, p. 95.

その1人であった。

　トンレ・サープ川東岸では、ポニェ・ノコー・リァチ将軍が指揮する別のシャム軍が、チュゥン・プレイからコンポン・スワイに至るまでの村という村を略奪し、放火してしまった。ボトム・バォルメイ・ペチは、この悲惨な略奪と放火と拉致事件について次のように記している。

「ポニェ・ノコー・リァチ将軍はキャンプをたたむと、サムロントン地方を後にして、チロイチャンヴァへシャム人部隊を進めた。シャムへ帰国するため、将軍はチュゥン・プレイ、コンポン・シェム、バライ、コンポン・スワイを通過した。シャム軍が通過する地域の村人たちは、森の中に逃げ込んだ。運悪く逃げ損なった村人はシャム兵に捕まり、武器弾薬の運搬を強制させられた。民家は荒らされ、納屋は空っぽになり、運び出せないものには火がつけられた。
　時には、トリァル村のように、火事で村がそっくり壊滅することもあった。家畜など、とりわけ稲作作業に欠かせない牛や水牛は、兵士の食糧として屠殺され、さもなくば運送の使役に使われたりした。シャム軍の通過は、それぞれの村にとっては、存続の可否がかかった災難であった。将軍はサォントクの丘陵の村を出発すると、コンポン・スワイを目指した。そこにはデチョ・リァムを隊長とするカンボジア軍が守りを固めている駐屯地があった。兵員の数でも武器でもシャム軍に負けると判断したデチョ・リァムは、クメール人兵士たちに砦に戻るよう命じた。ポニェ・ノコー・リァチ将軍はその拠点に踏み込み、馴象を使って木造の砦を破壊した。デチョ・リァムの配下の兵士たちは勇敢に闘ったが、殺戮のあと、砦は占領されてしまった。デチョ・リァムは数時間の抗戦のあと、まだ残って闘っているクメール人兵士たちに、森へ逃げ込めと命じした。勇敢な補佐官モゥン・ネイは、最後の1人の兵士が逃げ込むまで陣地を守ったが、負傷し、捕らえられた。シャム兵はこの補佐官を水攻めにして処刑した。この戦闘では両軍ともに負傷者を出したが、その大半はクメール兵であった[73]」

72　ノコー・リァチ・セイマー［ナコーンラーチャシーマー］長官のこと。というのは *Annam Sayam Yuth* の執筆者がチャウ・ポニェ・ノコー・リァチ・セイマーと記しているからである。Cf. *Annam Sayam Yuth*, t. II, p. 725.
73　Cf. *Robar Khsat*, pp. 96-111.

先にも述べたが、モネァン・テープからプリァッ・プトラウト・ラ王への書簡がシャム軍の来攻のきっかけであった。実際のところ、バンコクの王宮はカンボジアでのこうした混乱した状況を注意深く見守っていただけでなく、ミンマン帝が1820年に即位してからのベトナム国内の政治情勢も現地在住の関係者たちを通じて調査していた。[74]バンコクの王宮はサイゴンの副長官グエン・ヴァン・コイの反乱にもかかわった。[75]地誌『アンナム・サヤム・ユト』の執筆者コラープによると、チャンボレイとトラート両地方の長官たちは、ピェム地方からやってきた中国人難民から重大な内部紛争について聞いて知っていたという。[76]ミンマン帝[77]がキリスト教徒に対する迫害を命じ、その帝の不当な命令に反旗をひるがえしたサイゴンの副長官グエン・ヴァン・コイが行動を起こしたことから、内紛に発展したのである。これは、クメール人の領土に対するベトナム側の全面的な攻勢が弱まったことを示していた。このことはバッダンボーンとシェムリァップの両地の長官が確認していた。プリァッ・プトラウト・ラ王がカンボジアからベトナム人を追い出す好機と見た理由がここにあったのである。[78]

74　Cf. *Annam Sayam Yuth*, t.II, p. 471.
75　Cf. Gosselin, *L'Empire d'Annam*, pp. 116-117; Truong Vinh Ky, *Histoire*, vol. II, pp. 264-265.
76　Cf. *Annam Sayam Yuth*, t.II, p. 472. シャム王宮は非常に用心深くベトナム政治情勢を探っていた。あらゆる手段を通じて、ベトナムに関する情報を得ようとしていた。ベトナムからの難民、中国人、ベトナム人、宣教師たちはこの質問に応えていた。キュエノ神父がパリ外国宣教会の指導者たちに宛てた1833年5月9日付の書信がある。「シャム王［ラーマ3世（1824-1851）］は、コシャンシンの宣教師たちがシャム国内（チャンタブリー地方）に戻ったことを知り、私たちをバンコクに呼んだ。同僚のダソーウロポリ神父は病気でしたから、旅行に行きませんでした。王はバルコニーから私たちに質問した。王の意図は、嫌っているコシャンシン王［グエン朝の王］に関する情報を得ることでした。しかし、私たちはそうした情報を与えることはできない、私たちはこの王のためのスパイや密告者の役割を演じたくありません、たとえ王からひどい扱いを受け、迫害されようとも」Cf. *APF*, t.7, 1834, pp. 506-507.
77　Cf. Gosselin, *L'Empire d'Annam*, pp. 112-117. キリスト教についてのミンマン帝の考えを知るには、1834年7月15日の教書を読めばよい。「この宗教は欺瞞の集まりであるので、引き込まれぬようにせねばならない。ともかく、もっとも不合理でもっとも不道徳である。なぜなら、まるで動物のように男女が入り乱れて生活しており、欲望のままに罪を犯し、いたるところに不和の種をまき、愚かにも体刑や死に身を投じ、真の教育を打ち壊し、人間の本性を傷つける。このような宗教を決して信じてはならない。宣教のために国内を巡回するつもりでいる宣教師は、できるだけ早く放逐するように」*L'Empire d'Annam*, p. 116.
78　シャム王とグエン・ヴァン・コイは接触を持っていた。シャムの介入を要請するため2人のキリスト教徒タとトアイがバンコクに派遣された。しかし、2人は捕らえられ、ミンマン帝と手を組む決心をして

ロンホ砦におけるシャム軍の勝利のあと、ベトナム人軍部隊はシャム軍を追撃した。ベトナム軍はプノンペンに到着すると、部隊を2つに分けた。1隊はトン・チェー将軍の指揮下にあって、メコン川をさかのぼり、もう1隊はチャン・パン・ヨウー将軍が統率して、トンレ・サープ川沿いに進んだ。そして、クメール人高官のチャックレイ・ロンとヨマリァチ・ホーがコンポン・スワイ地方を統治することになった。

カンボジア国内に平穏が戻って、アン・チャン王とその家族は1834年4月13日、日曜日[79]、ミンマン帝の命令によって、チュオン・ミン・ザン将軍がプノンペンまで送致した。アン・チャン王は国内の大きな戦禍に愕然とし、失望したのであった。それ故にアン・チャン王は、プノンペンを放棄する決心をして、コッ・スラケートに新王宮を建設するよう要請した。ベトナム軍部隊はまだプノンペンに留まっていた。しかし、同軍隊の大半はミンマン帝のサイゴン包囲作戦のため帰途についた。ミンマン軍は、グエン・ヴァン・コイの指揮下において防御を固めたサイゴン城塞を包囲していたのである。グエン・ヴァン・コイは、副官のタイ・コン・チョウの裏切りによって、1834年3月初めにミンマン軍に敗北した[80]。

カンボジアは悲惨な政治情勢に陥っていた。1834年3月、プノンペンに避難していたコシャンシンの宣教師レジェロー神父の手紙にも記されているので、その一部を抜粋して紹介しよう。

「カンボジアは、その昔はたいへん大きな王国であった。しかし、シャムがその領土の一部を占領し、コシャンシンではベトナムがさらにその一部の領地を奪ってしまった。こうして、カンボジア王にはもはやほとんど領地と呼ばれる土地もなく、王という肩書しか残されていなかった。シャム軍と戦うためにコ

いたコイの副官タイ・コン・チョウに殺害された。Cf. T. V. Ky, *Histoire*, vol. II, p. 265, n.1. シャム王は自国内に来たグエン・ヴァン・コイとその部下の兵士たちを一度は歓待したようだ。Cf. T. V. Ky, vol. II, p. 266; Kulap, *Annam Sayam Yuth*, t. II, p. 482.

79 アン・チャン王がカンボジアに戻った日時は執筆者により確認された。*L'Annam Sayam Yuth*, t. II, pp. 737-738.

80 この出来事は、1834年3月初めらしい。Cf. *APF*, t.VII, p. 608.

シャンシンを占拠するベトナムに救援を要請したが、その姿は、王がそうなることを一番恐れていた、コシャンシンのみじめなしもべのようであった。王の兄弟2人は逃げ出し、シャム王宮内に引きこもったままであった。王には後継者となる男の子がいないのである」[81]

ボトム・バォルメイ・ペチとタ・メァスは2人とも、祖国カンボジアが置かれている悲しい状況をことさら強調している。ベトナムに対するシャム軍の攻撃においては、既に述べたように、シャム人はカンボジアからすべてをはぎとってしまった。一部の住民はシャムに拉致され、いったん軍に入隊した住民たちは帰ってこなかった。村によっては、残されたのは女と子供だけだった。土地は耕されることなく放置された。数少ないクメール人高官たちはといえば、文民も軍人も、かなりの人たちが戦争で命を失った。カンボジア王国は大臣たちを失って、大きな空白ができた。穴埋めに選ばれた高官たちは、職位にふさわしい域に達していなかった。王に仕える代わりの高官たちは役職を埋めただけだった。王国の行政組織は完全に崩壊してしまった。

コッ・スラケートでは、1834年半ばごろ、2人の高官チャウヴェア・ヌォンとチャウ・ポニェ・スースが過労で病に倒れ、次々と亡くなった。必要に迫られたアン・チャン王は代わりとしてチャックレイ・ロンとヨマリァチ・ホーを指名した。

1834年末になっても、王宮はまだ建築中であった。建物はどれも完成せず、王はメコン川に浮かべた船の上で生活することを余儀なくされた。そして今度は王が病気になり、1835年1月7日水曜日に亡くなった。アン・チャン王は44歳であった[82]。

王の葬儀は、アン・メン王女[83]が取り仕切って、同年3月4日水曜日に執り行なわれた。アン・メイ王女が後継としてやがて女王に即位することになるのであった。ミンマン帝はカム・マン将軍をベトナムの代表として葬儀に派遣した。アン・チャン王の遺骨は、ウードンのトマケー寺院の西側に設けられたストゥー

81　Cf. *APF*, t.VII, pp. 599-600.
82　『ヴェァン・チョウン版』によると、死因は赤痢であった。Cf. *VJ*, t.VI, p. 795.
83　アン・メン王女はアン・エン王の腹違いの姉である。1835年には、王女は49歳であった。国内に王子がいないため、高齢にもかかわらず王女は自ら葬儀を執り行なったのであった。

パ内に納められた。

　カンボジアは運命に翻弄された。ベトナムの進攻と併合という政策に苦しめられて、何もかも失い、もはや王もいない、そして、広い大地にまばらな住民と、何の権限もない形だけの政府。これが1835年におけるカンボジア王国の状況であった。

第5章
災厄の時代：1835年〜1847年

　1835年に亡くなったアン・チャン王には跡継ぎの息子がいなかった。これが深刻な王位継承問題の発端となった。4人の王女アン・ペーン、アン・メイ、アン・ポウ、アン・スグォンは、フエ宮廷［グエン朝］が目指す併合に向けての施策に対して、何の対抗手段も持ち合わせていなかった。クメール人の国がベトナム人の手に渡ってしまったのである。アン・イムとアン・ドゥンの両王子は、まだシャムの王宮に留まっていた。このように絶望的な状況だったが、クメール人たちは占領者に立ち向かおうとしていた。

1. アン・メイ王女の登位

　フエ宮廷は、カンボジア王国に跡継ぎがいない好機を利用して、カンボジアを完全に併合したいと望んでいた。そのため、ミンマン［明命］帝は2通りの戦略を考えていた。1つは、ベトナム人王子とクメール人王女との婚姻である。もう1つは、第1の計画が失敗した場合、クメール人の指導者たちをすべて排除するという単純明快な手段である。この抹殺計画にはクメール人の王子王女も含まれる。
　そこで、アンナム朝［グエン朝］はプノンペン駐在のチュオン・クン将軍を介して、ベトナム人王子とアン・ポウ王女の結婚式を準備した。それはシャム軍の侵入の口実を与えぬためである。このような両国の婚姻関係は過去になかったわけではない。1620年［1615年？］には、クメール王スレイ・ソリヨーポールのほうがシャムの圧力に対抗するため、この婚姻関係を模索した。王は息子のチ

1　Kulap, *Annam Sayam Yuth*, t. II, p. 786.
2　J. Moura, *Le Royaume*, t. II, p. 58 ; A. Leclère, *Histoire*, p. 339.

ェイ・チェター王子をアンナムの娘と結婚させた。この婚姻は対シャム関係の悪化という事態を招いただけであったが、代償としてはフエの王朝に対する友好の印として、1623年にサイゴン地方を割譲した史実がある。[3]

　フエ宮廷がお膳立てした政略結婚による同盟関係は、クメール人の憎悪を掻き立てただけであった。アン・ペーン王女［長女］も、この申し出は到底受け入れられないとしてきっぱりと拒否したが、チュオン・クン将軍はこのことを根に持ったようだ。すぐにベトナム側の本心を見抜いたクメール人高官たちにとって、近い将来カンボジア王国が消滅することは幻想でも何でもなかった。しかし、彼らはあくまで両国の習俗の違いを理由に婚姻拒否を正当化したのであった。

　チュオン・クンはこの拒否から自分に必要な結論を引き出した。彼はアン・ペーン王女を押しのけ、うむをいわさず、妹のアン・メイ王女をカンボジアの玉座に就かせたのである。

　この件について記述しているのは、ただひとりしかいない。カンボジアの役人たちから直接話を聞いたA.ルクレールである。

「しかしながら、なんらかの政治的理由があってのことらしいが、一部の王室関係者は、このような女王の登位（アン・メイがカンボジアの女王に選ばれた）が合法的ではない、なぜなら、これまで王室に男児が絶えたとき、大臣や貴顕は高位のバクー［宮廷のバラモン。第2部第3章参照］の中から次の王を選ぶ義務があるというしきたりがあって、誰もそれに反対したことはない、と主張した。これに対して、他の人は、そのしきたりは『王室に男児が絶えたとき』ではなくて『王室が絶えたとき』であり、『今は王室に王子がいる、したがって王室は途絶えていない』と反論した。高位の高官たちの会議はウードン都城に近いプリャッ・メァン・トラォプ山頂で秘密に行なわれ、王位継承の問題が討議されたのであった。某高官があえて言った。『王子を選ぶのでなければ、法的に意味がない。もしその王子がカンボジアの人々にも、シャム王にも受け入れられなければ、戦争になるだろう。もし王女が選ばれて、シャム王の介入がなければ、クメール人の国は終わりとなり、ベトナム人の侵略占拠は決定的になる』。また、某僧侶が言った。『それでは、シャムについて行きましょう』。しかし、

3　J. Moura, *Le Royaume*, t. II, p. 59; A. Leclère, *Histoire*, p. 339.

この人たちは王位決定の場に呼ばれたわけではない。彼ら抜きですべては決められた」

　年代記作者は、このような裏話についてはまったく言及しておらず、アン・メイ女王の登位はきわめて順調に進んだと記している。アン・メイ王女の選択は、貴顕たちの希望に反して、チュオン・クン将軍の思いどおりにことが運ばれたわけである。このような王室存亡の危機的な状況下にあって、議論の中心問題は女性の王位継承者が合法かどうかであった。

　王室には王位継承の原則に関する文書が存在せず、何人か王宮内のバラモンの官吏がおぼろげに記憶しているだけだった。むしろ関係者と宗教界の重鎮が議論を進めていく中で、シャムへの訴えについての賛成派と反対派の亀裂が生じたのであった。いずれにせよ、このような国内の対立という新たな火種は、ベトナム側に行動と決定の自由を与えることになった。

　カンボジアでは史上初めて外国のベトナム側が押し付けた女性国王を戴くことになった。アン・チャン王が亡くなって数ヵ月後、20歳のアン・メイ王女はフエ宮廷の後押しでカンボジアの王位に就いたのであった。ベトナムでは、この女王がシャムの王宮と関係を持たぬように、コッ・スラケート王宮で暮らすことを強要した。そして、女王に「すべての高官の主人」という意味の「バー・クワン・チャウ」という肩書を授けた。

4　A. Leclère, *Histoire*, pp. 420-421.
5　カンボジアでは皇太后の摂政に委ねられたことがあったが、限られた期間であった。1688年、アン・ソー・チェイ・チェスダ（1675-1695）は王位を7日間母親に預けて、ウードンにあるソクン・メアン・ボン寺院で僧侶になった。
6　アン・メイ女王の選出と3人の王女の指名については、執筆者によってその説明が異なる。『ザーディン・タゥンチ』（嘉定通志）によると、クメール高官たちは、チュオン・ミン・ザンを介して、フエ宮廷にアン・メイ女王指名を承認するよう願い出た。アン・メイはゴックヴァン王女と呼ばれたのに対し、あとの3人、ゴックビン（アン・ペーン）、ゴックトゥ（アン・ポウ）、ゴックグエン（アン・スグォン）はカンボジア王女と言われた。Cf. G. Aubaret, *Histoire*, p.130. Kulap (p.785) によると、アンナン王は、チュオン・クン将軍にアン・ペーン王女をカンボジア女王、アン・メイを第1モハー・オパラチ（文字どおりには先に立つモハー・オパラチ）、アン・ポウを第2モハー・オパラチ（文字どおりには後につくモハー・オパラチ）と呼ぼう命じた。A. Leclère, *Histoire du Cambodge*, p. 420. には次のように書かれている。「アン・メイは昇進してカンボジア女王に…、妹のプリァッ・アン・マチャス・ポウはオパラチになった。オパラチという肩書は、カンボジアではそれまで女性に与えられたことはなかった。末の王女スグォンは姉2人とともに暮らし、ケオ・ウヴェラの肩書を与えられた」

ベトナムは同じ王女のアン・ペーンには名誉ある肩書は与えなかった。ベトナム側はこのような侮蔑的なやり方で、アン・ペーン王女が政略結婚に反対したことと、王女一家がシャム王宮と緊密な関係にあることに制裁を加えたのである。実際、王女の母親モネァン・テープはバッダンボーン地方長官［ペン］の娘であり、長官がシャムにべったりだったのはみな知っていた。1833年、母親はアン・チャン王に内緒で、カンボジアから侵略者ベトナム人を追い出すため、シャムの軍事介入を要請する決心を判断を下した。さらに、モネァン・テープの弟マは、アン・チャン王に認められてプリァッ・アン・ケオに昇格し、ベトナム側から敵とみなされていた。その上、マは当時バンコク王宮に身を寄せていた。これらさまざまな理由から、ミンマン帝は、アン・ペーン王女の行動と身辺を特に監視するようにと、プノンペン駐在のベトナム人代表に命じた。

　アン・チャン王の死以後、シャム王ラーマ3世［ナン・クラオ王 (1824-1851)］はカンボジアの政治情勢に特別の関心を寄せていた。シャム王は準備を整え、時機が来たら介入するつもりであった。1836年、ラーマ3世はカンボジアとシャムの国境沿いで暮らしているクメール人とラオス人たちの人口調査をするよう命じた。彼らをシャム軍に編入しようというのであった。その間に、アン・イムとアン・ドゥンの両王子はもとカンボジア領に移動させられた。アン・イム王子はバッダンボーンへ、アン・ドゥン王子はモンクルボレイだった。

2. ベトナムの強圧的な行政

　アン・メイ女王がカンボジアの王位に就いても、ベトナムのカンボジア併合には何の支障もきたさなかった。なぜならアン・メイ女王に実権はなかったからである。行政などあらゆる権限を握っていたのはベトナム人の将軍チュオン・ミン・ザン［クメール人はチュオン・クンと呼んだ。註28参照］だけである。将軍は各

7　本書第1部第4章参照。
8　Kulap, *Annam Sayam Yuth*, t.II, p. 814.
9　『ロバー・クサット』の執筆者はアン・ドゥン王子の住居の在りかをより明確に記している。それはスワイ・チェク村であった。cf. *Robar Khsat*, p. 131.

地の地方長官の取り締まりにとりかかっていた。必要な場合には、ベトナムに反感を持ち刃向かってくる危険性のありそうな地方長官を排除していった。クメール人地方長官のひとりひとりにベトナムの軍人高官を副官として配属し、行政支配の徹底と反ベトナム行為を防止する任務を負わせた。この政策を徹底させるために、チュオン・ミン・ザン将軍はカンボジアの地方行政改革を宣言し、56あった州を33に減らした。この改革について書いているのは、やはりA．ルクレールだけで、彼は33の新たな州の名前も記している。[10]

　ベトナム人のプノンペンの呼称、ナムビァンもしくはチャンタイは、以後プノンペンという名前になる。以下は新しい州の名前である。前の名前がわかるのはごく一部にすぎない。[？は原文のママ]

　　タン・トゥー
　　タムドン
　　トゥイラップ
　　バナム：かつてのパックナム、後にピェム・メァン・チェイ
　　バライ Balai：かつてのバライ Baray
　　ビンティン：かつてのコッ・アンチャン
　　カバト
　　ラヴェン：かつてのプレイ・ヴェーン（？）
　　ハイドン：かつてのエンヴィチェイ
　　キムチュオン
　　チャウトルン
　　カォウ
　　ヴァンヴァン
　　ハビン
　　チュンロイ
　　サンプ：おそらく昔のサォムボー
　　サンボク：かつてのサムボック
　　タムワゥ
　　カイビェン

10　SP, t. V, p. 10; Kulap, *Annam Sayam Yuth*, t. II, p. 785 et p. 807.

第5章　災厄の時代：1835年〜1847年

ハイタイ

カスム：かつてのコッ・ソティン

テェラプ

タムカイ

ロヴィト：かつてのロンヴェーク

ロン・トン：かつてのサムロントン

クァンビエン

ホアギー（？）

チャンタイ

イ・ギ（？）

チャンタン

マットルト

オムァォン

　未開地2地方の新しい名前は、カンチェはかつてのクロチエッ、カンザーはかつてのカンチョーであった。[11]

　ベトナムのカンボジア占領軍もまた再編成された。26部隊に分けられ、そのうちの1部の部隊は戦闘用の馴象の飼育と調教を受け持っていた。[12]

　計画の仕上げに、チュオン・ミン・ザン将軍はベトナム人の住民を移住させ、ベトナム人入植地を各地に開設した。カンボジアには昔から一般のベトナム人はいた。1835年には既にプノンペンにもベトナム人商人たちがいた。彼らの暮らしは小舟の水上生活であったり、陸地にあがったりとさまざまだったが、今度のベトナム人の入植はこれまでと様子が違っていた。[13]

　クメール人たちは、事あるごとに全員が動員された。一部の男たちは補充兵として軍隊に組み込まれた。残りの男たちはベトナム占領軍の指示に従って、重労働や農作業に従事していた。[14] さらに、カンボジア南西部地方の住民は道路建設に駆り出された。道路は戦略的に使われるもので、クメール人はこれを「プルーウ・ユーン」、すなわち「ベトナム道路」と呼んだ。この街道によって、ト

11　A. Leclère, *Histoire*, p. 422.
12　A. Leclère, *Histoire*, p. 423; Kulap, *Ibid*, p. 808.
13　Kulap, *Ibid*, p. 807.
14　SP, t. V, p. 10; KK, t. III, p. 36.

レアン地方経由で、首都プノンペンとバンティ・メスがつながった。20キロごとに設けられた宿駅なるものが道筋に沿って建設された。[15] 郵便配達は3人の男たちで毎日行なわれていたが、宿駅で隣村へ引き継ぐというリレー方式をとっていた。[16] 時にはこうした利便をもたらしたにもかかわらず、カンボジアにおけるベトナム方式の改革と占領計画はクメール人住民の不満を高めることにしかならなかった。カンボジアのベトナム化はあらゆる分野に及んでいた。行政や軍事改革に加えて、日常生活においても積極的にベトナム化政策が推進されていた。高位のクメール人高官たちは、その職位を維持したければ、ベトナム人役人と同じ制服を着用せざるをえなかった。ベトナム暦の祭日には、高官たちはチロイチャンヴァの寺院へ赴き、ミンマン帝の肖像に手を合わせるよう強制された。ベトナムの名において、推し進められたチュオン・ミン・ザン将軍の政策は、徐々に節度がなくなっていった。クメール人に、上座仏教を捨てて、ベトナムの宗教を受け入れるように要求し、ついには、クメール人の信仰の場をすべてなくせと命じた。菩提樹の樹木は切り倒され、寺院は壊され、仏像は打ち砕かれて川に捨てられた。[17]

　このようにしてベトナム人占領者の容赦ない苛酷な支配が続いた。こうした抑圧政策は反乱を招くだけでしかなかった。1836年、コンポン・スワイ地方ではオクニャ・ヴェアン・ノンが蜂起した。[18] 1837年、コンポン・サォム地方で地方長官職に就いたチューとチェイ兄弟がベトナム人の命令に従うのを拒否し、決然として武器を取った。この知らせに、チュオン・クンはベトナム人が両脇を固めたカンボジア兵部隊をプノンペンから送りだし、反乱地を目指した。チューとチェイ兄弟は手持ちの武器弾薬では不十分だと判断し、闘いをやめて、海路シャム王宮に保護を求めた。

15　SP, t. V, p. 10.
16　ルクレールは、それぞれの宿駅で働く人数を間違え、3人のところを30人としている。
17　Malika, *Histoire*, p. 144; A. Leclère, *Histoire*, pp. 427-428.
18　第1部第6章参照。

3. アン・イム王子とアン・ドゥン王子の逮捕

　クメール人たちの国は国力を回復する有効な手段のすべてを奪われ、身内の裏切りに勇気を失い、次から次に実施される占領地政策の重圧に押し潰され、死の瀬戸際にあった。しかしながら、最後の望みの綱は王位継承権のある王子たちや王族である。これまでクメール人たちは、王家の内部抗争と身勝手で卑劣な仲間割れを目の当たりにしてきた。それでも、人々が救いを求めたのは、この王族だった。だからこそ、チュオン・クン将軍は、この最後の望みを叩きこわす必要があった。

　野望と妬みが必ずクメール人の王子たちを対立させることがわかっていたので、チュオン・クン将軍は王位を主張する可能性のある最後の2人の王子を抹殺してしまおうと決めた。

　1839年末ごろ、この目的を果たすため、ベトナム人の将軍は手練手管の中でも一番簡単な方法、つまり野心をくすぐることにした。彼は、3名のベトナム人密使をアン・イム王子のもとに遣わした。以下はその伝言の内容である。

　「アンナム皇帝は、カンボジア王国がつつがなく継承するようにと、私を守備隊長として貴国に派遣されました。皇帝はカンボジアの王位を剝奪しようなどという考えは毛頭抱いておりません。カンボジア王国全体に平和がもたらされるように、伝統に従って、カンボジア王が統治されるよう望んでいます。かつてのウテイ・リァチァ（アン・チャン）王は、崩御の時、男子の後継者を残しませんでした。そういうわけで、殿下の母君であらせられるアン・メイ王女が、とりあえず即位されるのが妥当であろうと判断したのです」

　「その後しばらくして、うれしいことに、直系王族であらせられる殿下がシャム宮廷の許しを得てバッダンボーンに帰着されたと知りました。クメール人高官たちや私自身も、殿下が首都ウードンに帰られ、即位することをお手伝い申しあげます。これからは、王族の方々も国民皆さまも喜びが満ちあふれること

19　年代記（SP, t.V, p.12; KK, t.III, p.38）によると、3人のベトナム人密使は、アン・チャン王時代にフエ宮廷からカンボジアに派遣された人の中から選ばれた。この3名の身分についてはわからない

でしょう」

　アン・イム王子は純朴な方で、チュオン・クン将軍の言葉を信じてしまい、王位を夢見るようになった。チュオン・クンの密使は王子に暇乞いをすると、やはりひそかにアン・ドゥン王子の住むモンクルボレイへ回った。密使たちはアン・イム王子の時と同じ伝言を伝えたが、成功しなかった。というのは、アン・ドゥン王子はすぐにベトナム人たちの企みを見抜いてしまったのである。そのことを感じ取った密使たちは、用心深く引き下がった。

　一方、アン・イム王子は積極的に首都ウードンへ戻る準備をしていた。王子は当然のごとく、アン・ドゥン王子が自分の競争相手になることを危惧し、シャム王ラーマ3世への手紙に、王位を手に入れるため弟王子アン・ドゥンがベトナム人と共謀していると書いたのであった。

　シャム王はこの伝言を受けるや否や、2人の高官をモンクルボレイに派遣して、アン・ドゥン王子の身柄を拘束し、バンコクへ連行し、監禁した。

　このあとアン・イム王子に残されたのは、どのような口実で居所を出るかという問題だけであった。王子はベトナム人地方長官のプリァッ・ノリントリァティパディーに、カティン祭[20]を主宰するため、シソポンの町外れにあるプネァト寺院[21]へ行きたいと伝えた。長官はこの計画に反対したりはしなかったが、念のため小部隊をサォンケー川とシソポン川の合流地点、トンレ・サーブ湖へ向かう船舶が必ず通過するバックプリァへ派遣した。この合流点に着いた王子の船は、長官が危惧したように、プネァト寺院へは向かわずにトンレ・サーブ湖を目指そうとした。王子はすぐ兵士たちに捕らえられ、バッダンボーンに連れ戻された。

　アン・イム王子は自分の計画が阻止されて不安になり、さらにバンコク宮廷の介入をひどく恐れ、大胆な策略を講じた。王子はこの地方長官に、王子の脱出

　　　ことがある。一体だれなのか、出身はどこなのか、カンボジアで何をしたのか。3名の密使はカンボジア語を話し、王室の伝統をあますところなく知っていた。チュオン・クン将軍は、彼らの身元を隠すためバッダンボーンへ向かう旅行にはクメール人の民族衣装を身に着けるよう命じた。

20　雨季明けに僧に新しい法衣を送る宗教儀式。アーソッチ月（10月中旬）の満月の翌日から、カデゥク月（11月中旬）の満月のあいだに執り行なわれる。Cf. Porée-Maspéro, *Cérémonies de douze mois*, p. 59.277）

21　プネァトは僧院のある村の名前。バッダンボーン州シソポン郡プネァト地区にある。

を知ったラーマ3世が、その直前に接触したベトナム人の3人の密使のことをよく知りたいと望んでいるのではないかと、それとなく伝えたのである。地方長官プリァッ・ノリントリァティパディーはこの示唆に敏感に反応し、自分で彼らに会いに行ったらどうかと言われて、その気になってしまった。長官は300人の兵とともに、ベトナム人密使に会うためモンクルボレイへ向かった。この留守を利用し、アン・イム王子は副長官と共に、サォンケー川から逃亡したのであった。王子は母親のモネァン・ロス、副長官、数名の高官たちと一部の住民たちを同行していた。

この逃亡を知ったプリァッ・ノリントリァティパディー長官は、怒りを表に出さなかった。同行の兵士たちの中には、王子に忠誠を尽くす者が何人かいたからである。長官はアン・イム王子の企てに賛同しているかのようなふりをして、王子に同行したかったと聞こえよがしに言った。そして、それらのクメール人兵士にもう用心する必要はないと判断すると、側近の部下に命じて彼らを拘束させた。彼はなお、バッダンボーン近隣で王子たちを捕捉することができるかもしれないと急ぎ部隊とともに帰路についたが、遅すぎた。王子一行の逃亡者たちは既に出発していて、早くもポーサット地方に入っていた。このプリァッ・ノリントリァティパディー長官にその後どんな処分が下されたかはわからない。

ポーサット砦の責任者であるベトナム将軍アン・ポーはすぐにアン・イム王子とその一行をプノンペンへと案内させた。チュオン・クン将軍は王子たちの船をチロイチャンヴァに着けるように命じ、王子1人だけが下船して尋問を受けるように命じた。それから同将軍は、アン・イム王子一行のうち、クメール人高官たちを冷酷にも殺害すると同時に、アン・イム王子を捕らえて、フエへ送った。アン・イム王子はこの時初めてだまされたと知った。アン・イム王子は、当時ポ・プリァッ・バートで軟禁されていた姪たちに会いに行かせてくれるよう、チュオン・クン将軍に嘆願した。『ロバー・クサット』の執筆者によると、この要望は同ベトナム人将軍の怒りを買ったらしい。同将軍は王子を罵倒し、拷問にかけ、同行してきたバッダンボーン副長官ともどもサイゴン経由でフエに送った。

チュオン・クン将軍の裏切り行為はこれだけにとどまらなかった。ミンマン帝

に手柄を見せようと、将軍は、アン・メイ女王に仕える3人の高官[22]の署名を添えるという気配りをして手紙をしたためた。その手紙でチュオン・クン将軍は、アン・イム王子は戦闘のあいだにベトナム軍の捕虜になったと伝えた。この話に驚いたミンマン帝は、アン・イム王子を法廷に出頭させ、尋問した。アン・イム王子は手紙の内容をはっきりと否定し、さらに、ポーサット経由でのカンボジアへの帰還はカンボジアの国への郷愁にかられてにすぎないと説明した。王子はバッダンボーンの副長官を証人にした。ミンマン帝は王子の説明に満足しなかった。王はチュオン・クン将軍の書簡に署名した3人クメール人高官を出頭させた。1840年4月、フエ宮廷でのことである。3人の高官は、チュオン・クン将軍に脅かされて判を押したのだと白状した。3人の話を聞いたミンマン帝は、将軍を罰するかわりに、帝に対する忠誠に欠けるとして、3人をプロコンドル島[23]の刑務所に入れた[24]。アン・イム王子は厳重な警護のもとサイゴンに戻された。

シャム王宮のラーマ3世は、アン・イム王子が住民の一部を同行して出ていってしまったことに憤慨していた。王はアン・ドゥン王子を、兄のアン・イム王子と共謀したのであろうと責め立て、王宮内の敷地に居住するよう命じた。ラーマ3世は、ベトナムのフエ宮廷がカンボジア王国の唯一の支配者になるのを黙って見ているわけにはいかなかった。そこで、ラーマ3世はパティン・デチェア将軍に命じて[25]、バッダンボーンにカンボジアの国内情報を収集する高官の一団を派遣した。将軍は、1828年にラオス王チャオ・アヌが統治していた首都ヴィエンチャンを攻略占拠し、多くのラオス人をシャムに強制移住させた功績で名

---

22 チャウヴェア・ロン、クロラホム・トォン（*VJ*, t.VI, p. 803.によるとマォン）とヨマリアチ・ホーの3人で、肩書からして王国の中心的高官である。チュオン・クンの手紙は二重の目的を持っていた。ミンマン帝に、自分こそは立派な軍功のある将軍であると信じさせることと、アン・メイ女王を廃位できることが可能な3人のクメール人高官の信用を失わせることである。
23 プロコンドル島についてはCf. Père Jacques, *CLE* t. III, 1825, pp. 475-480.
24 3人の高位高官の召喚に関する説明は、年代記によって異なる。SP (t.V, p. 13) およびKK (t. III, p. 40) では、3人のクメール人は単にミンマン帝恭敬訪問のために遣わされたにすぎない。一方、*VJ*は『ロバー・クサット』に近く、3人の高官はフエ宮廷の緊急要請によりアンナムの首都に出かけねばならず、この命令には逆らうことができなかった、とする。Cf. *VJ*, t. VI, p. 803.
25 Kulap, *Ibid*, pp. 16-18.によると、パティン・デチェア将軍はシンという名前であった。父親のピンはチャウ・ポニェ・アパイリアチャの肩書を持つ上級高官で、タークシン王に仕えた。パティン将軍は4男で、1777年に生まれ、1849年73歳で亡くなった。

を馳せていた。[26]

　ベトナムとの戦争は、アン・イム王子が首都フエに連れ去られた時に決断された。カンボジアの王位がアン・ドゥン王子に委ねられることになるという可能性も出てきた。アン・イム王子のその後について、情報を収集のため、2人の男、ヤォンとコンがコンポン・スワイ地方とバライ地方へ派遣された。2人が[27]バッダンボーンに戻り、パティン・デチェア将軍に報告すると、将軍はそれをラーマ3世に伝えた。その報告を信じて、ラーマ3世はアン・ドゥン王子を解放して、パティン将軍の許に合流させた。シャム国内では総動員令が発令された。シャムは新たにカンボジア問題に介入する準備をしたのであった。

4.　4人の王女の逮捕

　プノンペンでは、チュオン・クン将軍がカンボジア国の絶対君主を自認して、暴虐の限りを尽くしていた。将軍は王女たちの逮捕の準備にとりかかった。[28] 4名の王女たち［アン・ペーン、アン・メイ、アン・ポウ、アン・スグォン］はチロイチャンヴァに呼び出され、そこでベトナム兵の監視のもとに置かれた。次いで、チュオン・クン将軍は上級高官からその職務と権限の象徴である印章を取り上げるよう命じた。カンボジア国の行政機構を打ち壊し、カンボジア国を決定的に服従させる目的である。この暴挙を知ったクメール人たちは再びシャムに助けを求め、アン・ドゥン王子の帰国を願うようになった。

　同将軍は偽りの手紙に署名させられた3人の高官をベトナムに連行し、この3人の妻たちを逮捕するため兵士を派遣した。クロラホム・マォンの妻はベトナ

26　G. Cœdès, *Les Reuples*, pp. 166-167.
27　ヤォンなる人物はオクニャ・デチョ・エイの兵士で、コンはオクニャ・ノリ・ノンの兵士であった。Cf. *Robar Khsat*, p.149.
28　『ロバー・クサット』の筆者はオン・ルゥーというベトナム将軍について記している。将軍は、王女たちの逮捕、プロコンドルに投獄されている3人の貴顕の妻たちの逮捕、反乱した地方長官の弾圧などを指揮した。オン・ルゥーというのはチュオン・ミン・ザンの3番目の呼び名と考えられる。クメール人はチュオン・クンと呼んだりオン・ルゥーと呼んだりしたようで、人々はこの名をいまだに覚えている。

ム人に逮捕された。ヨマリァチ・ホーの妻はどうなったのかわからない。チャ
ウヴェァ・ロンの妻の場合、タイミングよくコッ・スラケート王宮を脱出したの
だが、小舟に保管しておいた財宝はベトナム人の手に渡ってしまった。彼女は、
まずチャック・アンレの家に向かったが、しかし、そこが安全ではないと判断し、
森に逃げ込んだ。追跡していたベトナム兵は家中にあるものを略奪した上で、
家を焼き払った。

　これら4人の王女たちは、一般の人たちから完全に隔離されて暮らしていた。
彼女たちは生命の危険にさらされていることは承知していたが、ベトナム人の
意図はわからなかった。アン・メイ女王の権限はチュオン・クン将軍に踏みに
じられた。この苛酷な時代にあって、アン・ペーン王女は、当時バンコク宮廷
で暮らしていた母親のモネァン・テープに、4人の王女が置かれている絶望的な
状況を訴える伝言を届けることができた[29]。知らせを受けたモネァン・テープは、
バッダンボーンにいた弟のプリァッ・アン・ケオ・マに王女たちがシャムに逃
亡できるようお膳立てしてほしいと頼んだ。しかし運悪くモネァン・テープの
使者はプノンペンでベトナム人衛兵に捕まり、計画が発覚してしまった。アン・
ペーン王女は投獄された。残る3人の王女たちは、1840年9月に監視つきでサイ[30,31]
ゴンに連行された。アン・ペーン王女は、プノンペンの監獄からロンホへ移され、
ここでチュオン・クン将軍から拷問を受け亡くなった。遺体は袋に詰められ川
に投げ込まれた[32]。

　これら王女たちの逮捕は、クメールの人たちの心に大きな衝撃を与えた。カ
ンボジア国内各地において自然発生的に、ベトナム人を襲撃しようと、クメー
ル人たちは地方の有力者を中心に団結していくのであった。ベトナム人たちも、
反乱の煽動者になりそうなクメール人の逮捕を計画した。たとえば、サムロン
トン地方長官オクニャ・ウテイティリァチ・ヒンもその1人であった[33]。この長官
を逮捕するため、チュオン・クン将軍は策略をめぐらし、彼をプノンペンの砦

29　Malika, *Histoire*, p. 147.
30　Kulap, *Annam Sayam Yuth*, pp. 839-840.
31　Cf. *Robar Khsat*, p. 141. 10年周期の第2年、ネズミ年のペトロボット月、新月から8日目であった。
32　溺死は王家の者にとって極刑のきわみであった。この王女は1809年4月27日木曜日、バッダンボ
　　ーンで生まれた。亡くなったのは1840年10月30日金曜日、31歳であった。Cf. *VJ*, t.VI, p.804.
33　Cf. *Robar Khsat*, pp. 143-146.

に招いた。ベトナム人将軍の二枚舌をすぐ見抜いたヒン司令官は、卑劣な罠にはまるまいと招聘を辞退した。そして、馬に乗って部下たちを招集し、クメール住民を煽動して、サムロントン地方にいるベトナム人たちを襲撃した。ベトナム人将軍は、サムロントン地方のクメール人たちに逆襲するため、カンボジア兵を使おうと考え、プロコンドル島に拘留されていたヨマリァチ・ホーの兵隊を派遣することにした。しかし、この兵隊たちは、サムロントンのクメール人たちに出会うと踵を返してしまい、将軍は仰天してしまった。将軍は、1人の将校を情報員としてコンポン・チュナン地方に送った。ベトナム人部隊はここでも、サムロントン地方と同じに困難を味わっていた。チュオン・クン将軍には駐屯地がすべて襲撃されたように思われたので、サイゴンに引き返そうとした。ところが、キェンスワイでトメァ・ポックの待ち伏せに遭った。[34] 将軍は引き返さざるをえなくなり、プノンペンの小さな砦に逃げ込んだ。

このような数々のベトナム兵への攻撃やクメール人たちが持っている自発性はベトナム人を驚かせた。サイゴンの援軍を望むのは不可能となった同将軍は、人も物資も自分が自由にできるものだけで我慢するしかなかった。チュオン・クン将軍は、キェンスワイに向けて遠征するため、大きな船を10隻建造させた。部隊の一部は、森の中に逃げ込んだクメール人の農民たちを駆り出し、軍隊の兵員として編入させる任務についていた。残る部隊はトメァ・ポックの兵士たちに再攻撃をしかけた。

ある日の午前中、ベトナム人たちはクメール人部隊が集結しているキェンスワイ・クノンのパゴダに砲弾の雨を降らせた。ベトナム軍はなんとか河岸に近づこうとしたが、ポックはそうはさせなかった。チュオン・クンはやむなくプノンペンに退却したが、オクニャ・リァチデチェスに追跡され、執拗に攻められた。[35] しかし、オクニャ・リァチデチェスは、ベトナム軍の息の根を止めるには至らず、バプノムで兵士を集め、部隊を強化しようといったん退却した。ところが、ベトナム軍の待ち伏せに遭遇してしまった。最終的には、リァチデチェスはポック隊と合流し、ポ・プリァッ・バートの宮殿を守った。

---

34 トメァ・ポックは、4人の王女が出発した後、ポ・プリァッ・バート王宮の防衛を任された。トメァというのはトメァ・デチョを略したらしい。これはバプノムの地方長官の肩書である。
35 オクニャ・リァチデチェスは第2類上級高官の肩書4つのうちの1つ。プノム・スルーチ地方が唯一の支配地であった。

チュオン・クン将軍は一連の小さな敗北を味わっていらだっていた。トメァ・ポックを威嚇して決着をつけようと考えた将軍は、大規模な攻撃をしかけて、ポックとオクニャ・リャチデチェスの隊を敗走させるべく、手に入る小舟をすべて徴用し、即応態勢にあるベトナム兵を残らず集めた。

5. アン・ドゥン王子の帰還

　クメール民族は著しく弱体化したとはいえ、その蜂起は、ベトナムの残虐行為に対する怒りの表れであった。しかしながら、このように死にもの狂いの行動だけでは、ベトナム人をカンボジアから追い出すことはできなかった。1840年末ごろ、王国は文字通り奈落の底にあった。反ベトナム闘争を活気づけ支えるため、どうしても救世主が必要であり、クメール人たちにとっては当然のことながらアン・ドゥン王子を頼みの綱と考えていた。そして、1841年、2人の高官オクニャ・ヴィボルリャチ・ロンとオクニャ・スールケロク・モクがシャム宮廷に重要な書信を届けた。それはカンボジアへの軍事介入を要請するものだった。機会を待っていたラーマ3世は、バッダンボーンに集結していた部隊に出動を命令した。このカンボジア・シャム軍を指揮したのはパティン・デチャ将軍で、

36　宣教師 J.B. Granjean の1842年1月20日付手紙が、カンボジアにおけるベトナム軍との戦争のため、シャム人たちが動員された様子を証言している。さらに、遠征に出かける兵士たちの生活条件や、与えられた鉄砲の責任についてなどの情報もある。以下はその手紙の抜粋である。「ベトナムのカンボジアに対する迫害はミンマン帝の逝去［1840年］で完全に終わったわけではありませんが、少なくとも非常にゆるやかな形で進行しているように思われます。しかしながら、現在コシャンシンでベトナムとシャムの間で行なわれている戦争によって、この隣国カンボジアと私たちの関係はなお中断されたままです。新たに洗礼を受けた18歳から70歳までの人々は、招集されて武器を取ることになりました。数日後には、この管区は女性だけになるでしょう。私は今、出発前に兵士たちが聖体拝領できるように言い聞かせております。年間の全報酬として、兵士たちが受け取るのは3テール、約36フランでしかありません。信じられますか？　その上、遠征で行軍するとき、兵士たちは自分の米や干し魚を持参せねばならないのです（王は食事を与えてくれません）。そして、食糧が底をついた時には、兵士たちは泥棒や略奪をするしか生き延びる方法がありません。この略奪行為は兵士たちが守る国にとっても大きな被害をもたらし、飢餓に苦しむ人々を増加させます！　しかし、戦闘員の家族にとって、さらに苦しい負担があります。部隊長は各兵士にせいぜい20フランか25フランの粗末な鉄砲を貸与支給します。もし不幸にして兵士が捕虜になったり、

すぐ隣にはアン・ドゥン王子が立っていた。カンボジアに入ると人々から熱狂的な歓迎を受けた。最初の攻撃目標はベトナム軍の精鋭部隊が立てこもるポーサット砦であった。

(1)ポーサット砦の奪還

　ポーサットの戦闘とその占領について証言しているのは『ロバー・クサット』だけである[37]。それによると、シャム軍のパティン・デチャ将軍は夜になるのを待って、町の中心部に乱入した。将軍は象軍を何度も侵入させ、大軍が押しかけたかのように見せかけた。その間に、6ヵ所に陣地を築いた。日の出とともに両軍の戦闘が始まった。ベトナム軍は陣地を狙って攻撃を開始し、陣地からは大砲がそれに応酬した。戦いは一日中続いたが、ポーサットの砦はびくともしなかった。パティン将軍は参謀を招集して、この強固な防禦陣地を打ち破る策略を聞くことにした。チャープという将校が口を開いた。

　「まず大砲の砲身にバナナの幹を突っこんでおきます。そして、発射直前に、赤熱させた砲弾を詰めるのです。着弾したら火事となって大混乱に陥り、敵は降伏せざるをえなくなるでしょう」

　パティン将軍はこの助言を採り入れた。そして、大砲をバナナの葉で冷やしておいて、真夜中になったら、熱した砲弾をベトナム軍の陣地めがけて発射するようにと命じた。真夜中、6ヵ所の陣地からは一斉に真っ赤な砲弾が打ち込まれた。ベトナム軍陣地は炎で燃えあがり、部隊長とはぐれてしまったベトナム軍の一部は、シャム軍に降参を伝えるためやってきた。しばらくすると、真っ赤な衣装を身につけた2人の少年が、白旗をひるがえしてやってきて、シャムの将軍に、ベトナム軍司令官アン・ポーの降伏を告げた。そして、生き残ったベトナム兵は、クメール人とシャム人の両軍の兵士が見守る中、ポーサット砦を

　　戦場で死亡した時には、未亡人は夫の腕に抱えられた役に立たない武器の代金として、60フラン支払わねばなりません。未亡人は貧乏だからといって情け容赦はなく、未亡人は子供を1人売って賠償金をつくることになります。もし子供がいなかったら、自分自身が身売りして、一生奴隷として過ごさねばなりません。これが、ここでは祖国への奉仕の報いなのです。なんとあわれな人たち！　なんという不幸でしょうか！」Cf. *APF*, t.XVI, 1844, pp. 276-277.

37　*Robar Khsat*, pp. 154-157.

後にした。パティン・デチァ将軍 はアン・ポー将軍に言葉をかけた。
「許してさしあげますが、そのかわり、私たちの側に立って闘うことを受け入れませんか」「よろこんで。カンボジアの国が平和と独立を取り戻すことを願います」

パティン将軍はベトナム人の言葉を信じて、武器を相手に返した。しかし、機会があり次第、ベトナム人兵士たちは河川路を伝って逃亡し、やがてプノンペンに集結するにちがいない。

こうした会話の最中に、パティン将軍はアン・イム王子とクメール人王女たちを逮捕した責任について尋ねた。責任はすべて、皇帝に奏上せず、独断で行動したオン・ルゥー（チュオン・クン将軍）にあるとアン・ポーは答えた。

シャム軍とカンボジア軍は、北部地方に設けられていたベトナムの軍事基地を徹底的に破壊した。こうして、シャム軍とカンボジア軍は妨害を受けることなくウードンの西に位置するモンタラム村に進軍し、決戦の準備に入ったのであった。

(2)ウードンの戦闘

両軍が布陣し、3日間が過ぎた。ベトナム軍は夜明けに攻撃に移るという噂を流した。それを受けて、カンボジア兵とシャム兵はこの攻撃に備えるようにとの命令を受けた。実際にはベトナム隊は夜陰に乗じて移動し、カンボジア防衛隊の最前線に対峙する位置に来ていた。この時カンボジア軍を指揮していたのは、ロムペン・チェイという将校であった。ロムペン・チェイは落ち着いて対応し、なにも行動を起こすな、日の出前に敵と交戦する準備をするようにと命じた。夜明けの一条の光が射す頃、ベトナム隊は既に多数が持ち場についていた。彼らの大砲がカンボジア・シャム隊の上に砲弾の雨を浴びせかけた。ロムペン・チェイは非常に冷静で、竹槍で武装した突撃隊の先頭に立って、敵の陣地に忍び込み、群れいる馴象の下唇に竹槍を突き刺した。この不意打ちにおびえた50頭の馴象は、ベトナム兵を踏みつけながら暴れまわった。シャム・カンボジア両軍はこの時攻撃に打って出て、ベトナム側の不意をつき、混乱のうちに敗退に追い込んだのであった。戦闘の数日後、ベトナム人将軍は休戦を申し出たが、

だれからも相手にされなかった。この将軍はベトナム軍敗残兵とともにプノンペンに引き揚げた。

(3) ベトナムの政策の失敗

　フエ宮廷の軽率な政策はカンボジアにおいて数多くの人命を失わせることになった。ベトナムはカンボジア北部地方の要衝であるポーサット地方から撤退したことにより前線基地を保持できなくなり、カンボジアにおける地方拠点を失った。さらに、シャム軍が解放者として登場し、クメール人に熱烈に受け入れられることになった。

　1843年はじめ、ベトナムのティェウ・チ帝[グエン朝第3代皇帝紹治帝(1841-1847)]は、カンボジアがシャム側に寝返り、ベトナム側から逃げ出した事実を知り、最後の手を打ってきた。皇帝はカンボジア側に王族たちの帰国を提案し[38]、チャン・ラン・ビン将軍にプノンペンへ送って行くよう命じた。クメール人たちはどんなにか王女に帰ってほしいと願ったことだろう。しかし、これまでの抑圧と残忍な事件を忘れることもできなかった。他方、クメール人たちはここ20年来ベトナム人の二枚舌でひどい目にあわせられてきたので、これ以上彼らの策略の犠牲になることは嫌だった。つまるところ、クメールの人たちに残されたのは、アン・ドゥン王子を中心にして団結することだった。

　シャム軍に助けられて、カンボジア軍はベトナム軍をカンボジア王家の人々が住んでいるマォト・チローク地方まで追跡した。ベトナムから解放されて、クメール民族は生気を取り戻すとともに、アン・ドゥン王子を救世主として迎え入れた。シャム宮廷はこの状況を利用して王子を即位させ、カンボジアへの権限を強めようと考えた[39]。こうして、フエ宮廷の勢力を追い払い、シャムのカンボジア政策は大成功を納めたのであった[40]。

　カンボジアは1845年まで、平和と安寧の時代を享受した。唯一の例外として、スレイ・サントー・チュヴェン地方で、自ら救世主を名乗るアーチャー・ァァン

---

38 とりわけ3王女、アン・ドゥン王の母モネァン・ロスとアン・イム王子。
39 Cf. *VJ*, t.VI, p. 807; KK, t. III, p. 44.
40 この当時、シャムはカンボジア王国のほぼ全土を支配していたようである。ベトナム人は、ヴィンテ運河の先と東部地方、ピェム・メァン・チェイ村（現在のバナム）より南に居住していた。

を中心とした蜂起が起きた。しかし、この騒ぎはプリァッ・アン・ケオ・マによってすぐ制圧され、アーチャーはバンコク王宮に連行された。

　平和が回復したとはいえ、カンボジアがかつての繁栄を取り戻したわけではなかった。ベトナムに捕らえられていた王女たちは、アン・ドゥン王に手紙をしたため、貧困の克服、国家の経済の回復を願った。[41]王には、身近に大勢のシャム人顧問がいて、とりわけ最高顧問のパティン・デチャ将軍が見張っていたため、自分から率先して何かをすることはできなかった。しかしながら、臣民たちの不幸に思いを馳せ、逆境から救済する策を講じなければと念じたアン・ドゥン王は、1843年5月4日、アン・メイ女王に伝言を届けた。[42]それには、ティェウ・チ帝に宛て、カンボジアとベトナムの交易活動の正常化のためのいくつかの提案が明確に示されていた。

　現実には、クメール人とベトナム人との交易が途絶えたことはなかったが、それは密輸であったり、ごく小規模な範囲のものだった。アン・メイ女王は叔父のこの提案を喜んで受け入れ、侍従の高官をマォト・チロークに遣わすなど、自ら仲介役を買って出た。それからベトナム人官吏がティェウ・チ帝にカンボジア側のこの提案を伝えた。ティェウ・チ帝はアン・ドゥン王の提案に同意し、臣下の者たちに必要な手筈を進めさせた。

　このような状況の中で、アン・メイ女王がアン・ドゥン王のそばで助言者として果たした役割をあまり過大評価するわけにはいかない。女王はカンボジアの平和と繁栄の回復を心から願いながら、王族同士が敵対したために多くのクメール人たちが味わうことになった不幸を思いを致してきた。そして、アン・ドゥン王に、女王は、なによりもまずシャムとアンナムとの関係に均衡を保つことに腐心してきた父親［アン・チャン王］や祖父［アン・エン王］の姿を重ね合わせていた。そして、彼が4年前からカンボジアの国土に居住していながら、アンナムと接触しなかったことを非難した。

41　Cf. KHIN Sok, "Quelques Documents Khmers Relatifs aux Relations entre le Cambodge et l'Annam en 1843", *BEFEO*, t. LXXIV, pp. 403-421.

42　アン・メイ女王の伝言を一部抜粋（18-19行目）すれば、一般のクメール人たちがどのくらい苦しんでいたか理解できよう。「クメール人たちは、塩、ビンロウなどあらゆる商品が不足しています。クメール人はベトナム人と森で人目を避けて取引しています。これは長くは続けられませんし、監視人に見つかれば、逮捕されて罰を受けます」

こうした状況にあって、アン・メイ女王はカンボジア王国統一のための勇気ある政策を保持していたのである。ところがベトナム側は結局アン・イム王子の提案のほうに魅力を感じていたらしい。アン・イム王子は、カンボジア王国の国益を心配していたのではなく、むしろ個人的な野心に動かされて、プノンペンの南に位置するカンボジア南部地方を自分が譲り受け、暗黙のうちにベトナムの支配を受けることにする、他方、北部はアン・ドゥン王子に任せる、と提案した。しかし、アン・イム王子は、野望を果たせぬまま、また母国を見ることなく、51歳で亡くなった。アン・イム王子の死後、シャム王宮はカンボジアに対する政策において態度を硬化した。実際、シャムはもともとカンボジアに対するベトナムとの共同支配に満足せず、単独での支配を望んでいた。しかしながら、フエ宮廷もカンボジア支配に対する独自の野望を放棄してはいなかった。またしても、カンボジアは両隣国の支配争奪の場となり、再び戦場となった。

6. 1845年、支配権をめぐって新たなベトナム・シャム戦争

(1) シャム軍の第1次攻撃

　1843年のアン・ドゥン王即位は、カンボジアにおける支配権拡大を国益としていたシャムにとって、好都合であった。ラーマ3世は、アン・イム王子の死を、カンボジアに対する支配をさらに拡大する好機と考えた。アン・ドゥン王の考えでは、ベトナム側はもはやこれという切り札を持っていなかった。ベトナムはクメール人の王女たちを手元に置いているだけで、政治的には二次的な切り札であった。その上、ティェウ・チ帝はこれといった取り柄がなく、父王の短所をそのまま受け継いでいて、覇気がなく煮え切らなかった。[43]ラーマ3世は、陸路と海路からベトナムを攻撃するには絶好の機会であると判断した。そこで、

43　Cf. L. Cadière, E. Perreaux, *Abrégé de l'histoire d'Annam*, 1912, t. II, p. 14.

ラーマ3世の弟チャウヴェア・イッサレト・ヴァン・サン［プラバート・ソムデート・プラ・ピンクラオ・チャオ・ユーファ］率いるシャム艦隊がバンタイ・メスを目指した。艦隊が運んでいったシャム軍はコンポート港に上陸した。アン・ドゥン王の方は、プリャッ・アン・ケオ・マに伴われて、カンボジア・シャム混成部隊をトレアン地方のヴィンテ運河の隣接地点まで進軍させた。

　対ベトナム軍攻略の火ぶたを切ったのは、王弟のチャウヴェア・イッサレトであった。[44] 2日間の戦闘で決着のつかないまま、シャム艦隊司令官はアン・ドゥン王に何の連絡もせずに、シャム軍兵たちに退却を命じ、バンコクに帰ってしまった。[45] このシャム軍の無断退却は、カンボジア・シャム軍事同盟における連絡の欠如を浮き彫りにした。とりわけシャム軍が離脱した夜の最前線では、ベトナム軍の猛攻撃を受けたカンボジア軍部隊は大混乱に落ち入った。パニックの中で、多くの兵士や将校が殺された。その中にはモネァン・テープの弟プリャッ・アン・ケオ・マ、オクニャ・モハー・セナ・タォン、そしてシャムのオクニャ・ヨマリャチの息子センなどがいた。[46] 抗戦できなくなったアン・ドゥン王は、生き残りの軍隊とともにウードンへ引き返した。それから、王はパティン・デチャ将軍のいるクレアン・スベークに戻った。

　カンボジアにおけるベトナムの影響力排除に決着をつけようとしたシャム側の軍事行動は、こうして失敗に終わった。これに反してベトナム側は、このようなカンボジアをめぐる争奪戦争において、手に入れたものは手離すなという教訓を得たようであった。

　シャム軍の将軍とアン・ドゥン王は、プノンペンに腰を落ち着けて、カンボジア南部地方の対ベトナム防衛陣地の建設を見守ることにした。万が一ベトナム軍が大挙して押し寄せて来た時に、行く手をふさぐのが目的であった。

44　チャウヴェア・イッサレト王子はラーマ3世の子供73人のうちの1人である。王子はモンクット王（ラーマ4世）とは異母兄弟で、弟にあたる。1808年生まれで、チュタマニと名付けられた。後にチャオファー・クロム・クン・イッサレト・ライン・スーンの肩書を与えられ、さらにその後、ソムダチ・プリャッ・ピン・クラオ・チャオ・ユーファになり、1866年に亡くなった。Cf. Sanan Muang Vong, *Pravattisat Thonbori-Ratanakosin*, 3e édition, 1978, p. 75 et p. 97. Kulapにはプリャッ・リャチ・ヴェアン・ボウォン（Kulap, p.1043）の肩書で記されている。驚いたことに、*Annam Sayam Yuth* では、王子の任務に触れながら、軍事行動の結果にもカンボジアに退却した状況についても言及がない。
45　Cf. *VJ*, t.VI, p. 809.
46　Cf. *VJ*, t.VI, p. 809.

第5章　災厄の時代：1835年〜1847年

　砦が作られた主な地点は、河川路ではピェム・メァン・チェイ、バンタイ・デーク、そしてバサック川ではプレーク・トチとプレーイ・バック・ダイである[47]。この建設には地元の農民たちの多大な努力を必要とする。しかし彼らは、飢餓と闘うために、水田の耕作を優先したいと願っていたのである。さらに、建設したとしても、果断なる敵の攻撃に対する実際の効果はきわめて小さい。しかしながら、これらの砦は、クメール人の勇気を取り戻し、自信を深めるのにふさわしいシンボルであり、アン・ドゥン王自身が望んでいたカンボジアの守護者というイメージをつくるのに役立つものであった。

　とはいえ、この陣地工事はすべての人の合意を得たものではなかった、と証言しているカンボジア年代記がある[48]。2人のクメール人高官は、明らかに、自分の野望とベトナムが示した約束に心動かされていた。それはバプノムの地方長官リァチャ・デチァス・ノンとプレイ・ヴェーンの地方長官オクニャ・テァリァティパディー・モクで、彼らはアン・ドゥン王の権威を認めることを拒否し、住民投票によって自分たちを「オクニャ・チャックレイ」と「オクニャ・クロラホム」に選出させた。アン・ドゥン王は、シャム人将軍の監視の下にありながらも、密かにこの件にけりをつけようと考えていた。王から2人の高官たちのところに、プノンペンまで来てほしいとの伝言が届けられた。そして、オクニャ・チャックレイはプノンペンで捕らえられ処刑されたが、オクニャ・クロラホムのほうは王から恩赦を与えられ、職務に復帰し、さらにピェム・メァン・チェイの砦を守る任務についた。

　カンボジアでは平穏無事な状況が続いた。お目付役のパティン・デチァ将軍は、自分がいなくとも問題はないと判断して、バンコクに戻り、ラーマ3世から新たな命を受けた。同将軍にはクメール人の高位高官3人が同行し、シャム宮廷へ貢ぎ物を持参した[49]。一方、シャム人3人の高官がアン・ドゥン王の相談役としてカンボジアにそのまま留まった[50]。

47　Cf. *VJ*, t. VI, p. 809; KK, t. III, p. 45; SP, t. V, p. 17.
48　Cf. SP, t. V, p. 17; KK, t. III, p. 45.
49　SP, t. V, p.17. によると、これはオクニャ・ヨマリァチ・プルムのことで、後にチャウヴェア・トルハ、オクニャ・デチョ・エイ、そしてオクニャ・モントレイ・スネハ・インに任命された。
50　ポニェ・ダンロン・ヴィチァイ、プロム・バオクレック（パティン・デチァ将軍の息子 Cf.Kulap, p.1045）とプリァツ・エンタバンである。Cf. SP, t. V, p. 17; KK, t. III, p. 45.

パティン・デチャ将軍の留守を利用して、おそらくベトナム側に裏から操られたのであろう12人のクメール人高官が、王の身辺を狙って陰謀を企んだが、すぐに発覚して未遂に終わった。12人のうち4人だけはマォト・チロークに逃げたが、あとの陰謀者たちは逮捕された。アン・ドゥン王は、まずカンボジア年代記でも、この種の犯罪では今回だけ、という寛大な裁きを示した。刑罰は陰謀者の人柄によって幅が持たされた。年代記執筆者によると、死刑が科された者は最高責任者とみなされた者である。

── チャックレイ・メイは船上で行なわれた王の法廷に出頭を命じられ、そこで逮捕された。年代記にはその後の運命は記されていない。
── オクニャ・モノリャチデチャ・スレイはスレイ・サントー地方の反乱者を逮捕する任務を命じられた。
── オクニャ・モントレイチャトロン・プン、チャウ・ポニェ・ルンロン・セナー・オック、オクニャ・レクサ・プーミン・ソム、オクニャ・ヴォンサーティパディー・スレイの4人はタボーンクモン地方に派遣され、王宮の建設に必要な木材の切り出しの任務を命じられた。
── オクニャ・バォヴォリャチ・ロスはチャックレイ・メイの逮捕を聞いて、コンポン・ルォンから逃げ出し、弟のオクニャ・モノリャチ・スレイと失脚した他の高官たちに合流し、タボーンクモンおよびスレイ・サントー地方において住民たちを煽動し、蜂起させた。この蜂起を粉砕するため、現場に2部隊が派遣された。第1部隊は、バッダンボーンの副長官が指揮をとり、オクニャ・ヴォンサー・アッケリャチ・プリアプが随行した。第2部隊はソムダチ・チャウ・ポニェ・ルスが指揮した。反乱者は全員逮捕のあと処刑され、その家族は奴隷の身分に落とされた。[51]

4人の謀反者バォヴォリャチ・ロス、スレイ・ソクン・テェン、スレイ・ソティプ・ヴェアン・カウ、プリァッ・クレァン・ソクは、家族とともにマォト・チローク方面に逃亡、ベトナム側に助けを求めた。
これら逃亡してきたクメール人高官たちの件が火種となり、1845年9月、ベ

51　Cf. SP, t.V, pp. 18-19 ; KK, t. III, pp. 46-47.

第 5 章　災厄の時代：1835 年〜 1847 年

トナム軍の反撃が始まった。これらの反乱はなんとかアン・ドゥン王によって封じ込められた。しかし、これら一連の反乱と蜂起はシャム王宮に深刻な衝撃を与えた。[52] ラーマ 3 世は、ベトナム側の謀略を見抜き、そして、カンボジアにおけるシャムの支配権がベトナムのために消滅の危機にさらされていることを知った。それは、ラーマ 3 世にとっては耐えられないことであった。シャム王は、パティン・デチャ将軍を急ぎカンボジアへ戻し、[53] 現地兵力を 4 万に増強した。このため、シャム人、クメール人、ラオス人を問わず、全住民が兵員として動員された。1845 年の雨季の期間 6 ヵ月にわたり戦争の準備が続けられた。

(2)ベトナム軍の反撃

　1845 年 9 月、バッダンボーンの副長官ノリン・ヨータとピェム・メァン・チェイ砦の責任者オクニャ・クロラホム・モクは、ベトナム軍がピェム・チョーに到着したとアン・ドゥン王に知らせた。ベトナム人将軍カム・サイ・ダイ・タン[54]が、武官タム・ダンを従え、3000 の兵力を率いてやってきた。アン・ドゥン王とプロム・バォリレック将軍は軍隊とともプノンペンを発ち、防衛を強化するためバンテァイ・デークに陣地を構えた。
　ベトナム軍は難なくピェム・メァン・チェイ地方を占領した。カンボジア軍のノリン・ヨータとクロラホムは水路沿いに引き返し、スレイ・サントー地方に宿営地を設けた。しかし、2 人はすぐにベトナム軍に包囲され、完全にアン・ドゥン王の部隊と引き離されてしまった。
　バンテァイ・デークの陣地を攻撃するため、ベトナム軍はトンレ・トチ川をたどり、さらにプルーウ・トレイ［魚の道という名の道路］を経由してメコン川に至

52　アン・ドゥン王は、2 人のシャム人高官ポニェ・ダンロン・ヴィチャイとプロム・バオリックに命じて、ラーマ 3 世にこれら反乱の背景を知らせる伝言を届けさせた。Cf. KK, t.III, p.46; SP, t.V, p.18.
53　パティン・デチェア将軍は、雨季の間にプノンペンの総司令部に到着した。この年、カンボジアは大洪水に見舞われた。プノンペンでは、堤防を越えた水が王宮の敷地にまで流れ込んだ。王はシャム将軍のために、ルセイ・ケオ寺院の南、プノンペンから北へ 5 キロのバッダンボーン街道沿いの乾いた土地にもう 1 軒の家を建てるよう担当の大臣に要請した。Cf. SP, t.V, p. 19.
54　Kulap (pp. 1043-1073) によると、オン・タ・ティエン・クン（チュオン・クン）将軍は 1 万 6000 人の軍の先頭に立った。これには別に 2 人の将軍が加わった。前衛部隊長のカー・コーと後部隊長タム・タンである。

り、川の流れを利用して現地に到着した。バンテァイ・デークにおいては、3日間の戦闘の末、アン・ドゥン王の部隊はもはや持ちこたえられず、退却した。アン・ドゥン王は生き残りの兵士たちとプノンペンに戻った。パティン・デチァと王は、プノンペンの都城があまりにもメコン川河岸に近く、さらに、敵ベトナム軍ははるかに優勢にあると判断して、ウードンまで退却することに決めた。数日後、ウードンにピェム・メァン・チェイの兵士たちが戻ってきた。[55]

クメール人部隊の退却で、ベトナム軍はトンレ・サープ川西岸一帯の拠点を取り戻すことができた。ベトナム軍は、プノンペン、コンポン・ルォン、ピェム・チュムニクとコンポン・チュナンに駐屯した。カンボジア軍はウードンと周辺の村落に集結したのであった。

ベトナム軍の将軍はウードンに大規模な攻撃をしかけるため、ウードンへの街道沿いに陣地を築いた。それはコンポン・チャウヴァ、ヴィヒァ・サンナォ、ワット・スベーン、ポー・ベイあるいはチェディー・タメイなどである。同時に、グエン朝のティェウ・チ帝は、クメール人王女や役人たちの拘留が反ベトナム感情を煽り、さらにベトナム人将軍たちが行なった略奪と暴力行為はシャム側に有利な口実を与えることになると考えた。そこでティェウ・チ帝は、クメール人に対してより柔軟な政策を持ち出そうと、まず、人質をすべてプノンペンに送り返すことに決定した。

カンボジア軍はコンポン・クラォサン、ワット・ヴィヒァ・ルゥン、トゥル・バレーンで再編成された。[56]最初の成功に意気上がるベトナム軍は、再度アン・

---

55 Kulap (pp. 1043-1073) によると、カンボジア軍の最前線は、現在のスワイ・リェン州のコンポン・トラベクにあった。ベトナム軍が到着したとき、パティン・デチァ将軍はまだバンコクであった。カンボジアには息子のプロム・バォリレックと高官2人しかいなかった。オン・タ・ティエン・クン将軍は、ポ・プリァッ・バートを占領したあと、マオト・チロォク隊は駐屯地を出発して、バサック川を使ってプノンペンで合流するよう命じた。プノンペンではカンボジアとベトナムの間では戦闘はなかった。というのは、タ・ティエン・クン将軍はプロム・バォリレックを敵とはみなしていなかったのと、ベトナム軍が大勢で到着したことでパティン将軍の息子は隊とともにウードンに引き揚げざるをえないであろうと考えたからである。シャム将軍がバンコクから到着したのは1845年9月のことでしかない。カンボジアの年代記作家たちが、ベトナム軍が到着したとき将軍がカンボジアにいたとしているのは間違いである。パティン・デチァあるいはコラープ (Kulap) が、ウードンへの退却命令は将軍の代わりに息子がしたのだと弁明して、真実を操作しようとしたのであれば、それは将軍の名誉を救うためであって、有名人ならば国を問わずよくあることだ。

56 トゥル・バレーンは現代地図に記されていない。

第5章　災厄の時代：1835年〜1847年

ドゥン王軍を攻撃したが、アン・ドゥン王は、シャム軍の支援と馴象軍を使ったおかげで、持ちこたえることができた。逆に、ベトナム軍は総指令部のあるコンポン・ルォン陣地への退却を余儀なくされた。アン・ドゥン王はなによりも国土が戦争の災禍にさらされぬようにとの願いから、パティン・デチャ将軍の同意を得て、優勢のまま、敵を追撃することをやめることにした。王はベトナム軍に停戦を申し入れた。王は控えめな伝言を竹の筒に入れ、捕虜となっていたベトナム人将校の首から下げさせて、カム・サイ・ダイ・タン将軍に届けさせた。カム・サイ将軍は、戦況が不利な状況下で交渉することを拒否し、捕虜たちをウードンに送り返すと同時に、再度攻撃をしかける準備を始めた。将軍は戦闘部隊をチェディー・タマイとワット・スベーンに配置した。クメール人部隊は、ヴィヒァ・サンナォとウードンの丘を結ぶ前線沿いと、ウードンからポー・ベイダゥムを結ぶ街道沿いを防衛陣地としていた。ベトナム軍はカンボジア側の防衛線を破ろうと、何度も攻撃をしかけてきたが、ベトナム側は人的にも物質的にも大きな損害を受け、カム・サイ将軍は今度は自分のほうから停戦を申し入れることになった。

(3)和平交渉

　ベトナム側の提案が、どの程度の実効性を伴ったものなのか、直接カム・サイ将軍に確認するためパティン・デチャ将軍は6人の将校をコンポン・ルォンに派遣した。これらカンボジア・シャム使節団の代表は、誠意の証しとして、拘留しているクメール人人質全員を解放して、ウードンに送り返すべきであるとこの将軍に告げた。

　ベトナム人将軍はこの提案を受け入れ、直接パティン・デチャ将軍と会見したいと申し入れた。パティン・デチャ将軍の命令で、ポー・ベイダゥム村に会議室が建てられた。会議は1846年1月に行なわれた。カンボジア側はアン・ドゥン王とシャム将軍パティン・デチャ、ベトナム側はカム・サイ・ダイ・タン将軍と副官が出席した。

　ヴェァン・チョウン版年代記では、この時の会話を次のように記録している。

パティン将軍：ナン・クラウ王（ラーマ3世）は、この国が平和を回復するように、アン・ドゥン王をカンボジア王として即位させよと私に命じられた。私自身、誠意を持ってアン・ドゥン王に仕えてきた。あなたも同じく、アン・ドゥン王をカンボジア王として承認されるように願っている。

カム・サイ将軍：ベトナム王も同様に、かつてカンボジア王を支援してきた。シャム王もよくご存じのとおりだ。以前は3国は同じ友情で1つに結ばれ、絶えずその印［贈答品］のやりとりをしてきた。カンボジアの王たちの不和が原因で、ベトナムとシャムは敵になってしまった。近ごろ、ティェウ・チ帝は私に、カンボジアが平和を取り戻すよう、カンボジアの王族と高官たちをマォト・チロークからプノンペンへ連れ戻すよう命じられた。私はもちろん、この使命をきちんと果たしてきた。

パティン将軍：私はプノンペンから退却して、あなたに自由な場を残した。だから、あなたはかつての人質たちをウードンまで連れてこさせるべきだ。そのあとで一緒にアン・ドゥン王の即位の儀式の準備をいたしましょう。これでやっと私たちはそれぞれ自分の国に帰ることができる。

カム・サイ将軍：アン・ドゥン王の即位を私が決定することはできないが、すぐにフエ宮廷の決定を求めるため将校を送ろう。クメール人人質を返還する代わりに、パティン将軍とシャム軍は、ウードン地方に建設された砦をすべて解体し、シャムに引き揚げるべきである。アン・ドゥン殿下の即位準備は、それからのことである。

パティン将軍：即位については、ラーマ3世のご意志がすべてである。シャムのほうが砦を解体し、軍隊をカンボジアから引き揚げるということだが、それは何の保証もない話だ。あなたたちのほうが、まずチェディー・タメイとコンポン・ルォンの砦を破壊して、アンナム軍を引き揚げ、拘留しているクメール人人質をウードンに来させるべきである。これらの条件が整った時にのみ、シャム軍はバンコクに引き揚げることになるでしょう。

カム・サイ将軍：私たちは平等な立場にあるので、3日後にシャム軍の兵士にベトナム軍の砦の解体を視察させよう。それから、ベトナム側はプノンペンへ、シャム側はポーサットへ引き揚げる。クメール人人質はウードン

に赴くであろう、そこでシャムはバンコクにいる40人のベトナム人捕虜をベトナムに返送すべきである。[57]

パティン将軍：私は、捕虜たちが母国に帰るために必要な用意を準備しよう。[58]

　年代記執筆者は、この翌月、すべては計画通り展開したと付け加えている。シャム側の年代記にあたってみると、和平交渉はカンボジアにおけるシャムの既得権を強く意図したものとなっているが、ヴェアン・チョウン版年代記からは、そのような側面はうかがえない。さらに、コラープによると、交渉は時には緊張した雰囲気の中で展開し、カンボジアにおけるベトナムとシャムそれぞれの利害関係がまさに全面的に表面化されて、そこにはクメール民族の不幸などはまったく考慮されなかった。しかし、アン・ドゥン王にはどうすることもできなかった。

　コラープによると、コンポン・ルオン軍事基地の責任者であるベトナム将軍は数人の使者をウードンに送っている。彼らの役目は、クメール人王族たちがカンボジアに帰国できるようにとアン・ドゥン王からフエ宮廷に請願するのを促すことだった。ただし、その見返りにカンボジアはフエ宮廷の支配権を認めるという条件が付いていた。

　アン・ドゥン王には、こうしたことについての方策はまったくなかった。王が何度も頼んできたので、パティン・デチャ将軍は、サイゴンの軍司令官を仲介にして王とフエ宮廷が接触することに同意した。アン・ドゥン王は早速サイゴンの軍司令官に伝言をしたためた。

「カンボジアの国は混乱に巻き込まれて、私たちは苛酷な苦しみばかり味わってきました。そこで、ラーマ3世陛下は王国を平和にするためバンコクを離れるようにと私に勧めたのです。でも今は、クメール人とベトナム人はもう一度一緒に商売を行ない、両国は友情の絆を結んで、クメール人の高官たちは全員に大赦を与えられるべきです。私は、陛下およびシャム王に対する恩義は重々承

57　ベトナム人捕虜の中には、タイン・チャンなる人物がいたが、地位はわかっていない。ただ、これらの捕虜は、現在のスワイ・リェン州ロムドールの長官に捕えられた。
58　Cf. *VJ*, t.VI, pp. 815-818.

知しております」[59]

　ティェウ・チ帝は、この伝言を尊重した。皇帝は、軍隊にコンポン・ルォン、コッ・チン、ポニェルーを引き揚げて、すべてプノンペンに集結するよう命じた。さらに、3人の王女を除いて、クメール人人質を解放するよう命令した。フエ宮廷は、その代わりとして、バンコクに抑留されている44人（ヴェァン・チョウン版年代記によると40人）のベトナム人捕虜の釈放を要求してきた。アン・ドゥン王は、バンコク王宮がこの要求に対して冷淡であるだろうと予測していたので、捕虜の解放の許可を得るには3ヵ月の猶予がほしいと頼み込んだ。

　しばらくすると、ティェウ・チ帝の第2の伝言がウードンに届いた。それは最後通牒の口調であった。要するに、今から3ヵ月以内に40人のベトナム人捕虜がプノンペンに到着しなければ、さらにアン・ドゥン王がフエ宮廷のカンボジアに対する支配権を公式に認めないのであれば、ベトナム軍は改めてカンボジアに入るであろうという内容であった。[60]

　パティン・デチャ将軍は、アン・ドゥン王がどんなに困難な状況に置かれているかを推察し、シャム側の対応がさらなる障害とならないように配慮する態度を見せた。将軍はサイゴンにスパイを送り込み、ベトナムの戦争準備の状況を確かめ、カンボジアに対するベトナム人の感情を調べさせた。その報告を聞いた将軍は、ベトナムの脅威が現実の大問題であること、カンボジアはなんとしてもベトナムとの和平を守らねばならないことを知ったのであった。

　バンコクのラーマ3世はベトナムの脅威に対して半信半疑であった。それに、フエ宮廷に対しては、少し前にもシャムは過ぎるほどの譲歩を重ねてきたとして、それ以上に譲歩する様子は見せなかった。ラーマ3世は、ラーマ1世時代にベトナムがバンテイ・メス地方を併合したこと、ミンマン帝に各地を侵略され、ラーマ3世時代になってからも、以前シャムの支配下にあったラオスの領土が併合されたことなどを、パティン・デチャ将軍への伝達の中に列挙している。

　ラーマ3世が対フエ宮廷に慎重であったにもかかわらず、パティン・デチャ将軍は、この場合は背に腹は代えられぬと見て、貢ぎ物を携えた使節団をフエ宮

59　Cf. Kulap, *Ibid*, pp. 1075-1077.
60　Cf. Kulap, *Ibid*, pp. 1079-1080.

廷に遣わすというアン・ドゥン王のとった措置を支持し、同時にバンコクに自分の行動の正当性を主張する報告書を送った。

「私ども（アン・ドゥン王と私）は、ベトナムとの戦争再開を避けることに決めました。現実に、闘える状態のクメール人兵士はほとんどおりません。兵士たちはベトナム人を恐れています。住民たちは食糧を求めて森に逃げ込みました。田地はもはや耕作されていません。カンボジアは食糧危機に陥っています。前回ベトナムが介入した時には、平和になるまでかなりのクメール人たちがベトナムへ連れて行かれました。住民たちが苛酷なまでに飢餓に苦しみましたので、戦争は二度としないでほしいと、地方長官たちはアン・ドゥン王に要望書を提出しました[61]」

ラーマ3世は、カンボジア問題を担当する者は、だれよりもパティン・デチャ将軍が適任であると考えていた。王は同将軍を信任し、将軍の意見通りに40人のベトナム人捕虜を解放し、捕虜たちはプノンペンに向かった[62]。

1847年3月29日にフエ宮廷から帰国したカンボジア代表団は、アン・ドゥン王にベトナム人将軍ル・ポーの伝言を伝えた。そこには、フエ宮廷に朝貢しなければならぬ期限とその輸送方法について示されていた。

「カンボジア王は3年毎にフエ宮廷に朝貢を納入する義務を負う。朝貢はマォト・チローク地方の長官に届け、長官がフエに運ぶことになる[63]」

1847年4月24日[64]、ティェウ・チ帝はタ・クン将軍に、3人のクメール人王女とそのお付きの者たちを解放するように命じた。1週間後の4月2日[65]、クメール人の人質とベトナム人捕虜の交換がプノンペンの陣地内で行なわれ、1847年5

61　Cf. Kulap, *Ibid*, pp. 1091-1093.
62　Cf. Kulap, *Ibid*, p. 1095.
63　Cf. Kulap, *Ibid*, p. 1097.
64　Cf. Kulap, *Ibid*.
65　Cf. Kulap, *Ibid*, p. 1098.

月25日にベトナム軍はカンボジアから撤退した。[66]

　ベトナム人捕虜との交換が行なわれたあと、首都ウードンに到着したクメール人人質たちの中に、コシャンシンで拘留されたまま亡くなったアン・イム王子の息子アン・ピム王子がいた。1847年6月、アン・ピム王子はクラン・ポンレイの寺院で僧侶になるよう命じられた。ちょうど同じ時、リァチャ・ヴォデイ王子が僧院に入り、彼は後にノロドム王となっていくのであった。アン・ピム王子は同年雨季明けに黄衣を脱いだ。その1年後には、シャム王［ラーマ3世］は、同王子がアンナムの役人などに利用されないように配慮して、バンコクに連れてくるように命じた。[67]

　コラープの話はヴェァン・チョウン版年代記よりはるかに明快である。ヴェァン・チョウン版では、大きな意味を持つ細かい箇所が省略されていたり無視されていたりする。シャム版本は、シャムとベトナムという2つの強国は、カンボジアが両国の敵対関係の争点だとは考えていなかった、とはっきり書いている。ティェウ・チ帝は何ひとつ譲歩しないで、ベトナムがもっと大きな利益を得ていたアン・エン王時代［1794-1796］のようなカンボジアの従属を手に入れている。ラーマ3世の方は、クメール民族の苦しみに気を留めることなどなかった。王は、戦争の原因とアンナムが朝貢を要求することについて、要するにアンナムは人質を養う金がなかったのだと皮肉を言っていた。[68]

　したがって、カンボジアが平和を取り戻したのは、民族の安寧を心から願うアン・ドゥン王の配慮と努力、さらにシャムの将軍パティン・デチャの心強い支援のお陰であった。

7. 1847年のカンボジア情勢

　クメール民族にとっては、100年以上にわたる内紛と争乱に終止符が打たれ、

66　Cf. Kulap, *Ibid*, p. 1099.
67　Cf. J. Moura, *Le Royaume*, t.II, p. 127.
68　Cf. Kulap, op. cit., p. 1086.

第5章 災厄の時代：1835年〜1847年

両隣国との戦争が終わったのであった。そして、国内に再び平和が戻ったのを目の当たりにして、だれもが喜んだ。しかし、打ち続く戦闘ですべてを失い、没落したクメール人たちがどのような悲惨な状況にあったのか。それを知るために、幸い貴重な個人史料が存在する。それはタ・メァスの回顧録で、この時代の史実を見事に捉えている。

「当時（1847年）、貧困が国中に猛威をふるっていて、家に1リエルもない人さえいた。耕作する人はいなくなった。農民たちは村を出ていって、森の中に隠れていた。それは収穫物を略奪しにやってくるベトナム人やシャム人を恐れていたからである。村々の果樹は半分が切り倒された。かつては150軒以上あった村が、50軒、あるいは20軒ほどにまで減ってしまった。どの村も村人の人数は驚くほど少なくなっていた」

「僧侶たちは、どうしてよいかわからないほどの混乱に陥っていた。シャム人、ベトナム人たちが寺に来て、略奪していった。たいていの場合、金銀銅の仏像を持ち出すと、寺院に火をつけた。どの寺院も、壁は残っていても、屋根がなかった。廃墟と化していた。半世紀におよんだ戦争が原因で、寺院を再建しようという村人はだれもいなかった」

「村は見捨てられ、何もかも失った未亡人たちが、幼い子供たちに食べさせるものさえなかった。これを目の当たりするのはなによりつらいことだった」

「平和が戻って、アン・ドゥン王が玉座に就いた。村人たちはほっとした、というのは王は善意の人だという評判だったからである。だからといって貧困がおさまったわけではなく、人々は飢餓状態のままであった。皆はシャムからの援助に頼り、だれも働こうとしなかった」

「私自身もすべてをなくした。家族もいなくなった。私はこれまでに教育を受けていなかった。これまでの人生で、私は苦しみしか知らなかった。そこで、私はウードンの寺院へ行って僧侶になろうと決心した。仏の道を学んで、将来それなりの生活を手に入れるためでもあった。不幸にして、私が入った寺院では、経典の写本はベトナム人に焼かれてしまったり、シャム人に盗まれたりして、全部なくなっていた。プラン寺院（現在のウードンの最大の寺院）では、学問を修め

ようという僧侶は1人としていなくなっていた[69]」

　アン・ドゥン王は、さっそく国の再建に取り組んだ。王はまずクメール人指導者の育成とそのための寺院の再建が必要だと考えた。

　年代記によると、ウードン近郊の寺院は、廃墟となったプノンペン王宮の基礎土台に使われていたレンガをはがして再建された[70]。壁には漆喰を塗り、屋根は瓦葺きにした。仏像は修復され、金箔が張りなおされた。教育組織の機能を確保するため、宗教上の寺院の格付けが設けられた。アン・ドゥン王は、サンガ・リャチ・ヌーを、仏教界において国家最高位のソムダチ・プリャッ・モハー・サンガリャチに任命した。その任務はなにより仏典教育を監督することにあった。テープ・プラナォム寺院の大僧正オークが、仏教教学と「止観[71]」の修行の責任者であるソムダチ・ソクンティャティパディーに指名された。仏教界高位高官たちからなる4グループが創設され、プリャッ・モンクル・テペァチャーの責任のもとに委ねられた。各地方の僧侶を統轄する責任者は、寺院の日常活動について月例報告書を上層部指導者に提出せねばならなかった。寺院で学ぶ生徒たちについては、信者もそうでない者も、王国の財務局から寄宿費が支給されて、読み書きから勉強させた。

8. シャム、北部地方を併合

　シャム王宮の救援は無私無欲の単なる奉仕とはとうてい考えられない。シャム王宮はシェムリャップとバッダンボーン両地方の併合に狙いをつけていた。1847年からシャムは、カンボジア領土をあちこち奪い取るという計画を再開し

69　本書序章参照。
70　ヴィヒア・ルゥン、ヴィヒア・サォムナック・サラー・クー、ヴィヒア・クポス、ソコン・メァン・ボンなどの寺院。Cf. *VJ*, t.VI, p. 820.
71　パーリ語のVipassanaの訳で、人間存在のあらゆる肉体的、精神的現象に関する非恒常性、悲劇および人間性の欠如などについて、突然真実を見抜くこと、つまり「悟り」を意味する。Cf. Nyanatiloka, *Vocabulaire Bouddhique*, p. 265.

た。公式史料はこの件については沈黙しているが、J．ムーラがいくつかの史実を伝えてくれている。

「シャムがカンボジアからムルー・プレイ［プリァッ・ヴィヒア州］とストゥン・ポー地方［コンポン・チャム州］を取り上げたのはこの頃（1847年）であった。年代記はこれに言及していないが、私たちは確かな筋から、この史実に付随し、関わりのある詳報を入手した。この2地方は、30年前から軍事的にシャム軍の占領下に置かれており、そこにはシャム人の将軍がいて、地方全体に絶対支配権を行使していた。同将軍は、シャム王宮がアン・ドゥン王への援助とカンボジアの安定に大いに貢献した好機を捉えて、コンポン・スワイ地方の地方長官を仲立ちにして、この2つの小さな地方の割譲を要求する考えであった。この地方の長官はウードンに赴き、アン・ドゥン王にシャム将軍の割譲要求を伝えた。王は、『私は何も譲らない。しかし相手は最強であり、そう意図しているのであれば、相手はこれらの地方を占領するか、保持することはできよう』と答えただけであった。この返答は弱者からのつぶやきのようなものであった。この割譲要求に関しては、両国民が外交関係において手続きを開始し、両者が自由に討論し、合意した譲渡行為ということにはならなかった。残念なことに、この件については、コンポン・スワイの地方長官は自分の責任においてシャム王宮に、これらの地域を譲渡する旨の文書に自分で捺印した。これが唯一の所有割譲の証文としてバンコク王宮内に保管されていたらしい。この地方長官の文書によって、シャムがこの地域に進出する権利を有するという法的根拠が正当化されるとは考えられない[73]」

「アン・ドゥン王は、なにもできない非力な状態に追い込まれ、強力なシャム王宮の保護者の一方的な要求に対して、受け入れないと表明して抵抗するしかなかった。現実を認め、幻想はまったく抱いていなかった」（p.107）。しかしながら、王は国が無傷であるのと同時に平和を守りたいと願い、カンボジアに重くのしかかるシャムとベトナムからの事実上の共同支配に近い状態から王国をな

72　間違いなくパティン・デチァ将軍のこと。
73　Cf. J. Moura, *Le Royaume*, t. II, pp. 120-121.

んとしても救い出すまでは、弱いながらも抵抗を続けていくことになる。

9. アン・メイ女王の悲惨な最期

　クメール人王朝年代記の執筆者は、アン・メイ女王が1847年に解放されてからのことについては、実のところだれも言及していない。ヴェァン・チョウン版年代記には、女王は事故でやけどをして、1847年に61歳でウードンで亡くなったとだけ記されている。[74] 実際には、女王はいつごろから不名誉な中傷で叩かれて、精神病となり、精神錯乱で亡くなったのであろうか。

　フランス人研究者の中では、ただひとりJ.ムーラが女王の死の数ヵ月前に女王に会っている。[75] 出会いは、1874年2月、ノロドム王［アン・メイの従弟］が計画したプノンペン・ポーサット旅行の途中であった。ムーラはウードンに立ち寄った機会を利用して、ウードン丘陵のふもとにある女王の住まいを訪ね、貴重な会見記を残してくれた。ここに、その訪問の状況、女王の態度と人となりに関するムーラの報告と、さらに女王に向けられた非難が誤ったものであるという事実とその反論ができる資料を再録しておこう。

　「あわれな狂女となった女王は、放棄された要塞の離れ家に住んでいた。とはいえ、監視つきで、女王がこのような状態になってからも元侍女たちや召使いたちがつききりで献身的に世話をしていた。それに、すぐ近くに住むノロドム王の母親が心遣いから、台所に足りないものが何もないようにと配慮されていた」[76]

74　Cf. *VJ*, t.VII, p.897. 亡くなった日はムーラが確認。Cf. J. Moura, *Le Royaume*, t. II, p.234. 1883年7月31日、ノロドム王の命令で遺体はプノンペンに運ばれ、1884年8月24日に火葬された。Cf. *VJ*, t.VII, p.953.

75　アン・メイ女王に面会した外国人は、J. ムーラだけであった。Paul Lefèbreがアン・メイ女王について述べているが、翻案にすぎない。同じ表現がムーラの著作の中にもある。*Une Favorite de Norodom, la Folie d'Oudong*.

76　Cf. J. Moura, "De Phnom Penh à Pursat en Compagnie du Roi de Cambodge et de sa Cour", *Revue de l'Extrême-Orient*, n°I, 1882, p.97)

「家に近づいたところで私は牛車から降りて、4人の高官と12人の老女たちに付き添われて進んだ。迎えに出てきた付き人の老女たちは、寛容にしてください、やさしく手加減してくださいと、私に頼んだ。私は老女たちを安心させ、先に立って歩いて教えてくれるように促した。そして、老女たちの後から狂女となった女王のわびしい住まいに通じる竹梯子を上った」

「大きな部屋の中央に、寄せ木張りの床に敷いたマットレスの上に横たわり、白い木綿のシーツに包まれた女王の姿があった。頭には頑丈な枕があてられ、頭が都合のよい位置に持ち上がっているので、私は顔をよく見ることができた。私は進み出て、ベッドのそばのゴザに座った。彼女は私を認めると、身動きせずじっと見つめたが、驚いた様子はなかった。私はこの静かな時に、声をかけた。しかし、取りとめのない、意味不明の返事がかえってきただけだった[77]」

「召使いが間に入って、彼女を入り口の方に近づかせようとした。写真機は既に入り口に向けられていたが、召使いたちは女王から罵倒されただけであった。彼女の注意を引こうと、象を引き出した。この策略は成功した。病人はのろのろと歩き、入り口の敷居まで進んだ。そして戸口に頭をもたせかけて、しばらくそのままにしていたので、ほぼ全身を写真におさめることができた」

「60過ぎで中背、肉付きがよく褐色の肌、小さな鼻に鼻孔がすこし広がっている、顎は引っ込み、はりのある耳の両耳たぶには大きな穴があけられている。天然痘のあとが目につき、年齢と病気で衰え、顔立ちはこわばっているとはいえ、相変わらず美しい」

「クメール人たちは、あわれな狂女に、君主としての変わらぬ敬意を払っている。かつて女王に仕えていた高官の年老いた妻たちが、あわれな狂女に奉仕し、世話しつづけるのが義務であると信じて、なお献身的に尽くそうという目付きには感心させられた」

「周辺の住人たちは、没落した隣人の常識はずれにも、忍耐強く耐えている。彼女が住人たちの家にやってきて、持っていけそうな品物をくすねたりすることがよくある。また市場へ行って、自分が気に入った食べ物を持っていったりするが、だれも止めようとはしない。ある時には、公衆の面前で服を脱ぎ捨て、自分の過去やその他もろもろ、わけのわからない話をする」

---

77 Cf. J. Moura, *Le Royaume*, t. I, p. 233.

「意識のはっきりしているとき、思考はほとんど正常で、紆余曲折の人生や女王時代の目ぼしい出来事を改めて思い出したりする。ひどく気が触れていると、手当たりしだいまわりにあるものを身につけ、近くにいる者を罵り、叩き、部屋の仕切りにナイフを突き立て、切り裂いて住居を破壊したりする」[78]

「この王女に対する誤った非難や犯された過ちを取り上げておこう」

「年齢や官職に即した理性と多大な慎重さが求められるはずの幾人かの人たちが、アン・メイ女王はベトナム人の将軍チュオン・ミン・ザンの言いなりになって、身体を売ったと声高に言ったり書き立てたりしている。将軍はカンボジア占領軍を指揮し、総司令部はプノンペンに置いていたが、王宮もそこにあり、実質的には将軍がカンボジアを統治していた」

「そして、1841年、女王はチャウドクで悲劇的な最期を遂げた。愛人を名乗る男の差し金によって殺害され、その男もその後自殺したという。暗殺の理由も、自殺の理由も示されておらず、そのあとは悪意のこもった推測や悪口が言いふらされるままになっていた」

「この間違いとこの中傷が、旅行者や作家たちによって、真偽を確かめる手段もないままに、鵜呑みにされて伝えられたのである」

「このアン・メイ暗殺殺害の話に私たちは文句をつける必要もなかった。というのは、あわれな女王は1847年にはなお生存していたからである[79]。理性という面から言えば確かに痛ましい状態であったが、しかし身体的にはすぐに問題が起きるようには見えなかった」

「アン・メイ女王に対する重大な非難、つまり女王でありながら国家の敵に身体を売るという行為をしたというのは、殺されたとか死んだという話と同じく根拠がない」

「この点に関して、アン・メイ女王時代に要職に就いていた年配の高官に尋ねてみた。王宮の元召使いたちにも質問した。国家や宮廷で仕事をしていた人々の自由な意見を聞きたかったのである。そして、これらの発言すべてから、アン・メイ女王は将軍とは政治以外の関係はなかった。そして女王の意志とはまった

---

78 Cf. J. Moura, *Le Royaume*, t. I, p. 232.
79 ムーラは註で次のように記している。「私がウードンを訪問して数ヵ月後の1874年末、女王は事故で亡くなった」

く無関係なところで、悪口を言い立てられたのだということがはっきりわかった」

「真実はこうである。当時チュオン・ミン・ザン将軍は若く、力に溢れていた。将軍は、若くて美しい女王の尻を追い回したが、愛のたくらみが成功したとは立証されていない。というのは、やきもちをやいて観察していた将軍のベトナム人妻が断固として計画を妨げたからである。アンナム皇帝の孫である妻はたいへん自尊心の高い女性で、チュオン将軍の財産も、早い昇進も妻のおかげであった[80]」

　J. ムーラによるアン・メイ女王の身体的な描写は貴重である。現実に、クメール人が自分たちの君主の人物描写をすることはなかった。言い伝えによると、一般の人々は王の姿をながめようと頭を上げることさえ許されていなかったのである。死期が近づいていたころの女王の生活を伝える J. ムーラの描写は史料的価値がある。王室の特権あるいはタブーに触れる可能性のある描写について、このように具体的で悲惨な詳しい報告は年代記には期待できないからである。

80　Cf. J. Moura, *Le Royaume*, t. I, pp. 234-235.

第6章
ベトナムの圧制：1815年〜1836年

　アン・チャン王時代［1806-1834］、カンボジアは2度にわたるシャム軍の来攻と、悲惨な結果をもたらしたベトナムの占領など、交互に巨大な両隣国の犠牲となり、カンボジア史上もっとも無惨な体験を強いられた。この恐怖に打ちひしがれた時代を物語る逸話の中から、とりわけ痛ましい事件3件を取り上げよう。まずはヴィンテおよびヴィンアン運河の掘削工事、次いで1820年ごろの僧侶ケーの蜂起、そして1836年のノンの反乱である。

1. ヴィンテおよびヴィンアン運河の掘削

　カンボジア語でプレーク・チクあるいはプレーク・ユーン[1]と呼んでいるヴィンテ運河は、マォト・チロークからハティェン（ピェム）の町を結び、さらに海へ続く運河である。総延長は、ベトナム側の資料では53キロメートルであるが、カンボジア側が1899年に浚渫の予備調査で測ったところ、66.483キロメートルあった。幅は平均33メートルある。低水位時の水の深さは、0.5メートルから2メートルと、場所によって異なる[2]。

　カンボジア語で「ロン・セン」と呼んでいるヴィンアン運河の方は、言うなればヴィンテ運河の延長である。この運河はバサック川とメコン川を結んでいる。長さ17キロメートル、幅は16〜17メートルである。水位が低い時には、ところどころ干上がることがある[3]。

1　Cf. Malika, *Histoire*, p. 141.
2　Cf. *Monographique de la Province de Châu-Dôc*, de la SEL, Saïgon, 1902, pp. 10-14;『ヴェアン・チョウン版』は、ヴィンテ運河の長さを1325シン、つまり53キロとしている。
3　Cf. *Monographique de la Province de Châu-Dôc*, pp. 15-16.『ヴェアン・チョウン版』によると、ヴィンア

第6章　ベトナムの圧制：1815年〜1836年　　　　　　　　　　167

　ベトナム軍サイゴン駐屯地の司令官である将軍タ・クンが、1815年12月14日（水曜日）付書信によりアン・チャン王に、クメール人作業員を動員するように、その命令を伝えた。そして、掘削工事はグエン・ヴァン・トァイというヴィン・タイン（ヴィン・ロンとアンザン）の地方長官に委ねられ、ファン・ヴァン・トゥエン将軍が補佐した。

　この工事の詳細を記した年代記は存在しない。ボトム・バォルメイ・ペチが『ロバー・クサット・スロク・クメール』の第1巻で、それらしきことを述べているだけである。一方、『ザーディン・タゥンチ』[嘉定通志]の執筆者たちは工事現場の所在地とその規模、人夫たちの労働条件などを詳細に報告している[本書参考文献Aubaret. G]。

「クメール人側は、延長18.704タム[1タム=41.148メートル]の仕事をした。こちらは、土質が軟らかくて容易に掘削できたのに対して、ベトナム人たちのところは堅い土地であった」

……

「働く人夫は、月々の報酬として、6リガチュール[小銭]と1ヴュオン（約30キロ）の米の配給を受ける」

　この文を読んだA.ルクレールは、驚きをもって次のように書いている。

「当時としては妥当な賃金（1日あたり0.23フランに相当する米）をもらっていたとはいえ、ピェム、バンタイ、トレアン、プレイ・カバス各州でのこの嫌な仕事の

ン運河は342シン12バヤム、つまり1万3704キロである。カンボジアの年代記によると、ヴィンアン運河はヴィンテ運河と同じ時期に掘削された。*Monographique de la Province de Châu-Dôc* p. 16 によると、ヴィンアン運河の掘削は1846年から1847年にかけて行なわれた。

4　Cf. *VJ*, t.VI, p. 786.『ザーディン・タゥンチ』によると、工事は1820年1月に開始された。Cf. G. Aubaret, *Histoire...*, p. 249.

5　グエン・ヴァン・トァイの墓はヌイサム山の山腹にある。
　　Cf. *Monographique de la Province de Châu-Dôc*, p. 42.

6　Cf. G. Aubaret, *Histoire...*, p. 248. ヴィンタイン地方については、Cf. G. Aubaret, *Ibid*, p.143 et p. 144, n.1.

7　Cf. G. Aubaret, *Ibid*, p. 249.

ことは今なお彼らの記憶から失われてはいない。フランス統治時代になって、道路工事に雇われた人夫たちは、少なくとも1日あたり4倍の賃金が支払われていたが、彼らが徴発されてユーン（ベトナム）の運河で1年間働かされたつらい時代を思い出して話すのを聞くことがしばしばあった」

「アンナム人は、運河が両国の国境であるとして、運河以南の領土を勝手に併合し、メコン川の右岸、運河の入り口のコッ・クダークとピェム・チョーに税関を設置したので、カンボジア人はますます不満を募らせた[8]」

もし『ザーディン・タゥンチ』に書かれたことが正しければ、カンボジア人たちはこの時代の苦しい思い出を抱き続けることはなかったであろう。しかしながら、ボトム・バォルメイ・ペチの詩文は、クメール人たちの悲しみの根拠となっている事実を明らかにしている[9]。

その記述によると、1815年末になってタ・クン将軍はマォト・チロークでの運河掘削のために2万人のクメール人作業員を動員するよう要求した。アン・チャン王は、まったく反対できず、ベトナムの要請に従わざるをえなかった。バライの地方長官モクが責任者となって動員令が出され、カンボジア徴用者名簿の確認が王の補佐役のケーに委ねられた。

プノンペンを出発する際、王はこの任務の責任をオクニャ・ヨマリァチ・ルッス[10]に委ねた。これには副官のケーが同行した。ケーは『ロバー・クサット』［王朝年代記］の執筆者でもあるが、その人徳と才能ゆえに、王の信頼と寵愛を得ていた。ところが、思い上がったケーは、責任者のヨマリァチに敬意を払わなかった。ヨマリァチは怒りを抑えたが、恨みは残った。

マォト・チロークの現場では、クメール人作業員は10人ずつのグループに分けられた。各グループのうち2人が土を掘り、残りの8人はその土砂を土手に運ばねばならなかった。それぞれの作業員グループを3人のベトナム人監督が監視していた。そのうちの1人は掘削現場に、2番目は土砂を運搬する人夫の監視

8　A. Leclère, *Histoire*, p. 413.
9　*Robar Khsat*, t. L, pp. 33-42.
10　『ザーディン・タゥンチ』によると、カンボジア高官の名前はトンラ・アである。Cf. G. Aubaret, op.cit., p. 249.

にあたり、3番目は土手上で見張っていた。クメール人作業員はまるで強制労働を強いられた受刑者のように働かされた。作業員は早朝から作業を開始し、日暮れまで休憩はなかった。ベトナム人監視人の鋭い鞭が飛んでくるので、一時たりとも休めなかった。加えて、ベトナム人から配給される米は、石灰水に浸されていて、炊いても煮えないことがあった。そのような食事のため、作業員たちは嘔吐したり、赤痢にかかったりした。水はめったに与えられず、あっても不潔で排泄物のような悪臭がした。こうした状態だったので、多くの作業員たちが病気や疲労、そして飢餓のため工事現場で亡くなっていった。なんとか持ちこたえて、最後まで工事に従事した者も、倒れる寸前だった。しかし、このようなひどい仕打ちも、ベトナム人の残虐さのうちのまだ許せる範囲でしかなかった。最悪だったのは、運河に水を流した時だ。運河の開通は日暮れに行なうと予告されていたが、意図的に数時間前に開始された。その時まだ河床で働いていた作業員たちに対してどっと水が襲いかかった。急流と水圧になすすべもなく身体を持っていかれ、作業員の大半が溺れ死んだ。

　クメール人の長官は全くの弱腰の上、アン・チャン王の権限も地に落ちていたので、ベトナム人は事故の責任もとらず、悪行をやめることもなかった。

　クメール人作業員はベトナム人たちが強要する劣悪な労働条件に耐え切れなくなり、現場を去っていった。ある者は逃げ出して自分の村に戻り、またある者は、捕まって強制的に連れ戻されるのではないかという恐怖から森の中に逃げ込んだ。ベトナム側の責任者たちは、ヨマリャチ・ルッスにその怒りをぶつけてきた。ヨマリャチ・ルッスは、自分に対するケーの無礼な言動を根に持っていたので、この逃亡者続発の罪をケーに被せてしまった。こうして、ケーは作業員逃亡の煽動者にされたのである。ヨマリャチ・ルッスは、見せしめとして罰することで、作業員離脱を終わらせたいと考え、ケーの逮捕を命じた。ケーは無実を訴えたが、裁判にかけることなく処刑された。ベトナム人に刃向かおうとするクメール人作業員にとっては、いい教訓になった。

　ケーは王の代理の肩書を持っていたにもかかわらず、アン・チャン王は公式には彼の逮捕を知らされなかった。逮捕を知った王は、ケーをベトナム人側から金で買い戻そうと急ぎ使いを走らせた。残念ながら、その使いが到着したとき、処刑は終わっていた。アン・チャン王は忠実な部下の不幸に怒り、深く悲しみ

ながらも、未亡人ネァン・ユーに弔辞を伝えることしかできなかった。[11]

2. 僧侶ケーの反乱：1820年ごろ

　仏僧ケーの反乱は、カンボジアの人たちとその高官たちがベトナム人の陰謀に対する怒りを抑え切れなくなった結果起きたものである。1817年、洪水に続く旱魃、それに伴う飢饉と略奪という不幸がカンボジアを襲ったが、さらに不幸のどん底に陥れたのがこれらの陰謀だった。

　他方、トゥン・フォ[12]が介在して行なわれた王国の高位の行政官へのチャム人の登用は、クメール人高官たちの嫉妬と不満を招いた。最後に、ほぼ同じ頃、プノンペン駐屯ベトナム人部隊の責任者トン・チェ将軍[13]が、タ・クンの命令によってチャン・ダウ将軍と交代した。

　ケーという僧侶を巻き込んだ事件は、ワット・セトボー版では1820年、A. ルクレールによると1818年に起きたという。僧侶ケーはコイという弟子とバプノム地方のサンボール寺院に住んでいた。気前がよく寛大で、とりわけ病人の面倒見がよいこの2人は、メコン川東岸の住民たちにかなり影響力を持っていた。[14]

　このケーの反乱がなぜ起こったかについては、ベトナムの占拠に対する抗議か、あるいはアン・チャン王権への不満申し立てか、何が原因であったのか、特定するのは不可能である。2人が首謀者になって、その支持者たちの抗議運動が形成されたのである。ケーの支持者たちのある者は強制労働を拒否し[15]、ある者は地方行政の権限を認めようとしなかった。そうした中で、王国の法律を遵

11　*Robar Khsat Srok Khmer*, t. I, p. 41 によると、ケーは勤務ぶり、詩の才能、教養と彫刻作品などによって、王に高く評価されていた。

12　トゥン・フォはチャム人［第1部第8章註58参照］。1810年にアン・チャン王によってヨマリアチに昇格させられた。

13　Cf. SP, t.V, p. 4; KK, t. III, p. 28. ベトナム語のトン・チェは、単に「将軍」の意味。Cf. G. Aubaret, op.cit., p. 341.

14　*Histoire du Cambodge*, p. 415 で A. ルクレールは仮説を繰り返しているが、それによると僧侶ケーは狂人か霊能家だったということになる。ルクレールは間違った情報を得ていたようである。

15　Cf. *Robar Khsat*, t. I, p. 44.

守させようと主張してきたバプノムの地方長官オクニャ・トムメァ・デチョが暗殺されてしまったのである。

　『ロバー・クサット』の執筆者によると、こうした民衆の運動の広がりに対して、ベトナム側は内心穏やかならず、蜂起を収束させる措置を講じようとした。プノンペン駐在のベトナム人司令官チャン・ダウは、クメール人部隊の部隊長のトゥン・フォ、チャウ・ポニェ・ティ、ノレン・トル、ケー・プリァルの4名を送り込み、ケーを捕らえて制裁を加えるよう命令した。こうして、カンボジア・ベトナム混成部隊がバプノムへ向かった。ところが僧侶ケーたちとその信奉者たちは町を守り、逆に混成隊を追いつめた。ノレン・トルとケー・プリァルの部隊は反乱側に寝返り、トゥン・フォ部隊に立ち向かった。この点に関して『ロバー・クサット』は、クメール人でもなく、仏教徒でもないトゥン・フォが、その人間性もあって、クメール人高官から信頼されず、この重要な混成部隊がばらばらになってしまったのだと説明している。

　この地方のクメール人たちは、このベトナムの失敗をあからさまに喜び、反乱鎮圧部隊への入隊を拒否した。そこで、ベトナム人チャン・ダウ司令官は、サイゴンの司令官タ・クンに救援を要請するようにしてほしいとアン・チャン王を説き伏せた。司令官タ・クンは、アン・チャン王の伝言を受け取ると、部隊をカンボジアへ急派した。バプノム、タボーンクモン、プレイ・ヴェーンで戦闘が再開された[16]。

　ノレン・トルとケー・プリァル軍兵士の勇敢な抵抗に出合い、ベトナム人部隊はまたしてもプノンペンに退却を余儀なくされた。僧侶ケー側の兵士たちはコッ・ソティンまでベトナム隊を追いかけ、そこで勝利宣言をした。

　ベトナムの内政問題や、ザーロン帝による後継者ミンマン王子の選択が[17]、ベトナム軍の敗退に影響を与えたのは明らかである。敗北に深く傷ついたプノンペン駐在ベトナム人チャン・ダウ将軍はアン・チャン王に、自分が中心となっ

16　Cf. *Robar Khsat*, t. I, p. 46.
17　1819年にザーロン［嘉隆］帝が行なった王位継承者ミンマン［明命］の選択は、生え抜きの大臣グエン・ヴァン・ティエンとサイゴン司令官レ・ヴァン・ドゥエトに反対され（T.V.Ky, t. II, p. 255）、王族および高官たちの内部に分裂を引き起こした。ミンマンはいったん即位すると、ティエンとドゥエトを退けようと考えた（T.V.Ky, t. II, pp. 260-261）。カンボジア問題の責任者レ・ヴァン・ドゥエトは、王の決定に不満で、カンボジアにおける蜂起弾圧は、なすがままにしておいた。

て僧侶ケーを逮捕するよう求めた。拒否もしくは失敗ということになれば、反乱者と通じていたということになり、事はアンナム皇帝の手に委ねられる。アン・チャン王は、脅迫ともとれるようなベトナム人将軍の厳命に、クメール人同士の戦いを避けられなくなり、中国人とチャム人の部隊を編成する以外に手の打ちようがなかった。王は中国人・チャム人の部隊を祖父アッカリャチ・テイに指揮を任せた。アッカリャチ・テイはコッ・ソティンに向かい、ケーの反乱者兵士たちの基地を包囲した。驚きパニックに陥ったケーの兵士と支持者たちは散り散りになって逃げた。チャム人や中国人たちはケーの顔を知らないため、通りがかりに僧侶を片っ端から殺害し、また仏教とは関係のない無実の人々も相当数殺害してしまった。ケーはこの殺戮から逃げることはできなかったが、弟子のコイはストゥン・トラェン地方への逃亡に成功した。捕虜となったノレン・トルとケー・プリァルの部隊長2人は、最初、隣村に隠れ、それからバプノムの東方に逃げた。

　チャン・ダウ将軍は、ケーの支持者を壊滅させただけでは満足せず、反乱討伐を指揮したチャウ・ポニェ・ティとトゥン・フォの排除を目指した。まず、ダウ将軍は2人に、国が平和になったのだから、サイゴンに行き、タ・クン将軍に任務の反乱平定報告をして、それ相応の褒美を授かるのがよいと伝えた。口車に乗せられた2人の高官は、ベトナム兵に付き添われてサイゴンへ向かった。しかし、サイゴンの都城に到着した2人は入場が許可されなかった。ただ1人ベトナム人将校だけがタ・クン将軍に報告することができた。

　同じ頃、プノンペンではアン・チャン王がチャン・ダウ将軍から圧力をかけられて、ケーの反乱の時に捕虜となった2人の部隊長ノレン・トルとケー・プリァル逮捕を目指して捜査を計画していた。バプノム、タボーンクモンに密使が派遣された。東部地方をくまなく回った後、密使たちはステェン族[18]の住む領地に辿り着いた。王の使いだというので、ノレン・トルとケー・プリァルは、名乗り出た。そして、2人は、王からもベトナム側からも恩赦が与えられる、他の反乱者たちも同じであると聞かされた。2人はその言葉を疑いもせず、プノンペンに戻ることを承知した。王の出迎えを受けてから、2人はチャン・ダウ将軍のと

18　Cf. *Robar Khsat*, t. I, p. 56. ステェン族については、Cf. Dam Bo, Les Populations Montagnardes du Sud-Indochinois, *France-Asie*, numéro spécial, 1950, pp. 30,33 et 60.

ころへ案内された。将軍は反乱の本当の首謀者はだれかと2人を問い詰めた。ついに白状せざるをえなくなった2人は、チャウ・ポニェ・ティとトゥン・フォの命令に従って行動したのだと説明した。チャン・ダウ将軍は即刻命令を出して、4名の部隊長たちがサイゴン都城において対決する準備をさせた。ベトナム将校が、タ・クン将軍のもとに到来したカンボジア軍の2人の部隊長から自白を引き出していた。カンボジアから来たベトナム人将校たちがノレン・トルとケー・プリァルに対して求刑すると、タ・クン将軍は容赦ない評決を下した。4人の高官は裏切り者として、鎖につながれ、首かせをされてプノンペンに連行され、通りを引きずり回されて処刑された。アン・チャン王はベトナム側の手から4人を取り戻そうとあらゆる手を打ったが、むだであった。

3. ノンの反乱：1836年

　1834年4月、バン・ゲェ（サイゴン）に滞在していたアン・チャン王がカンボジアに帰国した。カンボジアは相変わらずベトナムの支配下に置かれていた。王はシャム軍からの万が一の攻撃に備えるため、国境に近い地方の防衛を強化するよう命じた。とりわけポーサットとコンポン・スワイ両地方には、新しい砦を建設させた。コンポン・スワイはアン・ポーというベトナム人将軍の権限下に置かれ、2人のクメール高官、ノリントリァティパディー・ノンとオクニャ・ヴェァン・トン[19]がこれを補佐した。コンポン・スワイの砦の工事はそこの住民が負担させられることになり、さらに作業員増強のためバライ、チュゥン・プレイ、コンポン・シェム、ストゥン・トラン地方の住民たちが駆り出された。他の重要都市、たとえばストーンやチクレンなども同じく砦が建設された。そのため、アン・ポー将軍は住民の総動員令を布告した。そこでは、農民から高官まで、例外なく全員が工事に参加せねばならなかった。ある者は砦の建設に、木材調達のための森林伐採に、あるいは大工仕事に従事した。また、稲作作業に配属

19　『ロバー・クサット』ではオクニャ・ヴェァンの肩書は、ヴェァンと短縮して用いられている。 Cf. *Robar Khsat*, t. II, p. 113.

された者は、現場に設けられた穀倉を満たさねばならなかった。砦の中には、水を確保するため井戸や貯水池が掘られた。住民の健常な男たちは戦闘と武器の扱いかたの訓練も受けた。

　これら砦構築の作業はカンボジアの国にとって有益な仕事ではあったが、この20年にも及ぶシャムとの戦争はクメール民族の倫理観にも深い影響を与えていた。

　アン・チャン王が1835年に亡くなって、アン・メイ王女がカンボジア女王に即位した。しかし、実際には女王にはまったく権限が与えられていなかった。実権はベトナム人将軍が握っていて、年代記はその名をチュオン・クン将軍、『ロバー・クサット』はオン・ルーとしている。公式には、コシャンシン司令官のチュオン・ミン・ザン将軍である。[20]将軍は、かつてチャム王国を亡国たらしめたように、カンボジア王国をベトナムの一地方にしようとしていた。[21]そこで、1812年にシャム軍がカンボジアへ進攻する前にやったクメール人エリートの排除戦略をもう一度実行しようとした。[22]

　まず、コンポン・スワイ地方の長官デチョ・リァムを逮捕して、容赦ない処刑の命令が出された。代わりとして、チュオン・クン将軍はチャープというクメール人高官を長官に格上げして、副官にエイを任命した。コンポン・スワイの砦で働いていた何人もの高官や労働者たちが、ただ一方的に捕らえられ、訴訟も裁判もなしに処刑された。ベトナム人側はこうしてクメール住民たちに恐怖を植え付けようとしたのである。アン・ポー将軍は、そのチャープ長官を投獄せよとの命令を受け取った。チャープが気に入らなくなったからで、彼は拷問を受け惨殺された。

　このように組織的なクメール人高官の排除政策に直面して、ノリントリァティパディー・ノン［オクニャ・ヴェアン・ノン］とオクニャ・エイは、ベトナム人殺人者たちに対する抵抗運動を組織しようと決心した。同じような弾圧が国中で続くと、自発的な蜂起の動きがストーン、コンポン・トム、バライ、チュウン・プレイ地方へとまたたくまに広がった。ベトナム兵は各地で激しい襲撃にあい、

20　L. Cadière, E. Pereau, *Abrégé d'Histoire Contemporaine d'Annam*, p. 11.
21　15世紀のベトナムによるチャンパ進攻については、Cf. G. Maspéro, *Le Royaume de Champa*, pp.235-241; G. Cœdès, *Les États Hindouisés*, pp. 427-430. さらに、17世紀・18世紀については、Cf. A. Masson, *Histoire du Vietnam*, Que sais-je? p. 26.
22　上述。

プノンペン駐屯地に引き返さざるをえなかった。

　この劇的な展開の中で最大の悲劇は、ベトナム将校たちの指揮下にあったカンボジア兵部隊が、クメール人の反乱を取り押さえる任務につかされたことである。カンボジア兵部隊は、オクニャ・ヴェァン・ノンが治めていたバライとチュゥン・プレイに進攻した。蜂起者は農民ばかりだったので、チュオン・クンの軍が制圧するのは簡単であった。指導者であったノンとエイの2人は、その家族と支持者たちと共にカンボジア北部地方に逃げた。[23] 彼らはトンレ・ロポウの地方長官に保護を求め、それからしばらくして、シャム王宮の援助と救援を受けた。[24]

　ベトナム軍はコンポン・スワイまでこれら逃亡者を追いかけた。彼が既にシャム領内に逃げ込んだと知ったベトナム人たちは、誰彼の見境なく、すべてのクメール人を無差別に追いまわした。積極的に蜂起に参加した者やシャムに逃げなかった者たちは、村の外れにひそんで、なんとかベトナムから逃れようとした。

　1000人以上のクメール人が反乱の罪で糾弾され、片っ端から逮捕され、鎖につながれ、首輪をつけられて、拷問にかけられた。もはやそれから解放されるには死しか残されていなかった。生存者は檻に入れられ、チュオン・クン将軍のもとに連行された。その家族の子供たちは火あぶりにされたり、釜ゆでにされりした。一部の村では、一家全員が堀に生き埋めにされて、その上で薪が燃された。懲罰が見せしめになるように実施されたのである。さらに反ベトナム蜂起の雰囲気をすべて封じ込めるため、チュオン・クン将軍はクメール人高官に対して特別な刑罰を課すことにした。仲間を火あぶりにされたクメール人もいた。死ぬまで何時間も生皮を剥がれるの刑を受けた者もいた。拷問執行人は、鉄のペンチで犠牲者の皮を剥ぎ取り、傷口に塩や胡椒をふりかけた。一番残酷なのは、頭を万力ではさみ、死ぬまで締めつける拷問だった。犠牲者の叫び声は生きている者たちを恐怖に陥れた。

　さらに、チュオン・クン将軍はクメール人高官をベトナム化することに着手した。クメール人の高官たちはベトナム民族の装束を身につけさせられ、ベト

23　ボトム・バォルメイ・ペチはノンの逃亡を酉年とする。これは西暦1836年あるいは1837年に該当する。
24　ノンおよび支持者の逃亡については、Cf. *Sastra Lbœuk Robar Khsat*.

ナム人の道徳習慣に従わねばならなかった[25]。

---

25 Cf. *Robar Khsat*, t. II, pp. 127-128.

第7章
カンボジアとシャムおよびベトナムとの関係

　1806年、シャム王チャラロク［ラーマ1世（1782-1809）］によって行なわれたアン・チャン王［1806-1834］の即位式は、ベトナムを不快にさせた。ザーロン帝［嘉隆（1802-1820）］は、ウードン宮廷にベトナムの宗主権を認めるよう求めた。[1]カンボジア王国はそれほど弱体化していた。アン・チャン王はフエ宮廷に貢物を持っていかざるをえなかった。このことに、今度はバンコク王宮が気分を悪くした。しかしながら、とにかく1806年から1816年までの約11年間、アン・チャン王はなんとか中立政策を維持し、2つの強国との均衡を保つことができた。この政策は、カンボジア王国のいくつかの州を併合しようと狙っていたシャムがカンボジア国内のあちこちで故意に問題を起こすのを妨げようとはしなかった。ベトナムがクメール人を犠牲にして領土を拡張しようとするのをこれ以上認めたくなかったのである。

1. アン・チャン王の中立政策

　1802年を皮切りに、アン・チャン王は両隣の強国それぞれに、時宜を見計らって朝貢品を届けるというかたちで中立政策をとってきた。この政策は、ベトナムの対カンボジア政策が抑圧的になる1816年までは成功していた。
　戴冠式から1年後、アン・チャン王はフエ宮廷に使節団を送り、朝貢品を届けた。ベトナムの史料によると、この朝貢は定期的に届けねばならないと決

1　マリカによると、フエ宮廷は貢ぎ物を毎年要求した。Cf. *Pongsavadar*, p. 131; しかし、ベトナム史料によると、1807年以降、3年毎に届ける義務があったという。Cf. Ch. Maybon, *Histoire*, p. 381, n.6.

められていた[2]。最初の朝貢品の中身は以下のようなものであった。
—— 2頭の雄象、それぞれ高さ5ピエ［1ピエ＝32.48センチ］
—— 象牙2本
—— カルダモン15リーブル
—— サ・ニョン[3]15リーブル
—— 蜜蠟15リーブル
—— 染色用木材15リーブル
—— 染色用黄土[4]15リーブル
—— ソンデンというゴムを主成分とする塗料、1箱15リーブル入りを20箱[5]

　その一方で、シャム王宮にも別の使節団が派遣された。プリァッ・アン・ケオ・ドゥンとチャックレイ・ケープが高官の一行を引率して赴いた[6]。贈り物の中身については、年代記は語っていない。
　1813年、カンボジアからシャム人部隊が引き揚げた後、アン・チャン王はベトナム軍に連れられてプノンペンに赴いた。タ・クン将軍は、ザーロン帝の命令で、銀の延べ棒357本、米2万タン[7]、サペク［中国・インドシナの小銭］5000リガチュールをアン・チャン王に届けた。サイゴンに戻るとき、タ・クン将軍はクメール王に、ザーロン帝への贈り物として雄雌とりまぜて88頭の象を要求した。ザーロン帝は返礼として銀の延べ棒141本を送った[8]。王国が中立を保ち、平和を享受できるように、カンボジア使節団はバンコク宮廷にも王の言葉と贈

2　Cf. G. Aubaret, *Histoire*, p. 121.『*Biographies Vietnamiennes*』の著者は、年貢は3年毎に届けるよう義務づけられていたというが、これには異論もある。Cf. Ch. Maybon, *Histoire*, p. 381, n.6.
3　おそらくクラコーのことで、一般に「2級のカルダモン」とか「マラバールのカルダモン」と呼んだ。学名は *Amomum Cardamomum*（LINNEではない）LOUREIRO. Cf. P. E. Hahnm, *Médicine et Pharmacie*, p. 119.
4　黒い塗料または漆のことで、カンボジア語ではモレックといい、クラウルの木から採集する。学名は *Makanorrhaea Laccifera Pierre*. Cf.Marie Martin, *Introdouction...* p. 93.
5　Cf. G. Aubaret, *Histoire*, pp. 121-122.
6　Cf. *VJ*, t. VI, p. 772; KK, t. III, p.9; SP, t. IV, p. 25. この使節団を通じて、アン・チャン王はそれまでバンコク宮廷に人質として捕られていた一部王族の帰国をチャラロク王に要望した。
7　1タンは30キロに相当する。
8　Cf. SP, t. IV, p. 36.『ザーディン・タウンチ』（嘉定通志）p. 128 によると、ザーロン皇帝の贈り物は5000リガチュール［貨幣］、米5000ピクル（1ピクルは60キロに相当）、銀塊1万リガチュール相当。
9　Cf. SP, t. IV, p. 37.

り物を届けた。[10]ラーマ2世 [1809-1824] は、これを服従の印と受け取り、おおいに喜んだ。ラーマ2世王はお返しに銀200バーツと米を荷車100台分贈った。[11]

このような時でも、シャムとベトナムの意思の疎通は途絶えていなかった。1812年の侵略戦争のあと、ラーマ2世は自分のほうからザーロン帝に伝言を送っている。[12]

「ギーティウ年、ザーロン帝第12年 (1813年) 春、1月15日、シャム王の使節2人、1人は ピヤー・マカ・アマ(Phya-maca-amac)[13]、もう1人はピヤー・ラッド・タ・サ・トン・トゥ (Phya-lac-do-ta-sa-tong-thu)[14] がザーディン砦 [サイゴン川北岸] に王の書状を携えて到着した。使節たちは、皇帝に王の書状を手渡すため、さらにフエ宮廷へ登城した。

この書状は、ネァック・オン・チャン王[アン・チャン王]はネァック・オン・グエン[15]の父母を同じくする実の兄であり、したがってお互いに敵対することはありえないと述べている。ネァック・オン・グエンは我が身の安全のためにヴォサク・フー[16][府：ベトナムの行政単位] に逃亡し、ネァック・オン・チャンは即座に弟を捕らえようと兵士を派遣した。その結果、2人は闘うことになり、兄弟が殺し合うおそれが出てきた。

ベトナムとシャムの両国は、ここで、この争いに介入してきたのである。

シャムは、既にそのためにカンボジアに1人の高官を送っていたが、ネァック・オン・チャンがあのように逃亡するとは予想できなかった [1813年、グエン王朝に支援を求めてサイゴンに]。そこでシャム使節は、倉庫と穀物をウードン砦ともども接収して、これらを守り、王が帰還した時に返還できるようにした」[17]

10　使節団の先頭には、オクニャ・モントレイ・ソリヴォンを伴ったオクニャ・エカリァチがいた。
11　1台分は80タンに相当。Cf.J. Guesdon, *Dictionnaire Khmer-Français*, p. 1443.
12　『ザーディン・タゥンチ』の執筆者が用いたベトナム本は、シャム王の書簡の要旨であって、手紙そのものの翻訳ではない。重要点がすべて取り上げられているようにと願う。
13　パヤ・モハーマートのことだろう。
14　シャムの肩書に合致する表現はむずかしい。パヤ・プリァッ・ウィセス・サントーと言えるのではないか。
15　アン・チャン王の実の弟アン・スグォン王子。
16　ポーサット地方。
17　Cf. G. Aubaret, *Histoire*, pp. 126-127.

歴史の上でこの時代に起きたことは前にも述べたが、それを繰り返さなくとも、ラーマ2世が伝えた言葉から分析できる。
　訳文の第2段落にあるとおり、シャム王はザーロン帝に、戦争の責任はアン・チャン王にあると納得させようとしている。しかし、基本的なことは第3段落に込められていて、ラーマ2世は、ベトナムとシャムの共同介入を提案しながら、実はカンボジアの領土分割を主張していただけである。
　ザーロン帝はラーマ2世の提案に納得したようで、アン・チャン王をプノンペンに送っていくのを承知したことからも、それがうかがえる。この好意的な措置は、バンコク王宮にとっては大成功であった。実際、シャムは戦闘には責任がないということが暗黙のうちに認められたわけで、だからこそベトナムはシャムに宣戦布告をしなかったのである。この暗黙の合意は、シャムがベトナムとの平和を必要とした時期に行なわれている。その背景には、ビルマで、1812年に始まった内戦ののちに、マニプールで権力を掌握した新王マージット・シンの勢力増大が示す脅威があった[18]。
　ラーマ2世の伝言の最後の段落は、カンボジア王に対するシャムの使節の寛大さを褒めたたえているが、これはカンボジアの史料とはまったく異なる。後者によると、「シャム軍はカンボジアを離れるとき、プノンペンに建築中の新王宮の施設を破壊し、首都で見つけたものをことごとく持ち去った[19]」。
　アン・チャン王の中立政策が最後に見られたのは、1816年7月5日、ミンマン［明命（1820-1840）］帝が後継王に指名された時である[20]。この日から数ヵ月後、アン・チャン王はフエ宮廷に使節団を派遣した[21]。年代記によると、贈り物は60キロの蜜蠟、60キロの生ゴム樹脂[22]と犀角2本[23]であった。ところが、もう1つ別の使節

18　G. E. Harvey, *History of Burma*, p.283 et p.296; Arthur P. Phayre, *History of Burma*, p. 229.
19　Cf. Malika, *Pongsavadar*, p.138. *Rober Khsat*（t. II, pp. 94-103）の執筆者によると、「シャム軍はプノンペン、コンポン・ルオン、首都ウードンを略奪し火をつけた」
20　Cf. L. Cadière, *Tableau Chronologique de2s Dynasties Annamites, BEFEO*, t.V, 1905, p. 143.
21　10年周期の第8年、ネズミ年、ペトロボット月、新月初日。Cf. SP, t. IV, p. 42.
22　使節団の団長には2人の高官がいた。オクニャ・チャクレイ・スースとオクニャ・モハー・セナ・メアスである。Cf. SP, t.IV, p. 42.
23　ゴム樹脂の採取については、Cf. *France-Asie*, n°114-115, 1955, pp. 382-383.
24　Cf. SP, t. IV, p. 42.

団がシャム宮廷に急いでいたのである[25]。

　結局のところ、アン・チャン王の中立政策は失敗であった。というのは、カンボジア王国を戦争からも、侵略からも、分割からも遠ざけることができず、クメール人が外国勢力の餌食になることさえ防ぐことができなかった。ローマ教皇が派遣した宣教師ピュピェがリヨン司教区神学校長に宛てた1824年2月6日付書簡に、このことが記されている。

「しかしながら、カンボジアには人がほとんどいない。頻発する内戦とシャムおよびコシャンシン［ベトナム］の侵入による被害を被り、多くの住民たちがいなくなった。ある者は剣で殺戮され、ある者は捕虜として連行された。カンボジア王は、より強力な両隣国にはさまれて、両国へ年貢を払い、なお両国の侵入と敵対行為にさらされ続けてきた。しかし、最大の脅威はコシャンシンの方で、ベトナム人は働き者で、戦争に慣れていて、シャムやカンボジアの人々よりずっと逞しく精悍であった[26]」

2. シャムとの関係

　カンボジアとシャムの関係を考えた場合、シャムあるいはアンナムの妬みと支配願望によってしばしば引き起こされる併合、紛争、戦争のための策略が問題であろうということはだいたい想像がつく。ただ、その当時の記録がなく、その原因もよくわからないことがある。しかし、アン・チャン王の治下でカンボジア王国がそれ以降経験する暗黒時代が始まったということは、マリカ王女の論文によって明らかである[27]。

25　使節団の先頭についた2人の高官とはオクニャ・モハー・モントレイ・タォンとオクニャ・リァチ・エーソ・オンである。Cf. SP, t. IV, p. 42. 年代記によると、バンコク宮廷への贈り物はうるし200壺であった。Cf. SP, t. IV, p.42; KK, t. III, p. 25. これは非常に少ない。年代記作家は他の品物を削除してしまったにちがいない。

26　Cf. *APF*, t. I, 1825, p. 85, n.1.

27　Cf. Malika, *Histoire*, pp. 131-142.

カンボジアの暗黒時代は、1808年に始まった。この年、やっと18歳になったばかりのアン・チャン王は、バンコクの宮廷に参内した。そして、バッダンボーン、シェムリァップ、シソポンの3地方をカンボジアに近いうちに返還してほしいと要請した。父王アン・エン［1794-1796］はシャムに脅されてチャラロク王［ラーマ1世］の治世の間だけということでこの地域を譲渡させられたのだから、この要請は当然だった。しかし、シャム王は、カンボジア・ベトナム関係を疑いの目で見ていたので、アン・チャン王の要請を拒否した。その上、シャム王はこのことからアン・チャン王を敵と見て、排除しようと考えた。しかし、アン・チャン王はそうとは知らず、また年齢的に成熟していないことに加えて、衝動的性格から、自分の行動に謙虚ではなかった。カンボジアに帰国する数日前、アン・チャン王は前もって儀典局長に通知せずに帰国のあいさつをしようとシャム王の謁見室に入った。チャラロク王はこの機会とばかり、両国の大臣たちが居並ぶ前で厳しくアン・チャン王の行動を諫めた。[28] この日から、両王国の関係は悪化の一途をたどっていったのであった。

　1809年、チャラロク王が亡くなった。ラーマ2世の名で知られる息子のプリャッ・プトラウト・ラが王位を継承した。この1808年の事件が原因で、アン・チャン王はシャム王の葬儀に際して、弟アン・スグォン王子とアン・イム王子の2人、それに数人の高官を代理として出席させた。このアン・チャン王の葬儀欠席は両国関係をさらに悪化させることとなった。これまでの慣例では、アン・チャン王が自ら故人のなきがらに礼拝し、新国王に拝謁するため赴くべきであった。ラーマ2世は、カンボジア王がシャムに服従せずにフエ宮廷と同盟を結んでいると曲解し、いい機会だとばかり、カンボジアの王子・高官たちの中からシャムに好意的なグループをつくろうとした。ラーマ2世は、アン・チャン王の意見が好意的でないにもかかわらず、アン・イム王子を「オペヨーリァチ」[29]に、アン・スグォンを「モハー・オパラチ」に任命した。バンコクとウードン両宮廷の緊張はさらに高まった。きつい性格で知られるアン・チャン王は、ラーマ2世の官位授与の決定に反対の意思表示として、首都バンコク防衛のためシャム王

---

28 Cf. Malika, *Ibid.*, p. 133.
29 弟王子をオペヨーリァチに任命したのは、カンボジアの伝統に反する。この肩書は退任した王のものである。Cf. Malika, *Ibid.*, p. 135.

宮が要請してきたクメール人要員の派遣依頼を無視したが、この要請はスグォン王子が認めて、元に戻された。[30] さらに、カンボジア王は、ラーマ2世に気に入られようとしてポーサットの地方長官とともに率先してシャムに派遣するため西部地方の人々を駆り集めた2人の地方長官、クロラホム・モゥンとチャックレイ・ベンに死刑を科した。[31] バンコク宮廷に対して妥協しないアン・チャン王の態度に失望したアン・スグォン王子は、ウードンを離れ、ポーサットに行かざるをえなかった。こうして、カンボジア宮廷を二分して不安定な状況にするというシャムの謀略は成功した。ラーマ2世は、クメール王子たち2人の争いの上にいるのは誰か、クメール人の真の君主は誰なのかということを示すために、この機を利用して、アン・チャン王とアン・スグォン王子の和解に手を差し延べようとした。しかし、この試みは成功しなかった。[32] この失敗の結果、1812年、カンボジア王国は侵略戦争に見舞われることになった。1814年、カンボジアはなお戦争の災禍から抜け出せないでいたが、ラーマ2世は軍隊を送り込み、北部のカンボジアの領土であるムルー・プレイ、トンレ・ロポウ、ストゥン・トラェン地方を占領した。[33] ウードン宮廷のほうは、このシャムによる領土併合を止める軍事的な手段はまったくなかった。

---

30 シャムの首都は本当にビルマに、あるいは他国に脅かされていたわけではない。おそらくラーマ2世の要望は、アン・チャンと弟を対立させるための罠であった。
31 Cf. Malika, *Ibid*, p. 136.
32 この失敗の原因はまだ明らかにされていない。しかしながらアン・チャン王は、弟アン・スグォン王子と和解しようとしていたのである。戦争が勃発するまえ、王が主導権をとって、弟の目を覚まさせようと文官および宗教者の伝令をポーサットに派遣している。シャム王はおそらく2人は和解しないだろうと予測していたのだろう。『ザーディン・タゥンチ』の執筆者によると、1809年、弟アン・スグォン王子がバンコクから帰還するとき、ラーマ2世はアン・チャン王にカンボジア王国を二分するようにと提案した。一方はシャムと手を組むアン・スグォン王子に、もう一方は王の権限下にというのである。『ザーディン・タゥンチ』から引用すると、「少し前に(1809年)、シャム王はネァック・オン・チャン王[アン・チャン王]の弟たち、ネァック・グエン(王弟アン・スグォン)、ネァック・イム(王弟アン・イム)とネァック・ドゥンをカンボジアに連れていかせた。シャム王は前もって、国土を分割し、ネァック・グエンを第2王に、ネァック・イムを第3王にするようにアン・チャンに書き送っていた。しかしネァック・チャンは断固としてこの命令に従わなかった」 Cf. G. Aubaret, *Histoire*, p. 123.
33 Malika, *Histoire*, p. 141.

3. ベトナムとの関係

　カンボジアはシャムとの関係悪化と同様に、ベトナムとの関係も戦争と虐殺、そして強制労働などが繰り返し続いていた。しかし、ここでは両国関係の特別な側面を取り上げたい。それは、1813年以後、ザーロン帝が考え実行してきたカンボジア人国家のベトナム化政策である。この政策は新しいものではない。チャンパ王国とコシャンシンを併合した時もこのやり方だった。それでチャンパ王国はアンナムの一部となり[34]、カンボジア王国の一部（バーリア、ドンナイ、プレイ・ノコー）は既にベトナムの一地方になっていた[35]。この領土併合政策について、ベトナム側の報告者たちの意見はあまり客観的でないように見える。2つ事例を挙げると、まず第1に史料編纂官の史料があり、2番目はミンマン帝の国務大臣ファン・タン・ザンの見解である[36]。

　以下は、ベトナム人史料編纂官がザーロン帝の近隣政策について記した文章である。

　「彼（ザーロン帝）は、小王国からの朝貢を拒否し、シャムの拡張政策に対して防衛策を講じ、カンボジアを保護し、ラオスを養っていった。世界中が王の権力を認めて、その恩情は従属する国々に広く行きわたっていた。よき君主であった[37]」

　この賛辞は事実から大きくかけ離れている。実際のところ、ヴィンテ運河の建設によって、コシャンシンの大部分が併合された[38]。クメールの人たちや高官たちは、カンボジアに駐留するベトナム将軍たちの手によって次々と虐殺されるなどの苦難をこうむっていたのである[39]。

34　政治的には、1471年以降、チャンパ王国はもはや存在しなかった。Cf. G.Cœdès, *Les Peuples*, p. 194.
35　Cf. G. Cœdès, *Les Peuples*, p. 194.
36　ミンマン王は1820年から1840年まで統治した。
37　Cf. Ch. Maybon, *Histoire*, pp. 400-401.
38　Cf. A. Leclère, *Histoire*, p. 413 et pp. 435-436; G. Cœdès, *Les Peuples*, pp. 198-199.
39　本書第1部第6章参照。

これに対する国務大臣ファン・タン・ザンの見解は、極端な賛辞で大仰である。抜粋すると、

「アンナム帝国は、カンボジアに対して常に子供に授乳する母親のような思いやりを抱いていて、今に至るまで、この感情は変わらない」[40]

ザーロン帝がカンボジア国に対して考え出したさまざまな政治的・軍事的策略を検討してみると、ファン・タン・ザン大臣の意見は現実とはまるで違うことが明らかである。私たちとしては、大筋のところG. オーバレの意見に賛成である。オーバレはこの文章を読んで、次のように指摘している。

「大臣ファン・タン・ザンがここで前面に押し出している気持ちは、政府の思いやりをやさしい母親のそれに喩えるなど、少々不適切な表現である。真実は、ミンマン帝の時代にアンナムがカンボジアを完全に占領できなかったとすれば、それは統治者にその力がなかったからだということである。ゴック・ヴァン女王［アン・メイ女王］はナムヴァン［プノンペン］のベトナム人司令官［チュオン・クン将軍］の愛人にすぎなかったが、野心家ミンマン帝の計画の実現に力を貸した。ミンマン帝はカンボジアをフ［phu：府］とフイェン［huyen：県］に分割して、その地を統治するためベトナム人高官を送り込んだ。その後しばらくして、ベトナム地図にこの分割事実が書き込まれた。しかしながら、カンボジア人が反抗して、至るところでベトナム人高官たちを殺害したので、フエ宮廷はそれ以上進めるのは止めて、6地域だけで満足している。

　シャムは、ベトナムよりかなり遅れて登場してきたが、先達のベトナムとまったく同じように振る舞っていた。シャムは西部の豊かな地域を占拠し、支配を正当化するため、カンボジア王朝が残りの地に有する宗主権と同じような宗主権を自分たちもこの地に持っているのだとした。この宗主権とは占領した地域を保護することにほかならない。というのは、象牙や犀角で納める朝貢はまったく重要性がないからだ。このカンボジアへの宗主権、より適切に言えばカンボジア問題への介入は、低地のコシャンシンの占領と切り離せない。それこ

40　Cf. G. Aubaret, *Histoire*, p. 132.

そわれわれがいかにしても自分のものとしたいものだ」[41]

　実際には、このベトナム人執筆者が描いたザーロン帝の保護と人情は、クメール民族をベトナム人の奴隷に、カンボジア国家をベトナムの一地方に、アン・チャン王の身分をそのまま封臣にする形であらわれてきた。

　当時、カンボジア王族たちの内部抗争が原因で、はじめの2つの計画は一時的あるいは部分的なものとなった。ハンチェイ森林の伐採、ヴィンテとヴィンアン両運河の掘削（国境はヴィンテ運河であった）がそれである。最終的な計画を実現するため、ベトナム人はクメール人の文化的価値をベトナム文化に置き換えようとした。1813年、ザーロン帝の代理人タ・クン将軍は、チロイチャンヴァにエンビエンという名の塔と、ザーロン帝の肖像を納める王立ホンチュン寺院を建てさせた[42]。タ・クン将軍はアン・チャン王とクメール人高官たちに、毎月第1日と15日には礼拝するよう要求した[43]。ベトナム王は、クメール人を同化させるのによい方法を見つけたと判断し、1814年にはアン・チャン王に、刺繍をした真っ赤な服と金の帽子、そして宝石で飾ったベルトを組み合わせた儀式用の衣装を送った[44]。1816年、ザーロン帝はカンボジアの文官および武官にベトナムの民族装束の儀礼服を贈った[45]。

　しかし、このベトナム化の試みは目的を達成できず、逆に、失敗を思い知らされることになる。それは、クメール人たちの間にベトナム人に対する怒りと憎悪を掻き立てた。ベトナム化は、僧侶ケーが指導したような一連の反ベトナム運動の根本的な原因の1つであった[46]。

41　Cf. G. Aubaret, *Ibid.*, p. 132. n.1.
42　1813年末、フェン将軍がタ・クンを引き継ぎ、あらかじめプノンペン王宮のそばに設けておいた倉庫の財宝や食糧を収めるため、ロヴェーエムに要塞を建設させた。Cf. G. Aubaret, *Histoire*, p.129. 新建築は、以後王家の財宝および食糧はベトナムが管理するということであった。
43　Cf. G. Aubaret, *Ibid.*, p. 128.
44　Cf. G. Aubaret, *Ibid.*, p. 129.
45　Cf. G. Aubaret, *Ibid.*, p. 129.
46　本書第1部第6章参照。

第8章
アン・ドゥン王の時代：1848年〜1860年

　カンボジア問題はシャム王宮にとって、常に気がかりな問題であった。カンボジアに平和を回復したと見るや、シャム王ラーマ3世ナン・クラウ王［1824-1851］はアン・ドゥン王子を即位させるべく、高官ポニェ・ヴィチェイとバラモン僧の2人を急ぎウードン宮廷に差し向けた。ウードンにいたパティン・デチャ将軍は、戴冠式の準備をするよう王から命令を受けた。

　1848年3月7日にアン・ドゥンが即位し、「ハリレク・リァメァ・イッサラティバディー」の王名が授けられた。52歳であった。

　フエ宮廷の方は、即位を主導したシャムのこのような行動に神経質にはならなかった。アン・ドゥン王子は、恒例によって3年毎にフエに朝貢を送り届けていたからである。戴冠式の最中にアン・ドゥン王子はベトナム・グエン朝ティェウ・チ帝［紹治帝（1841-1847）］から黄金の四角いメダルを拝受した。メダルの片面には横たわる鹿と贈り物の品目が刻まれていた。フエ宮廷はアン・ドゥン王に「カオ・ミエン・グク・ヴェオン」という肩書を与えた。

　パティン・デチャ将軍は、1848年5月にカンボジアの首都ウードンを去った。この時、カンボジア王国は今後もシャムに服従しつづけるという証しとして、パティン将軍の八男ポニェ・プロム・バォレクは、アン・ドゥン王の長男リァチ

1　Cf. *VJ*, t. VII, p. 824; KK, t. IV, p.4.
2　パーリ語から: Hari「ヴィシュヌ」、raksa「保護する」／「留め置く」、rama「魅力的な」、issara「主」、adhipali「君主」。 文字通りには君主であり、力があり、魅力的で、ヴィシュヌ神に守られた（人）。
3　本書第1部第5章参照。
4　銀製ネーン5個、約1912.5グラムある。1個は382.5グラム。Cf. G. Groslier, *Recherches...*, p. 30.
5　Cf. *VJ*, t.VII, p. 821。ベトナム語カオ・ミエン・グク・ヴェオンは、「カンボジア王」という意味。さまざまな書き方がされていて、*VJ*, t.VII, p. 821 ではカウ・マーン・クワック・クヴォン、SP. t.V, p. 25 ではタウ・バーン・クワック・クヴォンである。

ァ・ヴォディを人質としてバンコクに同行した[6]。この長男こそは後にノロドム王となる人物である。さらにアン・イム王子の息子アン・ピムもシャムの人質になった[7]。アン・ピムがベトナム側に丸め込まれないように警戒しての措置であったが、抑留中にマォト・チロークで亡くなった。

　アン・ドゥン王とその侍従たちの賢明な舵取りのおかげで、クメール人にとって最大の贈物とも言える平和が長く続いた。アン・ドゥン王はこの平和を有効に利用して、あらゆる分野において国家再建に取り組んでいた。隣接する両大国への依存度が高すぎるのは危険であると判断し、王は完全独立を望んだ。王は在位した12年間にわたり、シャムの支配下にある地方の解放に向けて努力し、同時にベトナムに占領された南部地方を早急に取り戻そうと機会をうかがっていた。

1. 国家再建計画

　戦争がやっと終息したカンボジア王国は、どのような状態にあったのであろうか。

　シャム人やベトナム人たちは、何かにつけてカンボジア問題に介入し、その都度占拠してきた国境付近の土地に住み着いてきた。こうした終わりのない戦争に疲弊したクメール人たちは、このように国土が蚕食されることについて無関心になっていった。カンボジア南部地方では、クメール人たちはベトナム人に対して憎しみを増幅させ、蔑視してきた。そして、その支配にどうしても付いていけず、大勢のクメール人たちが村を捨ててしまった。こうしたクメール

6　Kulap, *Annom Sayam Yudh*, vol.I, pp. 111-113.
7　『ヴェアン・チョウン版』t. VII, p. 844 によると、アン・ピムは、1855年、31歳のとき鬱病でバンコクで亡くなった。しかし、1864年、謀叛人ア・スワが現れた。ア・スワはサイゴンのド・ラ・グランディエール提督に手紙を書き、自分はアン・ピム王子であると名乗った。ノロドム王は、ア・スワは奴隷でしかないとして、この主張を否定した（Cf. A. B. de Villemereuil, p. 136.）。ドゥダール・ド・ラグレはクメール人高官たちの証言をもとに、ノロドムの意見を支持した（Cf. A. B. de Villemereuil, p. 79.）。謀叛人の手紙の情報から考えて、アン・ピム王子がバンコクで死んだという年代記の記述は、われわれを当惑させる。

人住民の全面的な離村のおかげで、フエ宮廷は、自国の人口過剰を解消する土地を新天地として容易に入手することができた。

　加えて、カンボジアを孤立させようと企んでいたフエ宮廷は、繁雑な関税と通行の手続を設定し、クメール人が現実にメコン川河川路を通じて海洋へ進出して行くことを意図的に阻んできた。[8]

　カンボジア北部地方では、シャムの王宮がクメール人元高官を地方長官に任命した。地方長官は、バンコクへわずかだが賦課金を送らなければならないので、歳入が減少した。だが、これらシャムに負い目のある地方長官たちは、シャム王に服従する小君主のように振る舞い、その分を容赦なく住民から搾り取った。住民は同国人の長官の監督下に置かれたとはいえ、シャムの保護下という重圧からは逃れることができなかった。

　バッダンボーンとシェムリャップへは、逆に、さまざまな出費や賦役、税金が軽減されるということで、カンボジア国内から多くの人が難民として流れ込んだ。

　アン・ドゥン王自身といえども、ウードン王都に顧問として駐在しているシャム人高官たちに厳しく監視されていた。王は大臣を選ぶことさえも自由にならず、要職に就く高官の任命もシャム王の同意が必要であった。そのようなわけで、1849年、2人の大臣を昇格させるにあたって、シャム王の同意を得るため、クロラホム・モクとオクニャ・チャックレイ・メァスを代表とする使節団がバンコクに向かった。こうして、ポニェ・チェイ・ポンはチャウヴェア・トルハに、オクニャ・スールケロク・カォスはソムダチ・チャウ・ポニェに昇格したのであった。[9]

　こうした辛い状況は、カンボジアの人たちが困苦のどん底にあった1843年の悲劇を思い出させた。住民には何より、生きていくために必要なものが不足していたが、それはベトナム側にしかなかった。シャムの監視は厳しかったが、アン・ドゥン王はクメール人たちを思う一心から、思い切ってベトナムの人質となっているアン・メイ王女に書簡を送り、ベトナムとカンボジア両国の通商活動を再開し活発にするよう、フエ宮廷の「御主人」にとりなして欲しいと依頼

8　A. Leclère, *Histoire...*, p. 437.
9　*VJ*, t. VII, p.838.

した[10]。

(1) 社会改革の断行

クメール民族が陥った悲劇はタ・メァスの報告に言及されているが[11]、A. ルクレールの記述も興味深い。

「カンボジアは、かつてその富裕の評判を国境を越えて中国にまで鳴り響かせたが〔『明史』記載の「富貴真臘」〕、今では豊かな国でなくなった。カンボジアは外国との戦争、なによりクメール人同士の内戦によって没落してしまった。すべての富裕、すべての金、すべての銀を失ってしまった。痩せおとろえた貧しい住民たちは、シャム人あるいはベトナム人が突然現れはしないかといつもおびえていた。彼らは男たちを殺し、婦女に暴行を働き、寺院や貧しい人々の家々を略奪して、しばしば、果樹や椰子の木を切り倒し、火を放って、村を廃墟としたあとで、何千という村人を住民捕虜(チルゥイ)として連れ去った」[12]

この一文に添えた註で、A. ルクレールは以下のように明言している。

「シャム人が暴行を働いたのは、少女と未亡人に対してだけであった（原文どおり）。それで、シャム軍来攻の知らせが入ると、住民は急いで娘を結婚させた。ベトナム人はそのようなことはしなかった」

一部の住民の一刻を争うような窮状を目の当たりにしたアン・ドゥン王は、即位すると、すぐ王の負担で施設を作り、これら貧民や僧侶たちがただで食事がとれるようにした。そして、この新しい施設を管理するため、オクニャ・サターラナカーという官位が設けられた。

さらに王は、税金を低く抑え、在位期間を通して税関、農場、専売業の利権

---

10 Cf. KHIN Sok (1843年のカンボジアとアンナム関係についてのいくつかのカンボジア語史料) *BEFEO*, t. LXXIV, pp. 403-421.
11 本書序章参照。
12 A. Leclère, *Histoire...*, p. 438.

を得た者たちが新たに搾取しないようにした[13]。また、アン・ドゥンは、同じく、王国内の治安回復のためにも奮闘した。強盗対策と公金横領対策の機関を創設した。そして1848年には裁判所を設置し、必要に応じて王が自らが裁判長となって喚問した。

1853年になると、アン・ドゥン王は、旧来からの慣習法の全面的な見直しを計画し、王自身もその改編校訂作業に加わった。王は亡くなる1860年まで、この新慣習法案制定の仕事に関わり続けた。1891年にノロドム王の命令で施行された65の法律のうち、おそらく15の法律はアン・ドゥン王自身が手を入れ加筆した勅令である。

1つの慣習法の条文の再検討が終了すると、旧法は失効となり、破棄された。したがって、こうした法律の全面的な改訂は厳格な方向で進んだのか、あるいはその逆に以前より軽減される方向なのかは知る由もない。アン・ドゥン王は少なくとも一部の法律の前文で、刑罰の軽減を目指したいと述べている。

法律の冒頭に記された王の肩書およびその功績を記した仰々しい慣用語は、改正後の日付で加筆された可能性が高い。そうした法律用語の比較研究をするのは、なおさら困難である。表向きには、アン・ドゥン王時代以前にカンボジアでは法改正が最低2度にわたって実施されたことがわかっている。最初は1618年から1625年にかけて統治したチェイ・チェター王時代[14]、そして2度目は1675年から1706年まで在位したチェイ・チェスダ・アン・ソー王の時代であった[15]。

今回、早急に求められた法改正は、告訴の手続きに関することであった。確かに、旧法では、私はあの人に金を貸していると裁判官の前で申し立てるだけでよく、借り手は返還の履行を厳命される。その返還は現金のこともあり、現金がなければ、本人と家族が貸し手の奴隷となることもあった。アン・ドゥン王は必ず生じてくる法律の濫用、とりわけ混乱期に多い法の濫用を避けるため、債権の回収を正当化するには証拠書類の提出を義務づけた。この証書は、貸し手と借り手、双方の署名と管轄権を持つ高官の捺印があって、初めて証拠として有効とされる。署名は、左手人差し指を書類の上に平らに置き、指の付け根、

13　G. Taboulet, *La Geste Française...*, t. II, p. 662.
14　H. Cordier, "*Les Codes Cambodgiens*", dans *Excursions et Reconnaissances*, vol. III, 1881, Nº 7, pp. 11-12.
15　A. Leclère, *Les Codes Cambodgiens*, t. II, p. 357.

指の関節のところで、その輪郭を紙の上に写し、その横に名前を記す[16][「画指（かくし）」と言って文字を書けない者が食指を文書面におき、各関節の位置に黒点を打つ。これが本人確認の証拠となる]。このような画指署名の見本は、パリの「アジア協会図書館」が収蔵する「エモニエ文章」の中に見られる。

　アン・ドゥン王治下の慣習法体系は、仏教から大きな影響を受けている。たとえば、公務員は身分の上下にかかわらずアルコールの飲酒を禁じる法令を発布した。また、漁のために河川を完全に堰き止めることは禁止されて、違反すると重い罰が科せられた[17]。さらに、王の侍従である高官たちには、野鳥その他生き物の狩猟が禁じられた。

　アン・ドゥン王は絶対君主として統治したが、一般の人たちに対して公平であるとの評判が高かった。王は汚職高官、賭博師、アヘン吸飲者や飲酒者を嫌い、表立って取り締まりを実施した。それでも止めない者は、鞭打ちや鎖につなぐことも辞さなかった。

　その意味では、王の家族たちといえども別扱いはしなかった。フランス人ミッシュ司教は、1859年の事件を次のように報告している。

「10月初め頃、王は王家内においても厳しい見せしめを実行した。王の長男は、父王にとってたいへん不愉快な評判の大酒飲みであった。それどころか、王として父として尊敬すべき親に、その費用を負担させて、厚かましくも後宮を拡張したのである。父王の怒りは爆発した。ある日、王は息子の髪の毛をつかんで捕らえ、居並ぶ高官たちの面前で足蹴にした。綱と籡を持ってくるよう1人の小姓に命令が飛んだ。小姓は時間がたてば王の怒りが治まるものと思い、できるだけ時間を引き延ばそうとした。その同情がいけなかった。王はその小姓

16　J. Moura, *Le Royaume…*, t. II, p. 128.
17　*VJ*, t.VII, p. 836.『ヴェァン・チョウン版』の作者は、アン・ドゥン王は、元気のよい魚の一部が時には漁師の手から逃げられるように、また川舟が航行できるように、川を完全に堰き止めることを禁じたと明言している。アン・ドゥン王がこの王令を周知させるのに、いかに真剣であったか、J. ムーラの証言がある。「クロラホム・モ（時の司法長官）は、王の意向と命令を知りながら、何の制限も設けず無条件に漁場を請け負わせたため、逮捕されて鎖につながれ、絶望のあまり獄中死した。王は、この時示した苛酷とも言える厳しさでは満足せず、まだ仏陀の怒りと先祖の霊魂が十分に休まってはいないと、長官の遺体から首を切り離し、さらし首にした」Cf. J. Moura, *Le Royaume…*, t. II, p. 136.

に籐の鞭打ち30回の罰を命じたのである。

　それから王は、別の下僕に王子を鞭打つよう命じた。王子はまるで大罪人のように両手両足を縛られていた。王子の腹は太い横棒に押し付けられ、手足を縛った綱を棒の下側で締め上げられて背中が2つ折りになった。最初のうち鞭打ちはゆるやかだったが、それが王をいらだたせた。王はその下僕を、逆に籐で30回鞭打たせた。それから別の下僕が代わって主君の命令に従った。王は長男王子の脇に立ち、指さして鞭打つ箇所を指示した。鞭打つたびに王子の背中に血のにじんだ筋がつき、両脇腹が剝き出しになった。53回鞭打たせると、王は王子を鎖につなぐように命じ、王子の妻・子供、召使いたちから引き離して、宮殿から追い出し、市門外のあばら家に入れるよう命じた。はじめその家宅を見たとき、私は牛小屋かと思った。王子は償いをすると約束した。そうしなければ極刑を科せられるのである。父王は傷が癒えてから、やっと帰宅を許した。数日後、王子は再度反乱を起こしたチャム人の鎮圧に出立したが、その背中には、朝日をあびて、太い血痕の傷痕が何本も浮いて見えた[18]」

(2) 貨幣改革

　カンボジアの伝統的貨幣、例えば「プラック・セマー[19]」は、アン・ドゥン王の時代には、市場から消えて流通していなかった。当時、クメール人たちはシャムで通用していた「ティコー」または「ティカル」というお金を使っていた[20]。そこで王は、1848年、4種類の貨幣を鋳造させることにした。これが「プラック・バート」である[21]。

　年代記によると、硬貨の片面には仏暦の大暦・小暦による鋳造年と建国神話の聖鳥ハムサ [白鷲鳥。ブラフマー神の乗用鳥] が刻まれていた。ハムサというのは

18　*AME*, vol. 765, p. 58.
19　Cf. G. Groslier, *Recherches...*, p. 37.
20　A. Leclère, *Histoire...*, p. 441.
21　J. Moura (*Le Royaume...*, p. 128.) と A. Leclère (*Histoire...*, p. 441.) は間違って、この決定を1853年のこととした。G. Groslier (*Recherches...*, p. 35.) は、3代の王たちの時代使われたこの硬貨の発行年を、即位の1年前1846年としている。アン・ドゥン王に決定権などまったくなかった時に、非常に重大な改革をしたことを奇妙だとは思わなかったのだろうか。グロリエは曜日の番号を読み取るのを怠った。第3日めは火曜日である。そして、硬貨の発行は、1848年3月7日火曜日であった。

造幣局局長の名前であった。もう一方の面には3つの尖塔の寺院、これは「アンコール・ワット」を象徴しており、1860年にアンリ・ムーオが現地で目にした貨幣であった。

「数年前、少しふくらんだ球状の硬貨を廃止して、平らな硬貨に切り替えた機会に、硬貨にアンコール・ワットの姿を再刻して、同寺院とその威容を記録した[22]」

重さによって、硬貨の値が異なった。
── プラック・バート・トムつまり「大プラック・バート」は、重量4バート1ドムリン[23])
── プラック・バート・トチつまり「小プラック・バート」は、重量4チ
── プラック・スルゥンは、重量1チ
── プラック・フォンは、重量5ホンである。

年代記には、もう一種類の「ホーン金貨」が存在したと記されているが、重さその他詳しいことは不明である[24]。

1847年には、硬貨はまだ昔ながらの手法で鋳造されていた。10年後、アン・ドゥン王は、おそらくミッシュ司教の勧めで、司教にフランスの硬貨鋳造機を入手する件を依頼した[25]。しかしながら、王が造幣局の局長職に就かせたクメール人高官は、宣教師、とりわけミッシュ司教にとって最大の敵となるポルトガル出身のコンスタンチーノ・モンテイロであった[26]。

---

22 H. Mouhot, *Voyage…*, p. 204.
23 昔の重量単位については Cf. G. Groslier, *Recherches…*, p. 29.
24 Cf. *VJ*, t.VII, p. 826.
25 *AME*, vol. 765, p. 67. 1856年、モンクット王[ラーマ4世 (1851-1868)]は、アン・ドゥン同様、貨幣鋳造機がほしいと思った。Cf. Ch. Meyniard, *Le Second Empire…*, p. 236. 土地の農民たちは、昔から貨幣の鋳造を現在のウードン市場から西へ約2〜3キロのところで行なっていた。1968年、ポー寺院の敷地内にその跡地が認められた。
26 Cf. Ch. Meyniard, *Le Second Empire…*, p.361; *AME*, vol. 765, p. 36; *AME*, vol. 765, p. 45.

(3)行政機構の再編成

　フエ宮廷との和平条約締結のあと、アン・ドゥン王は国家を動かす高官たちの人事に取り組んでいた。まず、王は寺院と学校の建設を奨励した。仏教徒であれ無宗教者であれ、勉学する生徒たちに、王家の予算から奨学金を与えた。同時に、全国から公務に就きたい役人たちを募集するよう命じた。このことはタ・メァスの話に出てくるだけでなく、ボトム・バォルメイ・ペチも言及している。[27] こうして王の周辺には、有能な人物、宗教者、文官・武官たちなど国の指導者層ができあがり、彼らは王の指示を受けて、国内の諸公務に取り組むことになった。そのお陰で、1858年にはチャム人の反乱を解決し、また打ち続くベトナムからの侵略に抵抗することができたのである。1848年7月以後、王は身内の王族の一部の人たちを高官に昇進させて、一連の行政改革に着手した。中でも王の母親モネァン・ロスには、ソムダチ・プリァッ・ヴォリァチニ「皇太后陛下」の肩書と2個の印章が授けられた。[28] その印章は署名の代わりに用いられた。ノロドム王子とシソワット王子の生母であるモネァン・ペンとモネァン・ポウの両婦人にも、さらに数多くの宮廷の女官たちにも位階が授けられた。

　王は、長年身近に仕えた王族やシャムへの亡命時に同行した者たちにも、栄誉と称号を授与することを忘れなかった。[29]

　多くの地方では、何年も前から税金は要求されず、賦役も課されなかった。住民たちは労役に従事する必要もなく、当局もまた強制することはしなかった。それぞれの州は、その面積が大きければ大きいほど、きめ細かい行政はできず、また不備な点も多かった。約100年に及ぶ戦乱でめちゃくちゃになった国の行政機構を再び稼働させるには、役人たちの再編成だけでは不十分であった。アン・ドゥン王はこのことをよく知っていた。国内の行政区画の改革も必要だった。こうして、一部の大きな面積の州は2つに、または3つに分割され、さらに最大の州は5つの州に分割された。

―― 旧バティ州は5州に分かれた：バティ、プノム・スルーチ、カンダル・スト

27　本書序章参照。
28　最初の印には、人頭を持った神話の鳥、キンナリの姿が、2番目には寺院の内に座す「女神」の像が刻まれていた。Cf. *VJ*, t. VII, p. 828.
29　高官の階級については、第2部で言及する。

ゥン、コンピセイ、サアーン

── 旧プノンペン州は4州に：プノンペン、キェンスワイ、ロヴェーエム、クサッチ・カンダル

── 旧スレイ・サォチョー州は3州に：スレイ・サォチョー・カンダル、スレイ・サォチョー・チュヴェン、ペァレァン

── 旧プレイ・カバス州は2州に：プレイ・カバスとカォストムになった。[30]

　アン・ドゥン王によるこの分割指示の結果、カンボジアは40州から52州に再編成された。

　少数派の在住外国人、とりわけ中国人とマレー人は、王が任命したそれぞれの指導者の責任のもとにまとめられた。このやり方は、少なくとも16世紀にさかのぼるものである。サッター・モヒン・リァチァ王（1579-1595）、後継者のプリァッ・リァム・チュゥン・プレイ王（1595-1597）の時代には、チャム人あるいはマレー人の大臣もいた。[31] だが、このアン・ドゥン王時代には、外国人は行政官の上位に就任することはできなかった。[32]

　とはいえ、中国人指導者のうち4人は禄高7ホー・ポァンの地位に任命された。オクニャ・ウドン・ポキァ、オクニャ・ウタラ・ポケイ、オクニャ・ポキァ・アペイ、オクニャ・モハイ・ポッカポースである。またオクニャ・ピピト・サォムバット、オクニャ・ソワット・トロァプイァ、オクニャ・モハイ・ポキァ、オクニャ・ポァラー・サォムバット[33]の4人は、禄高6ホー・ポァンの地位に任命されている。

(4) 防壁と道路の建設

　ウードン王宮の再整備は、アン・ドゥン王にとってはかなりの出費であった。王はそれでも毎年大潮の時に攻め込んで来ると信じられているベトナム軍に備

30　Cf. *VJ*, t.VII, pp. 834-835.
31　B. P. Groslier, *Angkor et le Cambodge…*, p. 41.
32　各分野の最高位は10ホー・ポァンで、外国人高官の場合は7ホー・ポァン。［ホー・ポァンは1万。269ページ参照］
33　Cf. *CJ*, t.VII, p. 837. このリストはドゥダール・ド・ラグレが提示したのには一致しない。Cf. A. B. de Villemereuil, *Exploitations…*, p. 72.

えて、首都防衛網を構築する努力を怠らなかった。また、王都から地方への道路網の整備と建設にも努め、これには王国が雇った人夫が作業に当たった。

　1850年代のはじめ、王は高官たちに、首都の東部地域を守る防壁の建設に住民を動員するよう命じた。この盛土壁はベン・サムリトを起点として、チェディ・タメイ寺院に達し、さらにストゥン・チャホーの右岸に沿って、最後はクラン・ポンレイまで建設された。

　構築10年後にも、この盛土壁はそれと判別できるほど堅牢なものであった。この盛土壁に気づいた外国人がアンリ・ムーオであった。

「ウードンから約2キロに、馬蹄形をした盛土の防壁が立ちはだかっていて、首都を一部取り巻いている。これはベトナム部隊の襲撃に備えて作られた防壁であった。この時代の住民は、毎年大潮の時期にベトナム人が現れると信じられていたのである」[34]

　それからアン・ドゥン王は、首都ウードンとコンポン・ルォンの橋を結ぶ長さ6.4キロの、割石を敷きつめた道路を作らせた。約2キロおきに、通行人のための瓦葺きの休憩所があり、沐浴のための池と水飲み場が設けられていた。

　雨季の間、プノンペンの西方に位置するポチェントン［現在のプノンペン空港］の農民は、作物をプノンペン港まで運ぶのに苦労していた。王はこれらの商品を運ぶための道路の建設を命じた。これは大きな土木工事とは違い、王が資金を捻出した。

　17世紀以降は、カンボジアは紛争や戦争で荒廃してしまい、アンコール時代に見られた遠くまで続く立派な道路網を維持管理することも、発展させることもできなかった。しかしながらいくつかの道路網、たとえば首都ウードンからポーサットへの街道や比較的人通りの多い街道だけは昔ながらのにぎわいがあった。それでも、輸送は基本的に水路が使われていた[35]。ところが、1847年にな[36]

34　H. Mouhot, *Voyage...*, p. 137.
35　G. Cœdès, *Pour Mieux Comprendre...*, p. 200.
36　3本ある街道の1つは、プルーウ・エ・クロム「下流にある道」あるいはプルーウ・ルォン「王道」と名付けられていた。名前が示すように王の命令で建設された。街道沿いには12の宿駅が設けられていた。Cf. A. Pavie, *Excursions et Reconnaissances*, N°11, p. 199.

ると、ベトナム人たちはクメール人がメコン川を通って海に出ていくことを妨害した。カンボジアへ戻る、あるいは出ていこうとする商人たちは、ベトナム人の嫌がらせを受けながらメコン川を通過せねばならなかった。嫌がらせをするのはベトナム人の税関吏や競合する商人たちであった。そこでアン・ドゥン王は、コンポートを海洋への窓口にしようと決め、首都とこの新港を結ぶ道路の建設を命じた。街道沿いには、旅人が休息できる休憩宿駅が設けられた。それはジャヤヴァルマン7世（1181-1218ごろ）時代の駅逓のもてなしの伝統に基づくものだった。[37]

　1860年、ムーオはコンポートからこの街道を使ってウードンへ向かい、宿泊所を利用した。

「どの宿駅もだいたい同じ間隔で、およそ12キロごとに設けられている。いずれの宿駅にも、旅人や5日ごとに交替する雑役係が寝泊まりできる昔ながらの宿舎があり、そのほかに、王が行幸のため使う広くて美しい新築の家宅もあった。さらに、宿駅と宿駅の間に、日中に休息できる小家宅があることが多く、その便利のよさや快適さはまったくありがたい限りである[38]」

(5) 仏教の復活

　アン・ドゥン王は篤信の仏教徒であった。王は高官たちに仏法にのっとった政治を執り行なうように望み、高官たち各人が能力に応じて仏法五戒あるいは八戒を守るように求めていた。[39]さらに王は、高官たちが貧民や乞食および家畜などに慈悲を施すようにと願った。王自身は王宮で仏法会に足しげく通い、僧侶たちが行なう説教に耳を傾けていた。

　王は、カンボジアにおける仏教の発展のためには、物質的経済的寄付を惜しまなかった。仏教復興の目的達成のためには、戦争で僧侶を失い、写本を失ってできたこの空白を乗り超える必要があった。そのため、1853年4月12日火曜日、

37　Cf. A. Pavie, *Excursions et Reconnaissances*, N°11, p. 199.
38　H. Mouhot, *Voyage...*, p. 122.
39　五戒とは、殺し、盗み、姦通、嘘、飲酒の習慣の戒め。あとの3つは、午後の食事、踊り・歌・観劇、香水の使用を戒めた。Cf. Nyanatilola, *Vocabulaire bouddhique...*, p. 229.

アン・ドゥン王はオクニャ・ヨマリァチ・モクとオクニャ・チャックレイ・メァスを団長とする仏教使節団をシャム宮廷に送った。使節の目的はプリァッ・モハー・パンというクメール出身の僧侶の帰還を願い出ることであり、そして「トリピタカ（三宝＝仏法僧）経典」一揃い[41]を持ち帰ることであった。

シャム王チョム・クラウ［ラーマ4世モンクット王（1851-1868）］は、宗教を通じてカンボジアにシャムの文化的影響力を拡大させる好機と見て、この要請をことのほか歓迎した。こうしてクメール人の国にトマユット派［タムマユット派］[42]が導入され、新会派として設立されたのであった。

トマユット派は、僧坊生活やパーリ語の発音などでこれまでの上座仏教会派とははっきり区別されていた。カンボジア王国固有のモハニカイ派[43]とは、相互交流はないが、共存して発展していった。そして、1854年6月27日、ソムダチ・チェター・モントレイ・パとオクニャ・リァチ・デチャ・エクの2人を先頭に、2回目のカンボジア仏教使節団がウードンを出発した。アン・ドゥン王からシャム王への感謝の献上品を持参し、僧侶プリァッ・モハー・パンをカンボジアに連れて帰るための使節団であった。7ヵ月後、1855年1月28日、使節団は「トリピタカ経典」4巻をはじめとする数々の仏典を携えて、コンポート経由でウードンに戻った。モハー・パン僧には、仏僧8名とクメール人信者が数名同行したが、なにより、シャム王に勧められて、パンの先導師プリァッ・アマラ・ピレックキタ・カット高僧が教え子に付き添っていた。ラーマ4世がトマユット会派をカンボジアにしっかり根付かせるようとしたことがわかる。

僧プリァッ・モハー・パンは、次々にその位階を駆け上がり、トマユット派の「僧侶の最高位」である「ソムダチ・サンガ・リァチ」にのぼりつめた。

しかし王は、クメール人の宗教生活に大きく貢献しているモハニカイ派を見捨てたわけではなかった。モハニカイ派の最高位には、ノロドム王子の家庭教師である大僧正サンガ・リァチ・ヌー、仏教学の責任者ソクンティァパディー・オークとサンガ・リァチ・テーン[44]がいた。

40　本書補遺参照。
41　ヴィナヤ「律蔵」、スートラ「経蔵」、アビダンマ「論蔵」の三蔵。
42　Cf. *France-Asie*, Présence du Cambodge, 1955, No114-115, pp. 416-424.
43　Cf. *France-Asie*, Présence du Cambodge, 1955, No114-115, pp. 417-418.
44　本書補遺参照。

ソムダチ・サンガ・リァチ師が、はたしてどのくらいアン・ドゥン王に影響を与えたのかはわからない。年代記はこのことに言及はしていない。さまざまな史料からすると、王は出家期間に「最上位の僧」から教えを受けたようである。当時の歴史家たちの言及はどうかというと、たとえばムーラが、この問題についてはほんの少し触れているにすぎない。

「1848年、プリァッ・アン・マチャス・リァチャ・ヴォデイ王子(ノロドム)が髪を切り、出家ということですぐウードンのプラン寺院に入門し、約2ヵ月間留まった。僧院長は学識豊かな人物で、王子の出家期間中は師として指導したが、その5年後に自身も僧衣を脱いだ。アン・ドゥン王は長男の面倒をみてもらったお礼に、司法長官に取り立てた[45]」

しかし、ムーラの話は年代記と食い違っている。アン・ヴォデイ王子が出家を命じられたのは1847年であって、1848年ではない。それもプラン寺院ではなくクラン・ポンレイ寺院である。プラン寺院は1849年になって建立されている。さらに、僧院長で修練期間に王子を指導したのは、モハー・サンガ・リァチ・ヌー[46]であり、同院長は1848年にソムダチ・プリァッ・モハー・サンガ・リァチ「王国最高位の大僧正」の肩書が与えられ、1857年に亡くなるまでその地位にあった。その跡を継いだのはサンガ・リァチ・テーンである[47]。ムーラの記述は、おそらく、正確さに欠け、それほど厳密ではない二次史料から得たものであろう。しかしながら、ムーラはわれわれが入手できない情報を提供してくれている。それは司法長官が、かつてリァチャ・ヴォデイ［ノロドム］の師を務めた僧であり、その後に法衣を脱いだ人であるということである。年代記によると、1855年ごろ、高僧プリァッ・モハー・プロム・モニ・マが寺院を去って還俗したという。いずれにせよ、これが同一人物であるかどうかは推測の域を出ない。

45　J. Moura, *Le Royaume…*, t. II, p. 126.
46　Cf. *VJ*, t.VI, p. 822.
47　本書補遺参照。

(6) 年間の伝統行事

　カンボジアの大きな伝統行事は、仏教との関係があるなしにかかわらず、僧侶の人数が充足し、そして寺院が宗教活動していないかぎり、実施できなかった。戦争のため、これまで大半の行事は中止されていた。平和が戻って、寺院が通常通りに活動を回復すると、アン・ドゥン王は、古来からの年間行事を復活させる必要があると考えた。ここでは行事の中身にまでは立ち入らないことにして、たとえば10年間（1856-1857）の第7年ウサギ年の暦を再作成してみよう。[48]

1) ａ．チェート月、新月から4日目（1856年4月9日）：王宮において、王族と高官とその妻たちの王に対する宣誓の儀式。
　ｂ．元旦（4月11日）：3日間は新年の祝い。3日目（13日）、王室一家、高官とその妻たちは、幸運と長寿を願って王に水と蠟燭を贈呈する。
2) ピサーク月、十五夜（5月19日）：僧侶に食事を供する。主として「バイ・ダメラム」、ジャスミンで香りをつけた水で炊いた米飯である。それから3日間、宮中のバラモン僧［バクー］たちは「大地の主：クロンペリ」に寄進し、神の栄光を讃えた詩節を唱和する。4日目（5月23日）、「聖畝」の祭り［始耕祭］には王自ら犂を押す。
3) ａ．チェス月14日目（6月18日）：僧侶の叙階式の準備作業が王宮内で行なわれる。
　ｂ．チェス月15日目（6月19日）：コンポン・ルォンの港埠頭で僧侶の水上叙階式。
4) ａ．アーサート月、新月から8日目（7月10日？）：王は王宮内でヴォッサー［雨安居］の蠟燭を準備する。
　ｂ．アーサート月、新月から14日目（7月15日？）：王は首都にある全寺院に蠟燭を贈る。
　ｃ．アーサート月、十五夜（7月16日？）：王は王族たちとお祝いの式に臨席する。
　ｄ．アーサート月、満月の翌日（7月17日？）：王は仏陀を讃えて、首都の全寺院に出向き、蠟燭に火をつけて祈る。

48　これらの年中行事については、以下の文献を参照、Preah Réach Pithi Thvéa Méas, "Cérémonie des Douze Mois", publication de l'Institut Bouddhique, 3 vol.; E. Porée Maspéro, *Etudes sur les Rites Agraires*, 3 tomes; *Cérémonies des Douze Mois*, Publ. de l'Institut Bouddhique, p. 84.

5) スラープ月、十五夜（8月16日）：王の侍従などの高官を伴って蓮の花やその他の花を摘みに出かけ、首都の全寺院の仏陀に供花する。

6) a．ペトロボット月、新月4日目（9月3日）：王族、高官とその妻たちの宣誓式。
 b．ペトロボット月、十六夜（9月15日）：物故者の祭十五日の初日。
 c．ペトロボット月、満月から15日目（9月29日）：物故者の祭十五日最終日。

7) a．アーソッチ月、新月から14、15、16日目（10月13、14、15日）：ヴォッサー［雨安居］明けの祝い「雨安居明け」。コンポン・ルォン港埠頭にて競艇。
 b．アーソッチ月、満月の翌日（10月15日）およびカデゥク月の新月から15日目（11月12日）：王は、陸路で行ける寺院2ヵ所と、船を使って行く別の2ヵ所で、カティンの儀式（僧侶に衣を贈る儀式）をとりしきる。その他の寺院の儀式には王子たち・王族たちを派遣して参列させる。

8) カデゥク月の新月から14、15日目（11月12日）および同満月の翌日（11月13日）：競艇。12日深夜、月見の奉納。

9) ミカセヒ、月齢12、13、14日目（12月9、10、11日）：王宮敷地内の5ヵ所の典礼殿にて、修行僧たちが詩節を唱和する。同15日目（12月12日）：チョラモニ・チェディー[49]を讃えて凧を上げる。

10) メァク月、月齢13日目（1月8日）：王は寺院の清掃のため高官などを派遣する。一方、各寺院で修行していた僧侶たちがそれぞれの寺院に集まり、宗派の伝統の儀式を行ない、僧侶に「バイ・ダォメラム」の食事がふるまわれる。

11) メァク月、月齢15日目（2月9日）：メァク月の儀式と「丘のまわりの田の創設[50]」。

12) パォルクン月、満月から12日目（3月22日）に始まり15日目（3月25日）まで：トロット・サンクラン［4月のカンボジア正月に鹿頭をつけた村の一団が家内の邪気払いをする儀式］。邪気を追い払い、国が背負ってきた悪業から国を救済する儀式[51]。

---

49 チョラモニ・チェディーは、タヴァティムサ（神々の6世界の2番目）にあるストゥーパで、サッカ（神々の王）が仏陀の髪の毛を納めるために建立した。仏陀が亡くなったあと、サッカは仏陀の右の鎖骨を納めた。この鎖骨は、バラモン・ドーナがターバンの中に隠したものと言われる。Cf. *Dictionary of Pali Proper Names*, vol.I, p.909.

50 *Cérémonies des Douze Mois*. Fêtes Annuelles des Cambodgiens, pp. 79-82. A. B. de Villemereuil, Exploitations et Missions…, p.174.

51 Cf. *Cérémonies des Douze Mois*, pp. 83-84; *Preah Peach Pithi*…, t. III, pp. 157-173; A. Bouinais et A. Paulus, *Le Royaume du Cambodge*, pp. 46-47.

アン・ドゥン王時代の年中伝統行事は、後に王位を継承していくノロドム家やシソワット家の時代の伝統行事とは必ずしも一致しない。このようないくつかの変更は、君主の特殊事情や村落生活の変化などが反映していると見るべきであろう。そのようなわけで、僧侶に「バイ・ダォメラム」をふるまう儀式は公式行事になっていたが、ノロドム時代に中止された。ノロドム王は暦に掲げる必要はないと判断したのである。しかしながら、王はときおり炊事係に命じて、ふるまい用にこの米飯を用意させた。同じく、12月上旬の行事であった凧揚げ大会も、シソワット王時代には行なわれなくなった。とはいえ、民間の伝統行事はそのまま受け継がれていた。

2. 国内情勢

　年代記に記録されたカンボジア史を精査していくと、自称魔力を授かったという人物が、王権にさからって、反乱を起こすことが多かった。そのうちの何人か、たとえば16世紀のプリッツ・バート・チュアン・チュムや17世紀のバレイ・カォン・チャクなどについては、王権に反対して民衆を煽動したのは、間違いだとか、正しいとかの諸説がある。しかし、信頼できる史料がなく、彼らの出身、受けた教育、活動もその目的もはっきりしない。

　似たような話はどの時代にもあり、アン・ドゥン王時代もまた例外でない。1854年、2人のアーチャーがロレァ・パエァとバォリボーの州境にあるピェム・ロクの丘で隠遁修業の生活をしていた。周辺の住民たちは2人に魔力があると信じて、救世主として奉ったのであった。そのアーチャーたちはそれを利用して、信奉者の中から、特に腕っぷしの強い狂信じみた者たちを集めて部隊を編成した。暴動の脅威は、すぐにウードン宮廷にも聞こえ、王は急ぎ部隊を現地に向

52　Cf. *Preah Peach Pithi...*, 3 vol.
53　Cf. *Preah Peach Pithi...*, vol. III, p. 137.
54　Cf. *Cérémonies des Douze Mois*, pp. 69-71.
55　Cf. KHIN Sok, *Les Chroniques Royales...*, thèse de Doctorat de 3e cycle, pp.300-302.
56　Cf. Mak Phœun, *Les Chroniques Royales...*, pp. 399-400.

かわせた。アーチャーの支持者たちは敗走し、2人は捕らえられ極刑に処された。

1858年9月、タボーンクモン地方セッ・サォムブー村とロカー・ポプラム村のチャム人、マレー人たちの間で勃発した反乱は、ずっと深刻なものであった。[57] その指導者はリ、ヒム、スー、サォエトというチャム人四人兄弟で、リ以外はそれぞれソムダチ・ボテス、オクニャ・バラ・アンサ、オクニャ・チャクロヴァトという官位の肩書を持つ生え抜きの官僚であった。ムーラは次のように記している。

「これら3人のマレー人[58]（ヒム、スー、サォエト）は、後にカンボジアにおいて重要な役割を演じ、終生ソムダチ・チャウプネァという高位にあったトゥン・リの弟たちである。4人の父親はアン・チャン王の元大臣で、年代記にはトゥン・フォと記されているが、マレー語の本名はトゥン・セト・アスミトと言った[59]」

年代記には蜂起の理由が記されていない。王の特使として派遣された地方長官オクニャ・ピベクティ・イッサラ・プクは、叛徒たちから排斥されたとのみ記載されている。謀叛について西欧人の見解は二手に分かれていた。ミッシュ司教の見方は次のようであった。

「われわれの隣人であるマレー人高官は、より高い地位を願ったが聞き届けられず、反旗を翻した。高官は、ベトナム人やチャム人、そしてカンボジア東部のメコン川沿いに暮らす大勢のチャンパ出身の同郷人たちを当てにしていた[60]」

一方、ムーラとルクレールは、根本的にはチャム人の反乱と考えた。チャム人たちは、クメール人の言いなりになるのはもはや耐えられないとして、タボ

---

57 ロカー・ポプラムは、コンポン・チャム州、チュゥン・プレイ郡にある村の名前。Cf. *Résultats Finals...*, p. 396.
58 カンボジア語でチャム人は昔のチャンパ、現在の中部ベトナムの出身者を指し、フランス語で「マレー人」と訳しているチュヴェアはジャワあるいはマレーシアの出身者である。カンボジアでは両者はしばしば一緒に暮らしていて、宗教も共通のイスラムである。年代記ではチャム・チュヴェアという表現が用いられることがある。しかし四兄弟は、マレー系チュヴェアである。
59 J. Moura, *Le Royaume...*, t. II, p. 133.
60 *AME*, vol. 765, p. 45.

ーンクモン地方に独立国家の建設を望んだというのである。[61]

　現実には、両者の見解は対立したものではない。まだ若い王権を思いのまま利用できると考えた1人の高官の過度の野望が、おそらく、もう少し高邁な大義に作り変えられて、蜂起という形になったのだろう。そして、それを鎮圧した時にクメール人の高官たちが公式に聞かされたのは、このより政治的な理由だった。

　当初、問題を軽く見ていたアン・ドゥン王は、忠実な1人の高官ヨーター・サンクレァムと10人ばかりの侍従を派遣し、現地の苦情を聞いて、なだめさせようと試みた。現地に到着すると、蜂起の煽動者たちをよく知っていたこの高官は、説得して投降をすすめようとした。ところが、彼は、まだ話を切り出さないうちに、無残にも殺害されてしまった。

　彼らチャム人少数派は、ベトナム人に居住地を追い出された後、カンボジアに受け入れられた人たちである。彼らはクメール人役人のもとで暮らしてきて、この役人は友人でもあり、彼らの代弁者でもあった。王が派遣したその和解の使者を殺害するという、王権にたてついた忘恩行為に、アン・ドゥン王は怒り心頭に発した。

　1858年9月17日、アン・ドゥン王は、王自ら反逆者を鎮圧するため指揮をとることを決意し、王宮の留守を長男に任せた。[62]この反乱鎮圧の結末については、再度ミッシュ司教に登場してもらわねばならない。

「王は直ちに警告を発し、彼ら（チャム人四兄弟）に反省する時間を与えなかった。王は100隻の船を用意し8〜10日間の予定で、追跡を開始した。1万人編隊の先頭に立った。こうした無分別な蜂起を挫折させるのに、これほどの準備は必要なかった。反乱者たちは親族20家族ほど連れて逃げるのがやっとで、東部地方の少数民族が住む方向に向かって逃げた。この慌ただしい逃亡劇で、妻や子供、荷物を放置して、逃げおおせたのは20〜30人にすぎなかった。こうなると、クメール高官は日ごろからの鬱積した感情が高まり、日頃まじめに生活してきたチャム人たちを襲い、家々を略奪した」

61　J. Moura, *Le Royaume...*, t. II, p. 133; A. Leclère, *Histoire...*, p. 445.
62　*AME*, vol. 765, p. 39, p. 41 et p. 42.

「反乱を根絶するため、王は5000～6000人のチャム人を全員首都近郊に移送させた。財産を失ったチャム人たちは、最悪の飢餓状態に陥り、わずかばかりの米飯を求めて物乞いをしてまわった。私（ミッシュ司教）の家にも群れをなして彼らが現れた。チャム人たち全員が到着すると、王はトンレ・サープ川沿いに順次土地を配分した。彼らの居留地はここからプノンペンまで6里にわたって展開し、コンポン・ルォンとプノンペンがつながって、1つの町になってしまったかのような様相である[63]」

年代記によれば、反乱の4人のチャム人首謀者たちはマォト・チローク地方に逃れ、その地方の軍司令官ホーン・ヨンなる人物に援助を要請した。また、タボーンクモン、コンポン・シェム、スレイ・サォチョー・チュヴェンに住むチャム人とマレー人たちは、すべて強制移送され、プノンペン、ポニェルー、コンポン・ルォン、ロンヴェークの各地に移住させられたとの記述がある[64]。さらに一部は、ポーサット州のチュークソァに強制移住させられた[65]。

アン・ドゥン王が陣頭指揮をとったことで、反乱は鎮圧され、国内は静かになった。その平和も1年間がやっとであった。コシャンシンに再集結した反乱のチャム人首謀者たちは、同郷チャム人の仇討ちをしようと、ウードン王都への攻撃の準備をしていた。1859年10月[66]に四兄弟の1人サォエトは、同郷人たちを煽動して新たに反アン・ドゥン王運動を起こした。仲間のコッとレスとともにマォト・チロークを出発した。こうして、コンポン・ルォンで小部隊が編成された。これには名前はわからないがロンヴェーク地方のチャム人有力者もからんでいた。その夜半、部隊はウードン王宮を目指し進軍した。オクニャ・モントレイ・リャチ・レトは、反徒たちの行く手を遮断しようと攻撃したが、駆り集められた小部隊では統一がとれず、小部隊の兵士たちは敗走してしまった。レト自身も瀕死の重傷を負った。王の命令で、首都防衛のため駆り出されたのは王子たちであった。ノロドム王子は任された部隊と共に出発する前に、父王に頼んで、クメール人高官たちをロンヴェークに急派して、この地のチャム人有力者を逮

---

63 *AME*, vol. 765, p. 45.
64 Cf. *VJ*, t. VII, p. 853.
65 A.Pavie, *Excursions et Reconnaissances*, №11, 1882, pp. 200-202.
66 日付はミッシュ司教の手紙で確認されている。Cf. *AME*, vol. 765, p. 58.

捕した。この逮捕劇の知らせは、戦線の現場では大きな衝撃であった。チャム人たちは急いで家族を連れてコシャンシン行きの船に引き返してきた。この時、コンポン・ルォンに近いポニェルー教区にいたミッシュ司教は、この顛末すべてを目撃していた。司教の証言を原文のまま紹介しよう。

「前回の手紙で話したように、1858年末、この不幸なチャム人集団は、自分の家から引き離され、メコン川の岸辺から遠ざけられて、監視が行き届くようにウードン首都に隣接する土地に連行された。事実上、カンボジア王国の思うままに、チャム人たちの息の根を止めることができるようにしておこうというねらいである。悪いことは何もしていないのに、すべてを奪われて、悲嘆に暮れるチャム人たちは、プノンペンからポニェルーまで8里にわたるメコン川の川べりに、一定の間隔で居住させられた。それ以外のチャム人たちは、より首都に近いところに居住させられた。

　昨年10月ごろ、騒ぎが起きた。プノンペンとポニェルーの間に連れてこられたチャム人たちが二手に分かれて行動を起こしたのである。メコン川の下流地方に住む集団はプノンペンに向かい、地方長官の家を略奪して、放火した。長官も住民も逃げ出した。メコン川上流地方に住むチャム人集団は、首都ウードンとポニェルーを結ぶ道の中間にあるコンポン・ルォンの町を目指した。明け方、私がミサをあげに行こうと家を出たとき、チャム人たちが暴動を起こしたぞという大声が耳に入った。一瞬にして混乱は頂点に達した。男も女子供たちもみな急いで逃げ出し、わずかな荷物を持って船に駆け込み、対岸を目指した。私は家に帰って司祭服を脱ぐのがやっとであった。チャム人たちは150人ぐらいずつ集団となって襲ってきた。彼らは槍と斧・刀で武装し、決然たる面持ちで進んできたが、私の村では何もしなかった。宣教師しか残っていなかったからであろう。彼らの敵はクメール人の王と高官たちであった。

　しかしながら、私たちは穏やかではなかった。勝者であれ敗者であれ、彼らチャム人武装集団は再びここを通過するであろうし、略奪や放火の恐れもあった。太いのろしが上がり、チャム人集団がコンポン・ルォンに到着したことを知らせた。彼らはバザールに火をつけて恐怖心を掻き立て、住民には自分のことだけやるように命じた。王は夜半過ぎにこの蜂起の一報を聞いていた。そして、

夜明けにやっと30人ばかりの男たちを集めた。先頭に立つのは息子である王子2人と数人の高官たちであった。彼らは首都から1.5里のコンポン・ルォンの町に向かった。コンポン・ルォンの高官は、性能の悪い鉄砲で武装した5、6人の男たちと共に、チャム人がコンポン・ルォンの橋を渡るのをくい止めようとした。チャム人は鉄砲を持っていなかったので、簡単にすむはずだった。威嚇のため1発打ったが、発射しなかった。2発目は外れた。3発目も同じだった。火薬や弾丸がなく、他の鉄砲は役に立たなかった。チャム人たちは橋に殺到した。高官と小部隊はウードン方面へ後退し、反徒たちがこれを追跡した。半里ほど行ったところで、30人編成の王子の部隊に出くわした。チャム人たちは2人の高官を切り倒し、もう1人を深い濠に投げ込み、さらに王子の軍勢をウードン盛土壁の最初の城壁にまで追い詰めた。王子が逃げるのに頼れたのは馬の脚の速さだけだった。チャム人たちはここで引き揚げはじめたが、一団の統制は取れていた。彼らの目的は達成されたのである。なぜならチャム人たちは、仲間たち、とりわけ女子供たちがコシャンシンへ行く船に乗るための時間稼ぎをしようとしたのであった。騒ぎが大きくなる心配もなく、それはうまくいった。クメール人官憲に捕まったチャム人の船は最後に出た船だけである。ベトナム人高官の船2隻がプノンペンで待機していて、チャム人が退避するのを援護するかのようにコシャンシンまで同行した。状況からすると、トードイの高官たちがこの事件に加担したと思われる。

　チャム人たちがクメール人と争っているとき、私はフランス人研究者コルディエ氏と川面からコンポン・ルォン方面に火の手が上るのを眺めていた。しかし、チャム人暴徒たちがまた村を通過したので、大急ぎで教会の中の自宅に戻った。話では、第1集団にいた1人の男が隊列から離れ、私たちの隣人の家に放火したという。男はそこが高級官吏の家と思ったのである。第2集団が到着したとき、私はその集団に加わり、村に火をつけるようなことがないように教区の境界までついていくことにした。チャム人たちは激昂していたが、それでも、パラン（キリスト教徒）とは争いたくないので、危害を与える気はないと保証した」[67]

---

[67] *AME*, vol. 765, p. 58.

結局、この蜂起は一部のチャム人にささやかな成果をもたらしたにすぎなかった。それは何人かのチャム人捕虜の解放、コンポン・ルォンでの略奪と放火、少しの戦利品である。反乱の指導者たちはコシャンシンへ逃げざるをえなかったが、大半のチャム人たちはアン・ドゥン王が割り当てた土地に留まることになった。[68]

　ここで、ミッシュ司教の話に戻ろう。司教は「ベトナム高級官吏の船2隻」がチャムの逃亡を援護するためプノンペンに停泊していたと言う。このことはチャウドクのベトナム当局がこの事件へ介入し、共謀したことの証明にほかならない。

　アン・ドゥン王は、反乱の首謀者たちを逮捕できなかったことに苛立ち、数回にわたりベトナム当局に犯人の引き渡しを要求した。拒否した場合にはベトナム領地内であろうと犯人を逮捕し、連行するつもりであった。

　チャム人側に加担したマオト・チローク［チャウドク］のベトナム人長官は、彼らの庇護に必要な対策を講じようとしていた。アン・ドゥン王に忠実なトレアンの地方長官ケープは、国境へと部隊を進め、犯人引き渡しを求めて壮烈な闘いを始めたが、国王逝去の知らせで撤収となった。

3. 商業活動

　ベトナム［グエン朝］のトゥ・ドゥック帝［嗣徳帝(1847-1883)］の大臣は17世紀以降ベトナムはカンボジアの真の保護者としてふるまってきた、と得意気に言うが、全くそんなことはなかった。[69]

　メコン川を船で往来するクメール人船頭、カンボジアに到来する商人、あるいは海路カンボジアから出掛けていく商人たちは、ベトナム税関や官吏たちに難癖をつけられ、その犠牲になるのが常であった。

　カンボジアの経済的孤立計画はベトナムの皇帝によって実に念入りに準備さ

68　Cf. J. Baccot, *Syncrétisme Religieux dans un Village Cham du Cambodge*, pp. 18-19.
69　G. Aubaret, *Histoire et Description...*, p. 132, n.1.［185ページ参照］

れていた。これを打破するため、アン・ドゥン王はコンポートをカンボジアが世界に開く海の玄関にとして、これまで続けてきた商業活動網を回復しようと決心した。オケオ［ベトナム南部］における考古学発掘調査からも明らかなように、2000年前から、中国および西欧の商人たちはクメール人の国の存在を知っていたのである[70]。遠い昔から中国人、インド人、アラブ人やジャワ人たちが商業活動のためかつての帝国に足しげく通ってきた[71]。続いて日本人もやってきた[72]。そして、16世紀・17世紀の大航海時代になるとイスパニア、ポルトガル、オランダの各国の商人たちが来たのであった[73]。

外国人商人たちが探し求めたカンボジアの特産品は、カワセミの羽、犀角、蜜蠟、カルダモン、鹿皮、水牛の角、クジャクの尾羽、象牙、キンマ、黒コショウ、ウコン、蜂蜜、蔗糖であった[74]。

1850年には首都ウードンとコンポート新海港を結ぶ国道建設のために大きな努力が払われた[75]。そして、アン・ドゥン王は1851年[76]にシンガポールとの交易を開始しようと考え、某マレー人[77]に大型ジャンク船［木造帆船］の建造を発注した[78]。当時コンポートにいたエストレス神父によると、この船舶の仕事は1人の英国人に委ねられた。建造作業に携わったのは、おそらく賦役を課せられたカンボジア人と国の奴隷［339ページ参照］、それにわずかな報酬をもらった中国人だったが、それは悲惨なものだった[79]。そのような労働条件下にあって、進水式までに8年かかり、進水したのは1859年8月であった[80]。国王は進水式には臨席したが、大

70　L. Malleret, *L'Archéologie…*, t. III, pp. 115-116; pp. 379-399.
71　G. Groslier, *Recherches…*, pp. 21-26.
72　A. Cabaton, *Brève et Véridique…*, p.117; N. Péri, Essai sur les relations…, *BEFEO*, t. XXIII, pp. 127-132.
73　Winkel (dr), Les Relations de la Hollande… dans *Excursions et Reconnaissances*, n°11, pp. 492-514; F. Garnier," Voyage Lointain.." dans *Rev. Soc. de Géo.*, 1871, pp. 249-289; A. Cabaton, "Les Hollandais au Cambodge" dans Rev. Soc. de l'Hist. des Colon. Frse. 1914, pp. 5-96.；G. Groslier, *Recherche*, p. 442.
74　G. Groslier, *Recherches…*, p. 23 et p. 25.
75　上述。
76　*AME*, vol. 755, p. 58.
77　A. Leclère, *Histoire…*, p. 447.
78　*AME*, vol. 755, p. 58.
79　*AME*, vol. 765, p. 38.
80　*AME*, vol. 765, p. 54 et p. 58.

ジャンク船の初就航を見届けぬまま、その翌年に逝去した。

コンポート港がハティェンやバンコクなどの商業港と競争していくには、やるべきことがたくさんあった。バンコクのチャオプラヤー河川港は、1782年にチャクリー王朝［バンコク王朝］が建国されて以来、発展し続けていた。しかし、コンポート港は1860年に訪れたムーオが指摘したように、発展の可能性はなくもないというところだった。

「コンポートの港には、たえず6隻から7隻の船舶が荷積みのため停泊しており、しばしば中国あるいは西欧の船が川を上り下りする光景を目にする。実際、コンポートはカンボジアで唯一の商業港ではあるが、バンコク港の規模には程遠い。商港といっても建物の数が最大で300、人口はタイのチャンタブン［チャンタブリー］と同じ程度だからである。低地コシャンシン［メコンデルタ］では、最近までヨーロッパ人には港市は閉ざされていた。したがって、船舶は小舟が運んでくる米穀を積み荷にするぐらいで、それも、地図ではカンカウとなっているハティェン、あるいは隣接する小さな港から低地コシャンシンへの密輸のようなものである。数トンのゴム樹脂［ガンボージ］、少量の象牙、ベトナム人がトンレ・サープ湖で獲った干し魚、有名な高級家具や建築用の木材、綿花を除いては、カンボジアには商売になる目玉商品は何もない。あえて言わせてもらうが、ベトナムの諸港がヨーロッパ人に開港になってから、コンポートに商業拠点を置いていた中国人商人は次々と町を去っていってしまった。しかしながら、うまくやれば、この地方は多数の商品の商取引を維持することができるのではないか、これについては後で述べる」[81]

81　H. Mouhot, *Voyage...*, pp. 108-109.

4. フランス支援の模索

　平和を取り戻したカンボジアでは、王室の内部機構が活性化され、外国との経済商業活動も回復した。やがてカンボジア王は、経済的にはベトナムに従属し、政治的にはバンコク王宮に対していつも弱者であるという立場に満足できなくなってくるのであった。ついに、アン・ドゥン王はフランスに助けを求める決心をした。両隣国の要求がますます高まっていく中で、カンボジア自身をどのように守るかということであった。かなり前からカトリックの宣教師たち、とりわけミッシュ司教に示唆されていた政治的決断の時が到来した。

　以下、ベトナム人の進出に抵抗するアン・ドゥン王の反撃、ウードン宮廷と宣教師たちの報告、そしてフランスとの交渉を追っていく。

(1)ベトナムに対するアン・ドゥン王の反撃

　クメール人とベトナム人の間には、長年にわたる戦争と残虐行為の応酬で生じた民族的感情の溝が埋めようがないほどに深まっていた。ルイ・ド・カルネをはじめとする外国人識者たちは、この溝をカンボジア・ベトナム政治路線の大枠と捉えている。

>「カンボジアとベトナムの両民族を常に隔ててきた反発は、一方では癒やしがたい憎しみを生み、他方では深い蔑みの気持ちに変わっていった。コシャンシンの慣習法では、クメール人女性と結婚するベトナム人男性は、だれであれ絞首刑にされたのである。グエン朝のすべての皇帝には、カンボジア王国を征討しようとする意図があった」[82]

　クメール人に対してベトナム人が示す軽蔑は、元をただせば、腐敗の絶えなかったカンボジアの国家のありかたが原因である。それは、自分勝手な野望を抱き、クメール人同胞への配慮などは二の次で、王族の内部の問題を自分たち

---

[82] L. de Carné, *Voyage en Indochine...*, p. 16.

だけで解決できず、いつも外国の支援を懇願してきたクメール人の王子たちの姿に結びつく。

　クメール人のベトナム人に対する憎しみのほうは、ベトナム軍が何度も繰り返してきた残虐行為の記憶と、クメール人を殺してもいいからカンボジア王国の土地を恒久的に自分のものにしたいという意識を、漠然とにせよ明確にせよ、ベトナム人が抱いているという事実が育てたのである。

　カンボジア国内の政治情勢は、1851年に非常に不安定となり、ベトナムによるカンボジアへの全面的な侵略と支配があるであろう、とミッシュ司教は見ていた。[83]ベトナムの脅威を感じたアン・ドゥン王は、ベトナム西部で繰り返される侵入を阻止しようとした。アン・ドゥン王は1851年、トゥ・ドゥック帝［嗣徳帝（1847-1883）］に働きかけて、コシャンシンのカンボジア領を返してもらおうとした。[84]しかし、軍事力の裏付けのないこの要請書は死文にすぎなかった。ベトナムは、領土的野望を断念するどころか、費用をかけずにカンボジアを転覆させ、あわよくば軍事介入の後に、支配下に治めようと企てていた。したがって、コンポン・ルォンにおいて勃発したチャム人の蜂起は、口実として好都合の事件であった。

　トゥ・ドゥック帝への丁重な要請書による抗議は失敗に終わったが、アン・ドゥン王はあきらめなかった。むしろ逆に、1856年、フランス海軍がベトナムを攻撃しようとしていると聞くと、王はミッシュ司教を仲介にしてフランスとの同盟関係締結の準備にとりかかった。それと同時に、王が送り込んだ工作員たちがコシャンシンのクメール人たちの愛国心に火をつけた。メコン・デルタの西部地方のクメール人がベトナム当局に抵抗して立ち上がり、アン・ドゥン王はこれに呼応して、国境の防衛体制を整え、部隊を集結させて、ピェム［ハティェン］の長官オクニャ・リァチ・セティ・ケープとオクニャ・ヨマリァチ・モクの指揮下に置いた。[85]しかし、残念ながら、ベトナム人将軍たちが、立ち上がったクメール人とカンボジア王朝との接触を完全に断ち切る作戦に出たため、コシャンシンのクメール人たちは物資的にも精神的にも援助が受けられず、蜂起

83　*AME*, vol. 755, p. 59.
84　*AME*, vol. 755, p. 59.
85　Cf. *VJ*, t. VII, p. 849.

は自壊してしまった。[86]

　こうした時に、チャム人たちが反乱を起こし、フエ宮廷が手助けしたコンポン・ルォンの暴動のエピソードとなるのだが、最終的にはアン・ドゥン王がかろうじて鎮圧にこぎつけたのは、前述のとおりである。しかし、1858年9月1日にフランス遠征隊がトゥーラン［ダナン］の砦を打ち毀し、1859年2月18日にサイゴンを占領したので、アン・ドゥン王のコシャンシンへの野望が息を吹きかえした。[87] 1859年10月に王は、フランス遠征隊を指揮していたリゴー・ド・ジュヌーイ提督宛てに一通の手紙をしたためた。それはコシャンシンに第2戦線を作るという提案だった。[88] つまり、フランス人部隊が海から攻撃している間に、クメール人部隊がチャウドクとハティェンへ進攻するというものである。それに王は、工作隊を再度送り込み、コシャンシンのクメール人、キリスト教徒や中国人を再度蜂起させることができる自信があった。

　しかし、アン・ドゥン王のこの提案は提督のもとには届かなかった。王の手紙はカンボジア語で書かれていて、訳出を依頼したミッシュ司教は、その翻訳を拒否したのである。[89]

「私はこの手紙を訳すのを拒否した。そして、フランス人はサイゴン占領だけにとどめる、さもなくばコシャンシン全土を占領するつもりであると（アン・ドゥン王に）話した。前者の場合、フランス人たちは既に目的を達した、よって（アン・ドゥン王は）彼らの支援は期待できない。後者では、フランス人たちはだれの助けも借りずにこのコシャンシンの占領を確実に達成するであろう、したがって、コシャンシンにおいて戦争をしかけたところで、無益に人と金と弾薬を失い、その地域を荒廃させることになる」[90]

86　J. Moura, *Le Royaume...*, t. II, pp. 132-133.
87　G. Taboulet, *La geste française...*, t. II, p. 433 et p. 434.
88　シャルル・リゴー・ド・ジュヌーイ提督は1897年4月12日にロッシュフォールで生まれた。1854年12月2日海軍准将に、1858年8月9日には副提督に任命された。亡くなったのは1873年5月4日である。
89　*AME*, vol. 765, p. 59. の手紙はなくなったので、ミッシュ司教の気持ちがどんなものであったかが推し量ることはできない。
90　*AME*, vol. 765, p. 59.

第8章　アン・ドゥン王の時代：1848年〜1860年

　ミッシュ司教が王の手紙の翻訳を断って1週間後、ウードン王宮にフランス商船の船長がやってきた[91]。フランス遠征隊との共同作戦の計画に固執するアン・ドゥン王は、船長に手紙を書いてくれるよう頼んだ。1人の中国人を介してサイゴンに駐留するフランス提督に届けようというのであって、先の手紙に多少手を加えた内容と思われる。この手紙がどのようになったかまったくわからないが、カンボジア宮廷への返事はなかった。しかしながら、アン・ドゥン王は全国民に戦闘態勢をとるよう命じた。1859年に王はコンポートをはじめ国境沿いに砦をいくつか建設させた[92]。

　1860年3月、クメール人たちは、国境のベトナム兵駐屯地に侵入して、破壊した。この軍事蜂起はコシャンシン在住クメール人たちが主導したものだが、アン・ドゥン王の工作員たちが背後にいたのは明らかだ。同年4月に、王は、チャウドクとハティェンの間にいるベトナム人に攻撃をしかけた。王国軍はベトナム人600人を捕虜とした。しかし、ベトナム軍はすぐ立ち直った。カンボジア側はベトナムの2度目の攻撃は阻止したが、北サイゴン経由でフランス人部隊に合流しようと移動した王国軍は敗退した。

　当時、フランス遠征隊の主力は中国を目指していた。西欧諸国は世界の帝国主義の戦略の中では、中国に進出できるかどうかが賭けであった［アヘン戦争〈1840-1842〉により口火が切られた］。フランスはイギリス遠征軍と協力しながら、中国に1860年条約を突きつけた。これによって、中国は新港の開放、戦争賠償金の支払い、西欧の大国の代表を首都北京に駐在することを受け入れ、外交義務が課せられた。

　このような状況にもかかわらず、アン・ドゥン王は単独で海側からハティェンを攻撃する決心をした。王は大型船6隻の指揮を1人の中国人に委ねた。この中国人の名前は不明であるが、ミッシュ司教によるとその海域の海賊の首領であった[93]。

　1860年10月はじめ、ソクチャン［クレアン］の地方長官とその部下の部隊はベトナム軍に包囲された。アン・ドゥン王は長官救出のため、オクニャ・クロラ

91　*AME*, vol. 765, p. 59.
92　*AME*, vol. 765, p. 61.
93　*AME*, vol. 765, p. 66.

ホムをソクチャンへ向かわせた。オクニャ・クロラホムは、100艘からなる船団と1000人ばかりの男たちを引き連れてウードンを出発した。当時コンポートにいたエストレス神父は、1860年10月14日付の手紙で、次のように報告している。

「カンボジアとコシャンシンの間で始まった戦争は、新たな戦局を迎えた。低地コシャンシン地方の土着クメール人たちは、隣接する国境地帯のクメール人地方長官に助けられて、ベトナム人側に大きな損害を与え、いくつかの重要拠点を占領することができた。しかし、彼らの天下は長くは続かなかった。現在は、ベトナム軍に包囲されて、国境に釘付けにされているカンボジア軍を呼び寄せることもできずにいる。昨日ミッシュ司教から受け取った近況によると、アン・ドゥン王は地方長官の退却を援護するため、そして、できればコシャンシンに決定的な一撃を加えるため、援軍を送り込んだところだという。後者のほうはカンボジア側にとってけっして容易な闘いではない。さまざまな状況から判断して、フランス側が大挙してこの低地コシャンシンに戻り、カンボジアに最も近いコシャンシンのこの地域において究極の目標の実現の機会を与えてくれるまでは、良くも悪くもこの悲惨な戦争を早く終わらせることがカンボジアにとって最善最良の道である。そもそも老いた国王アン・ドゥンは、フランスの手助けで自分の小さな王国を独立させ、同胞を助けるという口実でコシャンシンに隣接する地方州を拡大するという計画の実現を最後まで見ることなどおそらくできないだろう[94]」

アン・ドゥン王が亡くなってからも、コンポートにおいて和平合意が締結される1860年12月まで、戦闘行為は続いていた[95]。この合意は、十中八九、グエン朝トゥ・ドゥック帝とよい関係を維持していたシャム王[ラーマ4世モンクット]の配慮のおかげであり、他方ではノロドム新王が故父王の執念を受け継ぐ気持ちがなかったからであった。

94　*AME*, vol. 765, p. 75.
95　*AME*, vol. 765, p. 77.

(2)アン・ドゥン王とフランス人宣教師たちの関係

　カトリック宣教師たちの目標は、インドシナの人々、中でも国王、王子、高官たちををキリスト教に改宗させることであった。ミンマン帝［1820-1840］、ティェウ・チ帝［1841-1847］、そしてトゥ・ドゥック帝［1847-1883］の時代の19世紀ベトナムでは、キリスト教徒は迫害され国外に追放されてきた。それに反してカンボジアでは、レジェロー神父のようにベトナムから逃げてきた宣教師たちは、総じて好意的に受け入れられてきた。以下は、レジェロー神父が伝える1834年当時、つまりアン・チャン王時代［1806-1834］のカンボジアでの布教の様子である

　「カンボジアにおいて、これまでにキリスト教が迫害されたことがない。それにアン・チャン王はキリスト者たちに格別の親愛の情を寄せていて、彼らの兵役、すべての税、公共の作業などを免除している。ナムヴァン・プノンペン教区では信者120名を数え、教会もある」

　まさに、アン・ドゥン王時代より以前、宣教師たちはカンボジア国において、この上ない魂の安らぎと、最大級の特典を享受していた。しかしながら、福音伝道の実数となると皆無に近い。宣教師自身が認識しているところでは、クメール人は、その社会的身分のいかんにかかわらず、仏教とある種の民間信仰に強く帰依している。だが、仏教を篤信しながら、なにより立派なのは、キリス

96　カンボジアにおける布教の歴史については、Cf. J. Pianet, *Histoire de la Mission au Cambodge*, 1552-1852.
97　Cf. Ch. Gosselin, *L'Empire d'Annam*, pp. 106-127; *APF*, t. XXII,1850, pp. 357-385; *APF*, t. XLVI, 1847, pp. 375-378.
98　Cf. J. Pianet, *Histoire...*, pp. 138-140; *APF*, t.VII, pp. 601-608; *APF*, t.VII, p. 507. ここに、1834年に迫害を受けたときコシャンシンを逃げ出したF. レジェロー神父の手紙の抜粋を紹介しておく。「私がナムヴァン（プノンペン）に到着したとき、アン・チャン陛下に来訪が知らされた。私がこの町のキリスト者たちと一緒にいられるように頼んでくれた人がいた。王はこころよく同意して、私に会いたいと希望された。ところが、この都市にいたコシャンシン高官たちが王の安全を危惧したことと、私の健康がすぐれないことが、会見の障害になった」Cf. *APF*, t.VII, 1834, p. 600.
99　*APF*, t. VII, 1834, p. 600.
100　*NLE*, t. VI, pp. 204-206; pp. 234-235.

ト教に対して軽蔑や反感をまったく抱いておらず、むしろ信者に対して好意的に見ていたことである。これはベトナム人とは大いに異なるところである[101]。

　クメール人住民のキリスト教への無関心さは、アン・ドゥン時代もそれ以前と同じであり、ボレル神父の1851年3月17日付書簡からもその事実がうかがえる。

「2年半の経験からわかったのは、クメール人はおそらく世の中で一番改宗がむずかしい民族だということである。クメール人ほど頑固で迷信を頑なに信じている人たちはいない[102]」

　宣教師がどの程度自由だったかというと、1858年7月に書かれたバロー神父の手紙が示すように、現実に何も拘束されなかった。

「キリスト教はカンボジアでは今も自由である。時々王が見せるちょっとした不愉快なことは、侍従の高官の悪魔のような入れ知恵によるものである。この高官は、かつて熱心なキリスト教徒で、忠実な教理問答の教師であったが、現在では大義により破門されている[103]」

　バロー神父が言う「不愉快なこと」とは、高位高官とミッシュ司教のもとにいるカトリック指導者との間の個人的な軋轢の結果であり、教理の問題ではなかった。
　この高官については、正確な情報がないが、あらゆる点から考えて、ポルトガル系クメール人コンスタンティーノ・モンテイロだと思われる。アン・ドゥン王が1850年にカンボジア沿岸に出没する海賊退治の支援をイギリス当局に要請するため、シンガポールに派遣した人物で、その後、高位職に就いていた[104]。

---

101 *NLE*, t. VI, p. 234.
102 *AME*, vol. 755, p. 58.
103 *AME*, vol. 765, p. 36.
104 Ch. Meyniard, *Le Second Empire...*, p. 361; A. B. de Villemereuil, *Exploitations et Missions...*, p. 280.

1858年、王はコンスタンティーノ・モンテイロを造幣局長に任命した。[105]いずれにせよ、ミッシュ司教がパリ外国宣教会の上司にあてた書簡には、長短があるとはいえ、決まったようにモンテイロのキリスト者に対する悪意のあれこれが記されている。

　宣教師たちの側としても、必ずしも常に儀礼にのっとって国王に敬意を払っていたわけではなかった。先述のリゴー・ド・ジュヌーイ提督宛の手紙、カンボジアの将来を左右するかもしれない手紙の翻訳をミッシュ司教が断った一件は別にしても[106]、たとえば、バロー神父は手紙の中で「われらが弱小カンボジアの国王」[107]と表現し、コルディエ神父は「この狂信的仏教徒」と記しているのである[108]。

　神父たちはカンボジア王国内でとにかく優遇されていた。たとえキリスト教がクメール人を引き付けなかったとしても、この地域［東南アジア］ではまれなほど宗教に対し寛容であった、その恩恵に与かることも悪くはないはずである。ミッシュ司教にとって王の誠実なふるまいの思い出は、1848年にウードン王室に落ち着いたころにさかのぼる。王はコンポートの地方長官と高官にポニェルーまで司教の荷物と郵便物を届けるよう厳命した[109]。王は、さらに1853年にも、コンポートからポニェルーへの交通手段として、宣教師たちが馬車や象を自由に使えるようにと命じている[110]。そして1856年には、王はコンポートにある小離宮をエストレス神父に譲ったのである。神父は1858年末までそこで暮らした[111]。

　しかしながら、宣教師たちは自分たちにしてもらっている条件に満足できずにいた。宣教師たちが王の好意に浴している一方で、かわいそうな無一文の小さな住民たちを目の当たりにせねばならなかった。ミッシュ司教は、1856年1月30日、その嘆きをしたためたのである[112]。

---

105 *AME*, vol. 765, p. 45.
106 *AME*, vol. 765, p. 144.
107 *AME*, vol. 765, p. 65.
108 *AME*, vol. 765, p. 81.
109 *AME*, vol. 765, p. 34.
110 *AME*, vol. 765, p. 62. 1850年2月アン・ドゥン王はボレル神父がプノンペンに中学校を建設するのを援助した。Cf. *AME*, vol. 755, p. 50, p. 52 et p. 57.
111 *AME*, vol. 765, p.1.
112 *AME*, vol. 765, p. 12.

「私はコンポート港に上陸した。自分の身体と小さな荷物をポニェルーの住居まで運ぶ乗り物は苦労せずに見つかった。それというのも、私は、カンボジア王宛のシャム王からの親書と、バンコクで暮らしているクメール人王子たちの手紙を数通携えていたからだ。私が頼むと、コンポートの地方長官は象と馬車を用意してくれた。しかしながら、これほど不愉快な旅はしたことがないと言えよう[113]」

ところがその反面、王や主要な高官たちが、司祭やキリスト教に対して抱いていた考えや感情の本当のところを知る手掛かりは何も見当たらない。1つ注目に値すべきことがある。それはキリスト教者親衛隊がいたことである。彼らは常にアン・ドゥン王の周辺の警固にあたり、1858年のチャム人征伐のような戦闘のとき、あるいはコンポートで1859年に行なわれたかの大ジャンク船の進水式[114]のような平和な儀式の時もそこに彼らの姿があった[115]。彼らの身分や入隊の条件などはまったくわからない。ミッシュ司教は彼らの役務を賦役としているが、宮廷における種々の職務の1つであると考えられるのではないか。

カンボジアに、あるいは世界各地に宣教師が派遣されている目的は、住民にキリスト教を説き勧めることである。しかし、どこでもそうとは限らなかった[116]。カンボジアでは、キリスト教の福音伝道の効果は小さかったと認めるとしても、パリ外国宣教会の聖職者たちが、フランスとそれぞれの派遣先国との国際政治関係におよぼした影響力には注目すべきである。かつてピニョー・ド・ベエヌ司教がグエン朝のザーロン帝を援助したように、カトリック司祭の役目を過小評価してはならないであろう。とりわけ、フランスとの外交政治関係の幕開けに、カンボジアの外交政策の実行において果たしたミッシュ司教の役割は無視できない。

---

113 *AME*, vol. 765, p. 14.
114 *AME*, vol. 765, p. 45.
115 *AME*, vol. 765, p. 58.
116 Cf. Bernard de Vaulx, *Histoire des Missions...*, pp. 204 et suiv.

(3) フランスとの関係

　1834 年、ジャン＝ルイ・タベール神父はフエ宮廷によるコシャンシンのキリスト教徒の迫害に苦しめられ、新たに洗礼を受けた何人かの信者とともにカンボジアに逃げてきた。ところが、避難先と思ったカンボジアへ、シャム軍とベトナム軍の両軍が進攻してきて、またしても苦しめられることになる。神父は次のように記す。

　「私は心からカンボジア王を気の毒に思う。私が王に拝謁し、内密に話ができたら、きわめて有効な手段を示すことができるだろう。アン・ドゥン王の手助けをしながら、その手助けを通してキリスト教についても際だった貢献ができたであろうに。カンボジア王国はその昔栄華を誇り、非常に豊かな国であった。しかし、現在は何がなんだかよくわからない。一方からはコシャンシン人［ベトナム人］が、もう一方からはシャム人が領土を侵略してくる。善良な王は、名前だけであって、というよりむしろ王の幻影でしかない。ヨーロッパ人たちは王に大きな手助けをすることが可能なはずなのに。フランス人あるいはイギリス人に助けを求めれば、日々王を苦しめる隣国の圧制から解放される方法が見つかる、とだれかが王に言ってあげるだけで十分なのだ。それで、両隣の大国は侵攻をやめるだけでなく、この小さな国から不当に奪ったものを返さざるをえなくなるだろう。カンボジアの王が過去の権利と財産を取り戻すことができるなら、キリスト教はそれだけで得をしたことになる。かつて、カンボジアは迫害された宣教師の避難地であった。しかし、今日、あわれな国王は隣国の臣下というより下僕であり、もはや宣教師を受け入れる余裕などない[117]」

　タベール神父は予測を言っているだけだが、アン・ドゥン王の治政下で、その実現に必要な条件はすべて揃っていたのである。
　1847 年の合意では、カンボジアはベトナムに朝貢を持参するが、独立国として認められていた[118]。ベトナムはこの合意を踏みにじったことを隠そうともしな

---

117 *APF*, t.VII, 1834, pp. 628-629.
118 *AME*, vol.765, p. 77.

い。そして、シャムは、ウードン王宮に公然とスパイを置き、ノロドム、シソワット、シヴォターの3王子の身柄を人質としてバンコク王宮に拘束している。アン・ドゥン王はベトナムの圧制から逃れ、シャムの監視から解放されるために、外の大国の支援を模索していた。コンポート・シンガポール間を航行する定期商船を設置したおかげで[119]、王はイギリスとフランスがシンガポールに領事を置いているとの情報を得た。

アン・ドゥン王は1851年にフランスとの同盟を結ぶ計画を立てた[120]。そして、ナポレオン3世［第2帝政の皇帝（1848-1870）］宛の親書をフランス領事に届けるため、ポルトガル系のクメール人高官の2人、ケイとペン[121]をシンガポールに派遣した。1853年11月のことである。この時、ナポレオン3世への親愛の情と控えめな崇敬の念を表明した親書とともに、以下の贈物が届けられた[122]。

── 巨大な象牙4本
── 犀角2本
── ゴム樹脂7袋：重量5ピクル［1ピクル≒60.48キロ］で300キロに相当
── 白砂糖7袋：重量5ピクル
── コショウ7袋：重量5ピクル[123]

フランス領事宛のもう1通の手紙には、これらの贈物をどうかナポレオン3世のもとに送り届けていただきたいとあった。贈物は、ロックモーレル司令官の命令で、軍艦「ラ・カプリシューズ」に積み込まれたようである[124]。司令官はトゥ

---

119 *AME*, vol. 765, p. 58.
120 *AME*, vol. 755, p. 58.
121 A. Leclère, *Histoire...*, p. 443.
122 この手紙は紛失した。「親愛の情と控えめな崇敬の念を表明した」というのは、Ch. Meyniard, *Le Second Empire...*, p. 359. から引用した。筆者によると、手紙はアン・ドゥン王の要請に応じて、ミッシュ司教が書いたものである。
123 Ch. Meyniard, *Le Second Empire...*, p. 359.
124 ガストン・ロックモーレルは、1804年9月20日、ツールーズで生まれた。理工科大学校を1825年に卒業。アルジェ占領で教職についた。海軍大尉、そして1838年、アストロラブに乗船、デュモン・デュルヴィルの副艦長。1848年、海軍大佐。幕僚長、第2共和制初期のの海軍大臣。1851年5月から、ラゲール提督の命令下、レユニオン島の基地で影響力行使。Cf. G. Taboulet, t. I, p. 381, n.1.

ーラン港に到着次第、トゥーラン海軍軍管区長官に手渡すよう指示を受けていた。しかし、1855年12月、モンティニ［フランス全権使節］がフランスを出発する時には贈物はまだ届いておらず、2年以上の歳月がたっていた[125]。つまり、この時のフランスへの外交接触は何の成果もなく無為に終わったのである。

　モンティニ使節団が1856年にシャムとの条約の締結を前に、シンガポールに立ち寄ったとき、カンボジアとの同盟を結ぶ計画が浮上した[126]。ところが、残念なことに、このフランス全権使節の口の軽さが災いして、計画が事前にバンコク王宮の知ることとなり、挫折してしまった。さらにバンコク王宮からの監視が厳しくなり、アン・ドゥン王はつらい立場に追い込まれた。

(4) モンティニ全権大使、シャム公式訪問の波紋

　1856年5月、ミッシュ司教はアン・ドゥン王に、ナポレオン3世が派遣した全権大使が近々シンガポールに到着すると知らせた[127]。
　1856年6月3日、シンガポールのパリ外国宣教会代理人であるブーレル司祭[128]からコンポートのミッシュ司教宛にその知らせが届いた。

　「モンティニ閣下は、2週間前、関係者を同伴してここシンガポールに到着しました。閣下はシャム王への贈り物を積んだフリゲート船を待っています。その船がここシンガポールに到着するのは今月末になるでしょう。それからバンコクに出発します。モンティニ閣下は、さらにカンボジアに行くよう指示されていること、また［アン・ドゥン］国王に拝謁したい旨、あなたに伝えるよう私に託しました[129]」

125　H. Cordier, "La Politique Coloniale", *T'oung Pao*, 1909, p. 46.
126　Ch. Meyniard は、モンティニはカンボジアについて外務省からまったく指示を受けていなかったと言う。そして、ミッシュ司教からアン・ドゥン王の秘密の願望の情報を聞いたとき、自分で条約案を準備しようと決心したのであると付け加えている。Cf. *Le Second Empire*, p. 400.
127　Ch. Meyniard, *Ibid.*, p. 357.
128　ブーレル司祭は、シンガポールにおけるパリ外国宣教会の代理人 (1813-1872)。
129　Ch. Meyniard, *Ibid.*, p. 353.

6月16日、ミッシュ司教はバンコク在住のパルゴア司教に手紙を書き、予定されているカンボジア訪問の気候条件、来航に際してのいろいろな注意事項、アン・ドゥン王に対して行なわれた働きかけなどを、フランス側外交官に知らせた。モンティニ閣下がこの手紙を受け取ったのは9月7日である。

　モンティニ閣下は1856年6月26日にシンガポールを出発して、バンコクに向かった。到着したのは7月9日である。7月12日、モンティニ閣下はシャム王国の首相クロラホムに迎えられた。7月21日、シャム王［ラーマ4世モンクット王］への第1回目の拝謁が行なわれ、7月29日に条約交渉が開始された。最終的な合意を見たのは8月15日である。[130]条約交渉がすんだ9月第1週、モンティニ閣下はアユタヤ遺跡やラヴォ［ロップリー］遺跡を訪問したり、狩猟パーティに時間を費やしていた。

　9月7日になっても、シャム王宮は書状や約束したナポレオン3世への贈り物を渡す用意ができていなかった。[131]9月19日、モンティニ閣下はついにシャム王に暇乞いをして、フランス船「マルソー」に乗船した。10月5日、「マルソー」はコンポートに到着した。

　フランスとシャムの間に取り交わされた条約は、カンボジアにとって不都合な点はなにもなかったが、このフランス全権使節はシャム・カンボジア関係について無知であったためフランスとカンボジアとの交渉はすべて水の泡となってしまった。7月31日の少し前、シャム王との最終的な会見の席で、モンティニ閣下はシャム王にフエ宮廷への紹介状を書いてほしいと願い出たのである。この紹介状のことは、インドシナ地域の政治情勢について、モンティニ閣下がいかに無知であるかを示すに十分であった。メニアールによると、やはりこの時のシャム王との会見で、モンティニは次に計画しているカンボジア訪問のことを話した。その上、コンポートに到着する旨を、公式にカンボジア王に知らせてほしいとシャム王に依頼したのである。このことで、モンクット王はカンボ

---

[130] Ch. Meyniard, *Ibid.*, p. 242; H. Cordier, "La Politique...", *T'oung Pao*, 1909, pp. 324-339.
[131] 8月20日にモンティニが届けた贈り物と皇帝と皇妃の肖像画を受け取ったことを証する王の手紙のこと。これには以下の贈り物が添えられる。ココナツ200房、グレープフルーツ300個、バナナ15山、オレンジ15個、スイカ40個、卵1000個、菓子600個、サツマイモ20ピクル。Ch. Meyniard, *Ibid.*, pp. 305-306.

ジアが独自の外交政策を画策しているとして警戒心を強めたのであった[132]。シャム王は表面は平静をよそおいながらも、モンティニのカンボジア訪問の本当の目的を急ぎ調べさせることにした[133]。そのために、モンティニ使節の出発を予定より遅らせるよう細工をした。こうして、出発は9月19日になってしまった。以下は8月2日付のシャム王の返書である。

「わが国との友好条約締結後に、閣下が予定されているコンポート港訪問を知らせるため、国務官に託してカンボジア国王陛下宛の手紙を送付しました。特使は4日前に陸路出発しましたが、手紙の到着が閣下の到着より後になるのではないかと危惧しております。それでこの提案ですが、わがシャム国全権代表との話し合いをもうしばらく継続し、ご出発を少なくとも2週間遅らせていただくと大へん都合がよいのです[134]」

モンティニはシャム王の心遣いにすっかり喜んだ。しかし、これが本来の計画にどれほど高くつくことになるか、疑いもしなかった。

8月、9月と、シャム宮廷の官憲たちはカンボジアの首都ウードンに入って調べたが、フランス・カンボジア同盟の秘密計画を暴くことはできなかった。計画は、アン・ドゥン王、ミッシュ司教、モンティニ全権大使以外には知らされていなかったのである。

モンクット王は、フランスが自分の目の届かぬところでカンボジア問題に介入すること、ましてやフランスがカンボジアを独立国として扱うのを黙って容認することはできなかった。したがって、フランス使節の行動を監視させたのはもちろんである。モンティニ閣下の公式送別会は9月19日と定められた。この送別会で、シャム側のクロム・ハロン、クロラホム、プラ・クランたち[135]、それに王自身も加わって、アン・ドゥン王に近い人物でコンポートへの帰還を希望するクメール人6人を同船させるようフランス大使に頼み込み、同意させた。カンボジア国王の臣下6人に対する配慮はシャム宮廷の高度な手配であり、また

---

132 Ch. Meyniard, *Ibid.*, p. 234.
133 Ch. Meyniard, *Ibid.*, pp. 381-382.
134 Ch. Meyniard, *Ibid.*, pp. 236-237.
135 モンクットの弟君の命令で、首相と王の主計官。

王自身の配慮でもあると受け取ったモンティニ閣下は、いざ出発というときプラ・クランからさらに3人のクメール人をフランス船に乗せてくれるよう頼まれても驚かなかった。[136] シャム王の本心を知ったのは、コンポート港に船が着いた2日後である。

モンティニ閣下は相手が決めた出発日にも、押し付けられた同行者たちのことも特別気にしていなかった。H. コルディエはこの無知さかげんに驚き、残念に思った。

「残念ながら、モンティニ閣下のカンボジアとベトナム訪問の後半の旅は、良い結果をもたらさなかった。この間、閣下は、ばか正直ぶりを発揮したのでもなく、無邪気でもなかった。しかし、訪問する相手の国についてまったく無知であった。バンコクにいる時、モンティニ閣下はカンボジア旅行とアンナム旅行についてはシャム王の支援を受けて準備するのがよいと思った。シャムは既にカンボジア国の領土の大部分を自国に併合しながら、なお残る版図を求めていた。カンボジア王の3人の王子を人質として自国に引き留めているシャム王が、フランスがカンボジアと交渉するのを好意的に受け止めて、援助してくれるなど、どうして考えてしまったのか。つい最近までベトナムと闘ったシャムが、フエ宮廷への仲介をわざわざしてくれるであろうなどと、どうして信じてしまったのであろうか」[137]

(5) モンティニ全権大使、カンボジア訪問の波紋

アン・ドゥン王はモンティニ閣下のコンポート到着が間近に迫っているとの知らせに、期待を膨らませていた。シャムの専制支配から逃れ、ベトナム人から肥沃な南部地方を取り戻すのが王の夢であった。しかしながら、ブーレル司祭からの手紙によると、フランス使節は時間がなく、ウードン王宮には来られないであろうという。ミッシュ司教はそのことをアン・ドゥン王に伝えた。だが、このモンティニ訪問を知ったシャム王がアン・ドゥン王とヨーロッパ人の直接

---

136 Ch. Meyniard, *Le Second Empire*…, p. 313.
137 H. Cordier, "La Politique…", *T'oung Pao*, 1909, p. 673.

交渉に疑念を抱くのではないかと恐れ、面会中止を忠告する者が何人もいた。アン・ドゥン王は、自分自信の宿舎とモンティニ閣下のための宿舎を用意させた。[138]

モンティニ閣下に会うためコンポートまで出向いたアン・ドゥン王の最大の目的は、条約締結後はシャムの脅しを恐れずともよいというフランスの保証を、使節の口から直接聞くことだった。条約そのものは、二の次のようだった。[139]

1856年10月5日、モンティニ閣下は2日遅れで、コンポートに到着した。ミッシュ司教は、「マルソー」の船上にいた9人の「カンボジア人」のうちの1人はシャム王の密偵であると見抜いた。クロム・ハロンがモンティニの動向を探らせるため送り込んだのである。モンティニ閣下がどんなに憤ったか、ミッシュ司教の証言がある。

「そのシャムの高官が密偵だとわかると、モンティニ閣下は彼を呼びつけて、24時間以内にウードンに発たなければ竹の鞭で打つと厳しく叱責した。結局、その密偵は出発した」[140]

シャム人密偵は陸路出発したが、それで話は終わりというわけではなかった。ウードン行きを利用して、密偵はアン・ドゥン王に警告したとも考えられるのである。いずれにせよ、カンボジア側はナポレオン3世の密使の行動にふりまわされて困惑するばかりだった。モンティニ閣下の方は、アン・ドゥン王の到着を待ちながら、シャムとカンボジアへの商業取引報告書を作成したり、「マルソー」の乗組員たちとコンポート近郊で狩りをしたりしていた。[141]

10月12日夕方、王の伝令が、ミッシュ司教宛の手紙を携えてコンポートに到着した。それによると、王は出発前日にフルンケル［黄色ブドウ球菌による毛孔皮脂腺の炎症］でひどい発疹に苦しめられ、フランス大使閣下との面会に来られないという。

そうしたところに10月14日、午後4時、200頭からなる馴象の一行がコンポ

---

138 *AME*, vol. 765, p. 21.
139 *AME*, vol. 765, p. 12.
140 *AME*, vol. 765, p. 2.
141 Ch. Meyniard, *op. cit.*, p. 392.

ートに到着した。先頭に立っていたのは、ソムダチ・チャウヴェア・ケオ（首相）、オクニャ・チャックレイ・メァス（運輸大臣）と王室秘書室長官オクニャ・イサラッ・アッケリアチだった。

10月15日、3人の高官はモンティニ閣下にあいさつし、ウードン王宮まで案内する用意があると告げた。その上、「マルソー」に砂糖と干し魚、フランス皇帝への象牙と絹の贈物を届けたのであった。[142]

10月21日、モンティニ閣下はベトナムのトゥーランに向けて出発した。それまでの間に、大使は合意書を作成し、カンボジア王に提案した。ミッシュ司教がそのいきさつを記している。

「モンティニ閣下は、彼ら（3人のクメール人高官）に、交渉にあたっての全権を与えるとする王の勅許状を持参しているか尋ねた。答えは否であった。高官たちは私［ミッシュ］宛の手紙1通を携えていただけである。アン・ドゥン王はその手紙の中で、父王の遺産の半分近くを蚕食されたコシャンシン［グエン朝］に対する苦情をながながと述べている。そして私に、モンティニ閣下に支援を得たい旨伝えてほしいとあった。私はモンティニ閣下に王の手紙を訳してあげた。モンティニ閣下は、そのような使命は帯びてはいなかったのに、シャムでのように、カンボジアとの条約締結に強い関心を持っていた。しかし、カンボジア王と個人的に交渉することはできない。ましてやこちらに良い感情を持たず、全権を委任されているわけでもない高官たちとも何の交渉できない。そこでモンティニ閣下は商取引と宗教に限定した条約という変則的な方法をとり（このことに関しては何の問題もない）、これを検討し調印するようエストレス神父を通じてアン・ドゥン王に伝えた。ところが、モンティニ閣下はそれよりも先に、アン・ドゥン王に、フランスの友好と支援を得るため、まず現在アンナムに占領されているカンボジア領だったフークオック島をフランス皇帝に譲渡しなければならないと迫ったのである。モンティニ閣下は少し前にシャムの首相から、この島をフランスの名のもとに占領するようにと勧められていたので、自信を持ってこの

---

[142] メニアールの著作に、皇帝への贈り物リストがある。土地の布地1箱と象牙2本。Ch. Meyniard, *Le Second Empire...*, p. 399.

奇矯な要求を突き付けたのであった[143]」

　アン・ドゥン王がコンポート港に出向かない理由として掲げたことは、明らかに口実にすぎない。実は、シャム王モンクットが非常に厳しい脅迫的な手紙を送りつけ、アン・ドゥン王がフランスの支援を得て独立しようとする試みを禁じたのである。同時にモンクット王は、2人のシャム高官をウードン王宮へ送り込んだ。2人のうち1人はバッダンボーンから、もう1人はバンコクから直行して、カンボジア王の策動がどの程度なのか確認せよというものであった[144]。あまりにも厳しく監視されていたアン・ドゥン王は、1856年11月3日、フランス人宣教師のエストレス神父とオーソレイユ神父が同席して、モンティニ閣下の条約案が提示された謁見の場で、フランスに対し、失礼で不快な言葉を口にせざるをえなかった[146]。しかしながら、その後まもなく、トゥーランから戻ってきたミッシュ司教に、王は次のように伝えた。

「あなた（ミッシュ司教）が好ましい人物でなかったら、私はあなたをカンボジアに呼び戻すためコシャンシンへ手紙を書きはしなかったでしょうし、もし今、私があなたのことをいやだと思えば、あなたをわが国から追い出すでしょう[147]」

　それから、条約調印を拒否した理由について以下のように述べた。

「モンティニ閣下が1人で作成した条約文を即座に受け入れることなどどうしてできるでしょうか。つまり、条約文案というものは双方で議論すべきです。そして、話し合い、不明確と思われる箇所を明確にする必要があります」

---

143 *AME*, vol. 765, p. 21.
144 *AME*, vol. 765, p. 21 et p. 24.
145 オーソレイユ神父は、1822年から1906年まで、カンボジアの代理司祭であった。ソワソン司教区のアルセーヌ・シャルル・ベルナール・エストレス神父は、1854年8月25日にカンボジアに赴き、1866年にパリ外国宣教会を離脱した。
146 *AME*, vol. 765, p. 24.
147 同上。

モンティニ閣下自身の人柄や態度は無論、問題の解決にとって好ましいものではなかった。たとえばJ. ムーラは、「マルソー」の船上で見つかったシャムの密偵に対してモンティニ閣下が罵倒するしかないと思い込んだのも、少しも驚くようなことではないと言っている。[148] コンポートで出会った3人のクメール人の大臣を宣教師たちに悪意を持っていると言って非難したのも、おそらく閣下自身の態度が招いた誤解だったのだろう。モンティニ閣下は、ご自分の果たした役割によって、その後フランス政府から全面的に信頼を得る資格があるのは確かだが、善良なる神父たちに対しては、閣下自身がクメール人に抱かせた不快な感情が彼らにまで及ぶことに成功したにすぎない。

　最悪だったのは、アン・ドゥン王に自分の条約案を届けるようエストレス神父に委ねた、そのやり方である。それは、この条約案文を王が拒否した場合には、王をシャム王治下の単なる地方長官とみなし、フランス政府にはそのように伝えるということを明記したものだが、[149] その計画が首尾よく運ぶことを願うなら、モンティニ閣下は自ら宮廷に赴くべきだったのではないか。そうすれば、おそらくシャムの策動や威嚇の裏をかくことができたであろうに。後ほどのことであるが、モンティニ閣下はエストレス神父に説得されて、この間違いを認めた。

「もし私がウードン王宮へ行くことができたなら、このようなことは何も起こらなかったであろう。殿下（アン・ドゥン）は君主として威厳をもって行動し、シャム人の密偵たちは急いで立ち去ったであろう。シャム人たちが急に横柄になり、要求を突きつけたのは、私がカンボジアを出発したと知った時であった[150]」

　しかしながら、モンティニ閣下は、隣り合う2つの大国からカンボジアを守るという保証をフランスから得ていないアン・ドゥン王が条約締結に尻込みしたことの意味の大きさを理解していなかった。フランスは遠い大国でしかない、そして、一方のシャムはカンボジアの門前に立ちはだかっている。フランスから保護国としての保証もないままに、隣の強国シャムの機嫌を損ねるような危

148　J. Moura, *Le Royaume…*, p. 130.
149　Ch. Meyniard, *Le Second Empire…*, p. 418.
150　H. Cordier, "La Politique…", *T'oung Pao*, 1909, p. 690.

険をおかすことはできなかった。1853年の最初の訴えが無視された王はどうすればいいというだろう？[151]

　その上、シャムは、服従しない、あるいは服従しないよう促す動きがあると疑うと、容赦なく報復してきた。エストレス神父がモンティニ案を提示するというので、アン・ドゥン王が会見に応じたことは、キリスト教徒にとって不幸な結果を招くことになった。キリスト教徒たちはフランス・シャム条約が締結された直後にも辱めを受けていた。シャムはあなたたちフランスを恐れはしないというフランス人に対するシャムの意思表示でもあった。[152] このような状況で、シャム王の威圧的な視線を感じるアン・ドゥン王には、公的な信任状も持たない神父が姿も見せない外交官の名前で持ってきた部分的かつ威嚇的な条約案文

---

151 以下に掲げるラルノーディ司祭の手紙の抜粋は、アン・ドゥン王がモンティニとの条約調印の呼びかけを拒否したことを正当化するものではない。後日に書かれたものである。しかし、この手紙は、遠く離れた国フランスの保護がどれだけ力を発揮するか、疑問を抱いたアン・ドゥン王を支持するものであることには変わりない。シャムと条約締結から1年半後、1858年3月8日、ラルノーディ司祭はモンティニに手紙を書いて、カンボジアの政治情勢がいかに緊迫したものであるかを伝えた。「政治問題については、シャムに対するフランスの影響は、あなたの出発時とはかけ離れてしまっています。カンボジアの王や大臣たちは、手紙の返事を受け取っていないことに絶望的になって、騙されたと公然とあなたを責めています。条約締結以後、フランス政府がどのように行動しているか、正直に話す必要があります。イギリス人だけが勝ち誇っていて、フランスを中傷するデマを言いふらしています。しかしながらシャムは、ますます重要性を増しています。というのは驚異的に貿易を拡大しているのです。シャムはフランスとの友好関係を望んでいますが、軽蔑されていると思うと激昂します。パルゴア神父も宣教師も、ここではもはや影響力がありません。国王も高官たちももう私たちに助けを求めたりしません。やむをえず訪ねていった時は、嫌な思いをさせられます。皇帝がシャム王に返書を送り、昨年から準備されている膨大な贈り物と大使館員を引き取るために船を派遣してくださせれば、事態は修復されるでしょう」

1859年7月13日、ラルノーディ司祭はモンティニに書き送った。「あなたに言い付けられた（シャムの）王への伝言はお渡しできませんでした。1年以上お目にかかっていませんし、私は王に気に入られていません。私が率直に思いのままに話すことを許してくれません。それに、シャム王はフランス人があまり好きではありません。フランスは、やることが遅く、約束はしばしば訂正され、時に実行されないため、あなたが訪問した時獲得した高い評価を失ってしまいました。リゴー・ド・ジュヌーイ氏は、大使館員を引き取るために派遣された船「デュシェラ」を引き留めておくことにしました。ところで、フランス・オーストリア戦争が勃発した今、2人の王［シャム王とカンボジア王］がフランス皇帝のために用意された贈り物や大使館員のことをいつまでも考えているわけにはいかないでしょう。これらはすべて、シャムの友情を失うことにつながりかねません」Cf. Ch. Meyniard, *Le Second Empire...*, pp. 347-348.

　フランソワ＝ルイ・ラルノーディは、1819年デガニャック（ロート県）に生まれた。1824年パリ外国宣教会に入り、ボルドーを1845年3月10日に出発した。病気のため1867年フランスに帰国した。

152 *AME*, vol. 765, p. 21.

などとは別のものが必要であった。

　このエストレス神父との会見のとき、アン・ドゥン王はシャム側の顧問たちの疑いをそらすために、フランス条約案に対してはっきり一線を引かざるをえなかった。王は2通の手紙を書いた。1通はモンティニ閣下に、もう1通はナポレオン3世宛である。

　モンティニ閣下に対しては、条約調印拒否の主な理由が説明されていた。

── 当事国政府［カンボジア・シャム・フランス］が加わっていない不完全な条約にはいかなる場合であれ、署名できない。
── このような条約には、シャム王の賛同を必要とする。
── コッ・トラル（フークオック）島のフランスへの割譲を決定するのは、シャム王である[153]。

　第2の手紙では、まずカンボジアに対するベトナムの陰謀による歴史的経緯が述べられていた。父王と兄王の時代、さらにシャムの支援を受けての王位争い、ベトナムによるコシャンシン占領の詳細を述べたあとで、トゥ・ドゥック帝から当該コシャンシン地域を割譲する申し出があっても、決して受け入れないようフランス皇帝に懇願してあった[154]。

　モンティニ閣下は、ウードン王宮でのこうした経緯を知ると同時に、急ぎシャム王に抗議の書簡をしたため、さらにカンボジア王国との条約案文の写しを送った[155]。

　条約案文について言えば、商業上の特権を認める、森林開発を許す、キリスト教布教を保護するなど、14項目の中には、フランスにとって有利ならざるものは全くなかった。それに加えて、アン・ドゥン王の願望に対するフランスの[156]

153　Ch. Meyniard, *Le Second Empire…*, p. 428.
154　手紙によると、次の地方が含まれている。ドンナイ、プレイ・ノコー、ロンホ、プサー・デーク、メ・サォ、プリアッ・トロペン、バサック、マォト・チローク、オマォル、クロムン・ソア、トゥク・クマウ、ピェム、コッ・スロル、コッ・トロラッチ。Cf. Arch. du Ministre des Affaires Etrangères à Paris, Coll. Siam, Correspondance Politique, vol.I, 1855-1857, pp. 433-443.
155　Ch. Meyniard, pp. 448-457. バンコクで暮らす宣教師や取引業者などのフランス人がおかれた窮地については、この後に言及がある。*Le Second Empire…*, pp. 462-465.
156　本書「補遺1」参照。

理解と政治的支援を証明するような文章も皆無であった。そして、付則の条文も威嚇的で、フランスの保護を受けたいならば、コッ・トラル島を即刻かつ補償金なしでフランスに割譲することとする、とある。コッ・トラル島割譲の考えは、モンティニ閣下がバンコクに滞在していた時シャム人の高官クロラホムが吹き込んだもので[157]、ミッシュ司教はこれに反対していた。ミッシュ司教は次のように書いている。

「このフークオック島問題については、私はモンティニ閣下に一度ならず反対した。しかし無駄だった。彼は石頭で、自分の考えか自分の計画に合う意見にしか耳を貸さなかった。彼は宣教師に忠実で、キリスト教布教について献身的でありながら、その横柄な態度のため、その仕事はすべてぶち壊しとなり、みなの反感を買っていた[158]」

確かに、モンティニ閣下はフランス政府から前もって指示も受けずに、アン・ドゥン王に条約案文を提案したが、その考え方がフランスの商業にとって、またカンボジアにとっても適切だったことは間違いない。モンティニ閣下が犯した誤ちは、最も重要な慎重さに欠け、計画が進まなかったこと、相手の同意をとりつける前に情報が先行したことで、こうした公的任務の失敗は相手方を危険にさらすことになる。カンボジア王がフランスの保護を望んでいる時に、好機を逃してしまったのは、フランスにとって残念なことであった。数年後、同じナポレオン3世の帝国フランスは、このアジア地域に進出するため、多大の時間と金のかかる征服事業を展開することになる。

5. アン・ドゥン王

歴代カンボジアの王たちの考え方または肉体的特徴に言及することは容易で

---

157 Ch. Meyniard, *Ibid.*, pp. 412-415.
158 *AME*, vol. 765, p. 21.

ない。というのは、王をひとりの人間としてしげしげと見つめたり、その行動をあれこれ取り沙汰することは高官たちの習慣にはなかったからだ。王が眼の前を通る時には、敬意の印として、臣下はみな顔を地面につけ平伏せねばならなかった。そのような理由から、年代記の執筆者たちは、王の風采については関心がなかった。年代記作家たちの王に対する賛辞は、年代記であれ文学作品であれ、常に情熱的であり、紋切り型の賛辞が続いてきた。ただし、西欧人が残した証言はかなり具体的である。たとえば、ムーオによるアン・ドゥン王についての印象がある。

「カンボジア王(アン・ドゥン)は60歳近い。背丈は低く、肉付きがよい。髪は短い。その容貌は知性的であり、あふれる繊細さ、優しさがあり、いわゆる善良さが窺える[159]」

年代記によると、アン・ドゥン王には妻と内縁の女性が合わせて16人、娘12人と息子が8人いた。その子供たちのうち5人は、歴史家が取り上げ馴染みが深いノロドム、シソワット、シヴォター、スリヴォン、ノッパロトの各王子たちである。

アン・ドゥン王は敬虔な仏教徒として評判が高い。貧者に対する慈悲にあふれ、動物に対しても同じく心をくだいていた。王は死の数ヵ月前のこと、王自身の蓄財をはたいて、王個人が雇っていた労役奴隷と言われている下男・下女350人を買い戻して、解放し、一般住民としての資格を与えたのである[160]。王は仏教に深く帰依し、魂は不滅であるが、肉体は有限と述べていた。王が1860年10月19日金曜日に息を引き取った時には、執行人が [慣習にのっとり] 遺体を解体して、それを金の皿に乗せて、カラスとハゲワシに与えるように前もって段取りをしていた[161]。

アン・ドゥン王は、綴り字の間違いに非常にうるさかったと言われる。とりわけ、法廷に提出する告訴文や公文書の間違いを指摘していた。王は厳しすぎ

---

159 H. Mouhot, *Voyage...*, p. 112.
160 奴隷の買い取りには 750ネーンが支払われた。Cf. *VJ*, t. VII. p. 857. 1ネーンは銀382.5グラムに相当。
161 *AME*, vol. 765, p. 81.

ると判断した旧来の一部の法律を改訂する仕事などにも心血を注いでいた。さらに、文学作品にたいへん興味を抱いていた。アン・ドゥン王以前の諸王では、スレイ・トマ・リャチャ1世王（1627-1631）が道徳書『チバップ・ハイ・サトー・チョン』を著わし、また、国内在住の中国人を取り締まるために中国人専従の組織を設立する法律を起草している。チェイ・チェスダ・アン・ソー王（1675-1706）は、旧来の法律の文中で不明確な箇所を抽出し、明確にさせようとした。

　アン・ドゥン王の人間像は、王国内での種々の決裁、およびその時々に打ち出した政策を通して見えてくる。アン・ドゥン王は、説教者であり、敬虔な仏教徒である。王の著作にも、この2つの側面が強く現れている。1810年作の『チャムパ・トン物語』、1815年の『カケイ物語』、さらに1837年の女性のための行儀手引き書『チバップ・スレイ』などがある。[162] 最初の著作は、ブッダより前に生きた1人の人間の生涯を主題にしたもの、『カケイ物語』では、王が節操のない女たち、特に後宮の女たちに照準を定めている。[163] そして、3つ目はその書名のとおり、長所や欠点により女性像を分類し、それぞれを描写したものである。[164]

　アン・ドゥン王が態度と行動で示してきたクメール民族およびその王国に対する深い愛情については、本書でもかなり取り上げてきた。その結果、王はだれからも敬愛されてきた。それに、アン・ドゥン王には、王としての存在価値と多大な貢献があった。それまでのクメール人王たちの多くが、無能力であり、臆面もない態度をとってきたのに比べると、アン・ドゥン王の存在はなおさら偉大である。王は教養人であり、物ごとを判断する学識があり、外部世界の人たちから受け入れてもらえる広い心を持っていた。王国の産業が金銀細工と絹織物しかないと判断すると、王は1852年にはクメール人の若者たちをパリに派遣して、もっとも役立つ世界の技術を学ばせようと計画した。この派遣計画を

---

162 Lean Hap An, *Anak Nipon Khmer*, pp. 65-66. リ・テアム・テーンによると、1番目の詩は、チャンパ・トォンのかわりにソクン・トォンと題されている。アン・ドゥンはモハー・ウェッサンタラ（『慈悲深い王』）の著者らしい。　Cf. *Seksa Ampi Aksâ Sas Khmer*, pp. 107-116.
163 アン・ドゥン王はシャム版『カケイ』から着想を得た。これはブッダの前世物語の1つ『カカティ・ジャータカ』に基づく。アン・ドゥンは同じ人物名を用いているが、筋立てはシャムのより短く、不貞なカケイが川に放置された小舟に乗せられ刑に服すところで終わる。これとは別に1917年にピアナヴォン王子が創作した『カケイ』が存在するが、話題にされたことがない。
164 チャプ・ピンによると、この行動規範は『スタンタ・ピタカ・クッダカ・ニカヤ』を手本にしている。Cf. Lean Hap An, *Anak Nipon khmer*, p. 91.

知ったシャム王は、クメール人が独立をもくろんでいると見て、ぶち壊してしまった。モンティニ閣下が到来する数ヵ月前、ミッシュ司教はシャム王から合意を得て、この計画を推進するよう助言した。しかし、アン・ドゥン王はモンクット王の好意的でない回答を予知し、今度も何もしないことにした。[165]

アン・ドゥン王は、カンボジアにとって発展の大きな障害となっているシャムの政治的圧力にずっと苦しんできた。だから王は何としてもバンコク王宮の衛星国から脱出したいと望んできた。シャム王を手本にしたくはない、そうでなければ祖国愛を否定しなければならない。この勇敢な行為は、条約案提示の会見中、シャムの密偵の前で行なわれた。アン・ドゥン王が条約案文を受け入れないと知ったエストレス神父は、最後の説得を試みた。

「しかし、シャムは既にフランスと条約を締結しています。シャム王に見倣うというのは締結の理由となりませんか」

王は答えた。

「シャム王はご自分の思いどおりに行動される。私は、私の流儀で行動する。私がシャム王の行動に合わせるように強制される理由は何ひとつない[166]」

この発言は、王に対する間違った非難を呼ぶことになった。ミッシュ司教は、王が条約案文の批准を拒否したと知り、「シャム王の鉄の手によってしか動かぬシャム王のロボット」と評価した。[167] シャム王とカンボジア王の主従関係は、ミッシュ司教も含めて、公然の秘密であった。この苛酷な政治的圧力から逃れる、そのためにアン・ドゥン王は西欧の保護を必要としたのである。しかし、この一方的な条約案には、カンボジア王の意図に沿うような条約文は見当たらなかった。むしろ、モンティニ閣下がその付則を強制するような性格が強い。その上、条約案批准の準備がなされた時の政治状況は、カンボジア王にとって好ましい

---

165 Ch. Meyniard, *Le Second Empire…*, p. 372.
166 Ch. Meyniard, *Ibid.*, p. 422.
167 *AME*, vol. 765, p. 24.

ものではなかった。アン・ドゥン王が調印拒否を正当化する理由は、この3点で十分であろう。

　カンボジアの年代記史料では、王宮内における日常生活についてはほとんど言及がない。これまでに報告されている日常生活は漠然としていて、概しておもしろくない。これもまた、ヨーロッパ人旅行者の記録にいくつかの珍しい記録がある。アン・ドゥン王時代の王宮内の様子は、王の客人となったムーオが、まことに興味深い思い出話を残している。その中から、特徴のある話を2つ紹介したい。1つはおそらく王宮の近くにあったらしい裁判所における光景で、王が来室した時の高官たちと住民の様子。もう1つは王の行幸にまつわる話である。

1)「ウードン到着3日目、午前8時に鳴り物入りで、重罪裁判所の審問が開始された。判事と弁護士の激しいやり取りは一時たりとも途切れることなく、夕方の5時ごろになっても周囲に響きわたっていた。その時、2人の小姓が王宮の庭から出てきて、伝えた。『陛下のお出まし』。雷が落ちても、この言葉がもたらしたような静寂は起こらないだろう。被告人と傍聴者たちは入り乱れて動き廻り、坐る場所を求めた。部屋の隅々で化石のようになった顔面を地面につけた。王が2人の小姓を従えて歩いて法廷の入り口に現れたとき、裁判官やランゴーティ［民族衣装のサンポット］姿の弁護士たち、長蛇の列をなした中国人たちは押し合いへしあい隅々へ逃げまどった。思い出すと笑いがこみあげる。陛下は私に手でちょっとあいさつして、私を側に呼びよせた。すぐに、小姓が椅子を2脚持ち出し、芝生の上に向かい合わせに置いた。陛下はその1つを私にすすめ、こうしてにわか仕立てのサロンで会話が始まった。その間、お供も通行人もひれ伏したままであった。はるか遠くまで見渡したが、立っている人はだれもいなかった」[168]

2)「翌日、午前10時、王に呼ばれた。王は応接間のソファに座り、小姓たちに往復とも人目を引くような行幸になるように、手順を指示していた。王は、象牙の柄頭を携え、豪華な彩色と彫刻が施された輿に乗った。ゆったりと座り、片足を輿の上、もう一方はだらりと下げて、皮革のクッションに肘をついてい

168　H. Mouhot, *Voyage...*, p.127.

た。王冠はつけず、裸足で、髪はシャム風に整えて、黄色のすばらしい絹のランゴーティを身にまとい、同じ材質の幅広のベルトを締めていた。行幸の行列が出発した。4人の小姓が輿をかつぎ、もう1人の小姓が巨大な赤い日傘を支え持っていた。黄金の傘の柄は4メートル近くあった。年下の王子が王剣を持ち、傘持ちと並んで進んだ。私は行列の反対側に並んで随行した。王は頻繁に私の方を向いて、途中に気がつくものがあると注意を促し、同時に、王の行幸に対し人々が示す反応に私がどんな印象を受けているか知ろうとしていた。行列が近づくと、一目見ようと駆けつけた住民たちはひれ伏した。先頭には先導の警吏が3人。1人は先に、あとの2人は数歩後ろに、王権の象徴である蓮華の束を両手にして進んだ。輿の後ろに続くのは侍従と小姓が2人ずつ、総勢30人あまり。全員が赤いランゴーティをまとい、肩には槍を、さらに刀と鉄砲をたずさえていた。こうして、私は初めて王宮の門前に到着した。

　陛下は地上に降り立った。行列の順番はそのままに、幅500メートルの感じのよい王道を進んだ。両側には若木が植えられ、板塀が取り付けられていた」[169]

　カンボジアに、17世紀以降では初めて、自分のためだけの野望などとは無縁の、普通の政治感覚を持った王が登場したように思われる。ところが、その政治感覚ゆえに、将来のカンボジア王国の独立について、王は極端なまでに悲観論者になってしまった。国王が近親者にもらした気持ちを、ルクレールが記している。

「王がよく話していた老高官がある日私に言ってくれたことだが、王は幸せそうに見えるが、心のうちでは未来を信じておらず、大嫌いなベトナム人と同じくらいにシャム人を恐れ、敵とみなしていた。ベトナム人から強制される、その道徳、宗教、衣装、髪形、習慣などが王には耐えられなかった。王はとりわけ南部コシャンシン地方のベトナムの侵略を止められなかったことに落胆していた。王は毅然とした平和主義者であり、戦争は避ける決意をしていた。というのは、両隣国との戦争は、失った旧領地を取り戻してはくれないからである。しかしながら、王は、王国から敵を追い出すために、いくつかの砦

169　H. Mouhot, *Ibid*, pp. 132-133.

の建設を命じていた。『奪われたものを取り戻そうと考えてはいけないが、しかし残されている領土をしっかり守る必要はある』と王は言った。王はこのカンボジアに残されているものの未来を信じてはいないし、既に分割されているカンボジアの現実を見ていた。ポーサット、コンポン・スワイ、ウードン、サォムボー、クロチエッ、タボーンクモンはシャムが、バプノム、トレアン、プノンペン、最終的には南部地方のすべてをベトナム人が奪うであろう。シャムとであれ、コシャンシンとであれ、戦争はこの結末を早めるにすぎない、だから、どちらとも戦争は望まない。

　近い将来、おそらくアン・ドゥン王の後の時代に、カンボジアは存在しないかもしれないという考えが、王の頭から離れなかった。そこで王が考えたのは、現在のような両隣のどちらかの保護領ではなく、西欧の一国による庇護を願うということである。アジアであれヨーロッパであれ、他の国に王国が吸収されるのを阻止してくれるという条件で、その西欧の国にスロク・クメール［カンボジア王国］の運命を委ねようというものであった[170]」

　歴史は、アン・ドゥン王の悲観論が正しかったことを裏付けた。王が亡くなって1年後の1861年には、嫡子であるシヴォターとスリヴォン[171]の2人の王子が兄ノロドム王子の即位に異議を唱えた。シヴォター王子の支持者が住民を煽動して、メコン川東岸から新王ノロドムに対して反旗を掲げ蜂起したのであった。カンボジア王国の宿命であろうか、こうして再び昔の政治状況に戻ってしまった。ノロドム王は自分の軍隊が敗走したのを見て、他国に避難先を求めた。バッダンボーンからバンコクへ、そして王は、シャム軍の助けの下に帰国した。1862年5月26日にノロドム王はウードンの王宮に戻ることができた。またしても、情け容赦のない他国へのよりいっそうの隷属と引き換えに、カンボジアの新王は王位を取り戻したのである。

170　A. Leclère, *Histoire...*, p. 442.
171　2人の王子とノロドムは血の通った兄弟。ノロドムは1836年生まれで母親はモネアン・ペン、シヴォターは1842年生まれで母親はモネアン・カム、スリヴォンは1844年生まれで母親はモネアン・ポルティプ・ソヴァン。Cf. *VJ*, t. VII, p. 856.

第2部

第1章
国王と王宮の高官たち

1. 国王

　カンボジア王国は「神なる王」によって統治される国である。平易に言えば、王は唯一の王国の所有者であり、王国の大地は王の私有に帰するものである。王は、自分の思いのままにあらゆる高官および地方長官を任命したり、解任したりすることができる。法律を制定するのも王であり、王国の最高の司法官は王である。宗教に関することを除いて、すべてが王から発し、再び王の手に帰するのである。
　国王のほかに、王とのかかわりから派生する役職としては
—— オペヨーリァチ：退位した王
—— オパラチ：王の弟もしくは王子
—— プリァッ・ヴォリァチニあるいはプリァッ・テァウ：皇太后
—— プリァッ・ケーヴァ：王の末子または長男、娘婿

　これら役職者はプリァッ・ケーヴァを除いて、それぞれ家臣をかかえることができ、その権限は［王が王位継承者以外の王子や王の兄弟たちに与えた］給与保有地［領地］にまで及び、その範囲を超えるものではない。
　国王は、たいていの場合前王の長男である。ところがこの王位継承権についての史料や研究は何ひとつない。王位継承法をほのめかすような法律や条文は何も見当たらないのである。勝者であれ敗者であれ、国王たちはこれまでどのようにして自己の登位を正当化してきたのか、まったくわからない。それに加えて、王位継承権を持つ皇太子を選ぶ規定のような条文は存在しないのである。

これは不思議なことであり、それではどのようにして選んでいたのか戸惑いをおぼえる。

1834年、アン・チャン王［1806-1834］が亡くなったとき、次の王位継承者を誰にするかについて、祭官のバラモンと高位高官たち、および王族たちは、これまで経験したことのない大きな出来事に出くわした。新王を選ぶためにどうすればよいのかわからなかったのである。以下、『年代記』をもとに、歴代の国王がどのような姻戚関係から王位を継承してきたかを明らかにしてみたい。

国王を指し示す言葉でよく使われるのは、スダチとルゥンの2つである。この言葉とは別に、同じ意味を示す、より丁重な分かりやすい2通りの呼名がある。それはルゥン・マチャス・チヴィト（生命の主である王）とルゥン・トロン・リァチ（統治する王）である。

それでは皇太子の帝王学はどのようなものであろうか。しかし、皇太子の教育について明確な規則はなく、これから紹介する事例はおおよそのものに過ぎない。王子は誕生すると名前を授けられる。たいていカンボジア語によって命名され、「チロレァン」はノロドム王が生まれたとき、「スラォ・オク」はシソワット王がもらった名前である。王子は12歳か13歳になると、断髪式を執り行なう[1]。この時、王は王子に別の名を与えるのであるが、たいていパーリ語とカンボジア語を組み合わせたもので、たとえばチロレァンには「リァチャ・ヴォデイ」、スラォ・オクには「シソワット」という具合である。王子の名前は死ぬまでこのままのこともある。20歳前後になると、王子は3ヵ月間寺院に入り、出家修行に身を捧げねばならない[2]。出家の伝統では、儀式をとりしきる老僧から受けた黄衣をまとい、ここで幼名とは違う名前になる。こうして、リァチャ・ヴォデイ王子はバンコクで仏門に入ったとき、「ノロドム」の名が与えられた。

王子たちは3ヵ月間とその儀式に先だつ準備期間に、仏教の修養のほかに、一般に高僧を指導者として仰ぎ、学問と道徳の講義を受ける。しかし、この修業によって王子たちが品行方正になるという保証はない。たとえば、王子で、後に即位したスレイ・トマ・リァチャ王［1世］［1627-1631］がその伯父の兵士たちに暗殺された。その理由は伯父の側室であった女性を略奪してしまったから

1　Cf. A. Leclère, "Le Culte Kantana", *BEFEO*, t. I, p. 1901, pp. 208-230.
2　Cf. P. Martini, "Le Bonze Cambodgien", dans *F.A.*, no 114-115, 1955, pp. 409-415.

であった。その女性はかつての伯父［王子］の婚約者であった。とはいえ、この王はどうも偏屈な王ではあったが、仏教の戒律をよく心得ており、おそらく権力の座にあまり執着しなかった王のひとりであった。

　王子たちは出家を終えると、国政に参画するよう求められる。王子が何人もいる場合には、オパラチ［王弟もしくは王子］の称号に任命された者が、後に皇太子に選ばれる。

(1) 王位の継承

　王家の血筋を引く者だけが、確かに玉座への登位を主張できる。16世紀にスダチ・カォン王［女奴隷の息子］は1512年から4年間にわたり統治したが、シャムから帰国したアン・チャン王［ボロム・リァチャ3世王］が王位継承権を主張した。その主張の根拠は「王家の血筋」であった。

　カンボジアでは王位そのものが、正式に王女に委ねられたことは一度もなかった。いくつか例外があるのは、皇太后が代理を務める場合であるが、それは王である息子が病気の時とか、あるいは僧院での出家修業の時など期間が限られている。アン・メイ女王［1835-1847］の場合は例外である。「女王」という肩書は、カンボジア王国を全面的に支配下に置こうとしたフエ宮廷が強要した名前であった。女王選出にあたっての王室会議において、各派がよりどころとした論拠は、いずれもなんらかの証拠文書に依拠したものではなかった。このような状況下においてそれぞれが述べた意見を、ルクレールがまとめている。以下がそれである。

「王国を統治する女王の選出にあたって、それに反対する人たちは言った。『これまでに反対する者がいなかったという伝統に従えば、王家に男性の血筋が途絶えた場合には、大臣や高官たちはバクー［王宮の祭官］の長の中から王を選ばねばならなかった』」

3　本書第1部第1章参照。
4　本書第1部第8章参照。
5　王座を主張するものはバクーの中から選ばれた。後述。
6　本書第1部第1章「1. プノンペンとロンヴェーク：1431年から1595年」参照。

「他の人たちが、伝統と言っているのは、『王家に男性が途絶えた場合』ではなく、『王家が途絶えた場合』であると反論した。そして、『それに王家には王子たちが残っている、したがって王家は絶えていない』」と反論した。
「ウードン都城の背後にある丘陵の寺院内で行なわれた大臣などの高官たちの秘密会議では、アン・メイ選出問題が討議されたが、そのうちの1人が言った。『王の選出議論が王子を対象とするものでなければ、無に等しい』」

1835年に王位継承について述べられたこの2つの意見は、血筋による王位継承という論点からずれているのは確かである。しかしながら、これは、カンボジアの王位継承の伝統として、王族の次に王位への道が開かれているのはバクーであること、さらに玉座が王女に委ねられることはありえないということを示すものである。

そこで、『年代記』から、ポスト・アンコール時代の王位継承がどのように受け継がれていたかを見ていこう。

ポニェ・ヤート王（1417-1463）からアン・ドゥン王［1848-1860］までに、38人の王がいるが、そのうちスダチ・カォン王［1512-1525］と、プリァッ・リァム・チュゥン・プレイ王［1595-1597］の2人は王族ではない。スダチ・カォン王は1512年から1525年までスレイ・サントーを首都とした時に統治した。スダチ・カォンは、身分の低い官吏を父とし、母親は寺院の女奴隷であった。また、プリァッ・リァム・チュゥン・プレイのほうは、父は宮廷の高位高官であったらしく、1595年にシャムがロンヴェーク都城を占領したあと、混乱期の紛争時を利用して、権力を掌握した。プリァッ・リァム・チュゥン・プレイは、1597年、ポルトガル人に暗殺された。[7]

系図を検討すると、次のような点が浮かびあがる。

1) 36代にわたる王の統治の中で、王位が王女に与えられたことはない。しかしながら、王女を担ぎ出すことが可能な条件に直面した事例が3例があった。
── アン・ソー・ボロム・リァチャ9世王（1656-1670）には2人の息子と3人の娘がいた。生まれた順は、アン・チ王子、アン・スレイ・ティダ王女、アン・

7　同上。

ソー王子、アン・エイ・クサットレイ王女、そして最後はソチャト・ヴォティ王女である。1670年、父王が亡くなり、当然のように、アン・チ王子があとを継いだ。1675年に今度はアン・チ王が亡くなった。この時、王位はアン・ソー王子が継いだ。王家の子供たちの中では、生まれた順であれば2番目であるはずのアン・スレイ・ティダ王女には行かなかった。

── アン・ソー王子はチェイ・チェスダ王の名前で即位した。1675年から1706年までの統治期間は断続的であった。王には4人の子供がいた。年齢順にモハー・クロサットレイ王女、アノチ・チェト王女、スレイ・トマ・リァチァ王子、そしてスレイ・ソチァト王女である。このうち王権の座についたのはスレイ・トマ・リァチァ王子 [2世] であって、1702年から1705年、1706年から1714年、1738年から1747年の3度にわたり玉座にあった。

── アン・トォン王(1758-1775)は4人の子持ちで、男児は末子で1人だけだった。生まれ順は、アン・メン王女、アン・エイ王女、アン・ポウ王女、アン・エン王子である[386ページ参照]。王が亡くなったとき、アン・エン王子はやっと6歳になったばかりであったが、いずれにせよ皇太子に選ばれ、時間を経て、アン・エン王(1794-1796)として即位した。[8]

2) 王位の継承は、父王から長男へと、長子相続によって行なわれる。兄弟で考えると二親等となるが、2つの可能性がある。

── 年下の王子が兄王の跡を継ぐ、スレイ・リァチァ(1468-1486)とアン・ソー・チェイ・チェスダがこれにあたり、2人はそれぞれの兄であるノリァイ・リァチァ王(1463-1468)とアン・チ王(1672-1675)を継いだ。

── 前王の長男であった王が、次に自分の長男に王座を委ねる。アン・チャン・ボロム・リァチァ3世(1529-1567)はこれにあたり、息子のボロム・リァチァ(1568-1579)[4世]王が後継者となり、さらにその息子のサッター王(1579-1595)に譲位した。同じく、スレイ・ソリヨーポール(1607-1618)王[ボロム・リァチァ7世]は後継者として息子チェイ・チェター王[2世](1618-1625)がおり、後者は長男のスレイ・トマ・リァチァ(1627-1631)王[1世]に権力を譲った。

---

8 本書第1部第2章参照。

二親等では、王位継承には2つの可能性があり、これを規定する細則はまったくわからない。いずれにせよ、継承の細則が本当に存在していたとしても、それは新王に反対する抗議を思いとどまらせるほどはっきりしたものではなく、厳しいものではない。15世紀・16世紀に、異議の申し立てが1度だけあった。スレイ・ソリョーテイ王子が伯父のスレイ・リァチャと玉座を争った時である。次に、三親等の伯父から甥へ、従兄弟同士での継承を検討してみたい。

3) 17世紀以降において、王位の交替があるたびに内乱が起きていた。例外は、17世紀第4四半期で、ポスト・アンコール王朝23代目の強くて正直なアン・ソー・チェイ・チェスダ王［1675-1695、1696-1700、1701-1702、1705-1706］は、4度にわたり王位に就いた。その時も回数の範囲での継承を定めた規則というものは存在しなかったようである。王族たちは、住民の福祉や国家の独立などもかえりみず、あらゆる手段を用いて玉座を奪取しようとしたのであった。このことを明らかにするため、17世紀前半における王位継承問題を検討してみたい。この時代は、王国を破綻に導くのではないかと言われるほど、内乱が拡大していた。

巻末の系図から、一部抜粋して掲げる。

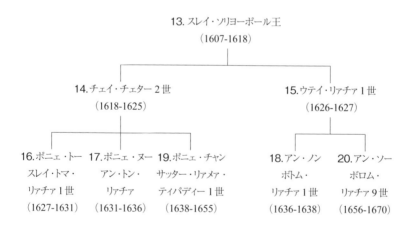

チェイ・チェター2世王が亡くなったとき、皇太子スレイ・トマ・リァチャはパゴダに引きこもっていた。そこですべての国事行為はウテイ・リァチャ王子に任せられていた。1627年、スレイ・トマ・リァチャ王は僧院を出て、ウー

ドンで即位した。4年後に王は伯父のウテイの命令で死に追いやられた。玉座はアン・トン・リャチャ王に委ねられたが、この王も1636年に原因不明で亡くなっている。『年代記』の一部に言及があり、これは暗殺で、ウテイ・リャチャを名ざしで首謀者であると決めつけている。この時、ウテイ・リャチャの息子のボトム・リャチャに王位が授けられただけに、非難はそれなりの政治的背景を持っていた。サッター・ポニェ・チャン・リャメア・ティパディーは、嫉みと復讐心から、伯父と従兄弟を暗殺して、1638年に登位し、権力を握った。1655年、ウテイ・リャチャの息子のアン・ソー・ボロム・リャチャ王子は、ベトナム軍の支援を受けて、ポニェ・チャン王の失政を非難し権力を手にした。

　結論としては、ポスト・アンコール時代を通して、王位継承は父王から息子王子へ、兄王から弟王子へ行なわれたと言える。この王位継承は、アンコール王朝の歴代王の慣行の延長線であった。セデスによると、古代カンボジアのアンコール時代では男系長子相続で継承されるのが普通であった。[10]しかしながら、ポスト・アンコール時代には、王位簒奪者が、その権力を正当化するために、前王の娘あるいは妃と形式上婚姻関係を結ぶというアンコール時代の慣習は廃れてしまっていた。

(2) 王権

　伝統を踏まえた慣習法がどうであれ、王位を継承する皇太子を誰にするかの選択は時の王の掌中にある。高官の大臣たちといえば、王の決定を承認するだけで、それに口を挟むことはできない。カンボジア慣習法によると、王は神聖な存在であり、高官、聖職者、一般の人々は絶対服従を義務づけられている。以下は、慣習法に定められている高官たちの王に対する義務である。

── もし王がこれまでの慣例に反する命令を出し、その命令が徴税あるいは納付金に関することであれば、実務高官および王室会議は、1度、2度、3度と、

9　本書第1部第1章参照。
10　Cf. Les Règles de Succession..., *BSEI*, t. XXVI, no 2 1951, p. 117. 王が父親を継承する場合について、ポレ・マスペロ女史とセデスは意見が異なる。マスペロ女史は、息子は母親から権利を手にするとして、母系による継承と見る。いっぽうセデスは、父系による継承であるとする。

違反していることを王に注意を喚起させねばならない。もし王がその注意を無視するようであれば、簡単な覚書を作成し、それを王妃、さもなければ高い肩書の女官のだれか、あるいは王が高く評価している女官にあずけて、その覚書を1対1の時に渡してもらう。もし王がその覚書を考慮しようとしないなら、仏教僧侶の高僧を招き、古来の慣例を繰り返し王に伝えてもらう。もし実務高官や高位宮務官たちが、このような王に伝達手段の措置をまったく講じない場合は、その位階に応じて、法に定められた罰金が課せられる。

— もし王が税金あるいは賦課金に関する件で慣例に反する命令を出した場合、もし王がある事件で誤った判決を下し、人々が王の判断に不満であるとき、高位高官たちは慣習法に基づき、これまでの慣例に従わなかったことに対して、王に注意を促させねばならない。しかしながら、そのあとは王の自由である。なぜなら、王の一言は雷のようであり、ダイヤモンドのようだ(恐ろしく、尊重すべきで、貴重なもの)からである。王に従わない者は、慣習法に基づき、位階に応じて罰金を支払わねばならない。[11]

したがって、あらゆる決定は王ただひとりの掌中にある。王ひとりが国体の幸と不幸を握ることになるのである。そして、王の命令に従わない者は、罰せられる。しかし、王が無分別に道理に反する決定をした場合、あるいは王族間の係争の原因となるような愚かな行ないをした場合、王子や高官が王を戒めることを、慣習法はかならずしも妨げはしなかった。これは、歴史が物語っている。2例あげよう。1つはサッター王(1579-1595)時代、もう1つはポニェ・ニョム王(1600-1602)時代である。

— 1586年、サッター王は、11歳と6歳になった2人の息子チェイ・チェター[1世]とポニェ・トォンに王冠を授けた。同時に、王は王弟のスレイ・ソリョーポールをオパラチに昇格させた。この決定は、これまでの慣例に反するとして、一部高官たちに受け入れてもらえなかった。これまでの慣習では、正当な理由なしに、王冠を幼い王子たちに与えることはできない。さらに、王

---

11 『王宮警備法典』第117条および第118条である。Cf. A. Leclère, *Codes Cambodgiens*, t. I, p. 208.

弟のスレイ・ソリヨーポールこそは王座を継承する最適任者とみなされていたからである。その結果、1594年のシャム軍来攻のとき、高官たちは国を防衛する義務を果たそうとしなかった。シェムリアップ地方軍管区の司令官は、シャム軍がバッダンボーンに到着したと聞くや否や、全軍をポーサットにまで退却させてしまった。人徳をなくしてしまったサッター王のために、自分の命を賭けたくはなかったのである。これはシャム軍がロンヴェーク占領を可能にした1つの原因である。[12]

── そして1600年、サッター王の末息子であるポニェ・ニョム王子がカンボジアの王に即位した。国内のほぼ全域で、紛争や反乱が起きていた。王は国内の平和を取り戻す努力もせずに、賭け事や狩猟にうつつをぬかし、住民に対しては反社会的な行為を働いた。こうして、国内では窃盗や掠奪が横行するようになった。その1年後、テヴィー・クサトレイ王女は、王の身勝手な行動を非難した。この王女は王の祖父の妹であった。国内の状況はますます悪くなっていった。内戦状況に突入するのではないかと危惧した王女は、当時シャム宮廷に人質として送られていたスレイ・ソリヨーポール王子を呼び戻した。最終的には、ポニェ・ニョム王はその取り巻きたちとともに逮捕され、そのうち一部の者は暗殺された。スレイ・ソリヨーポール王子が国内に平和を取り戻すためには、約2年の歳月を要したのであった。

(3) 王の資質と義務

クメール人たちは王に無限の権力を授け、いかなる者も王に逆らうことを禁じ、逆らう者には罰金を課した。人々は、国王は王国がよく機能するために必要な資質をすべて備えているものとみなし、国王として基本的な義務を怠ることはできないと考えてきた。これら王の資質と義務は、『王の治国術法典』の中に多く記されている。以下はその抜粋である。

3) a．王たる者は、推戴（戴冠）される前に、自分が心やさしく、才気にあふれ、常に師父に感謝を捧げ、法に則って、肘尺［約50cm］や両腕尺［1.6メートル］で測

12　Cf. *VJ*, t. IV, p. 262.

る如く正しい判断ができる人間でありたいと願う必要がある。

ｂ．王たる者は、頭脳明晰で、人を見分ける洞察力を持たねばならない。王の規範（リァチ・トム）に従って、才気に長け、忍耐づよく、率直であらねばならない。王はけっして他人の財貨を望んではならない。

ｃ．王たる者は、学び、調べ、考え、行動する前に熟慮せねばならない。さらに、王は次の6つのことを実行しなければならない。住民に寛大であり、人々がなしてくれた奉仕と労働を常に心に留め、法に則って不公平なことは遠ざけ、知的であり、才気に富み、善悪を見分けることができねばならない。

ｄ．王たる者は、偉大な人物、才気あふれる賢明な人、年配者と高貴な家柄の人たちを尊敬せねばならない。

ｅ．王たる者は、不必要な事柄は不必要と認識し、怒らずに遠ざけねばならない。自分の目で見て、叡知をもって決定を下し、貪欲にならぬこと。怠け者であってはならない。施し物を分け与え、奉仕してくれる者の中で一番身分の低い者のことも知りたいと思わねばならない。

4）王たる者は、才気ある人物や賢明な人たちを無視したり、追い払ってはならない。なぜなら、彼らは王国の鋭い犬歯であり、門歯［王国の門戸を意味する］である。王は王国の旗を汚したり、引き裂いたりしてはならず、自らの王国を打ち壊したり、軽んじたりしてはならない。

　王は魅力にあふれ、親しみやすくあらねばならない。王は7つのリァチ・ヴォー［王室規定］を重んじなければならない。そして、王のふるまいが正しければ、王国は富み栄えるだろう。王たる者は、良い外国人と悪い外国人を見分けなければならない。王は正しいこと、不正なこと、すべてを知らねばならない。王は王国の財産で私的蓄財をしてはならない。

王国の門歯と犬歯[13]は学者たち、王国のボロヘット［諸儀式の責任者、王師］で、彼らは『プリァッ・トライ・ベイ・ドァク』［三蔵］と『トライ・ペト』に精通している。

　商人の長は王国の身体でいえば腹部とみなされる。

　モハー・ルセイ［大道士］は国旗のような役割である。

　王国の子供たちは、王国を映しだす鏡である。

　その父母たちは王国の基であり、民衆の力である。

　兵士たちが、王国の子女たちを虐げたり、軽蔑したり、逮捕したり、暴力をふるったりすれば、王国の民衆の力が分散し、やがては破壊に至る。また兵士の力は王国を支える脚である。

　以上のことから、王国の門歯を折ったり、その目をくりぬいたり、その腕を切断したり、その腹を引き裂いたりして、王国を揺るがしてはならないのである。

5) 王、高位の近習者（アーマート）と侍従頭は、毎日に3回集まって相談すること。この3人がお互い折り合いがよくなるように、お互いに譲歩しあう。そして、誠意をもって罰金と税を徴集することが肝要である。加えて、老人、老婦人、およびピリト・アーチャー［高位の実務者］に敬意を払うこと。村人などの大衆を苦しめてはならない。いずれにせよ、王は常に自らの行動を法に照らし、確認すること。

a. 王たる者は、人々の諍いを和解させることができ、彼らの喧嘩を思慮を持って検討せねばならない。問題を検討したなら、申し渡す前に微笑をもってあたるべし。

b. 王たる者は、人々から奉仕を受けていることを認識しなければならない。

13　ルクレールの説明は以下のとおりである。
　　リァチ・ヴォー：王室規定
　　トミン・モック、トミン・チョン・コーン：門歯、犬歯
　　プリァッ・トライ・ベイ・ドァク：三蔵（律蔵・経蔵・論蔵の三仏典）
　　トライ・ペト：3つのヴェーダ（ヒンドゥーの聖典）に相当するもののようだが、不明。
　　セディ・コハパデイ：パーリ語の sethi gahapati「商人家長」
　　モハールセイ：パーリ語の maha rishi「大道士」(Cf. A. Leclère, *Codes Cambodgiens*, t. I, p. 84.)

そうすれば、王は、人々にとっての「主人」となって、人々を教え導き、栄光に満ちた輝かしい存在となることができる。
 c. 王はいつも法に従わねばならない。王は私財を欲してはならない。王はたくさんの祭祀を執り行なう義務がある。そうすれば王は名誉ある地位に輝き、たくさんの財貨に恵まれるであろう。
 d. 既に述べたように、王は7段の天蓋と7つのリァチ・ヴォー［王室規定］を認識せねばならない。そうすれば王は、間違いなくごく自然に神仏の栄光に輝くであろう。そして王は国内の敵を征討できるであろう。[14]

王位継承の慣習におけるあいまいさは、異議の申し立てを招くことが多かった。こうした野望を抱く取り巻きを黙らせるため、可能性がある次のような2組の候補者の中から皇太子を選ぶには、明確な規則を定める必要がある。

── 現王の長男と弟
── 現王の長男と実のいとこ、ただしそのいとこも別の王の息子の場合

実際には、法典に定められた王の資質というのは、主体的なものではない。したがって、国内にこれまで存続してきた王の支援者のあり方を考えても、役には立たないものである。

(4) 戴冠式

戴冠式には3通りあり、王が権力を掌握する3つの方法に対応する。プラタピセーク[15]は武力により権力を掌握した王の戴冠式である。リァチャピセーク[16]は、在位中の王から譲位された王の戴冠式である。ソカピセーク[17]は、前王の逝去後に平和な方法で権力を掌握した王の戴冠式である。

---

14 クロム・リァチ・ニティサートである。Cf. A. Leclère, *Codes Cambodgiens*, t. I, p. 83.
15 サンスクリット語：prapta「入手、獲得」と abhiseka「王の聖別」の組み合わせ。
16 サンスクリット語：raja「王の」と abhiseka「王の聖別」。
17 サンスクリット語：sukha「幸福」と abhiseka「王の聖別」。

戴冠式の項目を執筆するにあたって、祭祀を担当するバラモン職の祭官の長のソムダチ・エイセイ・ポァット所蔵の写本『チバップ・トヴィ・トス・メァス』(12ヵ月の行事に関する法)[18]を参照した。この写本には、12ヵ月毎月の催事や行事のほかに、3つの戴冠式についての説明が載っており、バクー[バラモン祭官]など専門家に非常に役立つ詳細な催事が数多く記されている。この写本には日付がないが、序文からすると、最初に執筆されたのは、17世紀のスレイ・トマ・リァチァ1世王(1627-1631)時代より後の時代と思われる。[19]

1) プラテァピセーク

　プラテァピセークは3種のうちでもっとも重要な式典である。クメール人はこれを「大アピセーク」あるいは「大戴冠式」と呼ぶ。この儀式は、王宮の敷地内で執り行なわれ、7日間続く。[20]王宮の外では、武器を携えた警備の兵士たちが日夜通して警固にあたる。

　戴冠式の会場には、ヒンドゥー教方式で執り行なう小堂9つと、仏教方式に別に9つの小堂が建っている。小堂は中央部に1つ、それを取り巻くように8方角に向けて1つずつ配置される。

　最初の6日間は、罪過をあがなう儀式にあてられ、バラモン祭官と仏教僧のみで遂行される。7日目の戴冠の儀式の挙行に当たっては、初めて高官や王族たちが王宮に参内する。占師が定めた時間に、新王は玉座に着席する。同時に、大僧正モハー・サンガリァチが新たに即位した王の頭部に聖水を濯ぐ。次いで、祭官であるバラモンが黄金のほら貝に入れた聖水を運んできて、王はその一部を口にする。そして残りは顔を洗うのに用いる。それから王は、祭官に先導されて、僧侶たちの前に進み、これからは「三宝[仏・法・僧]を護持する人」であることを誓う。僧侶たちが王宮を退出すると、バラモン祭官が王を謁見室まで同道する。王は東に向かって座り、祭官が王の身体を8つの方角にそれぞれ向かせる。それぞれの方角にはバラモンが控えている。ここで改めて、バラモンの長が聖水を差し出し、王はそれを飲み、さらに顔面を洗うのに用いる。これ

18　パリEFEO図書館は、コピーを一部所蔵する(Code: MSS. Cambodgien, n°17)。
19　筆者は例として、スレイ・ソリヨーポールの戴冠式はプラテァピセーク、チェイ・チェター2世はリァチァピセーク、スレイ・トマ・リァチァの戴冠式はソカピセークと説明する。
20　王が首都周辺を行幸する3日間は含めない。

ら儀式の第一部は、バラモン祭官が王の右手にシヴァ神の像を、左手にヴィシヌ神の像を授け、終了する。

　大僧正、バラモン、王族、あらゆる階層の高官たちが居並ぶ前で、オクニャ・プリァッ・スダチに任命された高官が、金の延べ板に刻まれた王の聖名を読みあげる[21]。そのあと、全員が王の幸せと勝利を祈る。それからバラモン祭官が9つの房飾りのついた天蓋、聖剣、王冠[22]、金の水差しと靴1足を新王に手渡す。これは、王国、国民および領土に存在するものは、今後すべて新たに即位した王に属することを意味する。そのあと、王は統治にあたっての第一声をバラモンの長に向かって述べる。

「私は、だれの所有にもなっていない王国の水を、大地、山と森林を、仏教教団に、国民に、あらゆる生き物に、彼らが十分に暮らせるように与える」

　次いで、祭官は、バラモン祭官がかざす9つの総飾りのついた天蓋の下の玉座に王を導く。王族とあらゆる階層の高官たち全員が、花、蠟燭、線香を手に、型どおりの言葉を王に述べる。

「私たちすべて、陛下の足埃の下にいて、私たちは身体と魂を陛下に捧げ、私たちは命の尽きるまで陛下に忠実です」

　高位高官の中で重責を負う高官は、王の前にひれ伏し、辞任を申し出て、公印があればそれを返還する。
　このあと、王は次の言葉を述べる。

「これらすべてが、王国と仏教のためになりますように」

　そのあと、バラモン祭官、王族と高官たちはもう1度、新王に向かって勝利と幸運を祈願する。

21　オクニャ・プリァッ・スダチは、オクニャ・ヨマリァチとともに殺人・略奪および宗教事件などを担当する役職である。Cf. A. Leclère, *Codes Cambodgiens*, t. II, p. 34.
22　Cf. G. Cœdès, *Recherches sur les Cambodgiens*, p. 63.

王が私邸に戻ると、王宮内の貴婦人たちや官女たちが、高官たちが口にしたのと同じ決まり文句を繰り返し、忠誠を誓う。

　即位の翌朝[23]、バラモン、王族たち、あらゆる階層の官吏たちが謁見の間に集まり、そして、新王の謁見があり、新王から、あるいは職務の継承命令、あるいは新たな職務への登用命令を受ける。この拝謁の締めくくりは大祝宴であり、誰もが招待される。王はさらに王宮内の貴婦人や官女たちのために、同じ祝宴を王の私邸においても執り行なう。

　新王の即位式は、こうして幕となる。数日後、新王は象に乗って外出し、3日間王都を練り歩く。

2）リァチャピセーク

　リァチャピセーク［譲位により王位を得た王の戴冠式］は4日間だけである。そのうち3日は罪過をあがなう儀礼にあてられる。最終日は、戴冠式そのものが執り行なわれる。儀式の小堂の数は、先の儀式の9つから5つに減る。広場の中央部に1小堂、東西南北の4方に1基ずつ建っている。

　ここでもバクー［バラモン祭官］の長が戴冠の祭事をとりしきり、一方で新王も式典全体を主宰することになる。戴冠式の式次第は以下のとおりである。

　4日目の朝、新王は「父王」の前で3回ひれ伏す。父王とバラモン祭官が、新王を玉座に導く。「父王」は聖水を息子の新王の頭に注ぎかける。祭官が新王の髪を結いあげて、金色のほら貝で聖水を運んでくる。衣装を取り換えた「父王」は、仏教の三宝への拝礼に行くよう息子に命じる。新王は、父王の前で仏教の篤信者であり、仏教の保護者であることを誓わねばならない。

　次に「父王」は、王の謁見室に行き、バラモン祭官がかざす白い天蓋の下の玉座に座るよう命じる。祭官は、8方角に鎮座するデヴァダー［女神］に対して新王の勝利と幸運を祈願してから、聖水をシヴァ神とヴィシュヌ神の両立像に捧げ、さらに聖水を新王に授け、王はその水を1口飲む。

23　ルクレールによると、高官への印章の授与は翌日に行なわれる（*Recherches sur le Droit Public*, p. 27）。しかし、王の首都周辺行幸に参加せねばならない高官たちは、列のどこに加わるか明確にするため、前もって新たな身分を与えてもらう必要がある［王は国土の巡察をかねて外出をする。これを「プラタアセナ」と言う］。

そのあとで「父王」はオクニャ・プリァッ・スダチに金の延べ板に刻まれた聖名を読みあげるよう命じる。読み終わると、その高官は金の延べ板を「父王」に渡し、今度は父王がそれを新王の息子に渡す。「父王」の命令で、祭官は新王に王権の印として持ち物4点を運んでくる。それらは以下の王としての宝物である。
── 王冠：王は自分で頭に載せる
── 聖剣：王は右側に置く
── 金製の水差し：左側に置く
── 靴1足

　それから「父王」はバラモン祭官に、決まり文句を繰り返し唱えるよう命じる。これによって王国そのもの、国家の富裕、すべての高官と官女と住民は新王の許にかしずくのである。

　新王は、宗教者、バラモン、住民たちが、それなりに日常の暮らしが立つように、田畑、山と森林を使うことを認可すると答える。そのあと、王家の高位高官たち全員（バラモン、高官、女官）が、新王への忠誠の誓い[24]を述べにやって来る。

　最後に、式典の締めくくりとして、「父王」はポプル[25]を9回にわたり新王のまわりを回らせて、息子の新王の幸せを祈る。

3）ソカピセーク

　『チバップ・トヴィ・トス・メァス』（12ヵ月の行事に関する法）の筆者は、ソカピセーク（前王逝去後王位に就く王の戴冠式）について詳述していない。この式典とプラタピセークの違いを述べるにとどまっている。その違いは次のとおりである。
── 式典は4日間続く、3日はこれまでの罪過をあがなう儀式に、4日目は即位式にあてられる。
── 小堂は1つだけで、王宮の敷地内に設置される。

24　クメール表現「トヴァイ・クルン・トヴァイ・チヴィト」は文字どおりには「身も心もささげる」。
25　マスペロ女史によると、「ポプルは柄のついた青銅の板で、菩提樹の葉に似ていて、シヴァ神の妃ウマー・バガヴァティの性器を象徴しているという。人生の節目を祝うとき、王の戴冠式のとき、パゴダあるいは仏像の開眼式に、ポプルを回す」［参列者に順番に手渡していくことを「ポプルを回す」と言う］。Cf. *Cérémonie Privées des Cambodgiens*, pp. 20-21; S. Thiery, "Un Objet Rituel Cambodgien, le "popil", *Objet et Mondes*, 1971, t. XI, fasc. 4, pp. 339-354.

── 王宮の周囲に警備の兵員はいない。

特筆すべきは、ポスト・アンコール時代［15-19世紀］、王たちはヒンドゥー教にも仏教にも篤信を誓ったのであった。これは、宗教に関して、クメール人がいかに寛容であるかをよく示している。それに加えて、キリスト教の宣教師たちの話によると、カンボジアでは、カトリック教徒が信仰を続けるために迫害を受けたことが1度もない唯一の王国である[26]。

宮廷内におけるバラモン祭官［バクー］の役割はきわめて重要である。バラモンたちは諸神と王との仲介者であり、同じく、一方では高官たちと住民とのあいだを取り持ち、他方では高位高官たちと王とのあいだを取り持つ役割を果たしている。「父王」が臨席していようとも、バクーの長が祭官の長として取り仕切り、本来の役職を果たす。したがって、この地位は、ジャヤヴァルマン2世王（802-834）が「デヴァラージャ［神なる王］」信仰を護持していくために、バラモンの師のシヴァカイヴァリヤとその子孫に与えた［世襲宗務家系の］特権的地位に近い地位が続いていると言える[27]。

プラテァピセークとソカピセークのあいだには、戴冠式の手順の違いのほかに、王が登位するにあたって大きな違いがある。前者では新王の聖名の読みあげのあと、王宮の官女たちをも含めて、全員が誓いを述べ、その辞任を受け入れる。後者の場合は、宣誓だけであり、さらに誓いも王家の構成員をなす人たちに限られる。

1864年6月3日に行なわれたノロドム王の戴冠式は、プラテァピセークで挙行された。1つだけの手順（戴冠そのものが7日目ではなくて、8日目に行なわれた）を除いて、儀式は、ムーラが描写するように『12ヵ月の行事に関する法典』に記載されている規則に則って挙行された[28]。確かに、ノロドムは父アン・ドゥン王から皇太子に指名されていた。しかし、父王が亡くなった時、その決定に対して弟シヴォター王子が異議を申し立て、反乱を起こした。兄弟同士で抗争が始まったのである。ノロドム王は、バッダンボーン経由でバンコクに戻り、1862年3月に王都ウードンへ帰還を果たし、フランスの助けを借りて即位することができ

26　*APF*, t. 7, 1834, p. 600.
27　Cf. *BEFEO*, t. XLIII, p. 65.
28　Cf. *Le Royaume du Cambodge*, t. I, pp. 236-242.

た[1864年6月3日]。そのようなわけで、戴冠式にはシャムとフランス両国の代表が出席し、プラテァピセークを挙行したのである。

(5)王に対する敬畏

　即位すると、王は地上の現人神となる。すべての民は、衛兵隊が先導する王の行列が通過する時には、地べたにひれ伏さねばならない。衛兵たちは、不審な態度をとる者を見張り、不審者を追い払う。宮廷内では、王に2度同じことを奏上するのはよくないこととされている。王の身分は不可侵で、かつ神聖である。すべての人たちは、その身分の如何にかかわらず、理由の如何にかかわらず、許可なくして王に手を触れてはならない。このような敬畏は、誇張されて、王自身にとってもたいへん不都合なことをもたらした。ムーラは、このためノロドム王が犠牲者となった1例を報告している。

「1874年7月に、王は馬車で王宮に帰る途中で入口の御門に差しかかったとき、馬が暴れ出し、王宮内の最初の中庭のところで急に向きを変えた。この時、馬が倒れ、馬車と馬車内にいた人たちは、振りまわされて遠心力により地上に放り出されてしまった。王は痛打して意識不明のまま地面に投げ出されていた。その現場には、侍従や下僕たちと共に大勢の高位高官がいたが、だれも王の身体を起こしに来る人はいなかった。この負傷した王を王宮内へ運んだのは、ちょうどそこに居合わせた1人のヨーロッパ人であった。
　王の頭髪に触れる時には、何がなされるか判断できよう。王が髪を切り揃えたり、頭部の一部を剃ったりすることは国事行為である。バクーは、王が好みの神々が宿るようにと、理髪師の指に無数の石をはめ込んだ古式の大きな指輪を着装させる。頭髪を切り揃えるあいだ中、悪霊を遠ざけるため、バクーたちの演奏する音楽がすさまじい音を立てる」

29　Cf. *Le Royaume du Cambodge*, t. II, pp. 137-151; A. Leclère, *Histoire du Cambodge*, pp. 448-455.
30　上述 p. 167。
31　Cf. *Le Royaume du Cambodge*, t. I, pp. 226-227.

2. 王宮の高い身分の人たち

　19世紀の一部のヨーロッパ人たちは、カンボジアでは2人の王が統治していると思っていたという[32]。第1王および第2王の呼称は、16世紀に2人の王が、つまり平和の王と戦争の2人の王が統治していたと、シャム［アユタヤ王朝］が間違って信じていたというのがその真相である。史実が物語るように、現実には、カンボジアの王権は2分割されていなかった。同じ王都に居住する2人の王子のあいだでも、そのようなことは1度もなかった。しかしながら、こと王位継承問題が生じた場合には2人の兄弟王子の間にはすぐさま敵対関係が生じ、王位継承をめぐる敵対関係は最終的には全土を荒廃させる内戦に行きつくのであった。というわけで、ベトナムとシャムの両隣国は版図拡大を容易にするため、実際には王権をめぐって敵対する2人のカンボジア王子の対立に加担していったのである。

　王の下には王族たちが活動の場を与えられていて、国政において王を補佐し、戦争あるいは不在の時には王の代理を務めることができた。それがオペヨーリァチ［退位した王］、オパラチ［王子］、プリァッ・ヴォリァチニ［王妃］であり、さらに、必ずしもいつの時代もこの肩書が用いられたのではないが、それにプリァッ・ケーヴァ［王の末子または長男、娘婿］を加えることができる。最初の3つの王族に対しては、それぞれいくつかの地方から構成される給与保有地［領地］が与えられていて、そこからの収入が手許に入る。自分たちが任命した地方長官を介して、その地域を統治するのである。他の地方で徴集したさまざまな税金や分担金も、王の施しという名目で彼らに託される。

(1)オペヨーリァチ

　「オペヨーリァチ」というのは、ヨーロッパ人が使いはじめた短縮形の称号である。本来この称号は「モハー・オペヨーリァチ」である。サンスクリット語を

32　G. Janneau, *Manuel Pratique*..., p. 13.

起源とする合成語で、モハー (moha)「偉大な[33]」とウペヤ (ubhaya)「第2」と、ラジャ raja「王」からなる。オペヨーリァチは、したがって文字どおりには「2度目の王」を意味する。それゆえ、この肩書はもともと、王子たちのうちの1人か、あるいは異母兄弟の王子たちに王位を譲るために、退位する王自身に与えられる肩書であった。それが、あとに続く時代では、たとえ退位しなくても王に与えられる単なる称号となってしまった。

退位する王が、王子たちの中から皇太子に選んだ王子に、または高い能力的資質を持った王子に王位継承を保証する意味でもあった。この考えに基づき、1463年、ポニェ・ヤート王［1417-1463］は長男ノリァイ・リァチャのために退位した。しかし、実際には、王が自分の王弟の登位の道を閉ざそうとして、自分の子供のため退位したのと同じことになった。サッター王（1579-1595）もまた、1586年に、ちょうど11歳と6歳になった2人の息子、チェイ・チェター［1世］とプリァッ・アン・タォンに王位を委ねようとした[34]。それは、伝統を重んじる大部分の住民や高官たちの不満をつのらせることになったのである。

時には、この退位という便法は仏法の何事も続かないという「物事の流転性」を知る王の深い識見から生じたものであるかもしれない。この場合、オペヨーリァチの称号は、王権を渇望する王子たちに対しては賢明な役割を演じることになる。王は王国の平和を守りたいという希望の中から、自分の権限と知力を利用して、あるいは嫉妬や憎しみを抑えて、娘婿あるいは甥に王位を譲って退位するのである。しかし、そうやって「王が譲位」して、うまくいかなかったとしたら、「退位した王」は再登位して権力を握ることになる。アン・ソー・チェイ・チェスダ王（1675-1706）の場合がそれで、最初に退位したのは1695年で、甥のアン・タォン・ウテイ・リァチャ2世に譲った。2度目は1700年、甥の1人で、娘婿のアン・イム王子のためであった。3度目は、1702年、息子のスレイ・トマ・リァチャ2世のため、そして4度目、1706年に同じ息子に譲位した[35]。

しかし、歴史を見ると、こうした退位劇がよい結果をもたらしたことは1度もなかった。逆に、時には係争や内乱の原因となり、結局のところ国土を荒廃させてしまった。

33　オペヨーリァチの前にある「大」は身分を表し、「より偉大な、卓越した」を意味する。
34　Cf. *VJ*. t. IV, p. 240.
35　Cf. *VJ*. t. V, p. 511.

オペヨーリァチではあるが、まったく退位した王というわけではない、その筆頭にスレイ・ソリヨーポール王をあげることができる。在位は1607年から1618年までであった。スレイ・ソリヨーポールは、1586年に兄サッター王 [1579-1595] からオペヨーリァチに任命された。そのあとにはウテイ・リァチャ王 (1626-1627)、その息子の アン・タォン・ウテイ・ソリヨーヴォン、さらにその甥のアン・ノン・ボトム・リァチャがいた。

アン・タォン・リァメァ・ティパディー王 [アン・トン王] [1748-1749, 1756-1757] は1748年に即位する前はオペヨーリァチの肩書であった。そして、ポスト・アンコール時代最後のオペヨーリァチは、アン・エン王 [1794-1796] の3男であるアン・スグォン・スレイ・チェイ・チェターであった。シャム王ラーマ2世 [1809-1824] によって、この位階に昇格されたのである。

オペヨーリァチの就任式は、王の即位式とほとんど変わらない[36]。ムーラの説明によると、玉座には6段の天蓋飾りがある。同じく冠を戴く。オペヨーリァチの地位が空席の時は、給与保有地の行政と収益は王家に戻され、所属の高官たちは王のもとで職務を継続する[37]。

(2) オパラチ

オパラチというのは、モハー・オパラチを短縮した呼び名である。語の起源はサンスクリット語で、モハー「偉大な」が組み合わされて、高位実務者の肩書に用いられ、高職者の身分を表わす。ウパ「2番目」とラジャ「王」で、全体で文字どおりには、「偉大な副王」となる。

カンボジアの中世史においては、オパラチは常に王が選び、指名してきた。この称号が与えられるのは王の長子であることが条件になっている。15世紀になると、この称号を持つ者は、王位継承者とみなされた。しかし、18世紀のカンボジア激動の時代になると、こうした歴史背景が忘れられてしまい、もともとの伝統的なオパラチの肩書は、その他大勢の称号の1つとしかみなされなくなった。とはいえ、オパラチの称号が与えられた王子には、付与される伝統的な

36　Cf. *VJ*. t. IV, pp. 371-372.
37　*Le Royaume du Cambodge*, t. I, p. 227.

特権があり、とりわけ給与保有地は受け継がれていた[38]。

いくつかの例を示そう。

ポニェ・ヤート王の3人の王子は、次々にオパラチに就任した。ポニェ・ヤート王は、在位中に長男のノリャイ・リァチャにオパラチの称号を与えた。ノリャイ・リァチャが即位すると、今度は弟のスレイ・リァチャに同じ称号を与え、さらにスレイ・リァチャが王座に就いたとき、スレイ・トマ・リァチャに同じようにオパラチの称号が与えられた。同じ過程がスレイ・ソリヨーポール王［1607-1618］の2人の息子、チェイ・チェター［2世］［1618-1625］とウテイ・リァチャ［1世］［1626-1627］のあいだでも生じた。

オパラチの称号保持者は国王職の見習いである。国事行為を迅速に処理したり、王国全体の平和を監視したりする。王に代わって軍隊の先頭に立ち、反乱の鎮圧に出かけることもある[39]。

1738年になると、オパラチの称号は必ずしも上述図式のようには与えられなくなった。オパラチが王の長男あるいは弟ではないということが起こってきたのである。ようなオパラチは王位を望むわけにはいかなかった。とはいえ、この称号を与えられる時の長子をトップとする順番は尊重されてきたようである。

2つの事例をあげよう。アン・タォン・リァメァ・ティパディー王［アン・トン王］［1748-1749、1756-1757］の息子であるアン・ソー・ウテイ・リァチャ王子は、1738年、スレイ・トマ・リァチャ王［2世］（1738-1747）からオパラチに指名された。スレイ・トマ・リァチャの孫であるアン・トァム王子は、1769年にアン・タォン・ノリャイ・リァチャ王（1758-1775）によって同列に昇格した。これら2名のオパ

---

38 Cf. *VJ*. t. V, p. 601.
39 ［スレイ・ソリヨーポールの例がそれで、1594年、シャムの進攻に立ち向かって国を守るようにと兄のサッター王から託された］Cf. *VJ*. t. IV, p. 277. オパラチ・ノロドムは、1859年、チャムの反乱を鎮圧するためコンポン・ルオンに出発した。本書第1部第8章参照。

ラチと、称号を与えた王の血縁関係はかなり薄いが、年代記の執筆者たちの記述内容を信じるなら、この2人の傑出した能力とその道徳的な品格によって、この称号を受けることができたのである。

　オパラチは王国における第3位の重要な地位のキーパーソンであり、オペヨーリァチが空席の時は第2位の人物である。オパラチに指名された王子はオパラチの冠を戴き、戴冠の式典は3日間にわたり続く。玉座には5層の天蓋の飾りがつけられている。

(3) プリァッ・ヴォリァチニ

　プリァッ・ヴォリァチニというのは、プリァッ Brah[41]「神なる、神聖な」とラジャ raja「王の」、そしてシァナニ janani「母」の合成語である。したがって、「神なる王の母」を意味し、しばしば「皇太后」と訳される。王子が即位すると、その妻、その子供とその母には貴族の称号が与えられた。母親はどのような社会的身分の出身であろうと、この時「プリァッ・ヴォリァチニ」の称号を受ける。時にはソムダチ・プリァッ・ティウに任命される[42]。1848年、アン・ドゥン王の母親ネァック・モネァン・ロス[43]が皇太后に昇格したとき、王が母に次のような称号を授けた。「ソムダチ・プリァッ・ヴォリァチニ・カティヤ・ヴォン・セレイ・セトー・ヴァロドム・ボロム・ヴォリァトラ・サカォル・モンクル・ボロム・バピット[44]」

　皇太后は、オペヨーリァチやオパラチの称号保持者のように政治そのものに関与する人ではない。しかし、カンボジア史は、皇太后や王の祖父の姉妹たちが、その地位と身分によっては、とりわけ王権が危機に瀕した時に王国の国事行為

40　1769年のオパラチ・アン・トァムの戴冠式を参照。　Cf. *VJ*. t.V, pp. 600-601.
41　brah の語は、前アンコール時代の碑文に vraḥ のつづりで認められる。Cf. Philip N. Jenner, *A Cherstomathy of pre-Angkorian Khmer*, vol. II, Lexicon of the Dated Inscriptions, p. 297.
42　ソムダチ・プリァッ・ティウの肩書は、皇太后が未亡人になった時には与えられない。
43　ネァック・モネァンの肩書は、王の妻の身分階級にあっては低い社会階層の出身であることは示す。ネァック・リァチ・ヴォンから平民までの等級の中に入っている。後述。
44　称号の文字どおりの訳は、皇太后陛下はカティヤ一族に属し、裕福な、優れた、すばらしい、卓越した、頂点の、最良の、比類なき、完全な、縁起の良い、最高の、そして純粋な。

に介入することができるということを示している。皇太后たちは、息子であれ、甥または孫であれ、現に君臨している王に決定的な影響力をおよぼしてきた。カンボジアの伝統社会［女系の親族］では、自分の誕生の原点、とりわけ母親や祖母に対して、尊敬し感謝せよとされるので、なおさら皇太后たちが政治に介入するのは容易である[45]。

　皇太后の場合、あるいは伯母の場合のいくつかの事例を挙げてみよう。

　1601年、スレイ・ソリヨポール王子の尽力で、カンボジアは平和を取り戻した。スレイ・ソリヨーポールはシャム宮廷に人質として身柄が拘束されていた。しかし、同王子のカンボジア帰還と即位［在位1607-1618］、同じく時の王ポニェ・ニョム［1600-1602］の解任を仕掛けたのは、王子の伯母で、王の大伯母でもあるテヴィー・スレイ王女であった。

　1843年、皇太后モネァン・ロスは、息子アン・ドゥン王子［1843-1860］に宛てた返書の中で、シャムとベトナムに対して中立政策をとるよう要請している[46]。この中立政策は、1847年のカンボジア・フエ宮廷条約の中で謳われた概念である。この時モネァン・ロスは1人の王子の母という立場でしかなかったということは注目すべきである。

　1885年から1886年にかけてのフランス植民地に反対する僧侶と民衆蜂起の際、ノロドム王の皇太后は見事な役割を演じた。A. ルクレールはこう記している。

「多くの人々を驚かせるであろうこの報告文を執筆しながら、私は1885〜1886年の反仏蜂起のとき、ノロドム王が、自分の母、この老齢で尊敬すべき皇太后が、王の数々の相談に応じて果たした重要な役割について、口には出さないが、多大な敬意を払っていたことを思い出す[47]」

　同じくルクレールは、人々は皇太后を王族として尊敬し、息子である王の戴冠式の日に、皇太后も同じく浄めの聖水を頭に注がれて、聖別されていると伝

45　カンボジアには古いことわざがあり、訳すと「母親を亡くすより、父親の亡くなるほうがよい。家が火事になるより、船が難破するほうがよい」。このことわざは、カンボジア社会は女系社会なので、家族の中で母親の役割が重要であることを表している。
46　KHIN Sok, "Quelques Documents..", pp. 411-415.
47　A. Leclère, *Recherches sur le Droit Public...*, p. 54.

えている[48]。

(4) プリァッ・ケーヴァ

　プリァッ・ケーヴァは、プリァッ「王族の、尊敬すべき」とケオ kév「水晶」、そしてシャム語のファー fa「空」を語源とするヴァ véa を組み合わせた言葉である。それで文字どおりには「王族の空の水晶」を意味する。プリァッ・ケーヴァの称号は、1636年の年代記に初めて登場する。18世紀前半、この用語は一般に使われていた。そのあと、1世紀ほどのあいだ使われなかったが、1857年、アン・ドゥン王の命令でシソワット王子［1904-1927］にこの称号が与えられて、復活した[49]。

　J. ムーラは、この称号はもともと王の長男に帰属すると考えた[50]。しかし、ルクレールは、それは正しくないとして、次のように記している。

「私の考えでは、王位を求めない王族の称号である。この称号は、オペヨーリァチ（オパラチ）に次いで玉座にもっとも近い王子の肩書であり、必ずしも王の長男に与えられるものではないと考えられる[51]」

　そこで、異なる時代の年代記に掲げられている王と「プリァッ・ケーヴァ」の親族関係を検討しよう。

　1636年、アン・ノン・ボトム・リァチャ王（1636-1638）は、王の末弟のアン・イムにプリァッ・ケーヴァの称号を与えた。アン・ソー・ボロム・リァチャ（1656-1670）は、1669年に、王の長男のアン・チ王子にこの同じ肩書を授けた。アン・チは、その後1672年［-1675］に即位した。

　アン・ソー・チェイ・チェスダ［1675-1695、1696-1700、1701-1702、1705-1706］は、1697年、オペヨーリァチであるアン・ノン・ボトム・リァチャ［1636-1638］の息子で甥のアン・イム王子をプリァッ・ケーヴァに任命した。1738年、スレイ・トマ・リァチャ王［2世］（1738-1747）の頃に、王は次男のアン・チャン・ボトム・

48　A. Leclère, *ibid*, p. 56.
49　Cf. *VJ.* t. VII, p. 850.
50　*Le Royaume du Cambodge*, t. I, p. 229.
51　A. Leclère, *Recherches sur le Droit Public...*, p. 57.

リァチャをプリァッ・ケーヴァに任命した。アン・チャン・ボトム・リァチャが1743年に亡くなり、王の命令で、プリァッ・ケーヴァの称号は第5子のアン・ドゥン王子に授けられた。

　これらの事例から、ルクレールの見解は史実に即した報告と見ることができる。実際には、プリァッ・ケーヴァの称号授与については伝統的に認められているものの、その規定はない。ルクレールが言うように、王が、このタイトルを多くの王族に授与してきた。しかしながら、皇太后の称号とは違って、プリァッ・ケーヴァは戴冠式もなく給与保有地もないが、宮廷内では政治的に重要な人物で、オパラチの次の地位に位置する。

3. 王家の人たち

　王をはじめ、オペヨーリァチ、オパラチ、皇太后は、それぞれ定められた数の領地［給与保有地］を所有する。アン・ドゥン王の時代、王は39の省を、オペヨーリァチ家とオパラチ家はそれぞれ5省ずつ、皇太后家は3省を給与保有地として支配下に置いていた。

　王国の高位高官たちは、サォムラップと呼ばれる4つのグループに大きく分類されていた。サォムラップは4つの王族の分類に対応しており、王家で働く者はサォムラップ・エク、オペヨーリァチ配下の者はサォムラップ・トー、オパラチ配下の者はサォムラップ・トレイ、そして、皇太后家の配下の者はサォムラップ・チャトヴァと呼ばれていた。[52]

　王国内の公務員たちはすべて「ネァメゥーン[53]」と呼ばれ、「リァス」（一般の民（たみ））とは区別されていた。

　それぞれのサォムラップにおいて、高官たちは10のサック（位階）に分けられ、「ポァン（＝1000の数字を表わす）」あるいは「ホー・ポァン」（1万の単位）の数で禄高が

52　エク、トー、トレイ、チャトヴァはパーリ語である。意味は順に、1番目、2番目、3番目、4番目。
53　シャム語でナー「田」、ムーン「1万」。むかしは、ネァメゥーンはおそらく支配地面積1万田所有していた高官を指す言葉であった。Cf. *Dict. de l'Institut Bouddhique*, t. I, p. 504.

定められている。例えば、ネァメゥーン・サック・トップ・ホー・ポァン「禄高1万の高官」などと呼ぶ。

各高官には肩書があり、それに等級（禄高）が示されている。

肩書と禄高一覧

肩　書	禄　高
1. ソムダチ	10ポァン
2. オクニャ	10、9、8、7、6ポァン
3. チャウ・ポニェ	6、5、4ポァン
4. プリァッ	5、4ポァン
5. ルゥン	4、3ポァン
6. クン	3、2ポァン
7. モゥン	2ポァン、1ポァン5ラォイ(100)、1ポァン
8. ネァイ	1ポァン5ラォイ、1ポァン[54]

高位高官とみなされるのは、ソムダチとオクニャであり、その他は中級職と下級職役人である。最下級役人のメ・スロク「郡長」で1000単位の禄高であり、チュムトゥプ（副郡長）は数百単位の禄高である。

与えられた名誉と席順の位階としては、サォムラップ・エクがサォムラップ・トーより上位である。サォムラップ・トーもまたサォムラップ・トレイより上位であり、サォムラップ・トレイはサォムラップ・チャトヴァより上に位置する。それで、サォムラップ・エクに属する7ポァンの高官は、王の行幸のとき、サォムラップ・トーの7ポァンの高官と並んで歩く。各王家によって禄高の額は似かよっている。あるサォムラップ位階の高官が同じ禄高の高官より下位に位置するというのは、間違いのようである。例えば、サォムラップ・トレイ位階の海軍大臣オクニャ・ボテス・リァチは、サォムラップ・トーの海軍大臣オクニャ・ヴ

54　アランソン図書館の古文書。A. Leclère, nº 694.

ィボル・リァチの配下にあるのではない。この者は同じくサォムラップ・エクの海軍大臣クロラホムにも従属していない。各高位高官は自分の所属する「サォムラップ」の長の許に直属している。

　時々、同一のサォムラップ内で、2人の高官が同職につくことがある。この場合、一方は「右の」役人、もう一方は「左の」役人と区別して位置づけられる。同じような事例は、サォムラップ・エクでは19例、サォムラップ・トーに3例、サォムラップ・トレイには2例、サォムラップ・チャトヴァに1例がある。

　王家の高官で、しかも同じ禄高の中で、王の側近として働く者をクメール人はネァメゥーン・クノン「内務高官」、ネァメゥーン・クラウ「外務高官」と呼び、各地方で働く役人たちの上位に位置づけられる。

　オペヨーリァチ家、オパラチ家、皇太后家の3家は、王家と同じく担当大臣を置くことができる。しかし、皇太后は給与保有地が3地方だけなので、他の2家では5人の大臣を置けるが、皇太后家は3大臣しか置く権利しかない。それぞれの王家の大臣とその職務を一覧表にした。

王族4家の大高官一覧

職務	王家	オペヨーリアチ家	オパラチ家	皇太后家
首相	ソムダチ・チャヴェア・トルハ	ソムダチ・チャウ・ポニェ	ソムダチ・チェター・モントレイ	オクニャ・アティパティー・セナ[2]
法務大臣[1]	オクニャ・ヨマリアチ	オクニャ・ヴォンサー・アッケリアチ	オクニャ・エカリアチ[3]	オクニャ・ヴォンサー・ヌレク
王宮大臣兼財務大臣	オクニャ・ヴェアン	オクニャ・スレイ・トメアティリアチ	オクニャ・スレイ・ソティプ・ヴェアン	
海軍大臣	オクニャ・クロラホム	オクニャ・ヴィボルリアチ	オクニャ・ボテス・リアチ	オクニャ・リアチァ・バオヴォリアチ[4]
陸運大臣	オクニャ・チャクレイ	オクニャ・リアチ・デチァ	オクニャ・ノリントリアティパディー	

(1) カンボジア語クノァン・ポス「蛇の背中」。サォムラップ全高官の責任者。
(2) サォムラップ・チャトヴァ全高官の担当者。他家と違い、ソムダチがつかない。
(3) A. B. de Villemereuil (p. 73) によると、この大臣の肩書はオクニャ・アヌリァックテァニで、オクニャ・エカリアチではない。
(4) 水陸交通の大臣である。

第2章
王妃、王子と王女たち

　カンボジアの王族は、その長い歴史において同族内の婚姻を認めてこなかった。それよりも逆に、王族は他の社会集団と交わり、外部との婚姻を促することで、存続してきた。カンボジアのように、とりわけ指導者階層においては一夫多妻が当たり前の国においては、異なる社会集団との婚姻は普通のことであった。身分はどうであれ、王族と大臣の娘、一介の高官の娘、さらには一般住民の娘との結婚は、法的にはなんら問題もないし、禁止されてこなかった。

　A. ルクレールは、古典的な慣習法に依拠しているようだと指摘しながらも、次のように述べている。

「王家においては、妻女が夫にふさわしい、あるいは王の妻女が王に特にふさわしいとされるには、3つの条件が不可欠である。
1)婚約者が王女である。
2)両親が結婚式(リァブ・アビァビビァ)の準備を開始し、結婚に同意した。
3)クロァス杯の聖水が、ほら貝を使って夫婦に注がれた。
　かつては、この3条件によって結ばれた王妃は、「アー・アッケマヘセイ」(卓越した第1王妃)と言われた。両親からは許可を得ていないが、王自身が求めた王女は、定めでは「ヨク・クルォン」と呼ばれ、結婚式は伝統儀礼に従って執り行なわれたが、かつて偉大な王妃のみに峻別されて付けられた「アー」を名乗る権利はなかった。その肩書は単に「プリァッ・アッケマヘセイ」(第1王妃)だった。
　両親の承諾もなく、伝統儀礼に則った結婚式を執り行なわなかった王女は、肩書にアッケ「第1」をつけることはなく、単なる「プリァッ・マヘセイ」(すぐれた王妃)であった」[1]

1　A. Leclère, "Le Roi, la Famile Royale...", pp. 10-11.

ルクレールは、王を取り巻く女性たちの中には、「王宮内に囲われる女」とも言うべき女性たちが存在したことを指摘している。ルクレールによると、彼女たちの区分を挙げると、「モク・モントレイ」（王の顧問の娘たち）、「トロコール」（良家の娘たち）、「プリァッ・ポニェ」（小役人の娘たち）、「クニョム」（下僕の娘たち）、「プレイ・ゲァー」（平民の娘たち）、「ネァック・ゲァー」あるいは「ポル」（王国の奴隷の娘たち）である。

　ルクレールは付け加える。

「王は、はじめからこれらの女たちを側室にしようと意図して王宮に入れたわけではない。王宮の中を華やかにしようとして、あるいは高官たちから差し出されたので、彼女たちを受け入れていた。王宮に入ると、それぞれ出身で区別する肩書が与えられる。もし王から声がかかると、後宮の側室の女性としてやはり出身により肩書が与えられる。こうして、「王の顧問の娘」が「プリァッ・スノム」として王宮に仕え、「プリァッ・メ・ネァン」になることができる。「良家の娘」は「プリァッ・クロムカー」として王宮入りし、昇格して「プリァッ・レゥンケァ」になれる。「小役人の娘」は、「プリァッ・レゥンケァ」のあと、王が気に入れば「プリァッ・スノム」に、つまり王から授かったわけではないが「王の顧問の娘」の肩書を持つことができる。「下僕の娘」は、「プリァッ・ボムレゥ」から「プリァッ・スレイカー」になれる。「平民あるいは王国の奴隷の娘」は、王宮入りの時には「プリァッ・スレイカー」だが、「プリァッ・クロムカー」になることができる、これは良家の娘が王の寝所に迎えられる前の肩書である」[2]

　しかしながら、ルクレールの記述、特に上記の記述では、慣習法の条文とルクレールの説明を区別するのが難しいことに注意する必要がある。さらに、ルクレールはしばしば出典を示さないので、記述内容、（特に王の妻妾になった娘たちの出身）についての確認は事実上不可能である。王の妻妾たちについては、アン・ドゥン王の勅令の中に見つけたので、後述する。そして、驚くべきは、下層の奴隷の娘が王の側室になった事例を述べた法令文が存在するということである。

2　A. Leclère, idem, p. 14. プリァッ・クロムカー→プリァッ・レゥンケァ、プリァッ・レゥンケァ→プリァッ・スノム、プリァッ・ボムレゥ→プリァッ・スレイカー、プリァッ・スレイカー→プリァッ・クロムカー。

このような事例は、ポスト・アンコール時代を通して、1回だけであった。

　在位中の王と、異なる社会階層の女性たちとの婚姻の事例は、枚挙にいとまがない。アン・トォン王 (1758-1775) を例にとると、

　1765年、王はヴォンという名のプリァッ・メ・ネァンを右の王妃に格上げし、プリァッ・アッケマヘセイ（第1王妃）の肩書を与えた。プリァッ・メ・ネァンの肩書そのものは、側室が王族でないことを明らかにしている。

　3年後、ソムダチ・プリァッ・ケーヴァ・アン・ドゥンの娘プリァッ・アン・エイ・クサットレイを左の王妃に格上げした。これは同族結婚の例である。

　王の第3の王妃はメ・ネァン・ペンで、オペヨーリァチ家の高官オクニャ・ヴィボルリァチ・スーの娘であった。

　王の4番目の王妃モネァン・チェイは、1773年に王子アン・エンを出産し、スノム・エクの肩書を受けた。『ヴェァン・チョウン版』年代記を信じるならば、身分の低い出身の女性であった[3]。

　というわけで、3人の女性は異なる社会層の出身である。

—— プリァッ・アン・エイ・クサットレイは王族の出身。
—— メ・ネァン・ペン（メン）は王宮の高位高官の階級の出身、そしてプリァッ・メ・ネァン・ヴォンもおそらく同階級。
—— モネァン・チェイは平民の階級の出身。

　特筆すべきは、モネァン・チェイは出身や身分が他の2人よりも低いのであるが、息子のアン・エンが王によって皇太子に指名されたことである。

　ポスト・アンコール・カンボジア史においては、例外的ではあるが、後継者がいない結婚例が2例ある。

　最初の例は、時の王スレイ・ソクンタバォット (1504-1512) とネァン・パウという娘の結婚である。娘の母親は寺院の奴隷であるが、父親はその奴隷頭であった。王と奴隷の娘との結婚によってポニェ・ユース王子が生まれた。慣習法によると、その祖母は寺院の奴隷であったので王子は祖母と同じ社会的身分になるはずであった。しかし、現実には王子に与えられた自由人としての身分に

3　Cf. *VJ*, t.V, pp. 623-625.

異議を唱える人はだれもいなかったらしい。さらに驚くべきは、王子はポニェ[高位の人物の前に付ける呼称]の肩書を許され、その娘はプリァッ・ソチャット・サトレイと呼ばれたのである。このポニェの肩書は通常、王子や王女に与えられる肩書でもあった。ポスト・アンコール時代のカンボジアにおいて、奴隷から自由人への身分を変更が許され、さらに王族に組み入れたのは、この1例だけである。[4]

第2の例は、在位中の王チェイ・チェター2世（1618-1625）とベトナム王女アン・チョウの結婚である。この王女には娘ネァ・クサットレイがいたが、同じく王族の一員として受け入れられたようである。[5]

王族と他の社会層の者との婚姻を促す要因には、一夫多妻制のほかに、それが高位高官の雇用にも利用されたということがある。王国の高官の任命と罷免権は王にあった。国家役人の採否に選抜制度があったわけでもないので、役人の能力や知性の高さなどは二の次であった。昇進あるいは重職に任命されたいと望む者は、なによりまず王との個人的な人間関係をつくる必要があった。王とよい人間関係を持つ最良の方法は、王がお気に入りとなる娘あるいは姉妹を持つことにあった。アン・チャン王時代［1806-1834］のプリァッ・アン・ケオ・マの物語は、その一例である。

1807年1月、バッダンボーン地方の長官アパイティベス・ベンは、テープという娘をアン・チャン王の王妃にしようと王宮に連れていった。その娘はすぐに王のお気に入りの王妃になった。2年後、同王妃はアン・ペーン王女を出産した。その王女は不幸な運命をたどってしまった。母方の親族がシャムびいきであったために、1839年、ベトナム人に暗殺されてしまったのである。[6] しかし、王宮で高い位地にいたモネァン・テープ王妃は、兄弟の1人マを王宮に招き入れることができた。1833年ベトナム軍がマを捕らえようとしたとき、彼は官職の最高位プリァッ・アン・ケオだった。[7] この肩書は、王国内における高官全員の総責任者であることを意味した。

4 　本書第1部第1章参照。
5 　同上。
6 　本書第1部第5章参照。
7 　G. Janneau, *Manuel Pratique*..., p. 23.

1847年以前の史料で王妃たちの肩書と身分を規定した文書は、まったく現存しない。ルクレールの論文「王、王族と王宮の女たち」しかないのである。ところが、アン・ドゥン王［1848-1860］の時代になると、この肩書と身分問題に言及した文書が2点存在する。1つは、王妃とその目付役の任命に関する1848年の関連文書であって、その任命は伝統的な階級制度に基づくものであった。2番目は、1857年の王の勅令で、その階級制度における王妃とその子供たちの身分的位置を明示している。

1. 1848年におけるアン・ドゥン王の王妃たちと目付役女官のリスト

　王妃は7つの階層に区分される。最高位の呼称は「テピ」、最下位の呼称は「クロムカー」である。ルクレールの指摘では、最高位の「テピ」身分を保持するのは、王自身の気持ちと寵愛によるものではあるが、7つの区分は王妃がどの社会階層の出身であるかによって決まってくる。

(1) 王妃たち[10]

1) 「テピ」(2種類の肩書)：1番目の肩書は「プリァッ・モンクル・テヴィ」であり、それはネァック・モネァン・クリムに与えられた。2番目は、「プリァッ・テピ・モンクル」である。[11]
2) 「プリァッ・ピヨー」(4種類の肩書)：ネァック・メ・ネァン・ペンは「プリァッ・

8　この任命は、王の妻たちの階級制度を根本的に改革するものではない。むしろ、時代の状況に合わせた法の一部修正である。
9　Cf. *VJ*, t.VII, pp. 828-829.
10　王女の肩書については、「王の妻妾とその子女の地位および肩書」を参照(281ページ以下)。
11　『ヴェァン・チョウン』版年代記によると、この肩書はだれにも与えられなかった。Cf. *VJ*, t.VII, p. 828.

バォロム・チャット・クサットレイ」という肩書、そのほかネァック・メ・ネァン・ノップ、肩書は「プリァッ・バォロム・スレイ・カンニャ」、ネァック・メ・ネァン・ポウ[12]「プリァッ・バォロム・テヴィア・ティダー」、ネァック・メ・ネァン・ポウ[同名？]「プリァッ・バォロム・アーチャー・アックソァー」[13]がいた。

　この4王妃たちは、外出時に、房飾りが2つ付いた天蓋に座し、カーテンをめぐらした輿を使用する権利があった。彼女たちは「ネァック・メ・ネァン」と呼ばれた。

3)「メ・ユオー」(4種類の肩書)：「プリァッ・ソチャット・ネァリー」、「プリァッ・スレイ・カンニャ」、「プリァッ・テープ・レケナー」、「プリァッ・エリヤ・アックサォ」。

　「メ・ユオー」という肩書は、17世紀に1回だけ認められる。ボパー・ヴォディー王女に与えられた時で、王女はスレイ・トマ・リァチャ1世(1627-1631)と結婚するはずであった。

　このように「テピ」には2つの肩書があり、「プリァッ・ピヨー」は4つ、「メ・ユオー」も同じく4つの肩書がある。かつては、それぞれの肩書は王妃の属していた社会階層に一致していた。王族の娘は「テピ」、大臣の娘は「プリァッ・ピヨー」、上高位級高官の娘は「メ・ユオー」というわけである。さらに、各肩書にはそれぞれ3種類の肩書があり、結婚の形態によって決められている。

—— 両親の同意を得て、結婚式が執り行なわれた時は、それぞれ「プリァッ・バォロム・リァチ・テピ」、「プリァッ・バォロム・ピヨー」、「プリァッ・バォロム・メ・ユオー」となる。

—— 両親の同意はなかったが、それでも結婚の儀式が行なわれた時には、「プリァッ・バォロム・テピ」、「プリァッ・バォロム・ピヨー」、「プリァッ・バォロム・メ・ユオー」となる。

—— 結婚式が行なわれなかった時には、「プリァッ・リァチ・テピ」、「プリァッ・ピヨー」、「プリァッ・メ・ユー」となる。[14]

12　プリァッ・バォロム・チャット・クサットレイの妹。
13　シソワット殿下の母親。
14　A. Leclère, "Le Roi, la Famile Royale...", pp. 12-13.

4)「メ・ネァン」(4種類の肩書):「プリァッ・メ・ネァン・スレイ・ボパー」、「プリァッ・メ・ネァン・メァレァ・バォヴォ」、「プリァッ・メ・ネァン・レクサー・ケサォ」、「プリァッ・メ・ネァン・コントー・ボトム」。
5)「プリァッ・スノム・エク・カン・チュヴェン」「王の左の妻妾」[15](4種類の肩書):「ネァック・プリァッ・ネァン・プルティップ・ソヴァン」、「ネァック・プリァッ・ネァン・ソクンティロス」、「ネァック・プリァッ・ネァン・ピトー・サイヤペァク」、「ネァック・プリァッ・ネァン・セレイヨス・サヤ」。
6)「スレイ・スレゥンケァー」(4種類の肩書):「ネァック・ネァン・チァット・キンノレイ」、「ネァック・ネァン・スレイ・カンナラ」、「ネァック・ネァン・キンナォ・ソピァ」、「ネァック・ネァン・キンノラ・カイラス」。
7)「クロムカー」(4種類の肩書):「ネァック・チョヴィー・ソポァン」、「ネァック・ソヴァン・ソペァ」、「ネァック・ソペァク・モンサ」、「ネァック・カォルヤン・ケセイ」。

(2) 王妃とその侍女たちの目付

　王妃たちとその侍女たちは、監視の女官たちの指図を受けていた。監視人筆頭の地位にある女官長を「ロク・プリァッ・オク・チャム・クサットレイ」と呼んだ。カンボジア人たちはこの王宮内の女性のお目付役の人たちのことを、「オク・イァイ・チャッス・トム」と表現した。この単語の1つ1つが目付役の類別名である。このお目付役の大半は、前王の妻妾たちで構成されていた。彼女たちが王室内の祭祀を熟知しているからにほかならない。
　法律が定める目付役の義務は以下のとおりである。

「目付は、クロム・ヴェァン[役人]とともに、王宮内の妻女たちの行状を監視する任務を負う。王から声がかかった王妃・妻妾が、兄弟、母親、あるいはだれかに会いに王宮から外出したとき、その女性が赴く場所がふさわしくない場所だった場合、あるいはまた王の許可なくして外出したような時には、それぞれ

15　通常、2人あるいは2集団の高官が同じ仕事を分担するとき、片方は「右」、他方は「左」とされる。したがって、「右の」プリァッ・スノム・エクがいないことは驚きである。

の場合に応じて次の3つ刑罰のうちのどれかで罰せられる。斬首および財産の没収、格下げおよび下女待遇、鞭打ち50打。

　罪人となった妻妾と行動を共にしたオク・イァイ［目付］およびクロム・ヴェァンについては、それぞれ鞭打ち50回とし、王が了承するまで投獄される[16]」

◉「オク」
　8名からなり、2つに分かれる。
——「プリァッ・オク」4名：プリァッ・オク・モンクル・クサットレイ、プリァッ・オク・チャット・ウドム、プリァッ・オク・ティダー・ピルム、プリァッ・オク・バォロム・ヴォンサー。
——「ネァック・オク」4名：ネァック・オク・リァチァ・ノポン、ネァック・オク・リァチヴォン・ウッタラ、ネァック・オク・エク・アッケ・カンニャ、ネァック・オク・ソチェター・チァティー。

◉「イァイ」
　8名[17]で2つに類別されている。
——「ロク・ネァック・イァイ」4名：ロク・ネァック・イァイ・スレイ・ピレァス、ロク・ネァック・イァイ・オーペァス・スーン・ソァク、ロク・ネァック・イァイ・ネァリ・ネァック、ロク・ネァック・イァイ・ヴォレック・アネク。
——「ネァック・イァイ」4名：ネァック・イァイ・テプ・コモル、ネァック・イァイ・ソカォロ・ピセーク、ネァック・イァイ・バォヴォー・テレーク、ネァック・イァイ・アッカ・エク・クサットレイ。

◉「チャッス」
　4名：チャッス・リァチァ・アマチャー、チャッス・バォリヴァ・クサット、チャッス・チァ・バォリサット、チャッス・チァ・ボレイ。

◉「トム」
　4名：トム・トトゥル・プチォン、トム・プロン・プロクロディー、トム・プクォプ・ペァクディー、トム・クメイ・バォムレゥー。

16　『クロム・モティー・ポル』第33条。Cf. A. Leclère, *Codes Cambodgiens*, t. I, p. 186.
17　*Le Dictionnaire de l'Institut Bouddhique*, t. II, p. 1556 によると、アン・ドゥン王時代にはイァイの第3グループが存在し、4人で構成されていた：イァイ・ボラン・リァチルン、イァイ・サォン・サォク・プリット、イァイ・プレン・ソチャリ、イァイ・プリット・チリァー。

2. 1857年の勅令[18]

　アン・ドゥン王は1857年に宗務行政委員会[19]を召集し、使用している王室用語の再検討を求めた。例えば、綴りの間違いを修正し、新しい時代にふさわしい新語や造語をつくるのがその目的であった。

　検討した課題は以下のとおりである。

― 王の身体に関する用語
― 神仏へ献上する供物用語
― キンマの使用に必要な用品
― 衣服と化粧品
― 食物
― 家具
― 病気
― 王の乗物
― 家族関係の用語
― 王の象徴と武器の用語
― 公文書の文例[20]
― 王子と王女の肩書[21]

　アン・ドゥン王が改革を求めようとした項目の中で、重要なのは最後の項目であった。これが1857年の勅令の中心的課題であった。

　古い王室用語に固執すれば、王の妻妾に肩書を授与するに当たって、2つの

18　Cf. Kpuon Preah Réach Sap, 1931, 42p.; P. Bitard, "Les membres de la famille royale...", BE-FEO, t. XLVIII, fasc. 2, pp. 536-579.
19　委員会は7名で構成され、3名は宗教者(ソムダチ・プリァッ・プロモニ・テン、ソムダチ・プリァッ・モハー・リァチ・トァム・アン、ソムダチ・プリァッ・ピモル・トァム・パン)、4名は高官(オクニャ・ソペアティプデイ・マ、オクニャ・プラニャティパデイ・ケオ、オクニャ・ソタォン・プレイチァ・カォン、チャウ・ポニェ・ソメイテァティパデイ・ソク)である。
20　サンスクリット語をもとに長年推敲された昔の文書。
21　新勅令には、昔の肩書は一部しか含まれていない。

判断基準が必要であった。その第1は結婚に対する両親の同意、その第2は妻妾が帰属していた社会的地位である。アン・ドゥン王は、これら2つの基準は時代遅れであると判断した。そこで、王は9条からなる勅令の中で、王の妻妾、王族、およびその子女たちの肩書は、結婚の儀式に応じて決まるという提案をした。儀式の違いは次による。
── 儀式をとりしきったのはバラモン祭官［バクー］か、あるいは王自身か。
── 妻妾は、夫と同じ席に着いたかどうか。

さらに、いくつかの事例では、勅令に挙げられている肩書も、王の同意がなければ有効とはならなかった。この場合、王は金布帛（きんふはく）の勅許状に肩書を刻むよう命じた。そして、妻妾が属していた社会的地位も、肩書の授与の決定要因として考慮していた。1857年の勅令を一覧表にまとめると次のようになる。

3. 王の妻妾とその子女の地位と肩書

まず、現王との結婚について、次にオペヨーリャチおよびオパラチとの結婚、そしてソムダチとの結婚という順に見ていく。

(1)現王の婚姻

A. 妻妾の社会的地位：王女
1) 結婚式において、バラモン祭官から水差しとほら貝の聖水を受ける。王が同席。
《その妻妾の肩書》
　ソムダチ・プリァッ・アッケ・モヘセイまたはソムダチ・プリァッ・アォ・アッケ・モヘセイ
《誕生した子供の肩書》

ソムダチ・プリァッ・リァチ・オルス（男）[22]

　　　ソムダチ・バォロム・リァチ・オルス（男）

　　　ソムダチ・プリァッ・バォロム・リァチ・ボトラ（男）

　　　ソムダチ・プリァッ・アヤ・ボト（男）

　　　ソムダチ・プリァッ・リァチ・ティダー（女）

2) 結婚式において、バラモン祭官から水差しとほら貝の聖水を受ける。王が同席せず。

　　《妻の肩書》

　　　ソムダチ・プリァッ・アッケ・リァチ・テピ

　　《誕生した子供の肩書》

　　　上記1) と同じ

3) 結婚式において、聖水はバラモン祭官からの水差しではなく、王自身がそれを妻妾に与える。その肩書は金の勅許状に刻まれる。

　　《妻の肩書》

　　　プリァッ・アッケ・チェイイェ

　　《誕生した子供の肩書》

　　　ソムダチ・プリァッ・リァチ・ボトラ（男）

　　　ソムダチ・プリァッ・リァチ・ボトレイ（女）

4) 結婚式において、聖水はバラモン祭官からの水差しではなく、王自身がそれを妻妾に与える。その肩書は金の勅許状に刻まれない。

　　《妻妾の肩書》

　　　結婚前のまま

　　《誕生した子供の肩書》

　　　プリァッ・リァチ・ボトラ（男）

　　　プリァッ・リァチ・ボトレイ（女）

22　王子の肩書を4つのうちから選ぶのは王である。王子と王女にはソムダチの地位が与えられる。1848年、アン・ドゥン王は王女の2人をソムダチに任命した。トロモル王女とウー王女の2人で、ソムダチ・プリァッ・リァチ・ティダー・プリァッ・モハー・クロサトレイとソムダチ・プリァッ・リァチ・ティダー・プリァッ・スレイ・ヴォラクサットの名が与えられた。Cf. *VJ*, t. VII, p. 828.

B. 妻妾の社会的地位：王族ではない

1) 結婚式において、王が聖水を与える。肩書は金の勅許状に刻まれる。

《その妻妾の肩書》チャウ・チャム[23]

第1区分：プリァッ・ピヨーの肩書は プリァッ・バォロム

第2区分：プリァッ・スノムの肩書は プリァッ・モネァン

第3区分：プリァッ・スレゥンケァーの肩書は プリァッ・メ・ネァン

第4区分：プリァッ・クロムカーの肩書は プリァッ・ネァン

第5区分：プリァッ・スレイカーの肩書は ネァック・モネァン

第6区分：プリァッ・カォムナムの肩書は ネァック・ネァン

《誕生した子供の肩書》

プリァッ・アン・マチャス（男）（女）

2) 結婚式において、王が聖水を与える。肩書は金の勅許状に刻まれない。

《妻妾の肩書》チャウチャム

　　　　　　ネァックのみ

《誕生した子供の肩書》

プリァッ・アン・マチャス（男）（女）

(2) オペヨーリァチの婚姻およびオパラチの婚姻

A. 妻妾の社会的地位：王女

1) 結婚式において、バラモン祭官から水差しの聖水を受ける。王の同席あり。

《妻妾の肩書》

ソムダチ・プリァッ・モヘセイ

《誕生した子供の肩書》

ソムダチ

2) 結婚式において、バラモン祭官の水差しの聖水を受ける。王の同席なし。

《妻妾の肩書》

23　チャウ・チャムのそれぞれは、妻のもとの社会階級により決まっている。プリァッ・ピヨーは総理大臣（チャウヴェア・トルハ）の娘、プリァッ・スノムは王の顧問（モク・モントレイ）の娘、プリァッ・スレゥンケァは役人の娘、プリァッ・クロムカーは良家の娘である。Cf. A. Leclère, «Le Roi, la Famille...», p. 14.

プリァッ・リァチ・テピ
《誕生した子供の肩書》
ソムダチ（この肩書を授けるのは王だけ、それ以外は合法でない）

B. 妻妾の社会的地位：王族ではない

結婚式に関する表記はない。
《妻妾の肩書》
チャウ・チャムの第4区分（プリァッ・クロムカー）あるいはそれより下に任命できる。
《誕生した子供の肩書》
プリァッ・アン・マチャス（男）（女）

(3) ソムダチ[24]の婚姻

妻の社会的地位	結婚式	妻の肩書	誕生した子供の肩書
プリァッ・アン・マチャス	表記なし	プリァッ・テピ	プリァッ・リァチ・オロス（男） プリァッ・リァチ・ティダー（女）
ネァック・アン・マチャス	表記なし	プリァッ・チェイイェ	ネァック・アン・マチャス（男・女）
ネァック・リァチ・ヴォン（大臣、高官あるいは平民の娘）	表記なし	ネァック・モネァン	ネァック・アン・マチャス（男・女）

(4) プリァッ・アン・マチャスの婚姻

妻の社会的地位	結婚式	妻の肩書	誕生した子供の肩書
プリァッ・アン・マチャス	表記なし	プリァッ・チェイイェ	プリァッ・オロス（男）[25] プリァッ・ティダー（女）
ネァック・アン・マチャス	表記なし	チェイイェ	プリァッ・オロス（男）[26] プリァッ・ティダー（女）

---

24 現王の家族、オペヨーリァチあるいはオパラチの息子。
25 2人の王子は両親と同じプリァッ・アン・マチャスの身分。
26 ネァック・アン・マチャスの身分。

| ネアック・リアチ・ヴォン（大臣・平民の娘） | 表記なし | ネアック・モネアン | プリァツ・オロス（男）
プリァツ・テイダー（女） |

(5) ネアック・アン・マチャスの婚姻

妻の社会的地位	結婚式	妻の肩書	誕生した子供の肩書
ネアック・アン・マチャス	表記なし	チェイイェ	プリァツ・オロス（男）[26] プリァツ・テイダー（女）
ネアック・アン・マチャスではない	表記なし	サォムラップ	オロス（男）[27] テイダー（女）

(6) ネアック・リアチ・ヴォンの婚姻[28]

妻の社会的地位	結婚式	妻の肩書	誕生した子供の肩書
ネアック・リアチ・ヴォン	表記なし	なし	ボト・プロス（男）[29] ボト・スレイ（女）
プリァツ・ヴォン	表記なし	なし	プリァツ・ヴォン（男・女）[30]

(7) プリァツ・ヴォンの婚姻

妻の社会的地位	結婚式	妻の肩書	誕生した子供の肩書
プリァツ・ヴォン	表記なし	なし	プリァツ・ヴォン（男・女）
プリァツ・ヴォン以外	表記なし	なし	プリァツ・ヴォンを名乗る権利はない、つまり王族に属さない

　この一覧表から、王族の地位については、5つに区分されると推定できる。5つの区分とは、上から下への順序で：①ソムダチ、②プリァツ・アン・マチャス、③ネアック・アン・マチャス、④ネアック・リアチ・ヴォン、⑤プリァツ・ヴォンとなる。王族が結婚する時は、式典にバラモン祭官の儀式――バラモンが用[31]

27　プリァツ・リアチ・ヴォンの身分。王室用語を使う権利はない。
28　註27参照。
29　ネアック・リアチ・ヴォンの身分。
30　プリァツ・ヴォンは身分とともに親を指す。
31　王とグループ（1）A, 4）の王女の子供プリァツ・リアチ・ボトラとプリァツ・リアチ・ボトレイを除き、すべての王子と王女の地位は知られている。

意した聖水をその妻女に与えることは含まれない。これは王の代役をするオペヨーリァチあるいはオパラチに限定された儀式である。

　王族の同一区分内では、上位席次権は両親の地位や職業によって決まっている。たとえば、グループ (1) A, 3) のソムダチ は、グループ (1) A, 2) のソムダチ の後に位置し、グループ (2) A, 1) の ソムダチ はグループ (1) A, 3) のソムダチ の後に位置づけられる。

　グループ (1) B, 1) のプリァッ・アン・マチャスはグループ (1) B, 2) のプリァッ・アン・マチャスの前に位置する。2人の人物が同じ肩書を持ち、その父親が2人ともオペヨーリァチあるいはオパラチの時には、お互いの位置は母親の地位によって決まる。

　この上位席次権の規則に違反するものは、男女を問わず、処罰が定められている。

　勅令第32条は、王宮内を護衛する護衛官に関する条項があるが[32]、その条項の中に過ちを犯した監視の役人や王の妻妾たちに課す体罰を規定している。

「チャウ・チャム、プリァッ・モネァン、プリァッ・ネァン、プリァッ・スノム、チャッス、トムたちは、王が与えた地位の席順に従って席につかなければならない。もし与えられた地位より一段上の席に座り、護衛隊長より規則を遵守するよう求められ、その指示に従わない場合には、その者は籐の鞭打ち10回に罰せられる。もし隊長が警告せず、座りたいようにさせていた時には、隊長自身が籐の鞭打ち5回を受ける[33]」

　そして、両親が同じ社会的地位であれば、子供はその両親と同じ地位を獲得する。もし両親が異なる地位であるなら、父親の社会的地位によって子供の地位は1段階あるいは2段階低くなる。この規則に従えば、王子たちは位階の消滅を引き起こしかねなかった。というのは、婚姻によって、しばしばそうした位階制度に基づいた地位を維持することができなくなったからである。しかしながら、19世紀半ばまで、常に王子たちの階層は存在した。それも、400年以上

32　クロム・モティー・ポルである。
33　A. Leclère, *Codes Cambodgiens*, t. I, p. 186.

前から、王族でない妻妾たちとの婚姻が数多く王宮内で見られたからでもある。

実際に、王族の位階と階級は、新しい王が即位する時一部入れ替わるおかげで、存続することができたのである。新王が即位すると、王はまず王国の行政をつかさどる5人の大臣を任命する。同時に王は自分の先祖や妻と子供たちに爵位を授ける。だが、王が授ける肩書が全員に与えられたわけではない。アン・ドゥン王が即位した時には、母親ネァック・メ・ネァン・ロスがソムダチ・プリァッ・ヴォリァチニ（皇太后）に昇格した。さらに王の妻妾の1人ネァック・モネァン・クリムに王妃の肩書テピを与えた[34]。最後に、娘2人（トロモルとウー）にソムダチ・プリァッ・ティダーの肩書を与えた。カンボジアでは、上記以外には王族系統の仲間入りをする方法は存在しなかった[35]。

いったん高貴な家族に昇格すると、王子や王女は「ソムダチ」と呼ばれた。王との親族関係については、これまで使われている特別な用語で示される。その肩書きはたいていの場合サンスクリット語あるいはパーリ語を組み合わせたものが多く、名詞の場合には、その前にプリァッ（神聖な）をつけた。そこで、王家においては、王の弟にはプリァッ・アーノチ（アーノチはサンスクリット語アヌ＋ジャ「後で生まれた」）を用いた。したがって「ソムダチ・プリァッ・アーノチ」は「王弟」を意味する。

これら王子や王女たちの収入源はよくわからない、王の実子である子供たちは年金を受ける権利があり、これは王国の予算から天引きされていた。王族の一部の人々は先祖が残してくれた土地の賃貸料で暮らしてきた。この場合、その土地で獲れる米穀にかかる税は免除されていた。

「米にかかる年貢の徴収については次のように決まっている。王子もしくは他の王族たち、高位高官とその家族、元戦争捕虜、解放された奴隷たちに関しては、稲田がそれぞれの領地内にある時は、地方長官、ヨコバォト（副長官）、チャウ・ムゥン（小地方長官）、チャウ・バン（村長）とその他の地方当局が、10分の1税、

34　他の24人はすべて一階級昇格したが、チャウ・チャムの身分にとどまった。
35　年配のクメール人に聞いたG. マスペロの覚書によると「法的効力を持つ慣習法によると、近親同士の同盟あるいは最高権力者（王）によって力を復活できなかった第5段階から先の王の子孫は、いわゆる王族ではなくなり、特別なカーストに属し、王位を主張する権利はまったくない」Cf. *L'Indochine*, t. I, p. 216.

20分の1税、40分の1税を取りこぼしなく徴収するように決められている。しかし、（王所有の）馴象および車馬実務者にかぎり、税は免除されねばならない。前述の者たち以外に、（すべての土地について）プリァッ・ヴォンサー（王族）、高位高官、役人、その家族あるいは住民が、その土地から生活手段を得ているならば、その税金が徴収されるものとする[36]」

しかしながら、その他大勢の人たちは、王・高官・その家族など上記の人たちに対して敬意を払う以外に何の権限もない人たちであり、これらの人たちは、どのようにして暮らしていたのであろうか。

これら一般の村人についての史料はほとんどない。手元にあるのはノロドム王時代［1860-1904］の一部の記録であり、村の人たちの問題の一断片が知られているにすぎない。J. ムーラは、以下のように記している。

「王宮は彼ら（王族）に年金を与える。王族は、つらい仕事をやりたくないので、仕事は手下のクメール人やアンナム人［ベトナム人］に命じてただ働きをさせる。王族たちは手厚い保護のもとにあって、告訴されることもなく、王国内においてやりたい放題のことができるという。王子たちは、時には自分のために働いてくれる召使いたちを見つけて、彼らに小商いをさせて、上前をはねる。王が何もしてくれないので、王子たちは勝手に自分の立場を利用して策略をめぐらしていた。

王子たちは、これらの善意の召使いのほかに、王から王子たちひとりひとりに50人の賦役労働者を与えてもらっていた。この賦役労働者の男たちは国のために年間90日間の労働奉仕をただでしてくれるので、全部で4500日分（50人×90日）となり、王子たちはこの労働で得られる収入を自由に使うことができた。この賦役労働者の労働日数は、1年分を18フランの割で、買い戻すことができる[37]」

---

36 A. Leclère, *Codes Cambodgiens*, t. I, p. 102.
37 Cf. *Royaume du Cambodge*, t. I, p. 229. プノンペンのノロドム王宮における、王、内縁の妻、女優その他の生活については：Cf. *Ibid.* pp. 231-232.

王族は自分でそれぞれに私的な法廷を持っており、王の法廷とは区別される。王族がからむ訴訟はすべて、次の2つの法廷で裁かれる。プリァッ・ノコーバルはつまり警察であるが、警察は盗難事件の訴訟にしかかかわらない。この時は、判事の役割を果たす。すべての法廷の審判は王に知らされ、王はそれに対して一言見解を述べる。[38]

38　組織については、「クロム・プリァッ・トマヌン」(法廷の構成に関する王令)条文がある。訳文を掲げる。
　「王族間において紛争が生じた時、すなわち闘う、殺し合う、横領する、貸借や別の王族の子供・甥・姪あるいは幼い娘との不義密通が原因で口論が生じた時には、王族専用の法廷と王の法廷の裁きを受けるものとする。窃盗(事件)は、これら2法廷の裁きを受けねばならず、これをプリァッ・ノコーバル(警察)が補佐する。地方では、法廷は王族専属の判事と地方判事で構成される。(犯した)罪が重く、罰金あるいは懲役が課せられるとなれば、王に伺いをたて命令を受けるものとする」

第3章
バラモン祭官、「バクー」

　王宮内における諸祭祀儀礼、たとえば新年の沐浴の儀式や浄めの儀式、浄めの聖水の準備とその儀礼、戴冠式、王および王子たちの葬式などは、祭事・宗務者専門家集団であるバラモン、バクー[1]の専管職務である。ムーラによると、1880年段階で、これらバラモンの数は約100名で、カンボジア全土の各地にちらばっていた[2]。王宮内で働いているバクーの人たちをプリアム・ボロヘット「王宮付バラモン」と呼んだ。

　伝えられている高位バクーの話では、これらバラモンたちの起源はアンコールの地において初めて統治したという伝説の王プリァッ・ケート・メァレァ[3]時代までさかのぼるという。ある日、王が病気になった。王の病を直すため、シヴァ神とヴィシュヌ神はプロム（ブラフマー神）の国から最高位苦行僧エイセイ・スレイ・リァチを呼びよせた。帰国するとき、エイセイ・スレイ・リァチは王のもとに7人の弟子の苦行僧たちを残した。この7人はアンコールの大地に腰を落ち着けた[4]。この伝説には、インドから渡来のバラモンがカンボジアへ移り住んだという伝承が入っている。さらにこの伝説は、クメール人とこれらバクーとの起源の違いを述べ、そして、バラモンのカースト［世襲的身分階層制度］を遵守し続けるバクーの存続を証拠づける伝承でもある。

　バラモンたちがカースト制を遵守してきたという慣習については、手元にはそれを裏付ける史料が残っていない。これらバクーについて入手できる記録は、

1　「その先へ行った」を意味するパーリ語の paragu から。サンスクリット語の brahmana がフランス語のバラモンになり、カンボジア語ではプリアムに変化した。

2　Cf. *Le Royaume...*, t. I, p. 214; E. Aymonier, *Manuel Pratique...*, p. 20 では数はずっと多く、800人から1000人の男たちである。しかし、*Le Cambodge*, t. I, p. 63 は、おそらくJ.ムーラから知識を得たのであろう、100家族という数字を導きだしている。

3　Cf. Mâk Phœun, *Chroniques Royales du Cambodge, des Origines Légendaires...*, pp. 63-70.

4　J. Moura, *Le Royaume...*, t. I, p. 124.

19世紀末にこのカンボジア国で暮らしたヨーロッパ人たちの報告書がある。
　エモニエは、1874年、バクーについて次のように証言している。

「バクーの人たちは法によって禁じられていないとはいえ、カースト外での婚姻はまれである。カンボジア人たちは、とりわけバクーの娘とクメール人男性との結婚は不幸をもたらすと信じている[5]」

　バクーの家系は代々男系によって受けつがれていると、エモニエは付け加える[6]。
　ムーラは逆の説をとる。

「バクーは、現在ではカンボジア国内にいるいろいろな集団の女性と無頓着に[7]結婚する。したがって、もはやもともとのバクー集団を探すことできない。これらバラモンたちは、さまざまな宗教の女性と結婚し、結婚相手に自分の宗教に改宗するよう求めない。規則としては、バクーと非バクー女性との子供は、当然ながらバクー集団に属し、バクー女性と非バクーの父親との子供は、その選択は自由である[8]」

　ムーラの報告は、ジャノーの証言で裏付けられる。1870年、バクーとカンボジア人の婚姻関係が存在するのかどうか疑問に思っていたジャノーは次のように記している。

「カンボジアには戸籍の登記がないので、バクーの人たちが一族以外と婚姻関係が全くなかったと確信させるものなどない。したがって、バクーが他のクメール人と異なる肉体的特徴を呈したり、古代クメール人の原型のような特徴を呈することはおそらくありえないだろう[9]」

5　Cf. *Dictionnaire Français-Khmer*, p. 19.
6　*Le Cambodge*, t. I, p. 63.
7　1880年ごろ。
8　*Le Royaume...*, t. I, pp. 215-216.
9　*Manuel Pratique...*, p. 69.

ジャノーによると、バクーはほとんどクメール人の日常生活の習俗に従っているが、例外としていくつかの戒律がある。

「現代のバクーたちの中で最もまじめなバクーは、自分たちだけの戒律を守っている。たとえば、命ある動物をけっして殺すことはしない、これは仏教の経典にもあることだ。また、白い綿布で手を覆わずに飯釜に触れることは禁じられている。こちらはバクー特有の戒律であり、仏教とは関係がない[10]」

さらに、バクーの息子は仏教寺院の学校に通う。時には、僧侶になることもある。彼らは頭を丸め、僧衣を脱いで還俗する日まで、仏教の戒律に従う。還俗すると、髪の毛を長く伸ばして、カーストによって決められている通り後頭部で髷に結う。バクーたちの信仰活動は、クメール人のそれと見分けがつかない。クメール人と同じように、バクーの人たちは精霊、仏陀、ヴィシュヌ神やシヴァ神を崇拝し、礼拝する。結婚と火葬は、バクーもクメール人仏教徒も同じ方法で行なう。

バクーたちは3つの集団に分かれている。第1集団は王宮内で働き、第2はバライ地方の寺院の側に居住し、第3集団は馴象の世話係である。王宮で働くバクーは8人で、責任者は高位のソムダチ・プリァッ・エイセイ・ポッティパディーの肩書を持つ。あとの7人はそれぞれ、プリァッ・イント・リァム、プリァッ・チェイィェ、プリァッ・プーヴァーミン、プリァッ・プロムメァ、プリァッ・イント・コルプカー、プリァッ・チャォム・アーチャー、プリァッ・テープ・アーチャーの肩書を持っている[11]。

カンボジアの王たちは、いつの時代も、王である証拠品の王剣[12]、王章、バラモン（ヒンドゥー教）の神々の小像の護持をこれらバクーに委ねてきた。その小像

10　*Ibid*., p.70.
11　アランソン古文書館：A. Leclère, n°694: *Bañchi namœun tam sâmrap*.
12　G. ジャノーの注釈では、「バクーはプリァムの血を引くものであるとクメール人は主張する。このプリァムというのは彼らの先祖の1人の名前で、この人物は、プリァッ・ヴェサンダオという名のクメール王に仕えた褒美として聖剣を守るという排他的特権を自分と子孫に与えられた。Cf. *Manuel Pratique*..., p. 69. ムーラは王剣の描写をしている。Cf. *Le Royaume*..., t. I, p. 260; J. Dournes, *Pötao*, pp. 21-23.

というのは、ブラフマー神、ヴィシュヌ神、シヴァ神、ガネシャ神、女神カーリー、それに戦いの神カーティケヤだと思われるプリァッ・カォムチャイなどである。

　バクー（バラモン）の第2集団は、バライ地方の寺院に隣接した村に住んでいた。バライ地方は現在のコンポン・トム州である。その任務は、スダチ・トラン［地方豪族］の4本の剣を守ることである。この集団に属する10人のバクーは、王宮内のバクー長、エイセイ・プーティパディーの支配下にある。[13]

　第3の集団は「プリァム・プリティポス」[14]と呼ばれ、やはりバクーによって構成されている。[15]近世カンボジア人は、この集団を「マォ・タウ」と呼んだが、シャム語では「老師」を意味する。主な役目は、野生の象を捕獲して、戦闘用の馴象に仕込むことである。そのほかにも、象捕獲人のみが知る捕獲技術やその秘伝を伝授している。プリァム・プリティポスの象捕獲人たちは、世界中の象の支配者としてガネシャ神を崇めている。[16]

　かつては、野性象の捕獲に都合のよい場所が2ヵ所あった。カルダモーム山脈、とりわけトンレ・サープ湖の西側と、もう1つはトンレ・サープ湖の東側チュゥン・プレイ地方である。毎年決まったように、プリァム・プリティポスの近くに捕獲人たちが全員集合する。この象捕獲を支援するため、プリァムの捕獲人の一部をポーサット地方に、別の捕獲人の一部をチュゥン・プレイ地方に在住させていた。ポーサット組は、マォ・トラーイ・エー・レチ「西岸の捕獲人」、あるいはマォ・プロス「男捕獲人」、あるいはまたマォ・スダム「右の捕獲人」と呼ばれていた。もう一方のチュゥン・プレイ組は、コンポン・トム州スロク・チュゥン・プレイ、スデゥン・チェイ村に陣取っていた。そこで、この人たちのことを、マォ・トラーイ・エー・カゥット「東岸の捕獲人」、あるいはマォ・スレイ「女捕獲人」、あるいはマォ・チヴェン「左の捕獲人」と呼んだ。このチュゥン・プレイ組の組織に関する報告は現存しない。しかしながら、この組織が存続していることは誰も疑わない。

13　本書第2部第5章参照。
14　サンスクリット語の brahmana「バラモン」、vridha「専門家、学者」、paça「関係、綱、鎖」。
15　Cf. Chhim Krâsén, *Preah Réach Pithi*..., pp. 143-152; J. Ellul, *Le Traité de la Chasse*..., pp. 45-76; ID.,«Le Coutumier Rituel», pp. 88-93.
16　バラモン教では、知識と成功の神で、シヴァ神とパールヴァティーの息子。

王宮内の馴象職役人オクニャ・リァチ・ヴォリァ・ヌコルによると、東岸プリァム・プリティポスの最後の団長は、ソベン・チュンという名前であった。この2組のバクー集団が同じ野性の象の捕獲に専従していたのであった。チュゥン・プレイ組は、後続のポーサット組とそれほど捕獲の場所が離れてはいなかったのではないかと思われる。

　団長のバクーは、オクニャ・プロァシティポー・リァチァチェイの肩書を持ち、2人の補佐がついていて、右がオクニャ・プロァシティポー、左がオクニャ・プロァシトチェイといい[17]、50人ほどの賦役労働者を自由に使うことができた。ポーサット組は、19世紀末に、ドゥンという名のオクニャ・プラォシティポー・リァチァチェイがいたが、彼が亡くなったあと、消滅した。

　東岸のプリァム・プリティポスの各グループは、携帯品として「聖刀」を持っていた。その聖刀はいつ製造されたかは不明である[18]。バク・クナ村に保管されていたポーサット組の短刀は、プリァッ・カムベト・スダム「右の神聖な刀」、チュゥン・プレイ組のはプリァッ・カムベト・チヴェン「左の神聖な刀」と呼ばれる。その他の備品としては、1943年、1対の角笛（水牛の角で作られている）と1対の小型角笛（象牙製）が見つかった。

　王国内各地に居住するバクーは、その役割に従って10人から12人が王宮に召集され、王宮特別棟の古代刀剣の安置されているところで任務につく[19]。週2回、火曜日と土曜日、聖なる御文を朗唱したあと、鉄製の聖遺物が鞘から取り出され、日ごろ目にすることのない箱に納め、展示される[20]。この遺物は、幅広の短い鉄製の刀剣であり、表面にヒンドゥー教の主な神々が刻まれている。それは昔の鞘ではなく、比較的新しく多色の装飾に金と漆が施された鞘に取り替えられていた。鞘そのものも、赤いビロードの布に包まれて、これら一揃いが容器

17　右組長は大きな象の肖像入り公印、右の補佐は同じ肖像入りの小さな公印、左の補佐は剣を手に座した神象入り公印。

18　バクーたちから聞いた口承伝説によると、短刀が製造されたのは、伝説の王プリァッ・ケート・メァレァ時代である。Cf. Mâk Phœun, *Chroniques Royales du Cambodge, des Origines Légendaires...*, pp. 63-70.

19　聖剣は王権の印である5点のうちの1つ。あとの4つは、王冠、白羽扇、白日傘と金の靴である。Cf. Chhim Krâsén, *Preah Réach Pithi...*, p. 122.

20　聖剣を鞘から取り出したとき、刃に血のような赤錆びがあれば、近いうちに紛争がある、王国に戦争が起きる前兆である。ゴマ粒のような黒錆びがあれば、王位の交代を覚悟せねばならない。Cf. Chhim Krâsén, *Preah Réach Pithi...*, p. 125; J. Dournes, *Pötao*, pp. 21-23.

の中に納められている。

　これらバクー（バラモン）には特権がある。中でも最高の特権は、王家一族から王位に就く男性がいない場合には、王位を請求できる権利があることである。カンボジアにおいて知られている意見によれば、もし現在の王室が消滅することになれば、クメール人王を新たに選ぶのはバクーのカーストの中からである。バクーは可能な範囲内でカースト外の人と婚姻していない純血な一族と考えられていると、エモニエは記述している。[21]

　バクーは、王が戦争に出陣するとき同行する。[22] バクーは聖剣、古代の鉄槍、ヒンドゥー教の諸神像、とりわけ「プリァッ・カォムチャイ像」を携行する。闘いの前に、バクーの1人が聖水「勝利の水」を王のもとに運び、王はその水で顔と胸を清める。

　時代の流れと共に、かつてバクーたちが享受していた恩恵と特権は減少したようである。それにもかかわらず、持続している特権を挙げるならば、バクーが王国内の特権階級であることを示すことになる。

　たとえば、ムーラの記述によると、バクーの長は、毎年、コンポン・スワイ地方の住民から、銀で27フラン、米20ピクル［中国・東南アジアで使われている重量単位。1ピクルは約60キロ］、水牛1組と好きなように使える牛荷車を受け取る。あとの7人のバクーたちも、ほかの地方から提供される形で同じ贈り物を受ける。[23]

　バクーは、1年を通じて「聖剣」を守らねばならないので、賦役工事などの肉体労働は免除されている。一部のバクーは商売をしている。禁じられていることはないが、クメール人と同じ法の下で行なわれねばならない。

　バクーの長は、カースト構成員のあいだで生じるすべての争いごとを解決しなければならない。それが難問の場合には、裁判官役の仲間の1人あるいは複数の協力者に仲裁を要請することができる。バクー長だけがこうした仲裁裁判を組織することも、また逆に中止することもできる。

　バクーがもし死刑判決を受けたとしても、執行されることはない。そのバクーに対しては特別な首輪が着装され、首輪を首につけて、生きたまま遠隔地に

21　*Dictionnaire Français-Khmer*, p. 20.
22　そのうちの2人、プリァッ・インティベスとプリァッ・プロメティは、平常は軍人たちの教育にあたり、戦闘になると、参謀に加わる。本書第2部第5章参照。
23　*Le Royaume…*, t. I, p. 217.

送られ、地方長官の監視下に置かれる。鎖の刑を受けたバクーは、上司から鉄の手錠をかけられ、仲間の1人の自宅内で監視される。

　カンボジアの慣習法では双子が生まれると、2人は永久に王の下僕とならねばならない。バクーのところの双子はこの規則外に置かれる。しかし、バクー集団から離脱することは許されず、いずれはカンボジア王権の宝璽を守る任務につく。

　『クロム・モロダォク』[24]63条に規定されているように、子供のいないバクーの財産は、王家の金庫には戻らない。

「プリァムが亡くなったら、何よりまずプータイァ[25]を取り上げ、王に返却せねばならない。財産については、王の取り分はまったく考えなくてよい。法の冒頭にあるとおり、他の世俗の一般人と同じく、故人の父親、母親、子供たち、妻と親族で分けることができる」[26]

　アンコール時代のカンボジア史において、バクーが演じてきた役割についてはわかっている。プロヒタ［王の顧問］、ヴォリァッ・グルー［王の師］の役割を演じ、王から特別な称号を受けていた。ヴォリァッ・グルーの中でも最高位に就いた高官は、バクーの子孫であると同時に王家と親戚関係にある人たちでもあった。[27]したがってヴォリァッ・グルーは時にかなりの政治的影響力を行使していた。王の諮問、さもなければ皇太子の教育係を担当し、即位の儀式を取り仕切っていた。[28]王が、宗教施設あるいは寺院をバクーに寄進した時には、慣例に従って、さらにその土地、奴隷の寺男・寺女および舞踊団や楽団なども併せて与えていた。このようなわけで、デュポンの言うように、「宗教施設の建設は、現実には王からの土地の寄進をともない、住民がいない地方や少数民族の住む遠い地方の開

24　『クロム・モロダォク』は財産法。
25　プータイアはパーリ語から来たようで、bhata「大きくする、養う」とdaya「好意、同情」の組み合わせ。おそらく、王からバラモンに報酬として与えられる現物による特恵を指す。たとえば20ピクルの米、水牛1番、荷車などで、毎年各人がうけとる。Cf. J. Moura, Le Royaume..., t. I, p. 217.
26　A. Leclère, Codes Cambodgiens, t. I, p. 362.
27　G. Cœdès et P. Dupont, "La Stèle de Sdoc Kak Thom", BEFEO, t. XLIII, p. 56
28　G. Cœdès et P. Dupont, Ibid., p. 73.

発を促進した」ようである。

　アンコール時代であれ、その後のポスト・アンコール時代であれ、バラモン（バクー）は特権階級を形成し、王権に密着してきた。宗教祭儀式やその文化継承の貢献に対する報酬として、古い時代には土地と下僕たち、近代になると金銭、米や水牛など、歴代の王から多大の物質的な寄進を受けてきた。何百年という時間的経過があるにもかかわらず、このバラモンに報いる物質的方法や精神的恩恵はまったく変わらなかったと言えよう。

　スドック・コック・トム碑文［1052年］によると、バラモンのシヴァカイヴァリヤ家だけが、世襲としてデヴァラージャ祭儀を担当することができ、この儀式を執り行なう祭官はプロヒタ［王の顧問］という特別の肩書を持ち、異性との交わりをしない誓いをたてていた。プロヒタは、その任務を母方の傍系子孫に継承させた。プロヒタのほかに、主として戴冠式を取り仕切るヴォリァッ・グルー［王の師］なる者がいる。

　19世紀には、ヴォリァッ・グルーとバクー長ソムダチ・プリァッ・エイセイ・ポッティパディーの区別をなくし統合した。その理由は、両者が王宮内におけるあらゆる祭儀式にかかわり、重要な役割を執り行なったからだという。しかしながら、これを裏付ける史料がなく、カースト内部の運営規則、とりわけ王室にかかわる宗務職の継承と譲渡の方法はわからない。そのため、アンコール時代の王宮内のバラモンと現在のバクーを比較検討するのは不可能である。

29　G. Cœdès et P. Dupont, *Ibid.*, p. 69.
30　S. Sahai, *Les Institutions Politiques*…, pp. 40-46.
31　G. Cœdès et P. Dupont, op.cit., p. 66.

第4章
高官の任命式と宣誓の聖水式

　例年の高官任命式は、カンボジア正月（4月）に執り行なわれ、必ずその後に宣誓の儀式が続く。昇進した高位高官たちは、王に贈り物をせねばならない。ビンロウの実、蠟燭、蜜蠟の組み合わせで、高官の身分によってその数量が変わる。9ホー・ポァン［ホー・ポアンは禄高1万］以上の［オクニャと呼称される］役人は、贈り物に3.80リエルを添えねばならない。これは国庫に入る［本書269ページ「肩書・禄高一覧」参照］。

　昇進昇格者は、定められた日に、規定の服装を着用し、腕組みをして、王宮の謁見の間に集合する。王宮の占星術師が定めた時刻に、王が謁見の間に入場すると、全員が3回ひれ伏して挨拶する。王宮の執事が、各人の名前、新職務と身分を告げながら、王に昇進者を紹介する。この紹介が一段落すると、王自ら、官務官の作成した名簿に従って、ひとりひとりの昇進者を、身分の低い方から名前を読み上げる。そのあと、昇進者たちはもう一度3回ひれ伏す。式典の締めくくりに、王が高官たちに対して激励の言葉を述べ、みんなに花びらを振りかけながら、お祝いの言葉を述べる。昇進した高官たちは王宮を退出する前に、最後にもう一度ひれ伏す。[1]

　それから、宣誓の聖水が用意される。[2] 王宮のバラモン（バクー）たちだけが、王の聖剣を使って聖別した宣誓水を準備することができる。その準備には4人の高位の大官と王が陪席する。聖水の儀式が終わると、王の小姓が金の壺を取りに行く。王妃、王女、女官、踊り子や召使いたちが宣誓式で使うのは、この金製の壺に入れられた聖水である。

　高官たちのために用意された聖水は、4つの壺（1つは金、1つは銀、1つはトンヴ

---

[1] Cf. *Pithi Thvay Bângkum Ngéa*, "Cérémonie de Prise de Fonction", Rev. *Kampuchéa Sorya*, 1939, no1, pp. 83-84.

[2] A. Leclère, "*Le Phok Tuk Prah Vipheak Sachar*" (l'absorption de l'eau du serment), Rev. *Indochinoise*, 1904, 30 nov., pp. 735-741; J. Moura, *Le Royaume...*, t. I, pp. 251-254.

エ[3]、そして1つは青銅）に分けて入れられる。それぞれは高位官吏の4つの階級、すなわちエク、トー、トレイ、チャトヴァ[4]を表す。

　バクーの長は、はじめに、誓いの水を飲みに来る右の高官8人を連れてくる。王宮の執務長が誓いの言葉を読みあげると、高官たちは一語一語繰り返し復唱する。朗読が終わると、ひとりひとりが小さなお椀の水を受け取り、これを飲み干さねばならない。椀が空になると、各人は残っている数滴の水を手に取り、それで頭を濡らす。ここまで終わると、全く同じ儀式が、左の高官8人のために繰り返され、それからまた右の高官8人のためにというように、宣誓水の儀式は、参列した高官全員が飲み終わるまで続く。こうして、上位から中級と下級の役人までの儀式が終了する。帰宅する前に、クロム・プリァッ・アレク（王宮の執務室）に立ち寄り、辞令を受け取る[5]。地方長官の任命式は、これに、その地方で執り行なわれる2つの儀式が加わる。この件については、後述する。

　この誓いの水を飲んだ官吏たちすべては、いくつかの禁止事項を厳格に守らねばならない。その起源はわからないが、禁止事項は『クロム・モティー・ポル』法典124条にある。

「宣誓水を飲む時は、黄金あるいは赤い金の指輪をつけなければならない。お腹を空にしておくこと。宣誓の水を飲む前に食事をした者は、黄金あるいは赤い金の指輪をつけて出席し、法に則り、身分によって定められた罰金を支払う[6]」

　欠席した高官のためには、次のような措置がとられる。宣誓水式典の翌日から、王の代理として、一定量の聖水を運ぶ小官吏が地方へ派遣され、病気や仕事の都合で定められた日に王宮に行けなかった者に誓いの水を授ける。

　正当な理由なく欠席した者、あるいは宣誓水の時に虚偽の申告をした者が出ないように、免職から極刑までの罰則が定められている。

3　銅と金銀の合金。
4　本書第2部第1章参照。
5　ノロドム王の時代から、宣誓水を飲む儀式は、王の誕生日に行なわれた。また、宣誓はワット・プリァッ・ケオ（銀のパゴダ）において行なわれていた。Cf. *Kampuchéa Sorya*, 1939, no1, p. 85.
6　Cf. A. Leclère, *Codes Cambodgiens*, t. I, p. 209.

「王の使節、地方長官、下級官吏たちで、相互に往来があるにもかかわらず、誓いの水を飲みに来ず、禄高が8から10ホー・ポァンの位階にある者、また王への敬意が足りないがゆえに、王女や王の妻妾の庇護を受けるために日参して象や馬を贈呈した者、彼らは裁判にかけられる。そして、罪が確定したら、罰金刑、あるいは死刑、籐の鞭打ち50回、免職、追加の罰金などの刑罰が課せられる。

もし、王に仕える高官が、誓いの水を飲みに来なかった理由として嘘を申し立てようとした場合、仕事が大変だったからとか病気だったからとか、虚偽を書面にした場合、裁判にかけられる。また、もし誓いの水を全部飲み干さなかったり、もしくは水を手に取って頭を濡らさなかったりしたなら、国の裏切り者とみなされる。もし王が恩赦したとしても、少なくとも身分に応じた罰金刑が課せられることになる[7]」

ノロドム王の時代［1860-1904］には、謝罪のない欠席者や遅刻者に対して、より寛大であった。厳格に法を適用しなかったのである。J. ムーラがこの問題について書いている。

「現在（1880年）、それほど厳格ではなく、罰金を課すことで満足している。罰金は、違反を犯したとされる高官の位階ごとにおよそ15フランである。これらの罰金は、まとめて2人の侍従長モハー・テップとモハー・モントレイに渡される[8]」

ここで、その誓文を取り上げよう。ただし、手元にあるのはJ. ムーラのカンボジア語文からの翻訳文である。

「陛下、私は、陛下の神聖な御足の埃の下手にあって、国家への奉仕と国王陛

---

7 『クロム・モティー・ポル』の122条および123条。Cf. A. Leclère, *Ibid.*, t. I, p. 209. 『クロム・プリァッ・トマヌン』の96条によると、これらの過ちはすべて、王宮で働いている役人たちで構成された特別法廷アーチニャ・プリァッ・リァチ・モンティで裁かれる。Cf. A. Leclère, *Codes Cambodgiens*, t. II, p. 27.

8 Cf. J. Moura, *Le Royaume*..., t. I, p. 251.

下への奉仕に献身することを誓います。私はいつわりのない真実の心をもって陛下にお仕え申しあげ、陛下に忠誠を誓い、陛下のお力を認め、王国に対する外国の王の企みを幇助することはいたしません。さらに付け加えるならば、私は陰謀や紛争を企む者をすぐに告発し、追跡することに率先いたします。

もし敵が王国の転覆をはかったりした場合、私が王国を守るために駆けつけなかったら、そんな時私が隠れたり、たとえば私が住民のあいだに不安や恐怖の心を生じさせるようなことをしたら、もはや私は陛下の家臣としてふさわくないでしょう。

私はけっして陛下に対する義務、正義、忠義を怠りません。そして、私がいつかそれを怠ったりしたならば、その時は私を背信者として打ちのめすあらゆる罰を受け入れます。

私がいつか不埒者になったら、村々の守り神、樹木の守り神、善霊あるいは悪霊、天地の神々と風神、東西南北の方位の神々、大地の女神、すべての魔神と悪魔に対して、私の命を奪うように勧めてください。

もし私が王への誓いを破るならば、私の来世は悲惨なものになりましょう。この世においては、私は、雷に当たって感電死する、鰐や獰猛な動物に噛み殺される、牛、水牛もしくは象の牙に突き刺される、象の下敷きになってつぶされるなど、不幸な死に方をして、葬儀もありません。また、陛下、あなたの刃で殺され、そのあと地獄に落ち、そこに1000万年とどまるでしょう」[9]

ムーラは、これら高官たちの誓文の文面と、宮廷内の女官たちの誓文の文面を比較して、記している。

「宮廷の女官たちの宣誓文は先の男性の誓文に類似はしているが、次の数点だけは違うようである」

「私は陛下に忠実を誓います。外国の王が知ってはならないことを漏らしたりいたしません。私たち女官（女官、召使い、踊り子など）は、それぞれの義務を果たし、人から甘い言葉をかけられてもけっして耳を傾けず、必要に応じて、陛下に対

9　Cf. *Le Royaume…*, t. I, pp. 252-253.

して不誠実な女がいたとしたら、その人を告発することを誓います[10]」

　王宮内の妻妾たちは、聞いたことを黙っていることができないために、罰せられたようである。王宮内取り締まり法の第34条にはこうしたことが定められていて、単なる罰金から、口あるいは片耳の切断などがあり、また死刑まであった。

「王が、4大臣や高官・担当官と低い声で政治の話をしている時、王宮内の女官のだれかがその話を小耳にはさみ、聞いた話を他の女性たちに話した時には、以下の6刑罰のうち、どれかを受けることになる。斬首刑および財産の没収、財産を没収されてポル・スマウ・ドムレイ[11]の身分になる、口および耳の切断、革紐で50回の鞭打ち、3倍の罰金[12]」

　アンコール時代には、1011年、スーリヤヴァルマン1世（1002-1050）の王宮内において高位の高官が述べた宣誓文が遺されている[13]。考古学者たちが「倉庫」とか「南宮殿」の仮称で呼んでいる旧王宮東入口の西側側壁に刻まれた碑文が、そうである[14]。

　近代の宣誓文と古代の宣誓文を比較検討するのは、時代差もあり、微妙な解釈論となり、その全容は多少なりともわかり難いところがある。しかし、G. セデスのおかげで、不確かな部分がなくなった。セデスは、スーリヤヴァルマン1世の高官たちの「宣誓文」を解読し、同じくプノンペンの王立古文書館に収蔵されている近世の「宣誓文」と比較検討した。以下はその結論である。

「スーリヤヴァルマン時代の宣誓文の決まり文句と、プノンペンにある『誓いの水を飲みに来た』クメール人役人たちが唱える宣誓文の類似性は、非常に注目

10　Cf. *Le Royaume...*, t. I, pp. 252-253.
11　文字どおりにはポル・スマウ・ドムレイは「象のために草を刈る奴隷」。L. ルクレールは、これは間違いで、スレイ・ポル・パーク・スドゥン「刺繍職人」であろうと言う。
12　Cf. A. Leclère, *Codes Cambodgiens*, t. I, p. 186.
13　G. Cœdès, "Le Serment des Fonctionnaires", *BEFEO*, t. XIII, fasc. 6, pp. 11-17.
14　Cf. *BEFEO*, t. XII, fasc. 9, p. 183.

すべきである。長い・短いは別にして、この近代の宣誓文は、カンボジアが上座仏教に改宗したことによって新しく生じた追加の宣誓項目があるとはいえ、古代の宣誓文を下敷にして作成したものであることがよくわかる。宣誓文の出だしは同じである。『私たち、某となにがしは、仏陀、聖典、および聖遺骨のもとに、陛下に献身的に仕えることを誓います…』。次に、碑文にあるように、高官たちが犯してはならない間違いが列挙されている。外国の王のために王を裏切ること。王に対して仕組まれた陰謀を自ら、あるいは人を介して王に知らせるのを怠ること。王敵と闘うのを拒否すること。同じく、碑文では、スールヤヴァルマン1世の高官たちは王への感謝から、これらの罪「クルタニャペァクデイ」を犯さないことを誓い、現代の役人たちはこれらの罪が王への忘恩行為「セクデイ・アカッタニュー」なので、犯さないと誓った。最後は、恨みがましい言葉で結ばれる。これは、スールヤヴァルマン1世時代のよりも、現代のほうがずっと長い。しかしながら、考え方は同じだ。「私たちが誓いに背けば、陛下は私たちに刑罰を課します。そして死んだ後は地獄に落ち、私の来世は悲惨なものになりましょう…。私たちが誓った言葉に忠実であれば、仏陀に出会い、ダルマに出会い、サンガ［僧伽］に出会い、欲望は満たされ、高齢になるまで病気をせず幸せに暮らし、極楽浄土［トゥシタ：兜率天］に生まれ変わることができるのでしょうか」

両宣誓文の相関関係の類似性は顕著であり、この歴史的継承は強調するに値する。興味深いことに、1000年近くの年月を隔てているにもかかわらず、カンボジアの高位の高官たちは王に忠誠を誓うのに、ほとんど同じ文言を使っていたのが確認できる。仏教とヒンドゥー教が入れ替わっただけで両宣誓文の中味は違わない。それに、ヒンドゥー教は全権を失ったわけではないのである。王宮内の儀式の冒頭には、バクーの長が進み出て次のような演説をする。「最高位にあるバクー5名は、天地の神々、シヴァ神、ヴィシュヌ神、女神カーリーをこれから行なわれる宣誓の証人とするよう、王から直接命令を受けました」[15]

地方長官は、王宮での儀式と任命式を終えたあと、任地に着任するとき、王

15　Cf. *BEFEO*, t. XIII, fasc. 6, pp. 16-17.

の特使を同伴する。特使は地方において2つの儀式ピティ・チャン・ダイ・トラとレゥン・ネァック・タ[16] [村の北東に祭られている守護精霊] に参列するためである。

　最初の式典は、地方の役人と全住民に新長官を紹介するための式典である。夕方、僧侶たちを長官の家宅、あるいはこの時のために建てられた仮設の式場に招待する。僧侶たちは、経典の一節を唱和して、民族衣装の礼服姿で、招待客に囲まれ部屋の中央にいる新長官の職務の成功を祈る。長官のそばには脚付きの小台が置かれ、その上に王の辞令と公印が置かれている。その翌朝、地方の高官たちと村長・顔役たちが集まったところにおいて、王の特使は大きな声でこの辞令を読みあげる。

　公印には香りを染み込ませた木綿の糸を巻きつけ、参列者ひとりひとりが新長官に対して祝いの言葉を述べる。式典の終わり、招待者全員が祝宴に招かれる。シソワット王時代 (1904-1927) から、この習慣は廃止された。それに反して、その地方の守護精霊のレゥン・ネァック・タの儀式の方は、王国が続くのと同じように、ずっと執り行なわれてきた[17]。

　一般的には、レゥン・ネァック・タの儀式は、ピティ・チャン・ダイ・トラと同日の午後に行なわれる。定刻に、ご飯、料理とデザートなど、供物がこの地方の「守護神」ネァック・タの祭壇の前に運ばれる。さらに、香りをつけた水を入れた椀と、地方長官の手首に巻くための木綿糸が運ばれる。

　音楽のリズムに合わせて、1人の村人の歌手が土地の守護神に対して、食事を取りに来て、村の霊媒 [ルーブ] の身体に乗り移るよう勧め、歌を歌う[18]。霊媒の感情が高ぶり、踊りだしたら、地元の長老が新長官を霊媒に紹介する。

「この長官は、住民が幸せに暮らせるようにと、王よりこの地方の長官に任命されました。全ての霊と守護精霊はこの長官に成功と健康を授けてくれますように。加えて長官が不幸をもたらす悪霊に負けませんように」

16　文字どおりには、最初の表現は「印章にお祝いをする儀式」、2番目は「守護神を祝う祭り」を意味する。

17　Cf. *Kampuchéa Sorya*, 1939, n°1, pp. 86-87.

18　楽団を編成する楽器は、1つあるいは2つの「霊の鼓」、2弦のヴァイオリンとフルートの一種（ペイ・アオ）。演奏される曲は、クノァン・プノン、ノコー・リアチ、チュウン・プレイ、カォン・ソイである。楽器については：Cf. J. Brunet, *La Musique et les Chants dans le Mariage Cambodgien*, pp. 14-34.

守護神が身体に入っている霊媒は、同意を示すために木綿糸を椀の水に浸して、長官の手首に巻きつける。こうして守護精霊儀式は終了する[19]。

　王の戴冠式と、地方長官の着任式のあいだには、明白な類似性がある。地方は現実には王国の中の小王国であり、長官が小王国の統轄の役目を担うことは、地方版の即位の儀式である。

　王国であれ地方であれ、それぞれの版図にはその地域を統轄する精霊ネァック・タなどの超自然的存在の守護神と人間が住んでいる。地方においては、超自然界の神々（守護神、ヒンドゥー教の神々）は、王国をそのまま縮少した小宇宙である。

　バクーの長が、新王を順番に8方位の神々に礼拝するために、特別用意された席に座し、そして王を8方角に回転させるというのは、地方の長官が土地の守護神ネァック・タの祭壇の前に進み出て礼拝する時と形式的に一致している。どちらの場合も、意味は同じである。2人の人間の責任者——王と長官——は、超自然界の支配者に対して任命を請い願うのである。こうして、王や地方長官の失政から引き起こされる飢饉・伝染病や自然災害などは、これら神々と守護神の怒りによるものと位置づけられ、これら超自然界の支配者にその責任を負わせてしまうのである。

　そして、バクーと霊媒だけが、超自然界と意志の疎通ができる。これら任命式と守護精霊への挨拶の儀式において、僧侶が儀式のあいだ陪席してはいるが、僧侶にはこれといった決められた役割はない。さらに、シソワット王時代以後、レーン・ネァック・タの儀式を維持する一方で、仏教的な性格を持つピティ・チャン・ダイ・トラが行なわれなくなったのもこのためであろう。この放棄は、クメール社会における仏教の影響をまったく否定するものではない、しかし、これらの儀式において仏教が二次的な役割しか果たせない理由は、おそらく仏教がクメール人の住民に採り入れられたのが遅かったということを反映している。

19　Cf. *Kampuchéa Sorya*, 1939, n°1, pp. 86-87.

第5章
王国の行政機構

　王国の行政機構についてまとめた資料はこれまでに存在していない。行政諸問題についての資料は、「チェム・クロセム」の書[1]などに一部収載されていて、これはおそらくは口承伝承の中から作成されたものであろう。そういうわけで、カンボジア王国の行政機構について提供できる資料は、とりわけ16世紀から18世紀については、非常に漠然とした内容となっている。

　以前は、王の次には4人の大臣がいて、王国の政治を動かしていた。統治を成功させるために王は4人の大臣と共に力を尽くし、王と大臣は「4本柱の寺院」に喩えられていた。王は中央に立てられた主柱で、大臣たちは4隅に立つ副柱というわけである。ここから「チャット・スダム」[2]［チャットは4、スダムは「大きい」］という表現が生まれた。

　この喩えは、須弥山にまつわるインドの宇宙観と類似していることがわかる。歴代のカンボジア王たちは、これを王都の中央部に建立させた山岳型の寺院の尖塔で具現してきた。G. コンドミナスによると、インドネシア世界における「モンチャパット（montjapat）」［中心村落と周辺4村落の連合体］の概念も同じであるという。そこでは、東西南北4つの基本方位に位置するのが最良で、そうなっていれば、中心の1つの村は4つの隣接する村と結び合って、秩序を保ち、紛争を解決するということになる[3]。

　コンドミナスはさらに続けて明言する。

「すべての場所や空間で認知されている配置の意義：王宮であれ村であれ、王もしくは村長は中央に位置し、4大臣あるいは4人の補佐は4方位を表している。

1　*Preah Réach Pithi Thvéa Tos Meas*, t. I, 201 p.
2　パーリ語：catu「4」、stambha「柱」。
3　Cf. *L'espace Social. A Propos de l'Asie du Sud-Est*, p. 24.

この配置の意味は、地域などの連合においても認められるが、この分類のしかたは領土や政治権力の形にのみあてはまるのではなく、分類されることすべての規範ともなっている。たとえば、占い、賭け事、交易などでも、4－5を8－9に拡大、もしくは2－3に縮小、あるいはその逆の組み合わせなどを考慮に入れて判断するのである」[4]

　アン・ドゥン王の時代 [1843-1860] に、大臣の数を5人に増やした。「ソムダチ・チャウヴェア・トルハ」[5]、「オクニャ・ヨマリァチ」、「オクニャ・クロラホム」、「オクニャ・ヴェアン」、「オクニャ・チャックレイ」で、首相、法務大臣、海軍大臣、官務および財務大臣、陸運大臣である。各大臣は、副大臣と4人の実務に通じた高官に補佐されていた。

　「チェム・クロセム」によると、古代[6]には、王の支配は従属する地方の都市にまで及んでいた。1つは、王国の東側に位置する都市プレイ・ノコー（サイゴン）、そして、西方の3国、スレイ・アユタヤ、ロップリー、カンペーンペチ[7]であった。これらの国は、スダチ・トランあるいはスダチ・クラン［地方豪族］が治めていた。シャム人作家によると[8]、11世紀には、スコータイ、アユタヤ、ロップリー、ピマイはカンボジア王国に従属する都市であったという。王はスダチ・トランを王族の中から選んだ。スダチ・トランは4人以上は存在しなかった。そこで、アユタヤとロップリーのように近接する都市はまとめて、1人のスダチ・トランの支配下に置かれた。スダチ・トランの標章は、冠と役職印、それにアーニャ・シト[9]と呼ばれる聖剣である。スダチ・トランは支配領地に関するすべての権限を持つ。大臣を任命することも、税金の額を決めるのも自由にできた。スダチ・トランは、毎年、王に献上品を納めねばならなかった。カンボジアのアンコール朝の王がスダチ・トランたちを支配下に置くことができたのは、強力な軍隊

4　Cf. *Ibid.*, p. 24.
5　ノロドム王の時代、ソムダチ・チャウヴェア・トルハの肩書はなくなり、首相の役目をする人物はアッケ・モハー・セナの肩書であった。これはパーリ語の agga「よりよい」、moha「大」、sena「軍隊」の組み合わせである。
6　「古代」を筆者は「アンコール時代」と理解する。Cf. *Preah Réach Pithi* ..., t. I, p. 88.
7　シャム語ではカムペーンペット［タイ北部］。
8　Aryanta Gupta, *Khvan Lap Hêng Preah Kêv Morakât*『エメラルド仏陀の秘密』, pp. 45-52.
9　パーリ語でaña「命令、支配」、sithi「成功、成就」。

があるおかげであった。

　スダチ・トランの3つの宝物のうち、聖剣だけが現在も残っている。伝説によると、スダチ・トランが空席になっても、聖剣は首都アンコールまで戻されなかった。昔その聖剣が保管されていた場所を何と呼んでいたのか、まったくわからない。しかし、ノロドム王の時代には、この聖剣はバライ郡のプラサット村に保管されていたことがわかっている。その後、たぶん1940年から、コンポン・トム州バライ郡のバライ寺院で保管されている。

　毎年、死者の祭りの時[10]、王は、これらの聖剣を管理しているバクー祭官に命じて王宮に運ばせ、聖剣の保存に功労のあった人々を偲ぶ儀式を挙行した[11]。

　聖剣を管理するバクーは10人いた。責任者はプリァッ・プロム・チェイの肩書を持ち、1人だけ髷を結っていた[12]。その責任者は、バクーの集団の中から選ばれるが、任命するのは王ではなく、王宮バクーの長、すなわちソムダチ・エイセイ・ポッティパティーであった。バライ寺院のバクーは自由にできる賦役労働者を50人抱えており、すべての税金が免除されていた。これらの特権は、カンボジアがフランスの保護国になったとき、消滅した。こうして、自由にできる50人の賦役者はいなくなった。しかし、バクー個人を対象とする税金は免除され、月額2リエルの手当が支給された。聖剣の管理と監視以外に職業に就いていた者に対しては課税された[13]。

1. 軍隊

　軍隊は歩兵軍、騎兵軍、戦象軍、戦車軍の4軍から構成された。各軍の司令官は、兵士ともども王国の公務員であった。

10　ペトロボット月の月が欠けていく15日目。本書第2部第1章「年中行事」参照。
11　Cf. Chhim Krâsém, *Preah Réach Pithi*, t. I, p. 134.
12　1940年、シソワット王の時代には、この役目の人はケオ・マクという名前だった。Cf. *Preah Réach Pithi*, t. I, p. 132.
13　Chhim Krâsém, *Preah Réach Pithi*, t. I, p. 134.

第5章　王国の行政機構　　309

　馴象は、その力と巨体、牙から[14]、輸送にたいへん役立ち、戦闘には不可欠であった。G. グロリエによると、カンボジア軍における戦象軍の存在については、漢代（紀元前202－西暦220）の中国史料に言及があるという[15]。戦象は、バイヨン寺院に代表されるアンコール時代の寺院の浮彫り場面に広く登場する[16]。1845年、王都ウードンの攻防戦では、戦象軍部隊のおかげで、カンボジア軍とシャム軍はベトナム軍の攻撃を阻止することに成功した[17]。

　ノロドム王の時代、戦象軍の責任者は「尊敬すべき、卓越せる、好運の」という肩書「プリァッ・ヴォリァ・ヌコール」を持ち、必ず陸軍大臣の支配下に置かれていた。プリァッ・ヴォリァ・ヌコールは、王の戦象を管理し、野生の象を捕獲して、訓練し、戦闘用の馴象に調教するのが任務であった。さらに、4人のバクーからなる「クロム・プリァッ・プリティポス」と呼ばれる集団があり、戦象とその兵士が戦争に行く前に加護を祈る儀式を執り行なっていたという[18]。

　騎兵軍と戦車軍は、陸運司令官に直属した。騎兵隊の責任者はオクニャ・カロン・ヴィチェイという肩書、戦車隊の責任者はオクニャ・リァチ・サラテイの肩書を持っていた。戦車には2種類があって、馬戦車隊と牛戦車隊である[19]。

　歩兵軍に配属される兵員は、騎兵軍にも、戦車軍にも、戦象軍にも属さない歩兵であった。平常、これら歩兵は王国のさまざまな部局で働いており、それぞれの上司の下にいた。戦時下においては、彼らは王または陸軍大臣の指揮下で、戦闘員となった[20]。

　兵士たちは、戦闘に備えて特別に訓練がなされていた。実戦に備えて行なわれた訓練は、剣術、軍刀、棒突き、格闘とレスリング、ボクシング、弓術、戦象の乗り方、馬術、戦車の乗り方、戦象の背中での戦闘実戦などである。この軍事訓練のほかに、砲弾から身を守るための呪い、吉凶の占いなどが兵士たち

14　G. Groslier, *Recherches*..., p. 96.
15　G. Groslier, *Ibid.*, p. 85.
16　G. Groslier, *Ibid.*, p. 87.
17　本書第1部第5章参照。
18　本書第2部第3章参照。
19　G. Groslier, *Recherches*..., pp. 95-109.
20　歩兵隊の幹部は、王家に所属するプリァッ・ティプ・セナとプリァッ・リァチャ・マト、そして陸軍省のプリァッ・リァチ・ベァクディに大臣が派遣した代表である。Cf. Chhim Krâsém, *Preah Réach Pithi Thvéa Tos Meas*, t. I, p. 92.

に教えこまれた。そして、指揮官に対しては、部隊の展開と動かし方や戦術の講義が組み込まれていた。これまでの伝統により、軍人教育にかかわる2人の祭官バクー、プリァッ・インティベスとプリァッ・プロメティペンは、戦闘中においては参謀の役割もつとめた。王子たちは、王国の政治において責任ある地位に就くことが決められているため、同様の軍事訓練を受けねばならなかった。[21]

王国が戦争に突入すれば、18歳から60歳までのクメール人住民は、残らず兵卒として駆り出された。これら村人兵卒は、各地方の軍事責任者である高官の指揮下に入り、訓練が実施された。王は毎年正月[カンボジア正月は4月上旬]に伝統に則ってレスリング大会を開催した。[22]この大会の優勝者たちは、有給で雇われて軍隊に配属された。このレスリング大会には「スナン・チャトロン・セナ」[23]という名がついていた。その目的は、人々に戦闘の技術に触れさせて、危機意識と闘う勇気を持たせ、軍隊に武器と兵員を供給して、最終的には両隣国[シャムとベトナム]および従属地域の王たちにカンボジア王国の軍事力を見せつけることにあった。[24]

伝統では、陸海両軍は、年に2回王宮で宣誓することになっている。正月とペトロボットの月（9月・10月）には陸軍、アーソッチ月（10月・11月）とカデック月（11月・12月）には海軍というわけである[陰暦なので一部重複する]。カンボジア王国が両隣国から攻められ、混乱していた時代には、こうした儀式は行なわれなかった。ノロドム王の時代の1899年、陸軍のために行なわれた儀式が最後であった。海軍のほうは、丸木舟競走を中心とする式典に衣替えさせられた。[25]

王の許で政治を司る5人の大臣は、それぞれディー［給与保有地］の所有者であることから、同時に各「ディー」軍の司令官でもあった。これについては後述する。これら5人の大臣にセナパディー[26]という名をつけたのは、そのような理由による。大臣が司令官である軍隊は、その指揮下にあるディーの高官たちとそのデ

21　Cf. Chhim Krâsém, *ibid.*, p. 93.
22　最後のレスリング大会は、シソワット王時代に行なわれた。Cf. Chhim Krâsém, *ibid.*, p. 94.
23　サンスクリット語。snana「禊」; catur + agga + sena「軍隊」。
24　Cf. Chhim Krâsém, *Ibid.*, p.120.
25　この儀式がいつから丸木舟競走になったのかわからない。組織責任者の3高官は、オクニャ・モハー・テープ、オクニャ・モハー・モントレイと王宮の儀典長であった。Cf. Chhim Krâsém, *Ibid.*, p. 97.
26　サンスクリット語。sena「軍隊、軍事力」、pati「主人」。

ディーの住人で編成されていた。例えばディーにおいて暴動が起きた時は、そのディーの軍司令官である大臣が暴動を鎮圧しなければならない。もし外国からの攻撃であれば、王国の防衛は、王が指名したこれら大臣に委ねられる。もし敵軍を指揮しているのが敵王であれば、王は自ら出かけて一戦を交えねばならない。

クメール人兵士には、給料がない。軍司令官が王から出動の命令を受けた時には、最初に、出発する準備をせよと、部下の兵士たちに命令する。そこで、兵士たちは米、タバコと塩を少量袋につめて出発の準備をする。兵士たちは同じく飯を炊く土鍋を携行する。遠征の途中で休憩のたびに、部隊はその場所を見つけて食事の用意をする。兵士はそれぞれ飯を炊くわずかな薪を集めてくる。部隊の兵士たちは全員が、夜露に濡れ、雨風にさらされ、また満天の星の下で眠る。

もし遠征が2週間あるいは3週間続いたら、少量の貯えは底をつき、生き延びるためには近くの村々で略奪や盗みをするしか方法がない。もし戦闘が長びけば、食べるものが何もなく1日2日過ごすことになる。時には日射病が猛威をふるい、死者が増加する。

19世紀になると、カンボジア軍とシャム軍は、共にベトナム軍と戦った。両国の軍隊組織は同じであった可能性が高い。グランジャン神父は、シャム兵とその家族の生活について、1842年の報告の中に次のように書いている。

「信じられますか、みなさん。全俸給として、彼ら（シャム兵）が受け取るお金は、年に3テール、約36フランにすぎない。さらに、遠征に出かける時に、よくあることだが、（王は食べさせてくれないので）自分の米と干し魚を持参しなければならない。そして、その食料が尽きた時には、盗みや略奪以外に生き延びる手段がない。彼らが国を守って闘っているというのに、こうした飢えた兵員集団が通過する地方は、大きな災難がやってくるのと同じである。

しかし、闘っている兵士の家族にとっては、さらに憂うべき災難がある。王が各兵士に与えるのは、せいぜい20から24フランの価値しかないような普通の鉄砲である。もし、運の悪い兵士が捕虜になったら、あるいは戦場で死んだら、未亡人は夫の手の中で壊れた鉄砲の代金として、王に60フランを支払わばな

らない。その未亡人が貧しかったらどうするのか。情け容赦なく、子供を1人売って、負債を返済させるのである。もし子供がいなかったら、未亡人は身体を売って、生涯奴隷となるよう強要されるのである[27]」

2. 行政区分

「チェム・クロセム」によると、カンボジア王国は、中央部に王都があり、東西南北の各方面の4つの大きな地方に分かれていた。東部地方、南部地方、西部地方と北部地方である。この4地方には、4人の大臣の支配下に置かれていて、4地方ではそれぞれがいくつかの「スロク（郡）」[28]に分かれていた。スロクはエク（第1）、ト（第2）、トレイ（第3）、チャトヴァ（第4）と4つに区分され、第2から第4までのスロクの数は、まちまちだが、第1のスロクは1つだけだった。各スロクには「長」としてチャウヴァイ・スロク「スロクの長」がいて、その下で働く下級官吏を数名使っていた。スロクの長は、自分のスロクにおける行政官であり、裁判官で、同時にその地方軍の部隊長でもあった[29]。

東西南北4方位における王国の地方行政分割は、1860年の段階でもなおそのまま適用されていた。しかし、1860年段階ではカンボジアの国土はシャムとベトナムに既に占領されており、残骸の寄せ集めみたいになってしまった。バッダンボーン、シェムリャップ、ムルー・プレイ、トンレ・ロポウ各州がシャムの統治下に、南部諸州がベトナムの版図になっていた。それでもクメール人は残された地方を再分割した。トンレ・サープ川はバサック川の延長でもあるが、この2河川を中心にして、東を東部州、西側を西部州とし、メコン川の中洲のコッ・トム

27　Cf. *APF*, t. 16, 1844, pp. 267-277.
28　アンコール時代、スロクはプムの下部行政区分であった。Cf. G. Cœdès et P. Dupont, «La Stèle de Sdok Kak Thom», p. 70. 近代では、プムは最小の行政単位で、スロクの下部組織であるクムよりも小さい［スロクには国、州、郡、故郷などの意味がある。フランス植民地時代の行政単位は州（ケート）・郡（スロク）・村（クム）・集落（プム）であった］。
29　*Preah Réach Pithi Thvéa Tos Meas*, t. I, p. 85.

やクサッチ・カンダル、コッ・ソティンのような島々も州として位置づけていた[30]。

「チェム・クロセム」の「州」の4区分は、おそらく、アンコール朝時代に王の行政を助けてきた州の役人たちの4つの区分に通じるものである[31]。

1847年、アン・ドゥン王が玉座に就いたとき、王国はさまざまな規模で40州［スロク］に分かれて、大小2区分があった。大きい州は、王直属で、「チャウヴァイ・スロク」が統率していた。小さい州は大きな州の管轄で、州の担当の「チャウ・ムゥン」は、チャウヴァイ・スロクが任命した。例えば、ピェムとバンテァイ・メスを担当していたのはチャウ・ムゥンで、両者ともトレアン州が管轄していた。領地が広ければ広いほど、地方長官にとって統治が難しくなり、王は、最大規模の州をより小さな州に分割することにした。これで各州は、だいたい同じ規模になるはずであった。この措置が適用された州は、プレイ・カバス、コンポン・スワイ、スレイ・サォチョー、プノンペン、バティの5州であった[32]。

この王の判断によって、カンボジアの州は52となった。小さい州が大きい州に合併されて、全部の地方長官は王直属のチャウヴァイ・スロクということになった。こうして、チャウ・ムゥンという肩書は、カンボジア高官の肩書一覧から消えてしまったのである。

各行政区画の帰属については、52州は以下のように分けられていた：

—— 39州は王
—— 5州はオペヨーリャチ
—— 5州はオパラチ
—— 3州は皇太后

王族出身の高官の地方長官のポストが空白のとき、その州は、元の地方長官の下にいた役人たちがそのまま行政を担当しながら、王の管轄に戻された。

王も、オパラチも王妃も、支配下にある州の行政活動を自分で行なうことはなかった。この行政の仕事は、それぞれの大臣に委ねられていた。したがって、

30　Cf. G. Janneau, *Manuel Pratique*, 1ᵉ partie, p. 6. 筆者は、まちがって東部州の中に、河川の西側にあるプノム・スルーチを含めてしまった。
31　S. Sahai, *Les Institutions Politiques*..., p. 47.
32　本書第1部第8章参照。

各地方長官は、王族である大臣のだれかの下に組み込まれていた。しかしながら、王家出身の5人の大臣は5人が5人ともディー［給与保有地］と呼ばれる州の行政を担当していた。王の支配下の州39のうち33は、5つのディー・グループにまとめられ、1つはチャウヴェァ・トルハに、1つはクロラホムにというように各大臣に管轄させていた。残りの6州は、王家の高官6人に委ねられていたが、各大臣がそれぞれ1スロクを担当するだけであった。

3. 国内各州と担当する王侯および長官の肩書[33]

(1) 王家

1) チャウヴェァ・トルハはコンポン・スワイ地方を担当する。[34]

州名	チャウヴァイ・スロクの肩書
1. バライ	オクニャ・セン・カンヴァ
2. チュゥン・プレイ	オクニャ・ペチ・デチョ
3. コンポン・シェム	オクニャ・モントレイ・ペクデイ
4. コンポン・スワイ	オクニャ・デチョ
5. サォントク	オクニャ・サォントップ・モントレイ[35]
6. ストゥン・トラン	オクニャ・リァチァ・チョ

2) ヨマリァチはトレアン地方を担当する。

州名	チャウヴァイ・スロクの肩書
1. バンテァイ・メス	オクニャ・ヨテァ・ティパディー
2. バティ	オクニャ・ヴォンサー・アナチト

---

33 この一覧には以下の文献を利用した：*VJ*, t. VII, pp. 834-837; A. B. de Villemereuil, *Explorations et Missions*, pp. 68-71; アランソン図書館：A. Leclère, 694.

34 1884年当時、コンポン・スワイ地区は9スロクに区分されていた。うち3スロクのチクレン、プロム・テップ、ストーンは新設である。アランソン図書館：A. Leclère, n°694.

35 この肩書は：Cf. E. Aymonier, *Le Cambodge*, t. I, p. 368.

　　　　　　　　　　第5章　王国の行政機構　　　　　　　　　　315

3. クラン・サムレー[36]　　　　オクニャ・ヨテア・ルゥン・ロン
4. ピェム　　　　　　　　　　オクニャ・リァチャ・セティ
5. プレイ・カバス　　　　　　オクニャ・チェイ・ヨテア
6. トレアン　　　　　　　　　オクニャ・ピスノロク

3）クロラホムはバブノム地方を担当する。[37]
　州名　　　　　　　　　　　チャウヴァイ・スロクの肩書
1. バブノム　　　　　　　　　オクニャ・トムメァ・デチョ
2. レゥク・デーク　　　　　　オクニャ・エンテョー・ヴィチェイ・デチョ
3. ピェム・チョー　　　　　　オクニャ・ヴォンサー・サングリァムティパディー
4. ポニェルー　　　　　　　　オクニャ・ウテイ・セナ
5. プレイ・ヴェーン　　　　　オクニャ・テァリァティパディー
6. ロムドール　　　　　　　　オクニャ・リ・チャックレイ
7. スワイ・テープ　　　　　　オクニャ・チェイヨー・サンクリァム

4）オクニャ・ヴェァンはタボーンクモン地方を担当する。
　州名　　　　　　　　　　　チャウヴァイ・スロクの肩書
1. チローン　　　　　　　　　オクニャ・スネハーヌレク
2. カンチョー　　　　　　　　オクニャ・セナ・チュンナバォト
3. クロチエッ　　　　　　　　オクニャ・モントレイ・チュンナバォト
4. サォムボー　　　　　　　　オクニャ・モントレイ・ニクム
5. サンボック　　　　　　　　オクニャ・ネヨック・チャンタクレーム
6. タボーンクモン　　　　　　オクニャ・アー・チョウン
7. トトゥン・タガイ　　　　　オクニャ・アティチャ・ケーム・ヴォァン

5）チャックレイはポーサット地方を担当する。
　州名　　　　　　　　　　　チャウヴァイ・スロクの肩書
1. バォリボー　　　　　　　　オクニャ・セナ・サォンクリァム

36　1877年、行政改革によって、クラン・サムレーとプノム・スルーチの2州が合併して、プノム・スルーチ州になった。Cf. Amiraux 12033.
37　1884年、この地区には8州あり、8番目はコンポート。アランソン図書館：A. Leclère, n°694.

2. コンポン・サォム　　　　オクニャ・タベス・サォンクリャム
3. クラコー　　　　　　　　オクニャ・チュムネァス・サォンクリャム
4. クラン　　　　　　　　　オクニャ・リティ・サォンクリャム
5. ポーサット　　　　　　　オクニャ・スールケロク
6. ロレァ・パエァ　　　　　オクニャ・スレンティパデイ
7. トポーン　　　　　　　　オクニャ・アランニャ・サォンクリャム

6) 王宮内の高位高官6名

1. オクニャ・イサラ・ノリャック（王宮内務局長官、右の高官）
　　オクニャ・モントレイ・デチョのカォンメァス州を担当。[38]

2. オクニャ・ピペーク・ニヴェス（王宮内務局長官、左の高官）
　　オクニャ・ティビン・モントレイのコッ・ソティン州を担当。

3. オクニャ・ヨテァ・サォンクリャムティパデイー（王旗長官、左の高官）
　　オクニャ・モントレイ・プートーのキェンスワイ州を担当。

4. オクニャ・ピテァク・イサラッ（王室親衛隊長官、右の高官）
　　オクニャ・スレン・セナ・リティのロンヴェーク州を担当。

5. オクニャ・モハー・セナパデイ（王旗長官、右の高官）
　　オクニャ・ヴォンサー・モントレイのサアーン州を担当。

6. オクニャ・レクサ・イサロ（王室親衛隊長官、左の高官）
　　オクニャ・ウテイティリャチのサムロントン州を担当。

(2) オペヨーリャチ家

1. ソムダチ・チャウ・ポニェ（オペヨーリャチ家の高官長）
　　オクニャ・ヨス・デチョのコンポン・レーン州を担当。

2. オクニャ・ヴォンサー・アッケリャチ（司法大臣）

38　［実際には、オクニャ・モントレイ・デチョが現地でカォンメァス州の行政を指揮していた。以下、同じ］。カォンメァスおよびコッ・ソティンの2州は VJ, t.VII, p. 836 に見当たらない。この2州の代わりに、プノンペン州があり、司令官の肩書はリャチャ・メトレイである。プノンペン州は、下級高官筆頭のオクニャ・イサラッ・サクダに所属した。しかし、1884年以降は、オペヨーリャチ家にもどって、王宮の大臣オクニャ・スレイ・トメァテイリャチの所属になった。アランソン図書館：A. Leclère, n°694.

オクニャ・ヴォンサー・プートーのカンダル・ストゥン州を担当。
3. オクニャ・リァチ・デチャス(陸運大臣)
オクニャ・ヴォンサー・ウティのプノム・スルーチ州を担当。
4. オクニャ・ヴィボルリァチ(海軍大臣)
オクニャ・ダロン・サォンクリァムのスレイ・サントー・カンダル州を担当。
5. オクニャ・スレイ・トメァティリァチ(王宮大臣)
オクニャ・バォヴォ・サォンクリァムのスレイ・サントー・チュヴェン州を担当。

(3)オパラチ家

1. ソムダチ・チェター・モントレイ(オパラチ家の高官長)
オクニャ・エイ・ソー・メトレイのロヴェーエム州を担当。
2. オクニャ・エカリァチ(司法大臣)
オクニャ・ピチェイ・チャトゥロン・デチャスのカォストム州を担当。
3. オクニャ・スレイ・ソティプ・ヴェァン(王宮大臣)
オクニャ・スレン・サォンクリァムのペァレァン州を担当。
4. オクニャ・ボテス・リァチ(海軍大臣)
オクニャ・セナ・メトレイのクサッチ・カンダル州を担当。
5. オクニャ・ノリントリァティパディー(陸運大臣)
オクニャ・ヴォンサー・サムサクのコンピセイ州を担当。

(4)皇太后家

1. オクニャ・アティパティー・セナ(皇太后家高官長)
オクニャ・モントレイ・スネハのプレイ・クディ州を担当。
2. オクニャ・ヴォンサー・ヌレク(司法大臣)
オクニャ・ティリァチ・サコーのアンロン・リァチ州を担当。
3. オクニャ・リァチァ・バォヴォリァチ(陸運大臣)
オクニャ・モク・サコーのモク・カンポル州を担当。

さらに言えば、州全体の政治がより公平に行なわれるためには、何よりもまず第一に土地の登記台帳を作る必要があった。しかし、そうした登記簿らしきものはまったく現存しない[39]。私有地や寺院の土地との境界線などなく、国家間の国境線が存在した事例があるにすぎない[40]。したがって、最近の資・史料をもとに作成したカンボジア地図では、各州の境界はおおよその範囲で示すことしかできなかった。

　上記の土地一覧表では、王国の高位高官の中で最高位にあるチャウヴェア・トルハの支配地は、より身分の低いクロラホムあるいはチャックレイよりも州［スロク］の数が1つ少ない。これは、逆説でもなんでもない。領地の基本は、領地を構成する州の数ではなく、その収穫物の豊かさや、特産品と税収の額などで決まるのである。大臣［兼地方長官］たちは、王の命令を受け、州の役人たちを督励して、支配下にある州の平和な政治と税収入を確保する。王族が自分のディー（給与保有地）を思うままにするのと同じように、大臣はそれぞれのディーを自由にできるのである。これについては後で述べる。また大臣は、王国の国庫からはいかなる報酬も受けないが、州の税金の一部を自分のために徴収する権限がある。

　この報酬制度は、クメール人たちが公式文書によく使う2つの用語で説明できる。1つは「君臨する」であり、もう1つは「統治する」である。前者の「ソイリャチ」「君臨する」は、王室用語で「食べる」を意味する「ソイ」と、サンスクリット語起源で「王国」を意味する「リャチ」からなり、ソイリャチは「王国を食べる」を意味する。第2の表現「チェイスロク」「州を統治する」は、「チェイ」という17世紀の碑文[41]でも用いられている「食べる」という語と、「スロク」［国、地方］を組み合わせたもので、「チェイスロク」は、したがって「国を食べる」の意味である。このように、この2つの用語は、王および地方長官は国内の生産物にそれぞれ課税してその上がりをいただくと明言している。王および高官たちへの主

39　ノロドム王の大臣の1人、オクニャ・ヴォンサーティパディー・ソクの子供たち各人にもどった稲田の境界画定のこと。17世紀はじめ、スレイ・ソリヨーポール王。Cf. A. Leclère, "La Charte de Fondation...", p. 4.

40　16世紀であるが、シャムとカンボジアの国境線の画定式が、1577年に挙行された。Cf. Khin Sok, "Quelques réflexions...", p. 4.

41　Cf. *IMA.*, nº 38, 1.9.

第5章　王国の行政機構

な納入金は、籾米税である。

　毎年、10月15日から2月15日まで、メカォン「一団の長」を伴ったアーチニャ・ルォン「王の使節」は、籾米税を調査するため王都を離れる。賦課租の率は10分の1である[42]。

　一般に大臣のもとにいるアーチニャ・ルォン1名とメカォン1名は、4〜5州を担当する。各州では、任務が滞りなく果たせるように、地方長官の代理2名が同行してまわる。これら3名の高官には、ひとりひとりに補佐役がついていた。収税吏はすべての村落を見てまわり、どの家宅にも入っていく。収穫高の見積もりは概算なので、評価の合意には収税吏と農民の両者がすぐに歩み寄ったり、多かれ少なかれ問題はあった。収税吏が実際よりも高い数字を提示するという職権乱用もあれば、あるいは逆に農民が収穫物の一部を隠す場合もあった。全集落の調査がすみ、村人全員が税金を納めると、村長、地方長官とオクニャ・ルォンのそれぞれの役割が終わる。村長は籾米の輸送を担当し、たいてい地方長官がそれを首都まで運ぶ役目を負う。

　地方長官の取り分は、その州で徴収した籾米の10分の1である。A. ルクレールによると、現金払いの税金も存在し、籾米360キロにつき4リガチュールであった[43]。

　原則として、王国の住民は、全員が籾米税を納めていた。しかしながら、例外があった。

―― 王宮のバラモン祭官［バクー］。
―― 王に仕える王族一家の一部の人たち。
―― 地方長官および地方高官は、個人所有の稲田についても、税を払わなかった[44]。
―― 寺院［ワット］に属する田地で働いている寺院の寺男・寺女たちは税金を支払わなかった。しかしながら寺院に属さない田地の収穫は、税を免れることはできなかった。
―― メ・スロク「村長」[45]で、年間の収穫量が50タン、つまり1500キロ以内の者。
―― 収税吏の秘書で、年間の収穫量が40タン、つまり1200キロ以内の者。

42　A. Leclère, *Recherches sur le Droit Public...*, p. 234.
43　A. Leclère, *Ibid.*, p. 239.
44　A. Leclère, *Ibid.*, p. 242.
45　*PA*, Paquet n°10, Lettre de l'Okña Veang.

―― そして、さらに籾税を免れていた一部の人がいた。対人関係を利用して、王宮内で高い身分にある人から、あるいは王都の高位高官から、免税の許可書をとりつけていたのである[46]。

かつては籾米税の収税吏のアーチニャ・ルォン職は存在しなかった。この収税吏の仕事はもともと地方長官に委ねられていたのである。

(5) 地方長官

カンボジアでは、高官の採用は選抜ではなかった。高官になりたい者は「メ・カムラン」つまり「指導者」制度に従わねばならなかった。詳細については後述するが、自由な身分の男性が王族あるいは高位高官に保護指導を願い出るのである。王国の社会秩序の根本には、この王の専制政治があった。もちろん、医者の息子、長官あるいは宮廷高官の息子のほうが、出自のわからない若者よりも、医者あるいは役人になる機会に恵まれた。

アン・ノン王時代［1775-1779］の例では、ある役人の4人の子供たちが、父親の高い身分のおかげで、重要な高職を手に入れることができた。この役人の4人の息子、ムー、テン、ペァン、ソは、それぞれトレアン州、コンポン・スワイ州、バライ州、コークセッ州の長官になったのである[47]。もう1つの事例は、モゥン・メァスの場合で、アン・ドゥン王時代であった[48]。1847年、シャム王がプノム・スロク地区にいるクメール人難民たちにカンボジアに帰るよう命じた。その中にメァスと母親がいて、2人は生まれ故郷のスロラウ村に戻った。しばらくして、メァスはウードン王都のアン・ドゥン王の前に名乗りでた。ベトナム軍の占拠に抵抗し、蜂起した責任者の1人、オクニャ・ヴェァン・ノンの息子であると申し出たのである。王はメァスに高官の肩書「モゥン」を与えた。このような高官採用制度は、元高官たちの嫉妬を招き、時には国内における紛争の原因になった。アン・チャン王時代のポーサットの長官オクニャ・スールケロク・カォスの場合が、これである[49]。

46　*PA*, Paquet n°11, Lettre de plainte de l'Okña Pheakdei Anchit.
47　本書第1部第2章参照。
48　本書序章参照。
49　本書第1部第4章参照。

カンボジア慣習法によると、地方長官に採用されるのはクメール人に限られる。[50]外国人のシャム人、ラオ人、チャム人たちの場合は、カンボジア生まれで、カンボジア語と王国の法律を完全に知っていなければならない。1598年、プリァッ・アン・タォン・ボロム・リァチァ王の命令で、それぞれバプノムとトレアン地方の長官になったベロソとルイス・ブラスの例は、この慣習法から漏れた事例であり、[51]ポスト・アンコール時代において後にも先にもこれきりであった。
　『クロム・スロク』の第48条には、役人の身分と階級を割り当てる手続きを述べている。

「王が主宰する大臣会議（閣議）[52]において地方長官の選考は中止された。以前の場合は、階級が何であれ——オクニャ、ポニェ、あるいはプリァッであれ——、役人が指名されたならば、モハー・クサットレイ（王）に報告せねばならない。その候補者が王によって選ばれたら、その者を6ホー・ポァン［1ホー・ポァンは禄高1万］の役人［長官］に任命せねばならない。この選考結果が住民によろこんで受け入れられ、新任の役人が約束した業務をこなせば、8ホー・ポァンの階級に昇進させることができる。（8ホー・ポァンになったあと）住民たちがこの役人（長官）の行政活動に満足し、そして王国に対して約束した役割を果たせたとなれば、10ホー・ポァンに昇進させることができる」[53]

　これは理論的な図式でしかないことは確かである。高官あるいは長官の昇進は、ほとんどいつも王もしくは高位高官たちの承認にかかっている。長官の在任期間についても同じであり、その期間については法律はあいまいである。

「さらに、地方長官の任地［州］における在任（地方長官としての役務期間）は、短すぎてはいけない。なぜなら、住民は不満を抱くから。またあまりに長すぎてもいけない。なぜなら、本務をなおざりにしてしまうから。長官を任務につけてお

50　『クロム・スロク』の第44条。A. Leclère, *Codes Cambodgiens*, t. I, p. 99.
51　B. P. Groslier, *Angkor et le Cambodge...*, p. 51.
52　「閣議」はカンボジア語のモントレイ・トム「大高官」の訳。王の側近で、5大臣を指す。
53　A. Leclère, *Codes Cambodgiens*, t. I, p. 101.

く期間は、適当な期間にするのがよい」[54]

　地方長官は、商業活動のためにも、いろいろな田畑の耕作についても、住民たちのよき助言者であり、指導者であらねばならない。住民とは、父親が子供に接するようにしなければならない。地方長官は担当地域の平和と平穏な日常生活を保証し、犯罪者および泥棒を取り締まることがその役目である。

　カンボジアの住民はほとんどが仏教を信仰している。一部のクメール人は、仏陀はクメールの神であると考えている。そこで、長官はこうした宗教上の決まりを無視してはならない。さらに、仏教をよく知り、仏教の僧侶を尊敬し、仏教の教えに従い、喜捨を実践しなければならない。

　任地においては、長官はまた同時に裁判官でもある。その権力には絶大なものがあり、罪人に対して、奴隷であれ、普通の住民であれ、死刑の判決を下すことができる。これらの事件をいちいち王に報告する義務はない。しかし、社会正義の問題については、長官および地方判事だけが、判決文を読み上げてそれで終わるわけではない。もし長官がある事件に直面して、判断能力がないことが明らかになれば、王都に報告せねばならず、その時には王自ら当該事件に乗り出し、判決を下すことになる。

　地方長官には4つの主要な任務があり、それらは王および王国にとっても重要事項である。それは①国勢調査、②税金の徴収、③賦役、④動員で、③④は男子に限られる。

—— ①国勢調査については、労働人口、つまり16歳以上の者と、非労働人口、つまり60歳以上の者と身体障害者の調査という役割もある。これらの被登録者については、一般住民なのか、解放奴隷なのか、奴隷なのか、などの社会的身分をすべて報告しなければならない。

—— ②籾米と、徴税対象のあらゆる収穫物および現金収入についての税金の徴収は、最も重要な職務である。長官は、収税吏が集めた税収入を監視し、国庫に届けることになる。これは一番神経を使う職務でもある。長官は、一部の王族あるいは一部の高位高官を味方に引き入れ、ごまかそうとする脱税者と対決する。この王族や高位高官は、籾米生産の税金が免除されているのである。

54　A. Leclère, *Ibid*., p. 100.

── ③なんらかの賦役のために、男子を動員できるのは長官の役目である。そのためには、賦役命令書が王室の担当大臣から交付され、王の承認を受けたその命令書をかざす必要がある。命令書を持参した王の使者に人集めをさせてはならない。
── ④重大な紛争あるいは他国から仕掛けられた戦争の時、王の命令を受け取ったならば、任地の平和を守り、敵の行く手を遮るために、長官は住民の一部の男子を動員しなければならない。奴隷身分の者および家事手伝いの男子については、緊急時に限り動員することができる。

長官は、兵役男子の召集が首尾よく行なわれるように、動員された兵員に食糧がすぐに支給されるように手配しなければならない[55]。

『クロム・スロク』第59条によると、長官が重大な違反を犯したり、住民の利益を守ることができない時には、首枷を付けさせられる刑罰を受け、一平民の身分に落とされる[56]。

地方長官が担当するこれら重要な職務の代償として、任地で徴収した籾米税の6分の1と、他にもさまざまな雑収入があり、訴訟における手数料の納付金などを受け取る。

王から長官にいたるまで、あらゆる行政職の段階で、すべてが法に決められた通りに遂行されていたならば、クメール人のこの国は第1部で述べたような暗い運命をたどることはなかったであろう。

地方長官は、王であれ、あるいは高位高官であれ、高額の賄賂を受け取ることを知っている。そして、その長官は、住民を犠牲にして、長官任官前の猟官に際して使った多額の賄賂を全額取り戻すのである。

これまでに使った「袖の下」をどのようにして取り戻すのか、正確にはわからない。しかし、長官が既に使った金を取り戻すのは、世間でもっとも当たり前に通用しているやり方である。この「搾取」という行為は、動く金額は大した額でないとしても、許せぬ行為である。ここに紹介するのは、1880年に集められた情報である。

55　A. Leclère, *Ibid.*, pp. 107-109.
56　A. Leclère, *Ibid.*, p. 104.

「新地方長官の着任式のあいだに、高位高官や地方の有力者たちの招待客は、長官にお祝いの詞を述べに来る[57]。しかし、同時に招待客はそれぞれ新長官への贈り物として金一封を持ってくる。式典は単なる一地方長官なら、たいてい着任式は1日であるが、コンポン・スワイ州、ポーサット州、トレアン州、バブノム州、タボーンクモン州などの新長官となると3日間続くのである[58]」

(6) プムとメ・スロク

王国の地方行政の区分において基本的な用語は、「スロク」と「プム」の2つである。

カンボジア語で、スロクの意味は

— 「国」、「王国」：スロク・クメールは「クメール国」、スロク・シェムは「シャム国」のように使われる。

— 「地方［州］」：スロク・バッダンボーンは「バッダンボーン地方［州］」である。地方を指す表現には、もう1つ別にサンスクリット語の「ケート」[59]がある。「地方長官」に、チャウヴァイ・スロクとチャウヴァイ・ケートという2種の表現があるのはこのためである。年代記作者たちは前者を好むようである。

— 「生まれ故郷」：スロク・カムヌートは「生まれた場所」となる。

プムは「村」あるいは「集落」で、村人の家宅が集まった区域を指す。2、3あるいは4プムで1つのスロクを形成する。スロクはメ・スロク「スロク長（村長）」の支配下に置かれる。

1つの地方の行政区分を知るためには、アーチニャ・ルォン「王の使者」の後を追えばよい。アーチニャ・ルォンは、籾米税の登録をするとき、王の命令を住民の村人たちに伝えねばならない。アーチニャ・ルォンは王令を受け取ると、まず最初に地方長官のところに出かける。長官は、自分の代理人の高官を何人かつけて、彼をメ・スロクのところへ案内させる。そしてメ・スロクが使者を各農家へ連れていくというわけである。

57　本書第2部第4章参照。
58　Cf. *PA*, Paquet nº14, M. Top Cahier nº13, p. 1.
59　たとえばケート・ロムドールは「ロムドール地方［州］」。Cf. KHIN Sok, "Quelques Documents...", p. 410.

これは、長官とメ・スロクのほかには中間の介在者が存在しないことを示している。つまり、プム（村）と地方（州）の中間には行政区分は存在しないということである。したがって、王国はケート「地方（州）」──スロクの意味で──に分かれ、それがさらに行政区分としてプム（村）に分かれている。

 この古い行政区分は、クメール人がフランス保護国の代表に宛てた書簡の中にも認められる。クメール人は住所を示すのに、住んでいる「プム」の名前と州名を記していた。2通の手紙の事例を挙げよう。以下、時のカンボジア駐在上級行政官E．エモニエに宛てた陳情書の抜粋である。[60]

1. チャウ・ポニェ・ペクディー・アンチト・クニョム・バート・プテァツ・ノーウ・プム・ポンロ・クノン・ケート・ロレァ・パエア
「下記に署名する私チャウ・ポニェ・ペクディー・アンチトは、ロレァ・パエァ州、ポンロ村、に住居しています」者であります。[61]
2. チャウ・メァス・ネァン・モム・ノーウ・プム・クラオサン・ケート・バンテァイ・メス
「（下記に署名する私たち）メァス、モム夫人は、バンテァイ・メス州クラオサン村に住居しています」[62]

 王国の地方行政は、地方長官とメ・スロクが担当している。地方長官とその補佐の役人は王あるいは大臣の命令を伝える仲介者でしかないが、メ・スロクの方はその命令を実行させる役目を負う。メ・スロクはこうした重い任務でありながら、それによって特権や名誉が与えられるわけではない。

 チャウヴァイ・スロクの補佐の役人たち、その代理を務めるバラト1名、その副官スナォン1名と助手クロラピァス1名のグループは「クロムカー」と呼ばれ、実際の仕事を担当していたことがわかっている。[63]しかしながらこれに関する資料がなく、これらの現場担当者たちの具体的な職務内容がよくわからない。地方長官は、いくつかのプムを含む一定の地域を、これらの現場担当者たちに委

60　1880年。Cf. G. Maspéro, *L'Empire Khmer*..., p. 91.
61　*PA*, Paquet n°11.
62　*PA*, Paquet n°11.
63　J. Moura, *Le Royaume*, t. I, p. 254.

ねることがある。王の賦役に人員を動員するにあたって、彼らはチャウヴァイ・スロクの代理を務めることになる。これらの補佐役人を選ぶのはチャウヴァイ・スロクである。そこでチャウヴァイ・スロクは、高い金額を出す者に補佐役人の肩書を売って自分の身入りを増やすのである。そんなふうで、ノロドム王の時代には、大半の地方では、スナォン4名と同数のクロラピァスがいた[64]。

メ・スロクの話に戻ろう。E.エモニエによると[65]、メ・スロクは、3年毎に住民登録原簿のチェックに来る王の使者が任命することになっている。地方行政官の職階の最下位に位置づけられるこのメ・スロクは、プムの行政を担当する。その補佐役のチュムトプは村でもっとも尊敬されている人の中から選ばれるが、おそらく村の顔役たちによって選出されるようである。プムにおける3番目の役人はスメァン「庶務係」といって、メ・スロク自身が選ぶ。

プムの境界は曖昧ではあるが、ほぼプムの全員がよく知っているという前提がある。各メ・スロクは、担当するプムがどれだけの広さがあるかだけではなく、プムに属する稲田がどれだけあるかについても知っている。メ・スロクとその部下たちは、王から要請された行政の仕事の大部分を引き受けていた（住民の国勢調査、税金の徴収、戦争および王国の賦役のための男子動員）。メ・スロクはこれらの行政の重責によるあらゆる苦労がその肩にかかり、栄誉の印（メ・スロクは禄高1000、チュムトプは500）や特権（収穫した籾米の最初の50計量単位は免税）には引き合わなかった。

(7) 税金

アン・ドゥン王の時代、カンボジアは52州に分割されており、うち39州は王自身の領地にあり、5州はオペヨーリァチの給与保有地であり、5州はオパラチ、そして3州は皇太后の給与保有地であった[66]。

給与保有地である諸州は遠く離れていることがあり、1つにまとめるのは無理があった。王国内のあちこちに散らばった州は、時には2州または3州ずつにま

64　G. Janneau, *Manuel Pratique...*, p. 30.
65　*Dictionnaire Français-Cambodgien*, p. 19.
66　上述。

とめられた。たとえば、オペヨーリァチの給与保有地は、王都の北側にコンポン・レーン、王都の南側にカンダル・ストゥン、そしてスレイ・サントー・カンダルとスレイ・サントー・チュヴェンがあり、後者の2州だけは隣り合わせである。皇太后の給与保有地は、プレイ・クディはコンポン・スワイの隣り、アンロン・リァチはロンヴェークの隣り、そしてモク・カンポルは北でプノンペンに隣接している。ルクレールは、1つの州は1人の地方長官の責任下に置かれており、地理的に分散していても、給与保有地の行政活動が困難になることはなかったと言っている。[67]

　王族たちのそれぞれの家宅は、王の邸宅を模倣している。給与保有地の行政実務と国土防衛の役目を担う地方長官や行政官の人たちは、個々に任命され、任地の職務に就いている。しかし、これらの地方長官が王の支配から実質的に独立していたのか、あるいはその任命や任官について最終的には王に報告せねばならなかったのかどうかは、不明である。王族出身の高官の位が空席になった時に、配下であった官吏や州の関係者たちは、王のところの関係者として召集されるのであった。ルクレールは、出典を明らかにしていないが、従来これら高級役人たちは王によって任命されたと明言する。

　「まず最初に、いつの時代からか定かでないが、既にずっと以前から、給与保有地の行政を担う高官は、王が任命すると考えてよい。既に述べたように、これは、政治が高度に機能し、宗主権が良い形で行使されていることを示すものだ。このことで、王国はより堅固に結びつき、連帯を深め、一応の統一された政治体制が維持できるのである。このことで、王は高位の大臣たちの諸活動を正確に知ることができ、必要に応じて、大臣の取り巻き連中を監督することができる」[68]

　ルクレールの肯定的な見方と、王の即位式の規則とは相反する。それは、新王が武力によって王権の座についた場合、王国の役人たちは王に辞職を願い出て、王の公印を返却するというものである。

67　A. Leclère, *Recherches sur le Droit Public...*, p. 180.
68　A. Leclère, *Ibid.*, p. 181.

各給与保有地の高官と大臣の主要な職務の1つは、税金の徴収であり、その収税活動は州の数が少ないから、より小さな規模で行なわれるだけで、王直属の役人たちとて同じであった。王族の家計の予算は、同じ税金の収入によって賄われる。主な収入は

— 籾米税：生産高の10分の1
— 契約地税(アヘン、賭け事、酒)と漁場税(池、運河)
— ある地域から他の地域へ交易のための商品の通過税、あるいは輸出商品にかかる税：商品価格の10分の1
— 米以外の作物(綿花、桑、野菜)を生産する耕作地の賃貸料
— 一部の州における物納：コンポン・スワイ州の鉄、ポーサットのカルダモン(登録者1人当たり20リガチュール分)、ゴム樹脂
— 賦役(労働地代)の買い取り：1870年の法
— ヨーロッパ人とアメリカ人を除く、すべての外国人(中国人、チャム人、マレー人、ベトナム人)にかかる人頭税

　たとえば、ノロドム王の時代、中国人労働者はダォムレト(人頭税)の名目で年に20リガチュール、中国人商人は30リガチュールを納めた。[69]

　E.エモニエによると、1874年のカンボジア王国の歳入は、300万フランに達した。[70]各大臣や地方長官が手にするのは給与保有地の地方からの収入だけである、と考えるのは完全に間違っている。実際、一定数の州をあれこれの王侯に割り当てるのは、その州の行政あるいは司法問題の解決を容易にするのが目的ではない。確かに、州からの全収入が王の収入になる州はめったにない。この種の収入はこの王族へ、あの種の収入はあの王族へという具合だ。時には、1つの州の中で、この地区の税収入はこの大臣に、あの地区は別の大臣にということもある。そういうわけで、皇太后には、給与保有地である3州、プレイ・クディ州、アンロン・リァチ州、モク・カンポル州からの収入のほかに、カンダル・ストゥン、サムロントン、ロンヴェーク、プレイ・カバス、カンダル、ポーサット各州からも籾米税の総額が入る。皇太后は、さらに別の7州、カォンメァス、クサ

---

[69] A. Leclère, *Ibid.*, p. 259. 徴税、商品にかかる税率、収税官について、詳しくは A. Leclère, *Ibid.*, p. 229 et suiv.

[70] *Dictionnaire Français-Cambodgien*, p. 23.

ッチ・カンダル、コンポン・シェム、タボーンクモン、シトー・チュヴェン、バンテァイ・メス、ストゥン・トラン、プノンペンで徴収される別の名目の収入も受け取る[71]。

次に掲げる一覧表[72]は、さまざまなサォムラップ［高位高官］に属する7州における籾米税以外の税金の分配を示す。[×は対象となるもの]

地名	税の受領者 氏名と肩書	土地	運河	池	人頭税	酒
1. アンロン・リァチ (R-M)	スレイ・ピロム(Obh)		×			
	ヴィボル・リァチ		×	×		
	皇太后	×	×	×	×	×
2. チュゥン・プレイ (R)	スレイ・トマテイリァチ(Obh)			×		
	オパラチ		×			
	皇太后	×		×		
3. コンポン・レーン (Obh)	ソムダチ・チャウ・ポニェ(Obh)		×	×		
	地方長官		×			
	クロラホム(R)		×	×		
4. ロヴェーエム (Op)	チェイ・ピペァ(Obh)		×	×		
	ヴィヴォル・リァチ(Obh)		×	×		
	オパラチ	×			×	
	皇太后		×	×		
5. ペアレァン (Op)	ヴィヴォル・リァチ(Obh)		×	×		
	オパラチ	×			×	
6. プレイ・ヴェーン バプノム (R)	リァチャ・デチァス(R)		×			
	モントレイ・クチェン(R)			×		
	モントレイ・セナ(R)		×			
	オパラチ		×			
	地方長官			×		
	クロラホム			×		
7. タボーンクモン (R)	王		×	×		
	オパラチ	×	×			
	皇太后	×				

(R-M)：皇太后の給与保有地　(R)：王の支配地　(Obh)：オペヨーリァチの給与保有地
(Op)：オパラチの給与保有地

71　Cf. Amiraux n°12658 et 12660.
72　この一覧は、1884年に保護国代表に提出された王侯の収入についての覚書をもとに作成した。
　　Cf. Amiraux n°12658(1), 12658(2), 12658(3) et 12660.

少し詳しく解説を加えると
── 同一の州において、同じサォムラップに属する2人ないしは3人の高官が、異なる村における同一種類の税金の納付金を担当する。
── 納付金の受領に責任を持つのは、王族家の大臣、高位高官、地方長官自身のうちのだれかである。

王と3王族家のあいだにおける、このような収入の分配は、長年にわたり、ある王族から別の王族に与えられた個人財産と、地位によって王族に割り当てられた財産を、まとめて整理したことにすぎないだろう。1883年の皇太后の収入についての覚書は、この仮説を証明するものである。カンダル、ロンヴェーク、ポーサット3州の籾米税は、皇太后が先祖から相続した稲田からの税金であるということがそれを物語っている。[73]

73　Cf. Amiraux n°12660.

第6章
民(たみ)

　カンボジアの社会では、王、王族、高官、官吏の次に、民(たみ)が来る。ネァメゥーン[1][王宮の高位者]と呼ばれる高官は、あらゆる権限を掌握した階級と見られている。「ネァメゥーン」という言葉は、社会的身分の低いところに位置づけられる「リァス(たみ)[2](民)」とは完全に異なる次元の用語である。民(たみ)とは、王や高官たちが命令する種々の実務を遂行する人であり、重荷をかつぐ人たちのことである。彼らは兵役を免れることはできず、言われたとおりに公共事業のための賦役に従事する。ドゥダール・ド・ラグレは、こうした事実背景を知らずに逆のことを書いている。[3]賦役に駆り出された男たちは、身分の如何にかかわらず給料はなく、期間の長短にかかわらず、駆り出されている期間中、自費で食事をとらねばならない。カンボジア住民はきわめて穏やかで従順な民族なので、可能なかぎりこうした仕事の対応策を講じ、安心させてやる必要がある、とドゥダール・ド・ラグレは言う。[4]

　一般人たちは、身分によって2つに類別される。「自由な人たち」(ネァック・チァ)と「奴隷」もしくは「自由でない人たち」(ネァック・ゲァー、ポル、モハット、カォムラォス、クニョム・ケ)である。C.E.ブイユヴァオー神父は、1856年にカンボジアに立ち寄った時、さまざまな社会階層についての興味深い観察をしている。

「東洋では、人間の個人的人格というのはそれほど尊重されていない。特に、カンボジアではコシャンシンよりもさらに人間の扱いが低い。カンボジア国内では、神様のように扱われる王族や僧侶のほかに、クメール人たちはいくつかの階層に分かれている。奴隷である必要もなく、召使いである必要もない、とい

1　本書第2部第5章参照。
2　同上。
3　Cf. A. B. Villemereuil, *Explorations et Missions*, p. 160.
4　Cf. A. B. Villemereuil, *Ibid.*, p. 160.

う申し分のない自由な身分の人たち「ネァック・チァ」。借金のかたの奴隷の下僕「クニョム・ケ」。彼らは、何らかの方法を見つけて解放される、あるいは折よく借金を肩代わりして支払ってくれる人を見つけることができれば、仕える主人を変えることができる。「ネァック・ゲァー」は生まれつきの「奴隷」で、叛徒の子孫など。年間数ヵ月間働くか、王もしくは王がその奴隷を与えた高官に一定の金額を支払う義務がある。山岳少数民族の「プノン族（アンナムではモイ族）」。カンボジアでは、このプノン族の奴隷がかなりの数いる。彼らは正真正銘の奴隷であるが、主人たちから評価が高く、概して大事な扱いを受けている」。

　G.ジャノーによると、クメール人はいつも自分の自由民［ネァック・チァ］としての身分を誇らしげに主張し、自分は自由民にふさわしく、その権利がある、つまり自分は「ネァック・ゲァー」にも、「クニョム・ケ」にも属していないと自慢する。この主張には、カンボジア国民のひとりひとりが公民権を十分に主張するという意志が認められる。しかし、現実に、こうした自由民の生活条件は、本当に奴隷よりも良かったのであろうか。言うまでもなく、複数の社会的要因がからんでいるので、これから検討していく。

1. ネァック・チァ「自由民」

　これから検討する問題は、どの法律にも記されているわけでもなく、むしろ長年にわたる民族の伝統や慣習から諸問題を取り上げていきたい。
　『クロム・スロク』の第17条によると、「王に仕えたいと願う自由民はすべて、王都の貴顕や高官によって紹介してもらうことができる」。しかし、実際には、既に言及したように、高官の職に就きたいと希望する人にとって、その可能性は、

5　Cf. *L'Annam et le Cambodge*, pp. 100-101.
6　Cf. *Manuel Pratique*, p. 55.
7　Cf. A. Leclère, *Codes Cambodgiens*, t. I, p. 108.

ほとんどゼロと言っていい。それは、有力者あるいは高官の官吏や中級の役人の子弟に限られていた。これら自由民と言われる人たちのごく当たり前の生涯は次のようである。パゴダ［寺院］の学校を卒業した18歳から20歳の若者は、有力者のとりなしのおかげで、王族あるいは高位の高官に仕え、それによって身分が保証される。この時主君は、王族であれ高官であれ、「メ・カォムラン」（隊長）と呼ばれる[8]。若者は、能力によって、兵士、医者、事務官、川船の漕ぎ手、金銀細工師などになり、1年間に3〜4ヵ月あるいはそれ以上主君のために無料奉仕をする。残りの時間は、自由にできる仕事をして生活する。男性は「兵員」あるいは「子分［被保護者］」を意味するカォムランと呼ばれる。「カォムラン」が職や地位を失っても、毎年決まった量の米、魚、果物、鳥獣、象牙などをメ・カォムランのところに届けねばならない。

いったんメ・カォムランの家臣になったクメール人は、子供たち全員、代々主君である王族あるいは高位高官に服従する。さらに、労働年齢に達すると、子供たちはメ・カォムランのところに行って、父親と同じように奉仕せねばならない。

メ・カォムランが王に呼ばれて戦争をする時には、カォムラン全員を、あるものは戦闘員として、あるものは医者として、あるいはお供として連れていく。遠征から帰還した時には、武器を返して各家庭に戻る。メ・カォムランになれるのは、王子、王女、高官の官吏や中級の役人であり、退職あるいは免職などの辞職した役人と王国の大僧正は除かれる。

奴隷はすべて、それぞれの主人のメ・カォムランの下にいることになる。個人に仕える奴隷は、主人が属するメ・カォムランのリストに登録される。

どのメ・カォムランを選ぶかは、王などの関与もなく、いかなる指示もない。自由民の人たち各人は自分が良いと思うメ・カォムランを選ぶ権利がある。ルクレールは、自由民の各人は、自分自身のために公的権力つまり行政と被保護者［カォムラン］との仲介役となるメ・カォムランを選ぶ義務があったと述べている[9]。

8　メ・カォムランはシャム語の ナーイ に相当するようである。Cf. G. Condominas, *L'Espace Social*, p. 479.

9　Cf. *Recherches sur la Législation Cambodgienne*, p. 18.

G.ジャノーによるノロドム王時代の報告は、このことをはっきりさせるものである。

「プノンペンの高位高官は、それぞれ自分の家に、ある一定数のカォムラン［被保護者］、というよりむしろ『親しい人たち』コーンクムイを抱えている。彼らは高官の家の一員となることを願い出て、認められればその保護を受け、税金と賦役が免除される。しかし、もうひとつの伝統的慣習は、カォムランを拡大解釈しているように思われるが、すべてのクメール人の民は、自分が気に入って選んだ某高位高官の部下として、バンチー（人口調査もしくは税金目録）に登録される権利が与えられている。そのために、自分が選んだメ・カォムランに許可を願いでる必要もなく、保護されているからといって高位高官に対してなんの義務もない。この保護は何によって成立するのか、だれもよく知らないままである。この機能を利用しない人たちはかぎりなく少数であり、すべてのクメール人の民は、これまで見てきたとおり、州の区別なく、王国の有力者や貴顕のだれかのところに所属していると言えるであろう」[11]

この民が自分でメ・カォムランを選ぶ慣習は、法律があらかじめ示唆しているように、王国の行政機能を骨抜きにするものである。このシステムがあるために、一部の人たちは地方長官の権威を認めなくなり、籾米税のごまかしができるのであった。それはまた、地方長官とメ・カォムランの対立、さらにはより多く王族と王都の高官の対立の原因にもなったのである。これについても、ジャノーの報告がある。

「単純な賦役であれ、しばしば州の住民は、不人気な長官の命令には従おうとしなかった。あるいは民があまりに頻繁な賦役に困却している時には、王に対する奉仕に動員しようとしたとたんに、民が逃亡し、大挙してプノンペンに来て、担当の高官のところに押しかけ、非難するのであった」[12]

---

10 コーンクムイは、文字通りには「子供と甥」であるが、この場合に限って、その高官に仕える男たちを意味する。
11 Cf. *Manuel Pratique*, p. 37.
12 Cf. *Manuel Pratique*, pp. 37-38.

第6章　民(たみ)

　すべての自由民［ネァック・チァ］は、15歳になると台帳に登録されねばならず、台帳は3年ごとに更新される。国勢調査を担当する部局は、スースディー[13]と名づけられ、3人の高官、オクニャ・ピペーク・ティペァリァチ、オクニャ・ヴォンサー・ティパディーとオクニャ・スレイ・トーベス・リァチァの責任下に置かれている。

　自由民は、年齢によって、3種類の目録に登録される。

　第1の目録には、次回の国勢調査を容易にするために、15歳から17歳の若者が登録される。賦役も兵役も課されない。自由民が耕作している田地の所有者、未亡人、離婚した女性や老人で、土地の所有者である場合と同様に、10分の1税の納税義務がある。

　第2の目録には、18歳から50歳の男性が登録される。兵役、賦役と一般諸税の納税義務がある。1870年、ノロドム王は人頭税を創設した。登録された人は、毎年、自由民は22リガチュール、奴隷は2リガチュールを国庫に払わねばならない[14]。

　第3の目録には、50歳以上の男子と身体障害者が記帳される。この場合、15歳から17歳の若者と同じ公課が適用される。賦役としては、村の近くでできるあまりきつくない仕事をやることになる。

　自由民は理論的には、公民権を「完全享受」し、旅行するのも、居住地を定めるのも思うままにできる。しかし、王権に対する義務を果たさねばならない。この義務は、反乱もしくは侵略戦争のために失われた州を取り戻す戦争や、あるいは国の防衛など、時には非常に厳しい任務のこともある。

　カンボジアの慣習法によると、王国が重大な危機に陥ったとき、王族が抱えている奴隷は動員されることはない。地方長官は手許の自由民か、解放奴隷を動員する努力をするしかない[15]。法律はさらに、地方長官に王族の保護下にある、あるいは支配下にある自由民、ポル［奴隷］または外国人は賦役に動員してはならないと厳命している[16]。

13　サンスクリット語 svasti「幸運、成功」。
14　E. Aymonier, *Le Cambodge*, t. I, p. 73.
15　『クロム・スロク』81条参照：A. Leclère, *Codes Cambodgiens*, t. I, p. 109.
16　『クロム・スロク』78条参照：A. Leclère, *Ibid.*, t. I, p. 108.

メ・カォムランは、カォムランに、だれもがなりたいと願う階級、高官階級になれる道を開いてやる、あるいは司法や行政の悪弊から守ってやることができる。
　ルクレールは、ノロドム王時代には、これらの図式はどちらかといえば理論の上だけだったとしているが、メ・カォムランは時には国家および自由民に貢献していたと付け加えている。メ・カォムランは遠隔地の地方長官、もしくは地方長官の下にいる高官たちが犯した暴行事件や、住民からの苛酷な税徴収などを、王に報告することもあったという[17]。
　この報告に、アン・ドゥン王時代の自由民に関係する2つの実話を加えることにしよう。ミッシュ司教の書簡の一部である。

—— 公課（分担金か夫役）あるいは王のための賦役などに動員された自由民たちは、食事の提供を受けることがない。これは、王の命令によりコンポート港において商船の造船工事に動員された労働者たちの事例である。

「この商船の建造が間接的に人々に与えた損害は大きい。クメール人労働者にはまったく報酬が支払われないだけでなく、彼らは食事を自分で調達しなければならない。ベトナム人と数人の中国人はきわめてわずかであるが手当をもらっていた。その額は1ヵ月分のビンロウジとキンマ代にも足りないものであった。私がいた港岸のベトナム人の村に、今ではほとんどクメール人住民がいなくなったのは、このような事情からである[18]」

—— カォムランは一度、高位の宮廷担当者や王国政府関係者の支配下に置かれると、行政担当者に対しておとなしくなった。メ・カォムランに気に入られたりすると、裁判さえも逃れることができた。ミッシュ司教は、ポニェルーの教区の釣り鐘泥棒の話を報告している。

「王がコンポート港に滞在中の時、窃盗団が、われわれのポニェルー教会に吊るされていた鐘の1つを夜陰に乗じて持ち去った。その翌朝から、私はこの窃盗団を探しはじめた。その結果、窃盗団はこの町から西へ1里にある小集

17　Cf. *Recherches sur La législation Cambodgienne*, p. 20.
18　*AME*, vol, 765, p. 38. この手紙の日付は、1858年9月6日。

落の者たちであることがわかった。私は数人の信者と同じく知り合いの農民に、私が怪しいとにらんだ小集落の調査を頼んだ。とりわけ溶接工の家を探してみるようにと頼んだ。目星を付けた通りであった。掘っ立て小屋で、その鐘の破片が見つかった。それで、私はその破片を物的証拠として持参し王都ウードンに出かけ、副王[19]に罪人を捕らえるよう願い出た。こうして、副王は私の訴えを認め、3人の部下に急行させ、釣り鐘泥棒を連れてくるよう命じた。万事休すと悟った泥棒たちは、逃走した（カンボジアでは、教会の財貨の窃盗は極刑になるからである）。泥棒たちは、皇太后[20]の家に逃げ込み、助命を嘆願した。彼らの涙と嗚咽に同情した皇太后は、何が問題なのかわからぬままに、助命と保護を約束した。この知らせに、副王は皇太后のところに赴き、法律によって裁きを行なうため、罪人を引き渡すよう頼んだ。皇太后は、可哀想な人をかくまって、皇太后が何もしてやれないと言われたのでは恥になると思って、副王を追い返した。私は、王国の法律に従い、罪人を罰するように、そして、私の釣り鐘の弁償をするよう、皇太后に談判した。さもなければ、この事件を上訴すると述べた（皇太后は、私が事件の真相をシャム王に告げられると理解した）。そこで、皇太后は旗を下ろし、私を別の高官のもとへ行くように命じた。皇太后が約束を破ったと言われぬためにも、皇太后を哀れんでくださいとその高官に頼ませたのであった。同時に、皇太后は、釣り鐘の代金として銀の延べ棒6本を、この泥棒を叱正するという約束をした上で、私に送ってよこした。私は甘んじてこの結果を受け入れた。そして、この泥棒を発見してくれた者たちに、延べ棒を1本あげた[21]」

以上、裁判を逃れるのに成功した泥棒たちの事例である。注目すべきことに、皇太后はこの泥棒を保護するために、王の実母であるという、王室の権威を盾に取ったのであった。ミッシュ司教自身、この脅しを認めている。司教のほうも、事件をシャムの法廷に持ち出すと皇太后を脅迫し、恐喝も辞さなかった。クメール人高官たちや一般民衆などは、これまでに宣教師やキリスト教関係者が多

19　ノロドム殿下である。
20　たぶんアン・ドゥン王の母、モネァン・ロスである。
21　*AME*, vol, 765, p. 58. この手紙の日付は、1859年8月22日。

大の奉仕活動をしてきたことを忘れてしまっていた。
　G. ジャノーの証言で、「自由民」についての締めくくりにしよう。王の賦役のために民(たみ)を動員する場面の実録である。王の使者と地方長官が登録者に対して行なった搾取が次のように報告されている。

「動員命令の伝達者であるバォムロ[22]（王の使者）が、ある地方の長官のところに現れると、長官はこの公文書を読み、確認することから始める。この命令の文書には、必ず恐怖に満ちた威嚇的な文言が掲げられ、「神の御足」[23]（王）の命令を免れようと試みる者や強情に反抗する自由民に、死刑あるいはもっとも重い刑罰を与えるように命じている。そこで、チャウヴァイ［地方長官］は、王の命令が80人か100人要求した場合にそなえて、州内の全村落において人集め作戦を開始する。村落の民(たみ)の農作業または日々の仕事におかまいなく、年齢を問わず歩ける民(たみ)すべてを、合意の上にしろ強制的にしろ、連行させるのである。この時、地方長官は、支払い能力がある者には、賦役免除の身代金として1人当たり2～3ピアストルを支払わせる。そして、このたいへん身入りのいい集金作戦の成果をバォムロと分け合う。最後に、長官が人道的側面と減額した額で提示した身代金の大幅な値引きにもかかわらず、その身代金を工面できない裸一貫の哀れな村民の男たちをプノンペンに連行する。だから、動員令の一報が入ると、この哀れな多くの民(たみ)たちは、森林の中に隠れ、あるいは田畑を横切って逃亡する。これらの民(たみ)は数日間放浪生活を送り、時には数日間星空の下で眠り、夜半にこっそりと自分の家宅に戻って、森の中で炊いてきた飯を食う」[24]

　このメ・カォムラン制度は、王権強化の要因とは言えなかった。むしろ地方の住民のもとで暮らしている長官の人気と権力を増大させる原因でもあった。この制度のおかげで、1779年、コンポン・スワイ州、バライ州、コークセッ州の地方長官3人は、集落の住民を容易に動員し、そしてアン・ノン王に反旗を

22　バォムロは「召使い」を意味する。
23　「神の御足」はカンボジア語のプリァッ・バートの直訳で、王を指す。
24　Cf. *Manuel Pratique*, pp. 34-35.

翻すことになったのである。[25]

　ヨーロッパ人の証言は、一部は1860年以後のものであり、これが正しいかどうかはともかく、年間90日までの労働奉仕を義務付けられた自由民たちは、王国の人的物的負担をほぼ全面的に支えていたのである。王国の経済活動は自由民の腕にかかっていたのである。国内の農業、漁業、工業および商業に携わっていたのは、自由民の人たちである。実際、ネァック・チャが「自由な人」と呼ばれるのは、ネァック・ゲァー、ポル、クニョム・ケなどと比較して、相対的に自立しているという理由があったからにほかならない。

2. 奴隷

　カンボジアの人たちには、ネァック・チャ［自由民］のほかに、ネァック・ゲァー［奴隷］がいる。ネァック・ゲァーはさらにポル、カォムラォス、モハット、クニョム、クニョム・ケに分かれる。

　しかしながら、現在われわれが持っている奴隷なる者についての資料だけでは、正確な社会的身分の全容を知るのは不可能である。法律においては奴隷の出身も類別も特に規定されていない。ただ関係の法律において役務の条件、奴隷からの解放、主人もしくは国家に対する義務、異なる社会階層の個人との関係について言及されているだけである、したがって、ここでは便宜上、検討するクメール民族の一部を構成する言葉として、俗に言われる「奴隷」の用語を使用することにする。用語の厳格な意味づけも、カンボジアで理解されていると推測される範囲内で述べていくことをお断りいたしたい。

　奴隷に関する条文を掲げる主要な3慣習法は、『チバップ・コール・バントプ（法のもととなる法）』、『クロム・テサー・カンマカー（奴隷に関する法）』と『チバップ・トムニム・ピ・ボラン（古代伝統法）』である。

　これら3法のほかには、アンコール近世碑文（IMA）が貴重な資料をもたらしてくれる。これらは基本的に、クニョム［本来の奴隷階層］、個人に帰属する奴

25　本書第1部第2章参照。

および寺院の奴隷（寺男・寺女）に関するものである。この近世碑文は、アンコール・ワット寺院の壁面に刻まれた碑刻文であり、1577年から1747年までの刻文である。その内容は、信仰宣言、立派な篤信行為の報告文、奴隷の解放を述べる一節などである。これら40個の近世碑文が、カンボジア語碑文研究の泰斗碩学チム・クロセム博士[26]のおかげで、1940年にプノンペンで出版された。これはカンボジア語の近世碑刻文で、語彙集と補遺が添えられている。1970年になると、サベロス・プー女史が、これらの碑文の訳をフランス極東学院の紀要（*BEFEO*）に発表している。

しかし、基本的な当時の背景史料が欠けているため、各身分階級の奴隷の人たちの正確な定義づけは無理である。
―― ネァック・ゲァーは、ポル、カォムラォス、モハットであり、「王国の世襲的奴隷」と呼ばれる。
―― 借金のかたの奴隷は、一般にクニョムと呼ばれる。
―― 本来の意味での奴隷は、物貨と同じように売買が行なわれる。

本来の意味での奴隷というのは、たいてい、クメール人以外の民族である。これらの奴隷たちはまったく自由民たちと同じで、国勢調査の台帳に登録されねばならない。

(1) ネァック・ゲァー：ポル、カォムラォス、モハット

私たちが知る限り、ポル、カォムラォス、モハットの違いは、非常にあいまいである。しかしながら、ポルとカォムラォスは世襲の奴隷であり、彼らはかつての反乱者、大犯罪者、戦争捕虜などの子孫である。一族全員が奴隷の身分になった時には、王もしくは裁判官が、過ちの軽重によって、ポルあるいはカォムラォスの判決を言いわたしてきたのである。

ポルとカォムラォスの奴隷は、さまざまな仕事に配属され、父から息子へと継承し、永遠に同じ仕事に携わる。

26条、27条、28条によると、王のポルは3つに分かれる。

26　Chhim Krâsém, *Sélacharœuk Nokor Vat*, "Inscriptions Modernes d'Angkor", p. 206.

—— 第1類は、軍隊、倉庫、警察、聖地［寺院］において奉仕する奴隷である。この聖地で働く奴隷をポル・プリアッと呼ぶ。

　—— 第2類は、親衛隊に属し、閲兵式の仕事が含まれる。日傘持ち、輿のかつぎ人、建物の警備、大砲手、火工兵、射撃兵、楽隊、射手。他には、飲料水の運搬人、清掃、さらに一般的には、土地や水利に関するさまざまな仕事に配属される。

　—— 第3類は、庭師、馴象の飼育係とその調教師、牛馬の飼育係、森林物産の採取人で構成されている[27]。

　E.エモニエによると、原則としてポルは、年に3ヵ月間、不連続でいいから、奉仕活動しなければならない。彼らは自分の好きなとこで、通算して3ヵ月間となるように働く。カォムラォスは、ポルの仕事を助け補う役割である。カォムラォスが奴隷として使われる期間は、明確な規定がないが、おそらく年間3ヵ月を超えることはないであろう[28]。

　森林で採取した産品を提供するポルは、収穫の4分の1を国家に払えばよい。さらに、地方長官は、ポルに賦役を課すことができない。王国に敵が進攻してきた時は例外で、その時には砦の警護を委ねる。

　王、王子、王家の一族、大臣、高位の高官に所属するカォムラォスについては、地方長官は彼らを裁判にかけ、罰金刑や死刑などを言い渡し、処刑することができ、それぞれの所属先の上司に通報する義務はない。

　モハットは、たとえば戦争などのような重大な状況下にあったとしても、地方長官の命令などに従わない者たちと同じである。モハットは収穫した米の20分の1だけ支払えばよい。モハットは、年6ヵ月間にわたり、オペヨーリャチや皇太后、あるいは王の弟に仕えるための職務だからである[29]。

　ネァック・ゲァーはすべて、それぞれに個別の所有者がいる。所有主は自分の代わりに、ネァック・ゲァーに薪を持ってこい、竹を持ってこいなどと命令する。そのおかげで、所有者は大へん助かっている。ネァック・ゲァーは例えば所有者のところで、クロマーを織ったり、ランプの芯や家の屋根を葺く稲藁を作らねばならない。個人的に使われることに対して、ネァック・ゲァーはそ

27　Cf. A. Leclère, *Codes Cambodgiens*, t. I, pp. 95-96.
28　Cf. *PA*, Paquet n°11. "Note sur l'esclavage au Cambodge". Cf. Indochine, A30 (28).
29　『クロム・スロク』81条および51条による。Cf. A. Leclère, *Codes Cambodgiens*, t. I, p. 107 et p. 102.

の報酬として土地、稲田、池などを受け取る。もし普通の村人が土地に入りこんで、木を切ったり、川で魚をとったり、あるいは土地を使って耕作したりした時には、ネァック・ゲァー自身でその村人に罰金を求める権利がある。

1880年に、E.エモニエがM.ケムに頼んで調査してもらった話がある。ネァック・ゲァーの権利と、その主人が彼らに委ねた所有地についての証言である。

「プノンペンのチュゥン・エクには、縦200メートル幅100メートルの小さな池と、この池を取り巻く稲田があり、これらは皇太后の所有のものである。皇太后は、すべてをネァック・ゲァー集団に委ねて耕作させていた。彼らは、皇太后に毎年2000尾の魚を届け、毎月2人のネァック・ゲァーを精米の仕事のために派遣せねばならなかった。十分に雨が降らない時には、隣村の村人たちが彼らに、稲田1枚につき1.5リガチュールで貸してほしいと頼みにやってくることがあった」[30]

こうした奴隷階級の中には、一部、寺院の維持と管理のために配属される奴隷がいた。E.エモニエは、その仕事は他の奴隷に比べれば楽であったと言う[31]。史料によると、この階級の奴隷たちの呼び方はいろいろある。ポル・プリァッ・ロタナトレイ「仏教三宝のポル」は、略してポル・プリァッとも言う。カォムラォス・プリァッの名前は法典や年代記に載っており、クニョムはアンコール・ワットの近世碑文に記述されている。彼らは最初は仏教への冒瀆あるいは仏教に反する罪のために罰せられたという。それに加えて、王もしくは裁判官の決定により、逆に寺院の維持と運営のため配属されたようである。原則として、彼らは自分を自由な身分に戻すことはできず、仏教暦5000年、つまり西暦の4456年まで僧院の役務をするように命じられている[32]。

寺院の奴隷の労働条件は、他のポルよりはるかに明確に規定されている。例えば法律には[33]、裁判官、司令官、あらゆる階層の高官、王国の行政官などは、この奴隷たちを、牛、水牛、象などの飼育係などのような個人的な業務に使っ

---

30 Cf. *PA*, Paquet no 17, "récit de M. Khem", no1, pp. 38-39.
31 Cf. *PA*, Paquet no 11. "Note sur l'Esclavage au Cambodge".
32 Cf. *VJ*, t. III, p. 132.
33 Chhap Tumnim Pi Bauran の条文による。Cf. A. Leclère, *Codes Cambodgiens*, t. I, pp. 171-172.

第6章　民(たみ)

てはならないと明記されている。

　彼らは戦時には、要塞や街道の建設、運河の掘削、要するに国家防衛のためのあらゆる業務のために使役することができる。つまりは、仏教を護るためである。しかし、いかなる場合であれ、他の仕事のために駆り出されることはない。

　戦争の場合、動員は以下の限度内で行なわれる。

―― 寺院のポルの3分の1までは動員できる。

―― もし、戦況が深刻であれば、動員割り当て数は全体の3分の2に達してもよい。

―― 状況が危機的になったとき、動員数は最大ポルの6分の5までとする。

　さらに、所属する階層の如何にかかわらず、寺院のポルが、王や、王子、王女、王の甥姪、もしくは王家一族のだれかのところへ避難してきたとしても、受け入れてはもらえず、元の寺院へ戻らねばならない。

　奴隷の身分からの解放については、後で述べる。

(2)クニョムあるいはクニョム・ケ[34]

　借金のかたの奴隷クニョムは、むしろ召使いである。カンボジアではたいへんその数が多い。次の証言は、普通の村人あるいは一家がどのようにしてクニョムの身分に落ちるかを示す。

　「キリスト教徒になるのを妨げるもう1つの大きな理由、それは、この哀れな村人たちは奴隷であるからにほかならない。村の顔役または有力者から、例えば父親が80もしくは100フランの借金をする。それを支払うことができなければ、顔役は債権者として父親と子供に借金の返済を命じ拘束する。父親は債権者の奴隷になり、その父親の労働で得た利益はすべて債権者のものになる。父親が亡くなったあと、この野蛮な債権者は子供たちに手を出す。こうして子供たちは債権者の所有物となる。そして、次には孫たち、さらにひ孫と、借金を払ってくれる篤志家が見つかるまでこの奴隷的状況が続く。ここでは借金をするのは簡単である。1年間に10フラン借りると、返済金額は毎年倍々になる。こうして、多くの貧しい村人が、数人の詐欺師の手中に落ち、奴隷となるのであ

34　カンボジア語ケは「だれか、他の人たち」。クニョム・ケは「だれかの奴隷」を指す。

る」

　このクニョムの労働や生活条件、義務と権利については、『クロム・テサー・カンマカー』に定められている。その一部抜粋を掲げる。

「運が悪いと、誰でも、多少なりとも膨らんだ出費のために、支払いに利害関係がない兄弟や、息子、孫までも巻きこむことになる。債権者である主人が、もしこの奴隷を象、水牛、牛の見張り番に出したり、あるいは手斧持ち、太刀持ち、日傘持ち、荷車ひき、水運び、堆肥桶運びを命じたら、奴隷はこの主人の命令に従わねばならない。
　奴隷が過ちを犯したとき、主人は籐で鞭打ち、首枷をしてよい。
　もし主人が亡くなれば、奴隷はその遺体を運び、主人の喪に服さねばならない。しかし、主人は奴隷にはブス・モク・プラウン、プライ・レァチ、ケァス・チャンロス・タボーンを強要できない。
　もし主人が貧乏になり、金を得るためその奴隷を抵当に入れたい時には、奴隷の両親に奴隷を抵当に入れる旨を予告し、買い戻したいかどうかを打診せねばならない。その奴隷を抵当に入れた主人が、もし請け出すことができなかった場合には、その主人は、他の人に引き渡すことはできない。なぜなら、奴隷は担保にすぎないからである」

　したがって、奴隷は、原則として自分自身を買い戻すことができるが、奴隷としていることで利息を帳消しにできても、元金はそっくりそのまま残る。主人は、自分の奴隷たちの衣食の面倒を見る義務がある。奴隷の子供たちは、生ま

35　*AME*, vol, 755, p. 49. ミッシュ司教の1850年1月11日付手紙の抜粋。
36　文字通りには、「火の前で僧侶に任命される」。父親あるいは母親が亡くなったとき、父母への感謝のしるしに、子供の1人が24時間僧侶になり、白装束で、頭を剃り、僧の掟を守らねばならない。
37　プライ・レァチは「炒った米を投げる」の意味。柩を埋葬場所へ運ぶあいだ、柩の両側から炒った米を投げる。これは大地に散らばる死者の骨を表す。Cf. Mme Porée Maspéro, *Cérémonie Privées des Cambodgiens*, p. 78.
38　文字通りには「中央松明の芯を切る」。マスペロ夫人によると、チャンロス・タボーンは死者の枕べにともすテァン・カルプ（大蠟燭）にほかならない。
39　『クロム・テサー・カンマカー』51条；A. Leclère, *Codes Cambodgiens*, t. I, p. 388.

れながらの奴隷であり、買い戻すには、一定の金額を支払わねばならない。その金額は年齢によって変わる[40]。しかしながら、奴隷は、普通の理由で自分を買い戻すことは絶対にできない。なぜなら、奴隷は、主人の家で紛失したもの、傷んだもの、壊れたものすべてに責任があるので、その借金は膨らむ一方で、なくなることはないからである。

　一部の奴隷は、主人の家宅には住まない。自分の家で暮らし、時々、主人が奴隷にさせたい仕事がある時だけ主人の家に行くだけである。彼らは、単なる債務者のようなもので、生活費は自分で稼ぐのである。

　アンコール・ワットに刻まれた近世碑文のクニョムに関する内容は、これらの法規に書かれていることを裏付けている。この碑文は事実を記しているので、時として、法規の資料よりも興味深い。

　このアンコール近世碑文（IMA N°13）は、奴隷身分のコーン・ラムは3人の主人に所有され、4人によって代金が支払われ、奴隷の身分から解放された事実について述べている。しかし、これがよくある事例なのかどうかはわからない。いずれにせよ、クニョムの法規はこのような場合を想定していない。アンコール近世碑文（IMA N°13）の11行目から18行目までの訳文を紹介する。

　「…コーン・ラムという奴隷を奴隷の身分から解放した。この者については、ソム、トーン、ペク、プムと名乗る4人が、ルォン・テョベス、イン、チャンの3人から奴隷としての身分を買い戻したのである。この3人はソム、トーン、ペク、プムからコーン・ラムの代金を受け取った[41]」

　アンコール近世碑文は、史実のみを伝えているので重要である。たとえば私的な奴隷を解放する儀式の詳細であるとか、さまざまな奴隷の解放の方法などについて、そのやり方を提供してくれているのである。

　奴隷解放の儀式は、たとえば、村の寺院とかアンコールの寺院など聖なる場所で行なわれねばならない。当該の奴隷とその主人たちは、解放の儀式に一般の村人と、時として役人たち、そして、必ず僧籍の異なる僧侶たち、および集

40　後述の註46および47参照。
41　Cf. Pou, *BEFEO*, t. LIX, pp. 229-230.

まった人たちに、証人として参列してもらう。

　奴隷の所有者である主人は、来世のために功徳を得ようと、自分のクニョムを寺院に捧げる。したがって、奴隷解放の儀式は、たいていの場合、仏像の開眼式もしくは寺院への寄進式と同時に行なわれる。このような方法で奴隷を解放するやり方は、宗教的性格を帯びているにもかかわらず、公式な法令で保証されている。奴隷の解放については、その都度、担当の役人に知らせねばならない。

　解放された奴隷に与えられる新しい身分「ポーナスラォム[42]」というのは、驚きである。単語の意味はわからないが、アンコール近世碑文17番 (IMA N°17) の32行から36行に載っている。どうもこの「ポーナスラォム」という身分は、解放奴隷と自由民との中間に位置する身分と理解してよさそうである。付け加えると、女奴隷も同じくポーナスラォムと呼ばれた[43]。

3. 本来の奴隷身分の人たち

　最初から奴隷の人たちは、たいてい非クメール人の出身であり、暴力あるいは騙し討ちによって家族から引き離されて、山岳地帯からカンボジア国内に連れてこられ、プノンペンで売買された。この奴隷売買は19世紀半ばのノロドム王時代まで続いた。貧しい人が借金の支払いのために子供を売ることはあったが、このような例は稀である。E.エモニエによると、これらの奴隷の借金を裏付ける公的文書は存在しなかったので、逃亡してしまった時には、主人にとっては丸損となったのである[44]。

　奴隷としての非クメール人の外国人の人身売買は、ずいぶん昔にまでさかのぼる。『クロム・テサー・カンマカー』にも、他の奴隷と同じく記述がある。この法規には、プノン族、ラオ族、ラデ族、クイ族、ペアル族などいろいろな少数

42　サンスクリット語:verna「カースト」「色」、açrama「隠者の庵」あるいは4段階(バラモンの宗教生活)の1つ。

43　Cf. *IMA* N°18, 1. 11. Cf. Pou, *BEFEO*, t. LX, p. 173.

44　*PA*, Paquet N°11."Note sur l'Esclavage au Cambodge".

民族について言及がある。この少数民族の奴隷については、その条件がクメール人奴隷と同格に扱われている。クメール人の司法関係者は次の点を強調する。つまり、奴隷の子供の両親がどの民族かということが、価格の基本となる。

「だれかがプノン族の奴隷を買い、この奴隷同士が結婚して子供ができた時には、子供たちは、純粋なプノン族とみなされることになる。この子供たちの子供同士が結婚して子供ができたら、その子供たちはプノン族の奴隷の価格になる。純血プノン族の奴隷の身分で生まれた子供が、クメール人と結婚して子供をもうけたら、子供たちは混血とみなされ、42条に記された評価を受ける。混血人が純粋なクメール人と結婚したら、その子供たちは純血のクメール人とみなされ、上記の評価を受ける。もし、混血人がプノン族と結婚すれば、この結婚による子供は純血プノン族とみなされ、それ相応に評価される」

どの民族に属するかという慣習法とその子供の価格については、言及はないが、他の民族にも適用される。G.ジャノーの証言にあるように、この奴隷売買はノロドム王時代にも行なわれていた。

「この牛馬同様の扱いがなされたのは、もっぱらカンボジア東北部の未開民族たちに対してである。奴隷売買のやり方はさまざまだったが、主要な地域はラオスとの国境地方のサムボックである。未開民族同士でよくある喧嘩のあと、一方の住民が夜のうちに敵方の村に侵入し、女・子供や眠りこんでいる男たちに対して人間狩りを行ない、彼らをラオ族に売りとばす。相手は、時には中国人やクメール人のこともある。M.ダルフォイユはライナールととも

---

45 プノン族とラデ族：Cf. Dam Bo, *Les Populations Montagnardes du sud Indochinois*, F.A., N° spécial 1950; J. Dournes, Pötao, 1977. クイ族とペアル族：E. Aymonier, *Le Camabodge*, t. I, p. 26. A.ルクレールは、カンボジア語文書にあるにもかかわらず、翻訳にはクイ族とペアル族の名前を入れなかった。Cf. A. Leclère, *Codes Cambodgiens*, t. I, p. 386.
46 『クロム・テサー・カンマカー』51条によれば、1歳の子供は1ドムリン、2歳の子供は2ドムリン、3歳では3ドムリン、15歳で45ドムリンの価値がある。40歳までは奴隷の価値は45ドムリンである。41歳からは、1歳毎に6バーツずつ、70歳まで低下していき、ここで価値はゼロになる。Cf. A. Leclère, *Codes Cambodgiens*, t. I, p. 399.
47 Cf. *Manuel Pratique*, p. 59.

にラオスを旅行中、奴隷売買をつぶさに調査する機会を得た。ダルフォイユによると、売買の大部分は、カンボジア王が直接かかわっており、奴隷を取得する代価として、王は毎年60頭ほどの馴象を贈っている。しかし、この哀れな奴隷たちはラオ人に買い取られることも多く、ラオ人の売人は、奴隷たちをサムボックあるいはプノンペンまで連れていき、毎年、相当数の奴隷をクメール人や中国人に売りつけている」[48]

M.ダルフォイユは、これに注釈を加えている。

「未開民族たちがお互いに相手を捕えて売るという恐ろしい慣習は、人身売買の大きな源のように思われる。稀にだが、手段の選択はどうでもよいというラオ人あるいは他の商人が、夜中に人を襲い、文字通り「人狩り」をして奴隷にするのだと言う」

いろいろな分野の奴隷について、司法関係者は、結婚の面では、奴隷の尊厳を守り、その両親を尊敬するように求めている。
『レッカナッ・トース・ペクリイァー［ペッリィァー］』（妻の過ちに関する法）34条によると

「自由民である男が他人の女奴隷を好きになり、慣例に従って、奴隷の主人と奴隷の父親と母親に（結婚の承諾を得るための）ビンロウジとキンマを贈るまえに、彼女と関係を持った時には、法律により「礼儀を知らない男」（エィトコムノァップ）とみなされ、軽犯罪を犯したとされる。したがって、彼がその女奴隷を捨てるようなことになれば、主人の目を盗んで慰みものにした彼女に対して代償を支払うよう宣告される」[49]

結局、法律上では、自由民と奴隷との結婚を禁止する条項は存在しない。こ

48　Cf. *Manuel Pratique*, p. 59.
49　Cf. A. Leclère, *Codes Cambodgiens*, t. I, p. 248.

第6章 民   349

の点について、H.コルディエは『クロム・サンクレイ』(道徳習慣違反に関する法)25条を訳したが、誤訳があることに注意をうながしておいたほうがいいだろう。ルクレールは原文に忠実に訳し直した。それによると条文は

「自由民の女が奴隷身分の夫と婚姻し、その夫が王の奴隷であるなら、女は重大な過ちを犯したことになる」(コルディエ訳)のではなく、

「自由民である女が、個人や大高官や王の妻たち、そして高官の妻たちのもとで働く男奴隷と姦通した時には、重大な過ちになる」が正しい。

したがって、その女性は罰せられる。ともかく、姦通罪を犯したのであるから、その女を薄い布に包んで、3日間村内を引きまわし、それから情け容赦なく最高刑を課す。

4. 奴隷の解放

奴隷の解放は、簡単であったり、なかったり、身分によって違う。ポル・プリァッ(寺院奴隷)が解放される機会はほとんどない。実際、カンボジアの法律では、寺院に寄進されたもの、寺院が所有するものはすべて(財貨、土地、人間、動物)、王であれ、王家の一員であれ、高官であれ、だれもけっして取り戻すことはできない。違反者は、死後地獄に行くことになろう。

その他の奴隷は、寺院で働く奴隷よりも解放される機会が多い。しかしながら、可能性として解放の機会は限られている。3つの可能性がある。

── 奴隷は、主人の家以外でした仕事によって貯金をたくわえ、自分を自分で

50　Cf. *Excursions et Reconnaissances*, 1881, vol. III, N°9, p. 416.
51　Cf. A. Leclère, *Codes Cambodgiens*, t. I, p. 303.
52　Cf. A. Leclère, *Codes Cambodgiens*, t. I, p. 174.

── 奴隷は、自らの願い出により、あるいは主人の願い出により、僧門に入ることができる。解放のために買い戻される価格もしくは主人へ返済すべき借金は、主人が得た功徳によって相殺される。

── 奴隷はさらに、主人の代わりに戦争へ出かけ、闘いの生活をおくることもできる[53]。

　1851年、アン・ドゥン王は、仏教篤信者として、奴隷身分の子孫も含めてこれらの人々が今後ポルやカォムラォスとしての扱いを受けないようにする命令を出した。さらに、この命令を尊重しない地方長官や高官たちを告訴することにした[54]。

　奴隷というのは、一部の権利、とりわけ土地の所有権を奪われている。しかし、奴隷は自由民と同じ資格で王国の経済活動などには参加してきた。しかし、ネァック・ゲァーとクニョムは、社会的に認められていなかった。そのようなわけで、クメール人たちはネァック・チャ［自由民］であることを誇りを持って主張する。しかしながら、すべてを失い、土地もない自由民の農民は、思いやりのある、あるいは無関心なだけの主人のもとで働かされている奴隷よりも惨めだったということは知っておかなければならない。それに比べて、たとえばノロドム王の母親のポルたちは、プノンペン地方のチュゥン・エク湖の周辺で暮らす自由民よりずっと幸福であった[55]。

　ここで、カンボジアでは個人の所有地がはっきり存在していることを再確認しておいたほうがよいと思われる。E.エモニエは、土地所有のことに気づいた最初のヨーロッパ人であった。当時のフランス領の保護国側の代表であったエモニエは、さまざまな法規と農民から寄せられた苦情の手紙を読んで、この土地所有のことを知った［エモニエ自身はカンボジア語に熟知していた］。

　「王国でよく使われる表現、『王は、王国の生命と財産の支配者である』のせいで、

53　『クロム・テサー・カンマカー』7、16、21条を参照。Cf. A. Leclère, *Codes Cambodgiens*, t. I, pp. 388-392.
54　Cf. A. Leclère, *Codes Cambodgiens*, t. II, p. 614.
55　Cf. *Manuel Pratique*, pp. 229-230.

明確に区別される2つの原則、絶対君主制の原則と土地の所有権の原則を混同するようになってしまった」[56]

　自由民は、土地の所有者になれるという基本的な特権を持っている。しかし、土地の所有者であれば、一定の義務を果たさねばならない。耕作地からもたらされる農産物の10分の1を、王に税金として支払う義務がある。さらに、王国に対し、年間90日の賦役と、戦争の時には兵役を務めねばならない。彼らがこのように王国への義務を果たす見返りとして、王は、高官および地方長官を介して、日常の生活の安定と社会正義として土地所有を保証することができるのか？　正義については、肯定的な答えができる。日常の慣習法によれば、とりわけ地方長官は住民を援助し、住民の利益を保護することに全力を尽さなければならない。しかし、現実にはまったく反対の取り組みが実施されており、国内におけるすべての社会制度は王と高官たちの望みどおりに仕組まれているのであった。

　さらに、王宮のバラモン祭官［バクー］と王族は、それぞれの自分たちの成員によって組織された独自の裁判所を持ち、特権集団を形成していることを理解しておく必要がある。これに対して一般住民は、地方長官を長とし地方裁判官が補佐する裁判に従う。地方長官の能力を超える訴訟は、すべて首都に送られ、王が任命した7人の司法官からなる高等裁判所で再審査される。外国人による2つの報告から、カンボジアにおける裁判を窺い知ることができる。J.ムーラは、裁判官の意図と裁判の展開について考察している。ブゥイネとポーリュスの指摘は、罰金の分割の意味に関するものである。

「司法機関の職階は、クメール人高官が文句なしに圧倒的多数を占めることになる。高官たちが受け取る定期収入に加えて、住民が差し出す、あるいは高官から要求される袖の下や高価な贈り物が、ほぼ裁判の取り扱いと進行を決めてしまう。高官たちは、刑事被告人や訴訟人たちの財源が尽きるまで、できる限り先に事件を引き延ばす。したがって、訴訟合戦は際限なく続く。これら司法官たちが、いかにのんびり、いかに冷淡に、持ち込まれた事件を審議するかを知

56　Cf. Indochine, F10(1), Carton 106.

るべきである。高官たちは壇の上で、ゴザに寝転んで、パイプをふかし、茶を飲み、審議を中断しては裁判とはまったく関係のない会話を大声で交わしたりしている」[57]

このような司法高官によって、どうして公正な裁判がもたらされようか。それに加えて、法規の条項にはなんとも形容しがたいひどい条文がある。

「金銭のからむ判決において、告示された罰金の3分の1は王に、3分の1は訴訟人へ、最後の3分の1は刑罰を決めた裁判官に行くようになっている」[58]

法廷で言い渡された判決に不服であれば、王のもとに訴えるこができる。その時には、次のような手続きによる。

「請願者が裁判所会議室のすぐ側にある倉庫に行くと、そこには巨大な銅鑼があり、そのそばに下級官吏が立っている。請願者はこの下級官吏に請願の意図を伝え、請願者は調停の費用として、一律に4リガチュール、約4フランを納める。官吏は銅鑼を3回打って、請願者を王のもとに連れていく。王は必ず請願者の言い分を聞き、可能なら事件について発言し、さもなければ審理をさらに行なうよう特別判事に指示する」[59]

奴隷の身の者は、いかなる場合も王国の経済において肯定的な待遇を受けることができない。現実に、奴隷が暮らす生活条件は、奴隷が保護を受ける主人が握っているのである。奴隷は主導権も意志も奪われ、働く習慣も主人の命ずるままである。1884年、Ch. トムソンは、そのことを知り、1884年の協定についてフランス海軍の植民地相に宛てた所見に次のように記した。

「彼(奴隷)にいきなり自由を与え、彼自身で生活していくようにしてやることは、

---

57 Cf. J. Moura, *Le Royaume*, t. I, pp. 289-290.
58 Cf. J. Moura, *Le Royaume*, t. I, p. 16.
59 Cf. J. Moura, *Le Royaume*, t. I, p. 225.

彼を最大の窮地に追いやることになる。権利を与えながら、同時にとうていやり遂げることのできない義務を押しつけることになるからである。もし国家の援助がなければ、その場合、最初から彼らにあまりにも重い負担を強いることになるであろう。あるいはまた、われわれが無関心のままこれまで通り放置すれば、カンボジアには存在しなかった乞食を生み出すことになろう」[60]

60　Cf. Indochine, A30(67).

結論

　1775年から1860年までのカンボジア近世史を書くにあたって、信頼できる3種類の年代記写本を採り上げた。『ヴェァン・チョウン版』、『コーク・カーク版』、『セトボー版』である。3種写本において同一の出来事の日付が違うということはほとんどない。ロジェ・ビラールは、『ヴェァン・チョウン版』の作者が提示する日付はほとんど全部つじつまが合うと評価する。それは、日付が正確であるというだけではない。首尾一貫する記述は、この『王朝年代記』写本の信頼性をまさに示している。この時代においては、カンボジアはコシャンシンから避難してきた宣教師を受け入れ、宣教師たちはこの受け入れ国で起こっているすべての事件に関して、まとまった件数の証言を残してくれた。その証言がここでは検証の史料となっている。確認の結果、年代記作家たちは、19世紀初頭以降については、執筆作業のために、われわれがまだ知らない史料を参考にしていたと断定できる。

　いくつか事例を挙げよう。

1) 1784年のカンボジア軍とシャム軍によるザーロン帝［1802-1819］への支援は、『ヴェァン・チョウン版』に言及があり（724ページ）、アンドレ・トン神父の1784年7月1日付書簡[1]で確認される。
2) 1834年のカンボジアとベトナムの戦争は、『ヴェァン・チョウン版』の790ページで語られており、レジェロー神父の書簡[2]により証明される。シャム兵によるプノンペン王宮の破壊状況や、シャム軍の退却日も記されている。
3) アン・イム王子のコシャンシンへの逃亡は、『ヴェァン・チョウン版』799ペー

1　Cf. A. Launay, *Histoire de la Mission de Cochinchine*, t. III, p. 83 et p. 90.
2　Cf. *APF*, t. 7, 1834, pp. 605-606.

ジで語られており、1840年4月6日付ミッシュ司教の証言で確認される。

アン・ドゥン王時代についての手許の史料は、これまでない史料価値のあるものと評価できる。年代記は詳述しているのみならず、ごく小さな出来事までも日付を記入している。そのほかにも、この時代については、宣教師たちが残してくれた貴重な証言がある。

しかしながら、こうした史料の積み上げがあるからといって、年代記において1775年から1860年までの時代を扱った歴史記述が完璧であるということではない。

1つには、年代記の作家は、もちろん王宮内で秘密裏に議論された問題を知らされていなかった。ただし、高官の採用方式と王が行使する権力から考えて、年代記作家は、記述事項について、その責任者である上司や王について再度問いただすことはできなかった。

2つ事例を挙げよう。

1) 1833年、シャム軍によるカンボジアへの軍事介入は、ボトム・バォルメイ・ペチによるとアン・チャン王の妻モネァン・テープがけしかけたという。年代記だけ検討していると、この介入がなぜ行なわれたかはわからない。年代記作家は、「忘れてしまった」のではなく、真実を記載したために免職されること、さもなければ命を落とすことがあるかもしれないと恐れて、年代記には明記しなかっただけである。

2) フランスと接触したいと望んでいたアン・ドゥン王が、ミッシュ司教に託した書簡について、『ヴェァン・チョウン版』の記述は「ミッシュ司教は王の提案を受け入れ、王の覚書をフランスまで運んだ。成功の暁には、カンボジアはフランスに感謝の印として、500ネーンの金額を支払うであろう」となっている。しかし、当時のことはよくわかっている。ミッシュ司教はフランスには行かなかった。司教はモンティニを迎えにコンポートに行っただけである。

3　Cf. *AME*, vol. 748, p. 1257.
4　Cf. *VJ*, t. VII, pp. 848-849.

その他のフランス人（ジャノー、ドゥダール・ド・ラグレ、ムーラ、エモニエ、ルクレールなど）の証言と記述と報告は、1860年以後、さらにはもっと最近のものであるが、カンボジア社会の研究にとって、たいへん興味深い史実が言及されている。ある場合には、法規や年代記を裏付けると同時に、時には、カンボジア語史料の内容を補完してくれる。ミッシュ司教の証言がなければ、1856年のチャム人の反乱の時のベトナムからチャムへの援助については疑いを持ったかもしれない。ルクレールがいなかったら、アン・ドゥン王が自分の死後の国の未来についてどのように考えていたかは知る由もなかったであろう。ジャノーがいなければ、カンボジアにおける賦役動員がどのように展開したか解明できなかったであろう。

シャム人とベトナム人が、カンボジア王国を占領する予定だったのは確かなことである。クメール人同士の内戦を終結させようという気はまったくなく、逆にそれを利用したのであった。1594年に王都ロンヴェークが陥落して以来、王国の西部はシャムに併合された。ベトナムは、15世紀になるとチャンパ王国を征服し、17世紀にはカンボジア王国の入り口であるプレイ・ノコーに到着した。カンボジア王たちは、このベトナムの脅威を自覚していなかったようである。いずれにせよ、カンボジアは征服者としての両隣国、シャムとベトナムの軍事行動を阻止する手段をまったくとらなかった。17世紀以後、アン・ドゥン王が権力を掌握するまで、カンボジア王は自分の権力にしがみつくばかりで、結果としてはシャムとベトナムに領土を明けわたしてしまった。

それでも1回だけ例外がある。スレイ・ソリヨーポール王［1607-1618］は、1615年頃、フエ宮廷との同盟を求めて、そのために息子のチェイ・チェター2世［1618-1625］をベトナムの王女と結婚させた。この同盟がシャムの脅威を抑止することを期待したのである。しかし、クメール人たちが願っていたのとは逆の結果になった。フエ宮廷に奪われて、プレイ・ノコーの領地を失ってしまったのである。王国消滅の危機を現実に自覚していた王は、ただひとり、アン・ドゥン王だけであった。両隣国に侵略されて、王国は悲惨な状況になったが、それでも、アン・ドゥン王はベトナムとシャムからの解放を試みた。フエ宮廷は、外国人商人がプノンペンへ行くのを阻止しようと、税関がらみの干渉を増大させた。アン・ドゥン王はそれに対抗するため、ウードンとコンポートを結ぶ新

街道を建設させた。コンポートはこれによってカンボジアの港湾となった。王はさらにシンガポールとの通商関係を樹立するために船舶を建造させた。そして、カンボジアがバンコク王宮から独立を取り戻すため、ミッシュ司教を仲介者として、フランスとの同盟を結ぼうと模索した。

シャムとベトナムの軍事的圧力に対する王たちの唾棄すべき無関心さ、王子たちの飽くなき闘争、不完全な王位継承法と脆弱な王宮システムのままに王位を継承してきた不透明な伝統が、王国の命運を救い難いものにした。

第2代目の王位継承者となるべき皇太子の選出については、法解釈はさらにはっきりしない。この明解な法的根拠の欠落が、王子たちの野心をかきたてたのであった。

王国の行政機構は、責任者としての王と地方長官の望みのままであり、行政機構は脆弱である。行政制度がうまく機能するかどうかは、ひとえに施政者たちの英知と誠実さにかかっている。ちょっとした過ちも、即座に係争や反乱を引き起こす。そういうわけで、1779年、アン・ノン王［1775-1779］の伝統に反する行為の結果、4人の長官、ムー、テン、ペァン、ソが住民を煽動し、王を暗殺させてしまった。さらに、メ・カォムラン制度が中央権力にとっては好ましくないことも、見てきたとおりである。この制度は、むしろ地方の住民の近くにいる地方長官や地方当局の権力を強化したのであった。

この王国の組織の有害な側面は、高官の採用と報酬の制度である。地方長官、裁判官、その他の役人たちが自分たちの官職を得ようとするために使った賄賂は、地域の住民から搾り取ったものであった。10分の1税をごまかし、訴訟で高額な罰金を取り立てて、その3分の1を受け取った。これは住民を落胆させるばかりで、その住民には国家の経済がかかっていたのであった。

シャムにおいても、ほぼ同じような政治社会組織が認められる。しかし、チャクリー王朝［1782～］になってから、シャム宮廷は安定を維持し、内乱に対処する必要もまったくなかった。こうして、バンコクは経済力を増強し、プノンペンまで来ることのできない外国商人たちを満足させたのであった。

この時代のカンボジアでは、ジャヤヴァルマン7世［1181-1218頃］のあと14世紀半ばに始まっていた衰退がいっそう加速していた。カンボジアの衰退に加えて、シャム王国の勢力の拡張が顕著となった。J.ボワスリエによると、1431年

のシャムの進攻の時、アンコール朝は、王国の青銅製守護神像をはじめ、王権の象徴たるすべての財宝を侵略者シャム人に戦利品とし持ち去られた[5]。さらにはまた、シャムが自国の建設のためにクメール人住民を拉致し、カンボジアは人的損失をこうむりはじめることになる。

　この歴史的事実を動かぬものとする最近の証言が2つある。第1の証言は、レジェロー神父が語る一場面で、神父は、1834年にシャム兵士がクメール人捕虜をどのように扱っていたかを報告している。第2の証言はドゥダール・ド・ラグレによるもので、シャムに併合された領土の境界にあるポーサットおよびコンポン・スワイ州でのクメール人の人口の減少についての報告である。

1)「シャム軍の戦争のやり方は、戦場近くにある財宝はすべて奪う、通過地点ではすべて破壊し放火する、そして住民を捕虜または奴隷とするというものだ。通常、男たちは殺害し、女子供は拉致する。捕虜に対する扱いは情け容赦がない。拉致の途中、捕虜が歩けなくなると、涙にも、うめき声にも耳を貸さず、鞭で打ち、虐待し、殺す。母親の目の前で幼子を容赦なく殺害する。この野蛮人たちは、ハエを殺す以上に、ためらいなく人を殺す。おそらくハエはためらうだろう。というのはシャム人の信仰する仏教によると、いかなる生き物も殺すことは禁じられているからである。生き物はなんであれ、殺すことは、罪なのである[6]」

2)「1865年2月10日…国内の政治的混乱とシャム軍の進攻の結果、湖(トンレ・サーブ)の両湖岸から、住民がほとんど消えてしまった。コンポン・スワイは、戦争の中心地から外れているので、苦しみはそれほどでもなかった。しかし、常に進攻の通過点になるポーサットは、完全に町が崩壊してしまい、この気の毒な地方は、土地は広いにもかかわらず、数千人の人たちしか残らなかった。暴力的な連行あるいは謀略によって、住民はバッダンボーン方面へ移送され、そしてさらに遠くバンコクまで連行されたのである。生死をかけて逃亡したこの高官は、なお多くの家族を引き連れていた」

　　…

5　Cf. M.Giteau, *Histoire d'Angkor*, p. 111.
6　Cf. *AME*, vol. 748, p. 277.

「コンポン・スワイや、ポーサットにおいて、またこれにつながる街道において、この地域を定期的に進攻してくるペストのようなシャム軍。その急襲の目撃者たちに聞いてみた。すべては破壊され荒らされ、村落は略奪されて焼き払われた。コンポン・スワイの高官は、広大な平野部の果樹を示しながら、1本として急襲以前の果樹は残っていないと強く言った[7]」

さらに、拉致された住民たちは帰る希望もなく、捕虜として扱われた。いったんシャムの地に入ると、捕虜たちはシャム当局が指定した場所に入れられ、強制労働が待ちかまえていた。カンボジアへ帰ろうと脱走した者は、重い刑を課せられたり、極刑になったりした。パティン・デチャ将軍がシャムに連行したラオ人捕虜も同じ目にあった。

以下は、1880年ごろ、社会事情調査のために、E.エモニエがシャムに派遣したトップが調査したクメール人の証言である。トップは、タイ北部のサワンカロークに定着したクメール人の村があることを知った。

「クメール人たちはみな稲作の従事者であった。彼らは、シャム国家に毎年7バーツの税金を納めねばならなかった。出身地のポーサットに死ぬほど帰りたがっていた。カンボジアの家族と連絡をとろうとしたが、無駄であった。(ノロドム)王がいずれ故国への帰還を手配してくれるであろうと期待していた。しかし、この希望は時がたつにつれて薄れていった[8]」

クメール人捕虜の子供たちの一部は、ほかの子供たちより優遇されて、バンコクで勉強することができた。2人のクメール人大僧正、ソムダチ・サンガ・リァチ・テーンとソムダチ・サンガ・リァチ・パンがその例である[9]。カンボジアに上座仏教のタマユット派を導入したのは、後者の僧侶である。

シャムとの闘いは、長期にわたるシャム王朝の戦争であり、急襲によってカ

7　Cf. A. B. Villemereuil, *Explorations et Missions*, p. 64.
8　Cf. *PA*, Paquet N°12, p. 23.
9　補遺3、補遺4参照。

ンボジアに損害をもたらすものというぐらいにしか表現できないものだった。しかし、17世紀になって、フエのグエン朝が登場すると、政治的な取り組み方が一変して、ベトナム人たちは植民地主義的征服者として行動するようになり、必然的にクメール人の虐殺が発生するようになった。

プレイ・ノコーは、1623年にサイゴンとなり、その重大な結果として、カンボジア王国は海への出口を失った。[10]

ただひとりアン・ドゥン王は十分な洞察力をもって、カンボジアの将来を考え、カンボジア王国の再生と再建に向けていくつかの措置をとった。しかしながら、それも、シャムとベトナムが同時に行なった支配者としての蛮行の相乗効果の前では無力だということがわかった。そして、1864年からの新たな同盟国フランスは、このカンボジアの従属体制の重大な意味を十分判断できなかった。それでもフランスは、シャムとベトナムがカンボジア王国の残りの領土を完全に分割することは妨げ、メコン川を境界線［西をシャムが東をベトナムが統治する］とし、さらにシャムからバッダンボーン、シェムリャップ、ムルー・プレイ、トンレ・ロポウの領地を奪回することに成功した。

1975年のポル・ポト政権成立前まで、カンボジアではその景観に、とりわけ農村人口の不均衡に、これまで回想してきた歴史の痕跡をとどめていた。

エモニエによると、1874年当時、カンボジアはやっと100万人[11]の住民を数えた。対するシャムの人口は、ほぼ同時期で500万人[12]、コシャンシンではクメール人の人口は200万人[13]を少し上回っていた。

---

10 セデスは、コシャンシンの各地方がフエ宮廷に併合された年代の順序を提示している。Cf. G.Cœdès, *Les Peuples*, pp. 198-200.
11 Cf. *Géographie du Cambodge,* pp. 26-27.
12 Cf. P. Fistié, *La Thaïlande*, p. 40.
13 Cf. P. Nicolas, Notice sur l'Indo-chine, p. 138.

補遺1
商取引および宗務に関する協定の草稿

通商・宗務協定草案

　カンボジアとその属領の王、オン・プラ・ハリラク・パハー・モハ・イッスラティパティ・トロンリー[1]と、

　レジオン・ドヌール国家勲章オフィシエ章、グレゴリウス騎士勲章、コマンドゥール章、その他の受章者、

　フランス皇帝ナポレオン3世陛下よりシャムおよびコシャンシン国王のもとへ派遣の全権代表、

　シャルル＝ルイ＝マクシミリアン・ド・モンティニ閣下、

　との間において、

　以下の通り合意に達した。

第1条

　フランス国民は、カンボジア王国全領土内において、最大かつ全面的な身の安全および財産の最大かつ全面的保護を享受し、最恵国待遇の国民に付与されている、かつ付与されるであろうすべての特権と特典を受ける権利を有する。

第2条

　フランス国民は、カンボジア王国の全土において、自由に通行し居住し、自らの信仰を公的に実践し、土地を購入し、教会および住宅その他を建築し、自らの商工業にたずさわることができるものとする。

1　カンボジア王の名前と肩書、シャム王にならった書式。

第3条

　フランス国民は、カンボジア全土において、全面的かつ自由のもと、国家の専売特許であるアヘンを除いて、いかなる独占的企業あるいは普通の特権的企業の妨害を受けることなく、商取引を行なうことができる。

第4条

　フランス籍の船舶による輸出入商品は、従価の100分の3の単一関税のみが適用されるものとする。この関税は、商品の陸揚げ時に、または船積み時に徴収され、もはや通過地の税金、その他のいかなる内国税をも納付する義務を持たない。

第5条

　フランス籍の戦艦および商船は、いかなる税も支払うことなく、カンボジアのいずれの港湾に自由に入・出港し、国内の船舶および国王自身の船舶と同じ待遇を受けるものとする。

第6条

　フランス皇帝陛下は、カンボジア王国内の全域において、領事もしくは領事代理を任命することができる。領事もしくは領事代理は、フランス国旗を掲げる権利を有し、さらには、最恵国待遇の官公吏に与えられる特権および免責特権をすべて享受するものとする。

第7条

　博物学者、地理学者など、学者として通行するフランス人は、カンボジア当局から、その使命を遂行するにあたっての特別の援助と、国内の通行を容易にする便宜供与と仲介の世話を受ける。

第8条

　フランス国の商船が、カンボジア王国領の海域において、海賊に襲撃もしくは略奪された場合には、最寄りのカンボジア王国の地方当局は、事件の容疑が

判明したならば、積極的に犯人を追跡し、犯人が逮捕され、法律によって罰せられるために万全を期さねばならない。略奪品もしくはなんらかの状態で発見された盗品は、所有者に返還せねばならない。または、所有者が不明の場合は、フランス当局の手に委ね、フランス当局が所有者に返還の義務を負う。犯人を逮捕できず、盗品をすべて取り戻せない時には、カンボジア当局の官吏は、あらゆる努力の遂行の結果であることが証明できれば、金銭賠償の面で自ら責任は問われないであろう。

これは、カンボジア王国に居住するフランス人の所有物の略奪もしくは窃盗行為に対しても同様に扱われる。カンボジア当局は、犯人を捕らえられず、盗品の全部を取り戻すためにあらゆる努力を遂行したと証明するならば、金銭賠償面で自ら責任は問われない。

第9条

カンボジアにおいて死亡したフランス人の財産は、遺言相続人あるいは遺言執行人に渡される。もしくは、そのような人がいない時には、フランス当局に委ねられ、フランス当局がその権利を持つ人に引き渡すことを引き受ける。

第10条

フランス人宣教師は、カトリック教の教えを伝え教え、そのためにカンボジア王国のいずれかの場所において教会、神学校、病院、信仰にかかわる建造物を建築する権利を有する。フランス人宣教師は、その身分を証明するフランス領事の、領事が不在の場合は司教もしくは上司の直筆の書状に、訪ねようとする現地の地方長官のビザが添えられている限りにおいて、王国全土を自由に通行することができる。

第11条

キリスト教カトリックは、カンボジア王国で200年以上前から許可されており、その結果、国家の宗教の1つのようにみなされている。クメール人カトリック教徒は今後いかなる信仰にも従う義務がなく、またカトリックと相容れた人たちは良心に従って信仰を続けることができる。

将来において、カンボジア国民のカトリック教への改宗の自由に対して、脅しによる、もしくはその他の方法によるいかなる束縛も受けないものとする。

前条項は、本協定がフランス皇帝陛下とカンボジア国王陛下に批准された後に王国の全地方において公布されるが、カンボジア当局がまったく知らぬことがないよう徹底すると同時に、また将来、カンボジアの同盟国はフランス人とカンボジアのカトリック教徒に対し抑圧的手段を行使することがないように努める。

第12条

カンボジア国王は、フランス皇帝陛下に、王国内の森林において、チーク材およびフランス帝国海軍の艦艇建造に適したあらゆる木材の選択権を授与する。木材を挽いて板にして、フランスに輸出するには、現行のカンボジア国王によって既に定められている単一税として、あるいは現物で、あるいは従価の10パーセントを支払うだけでいい。

第13条

本協定は、フランス語とカンボジア語で作成され、両語の協定は同じ効力と同じ目的を有し、フランス語文はカンボジア語文と同じく、あらゆる観点から公式文書であり、証拠となる。

第14条

本協定は、フランス皇帝陛下による批准ののち、初めて有効となり、効力が生じるものとする。

協定の批准は、調印の日から1年後に、もしくは可能であればより早く実施されるものとする。

批准公文の交換の後、数えて12年経過ののちに、また、この期間の終了する12ヵ月前に、両締盟国のどちらか一方が、公式発表によって、本協定再検討の希望を表明したならば、両国の交易関係の発展に役立ち、有益であると判断されるあらゆる修正を加筆する目的をもって、両国から、委員が任命されることとする。以上の証拠として、オン・プラ・ハリラク、プラ・モハ、イッスラティ

パティ、トロンリー殿下および前記の特命大使は、本協定の正副公文に署名し、押印した。

　陛下と特命大使それぞれは、カンボジアにて、西暦1856年10月18日、すなわちカンボジア暦1218年龍年アーソッチ月の満月から5日目に、

署名
捺印

付属文書

　カンボジアとその属領の国王で正当な王位継承者である私［ノロドム王］は、フランス皇帝ナポレオン3世陛下に、真正なる尊崇と敬愛を表するとともに、忠実なフランス国民に心からの親愛を表明するものであります。

　国王である私は、フランス皇帝陛下に、カンボジア語でコッ・トラル[1]、アンナム語［ベトナム語］でフークオック、英語でKoh Dootと呼ばれている島を、全面的かつ完全に譲渡することを認め、ここに宣言します。島は、北緯10度から11度、東経104度、コンポート川河口から約9マイルに位置し、わが王国の属領でありますが、現在はアンナム［ベトナム］漁民の何人かが占拠しています。

　本島の大きさは、長さがおよそ35マイルから40マイル、幅は北で25マイル、南で5マイルもしくは6マイルあります。島には、すばらしい給水場付停泊地があり、船舶はすぐ近くで水と薪を調達できます。島の東部にそびえ立つ山岳部からは、すぐれて良質な建築材が産出され、また渓谷平野には耕作に適した土地があります。

　フランスによるコッ・トラル島の占拠は、国王の私とわが臣民に、大きな恩恵をもたらすものと考えられます。なぜなら、私どもはすぐ側に強力な友人を持つことになり、その存在だけで、天敵アンナム人の残虐な攻撃から私どもを守ってくれるからです。その点からすると、この占拠は、われわれとアンナム人との間に位置を占める宗主国シャム国王にとっても、友人であり同盟者であるフランスにとっても、等しく、愉快なものになることでしょう。

　私は、強大なフランス皇帝がこの譲渡を受け入れて、フランス皇帝に対する私の行動が誠実で真摯であることを理解していただきたいのです。同意していただければ、幸甚です。コッ・トラル島は、ご存じのとおり、シャム、カンボジアおよびコシャンシンを横切り、中国やチベットまでさかのぼることのできる河川と運河の入口に位置することで、やがてはフランス支配のもとで、極東アジアにおける交易の最重要点の国際港になることを確信します。

1　コッ・トラルはシャム名。カンボジア名はチャトロンである。

ウードン王宮にて本協定をしたため、署名と王印を捺印す。

カンボジア王

ノロドム王

(Ch. メニアール「インドシナにおける第2帝政」403-409ページから抜粋)

コンポートおよびフークオック島の地図

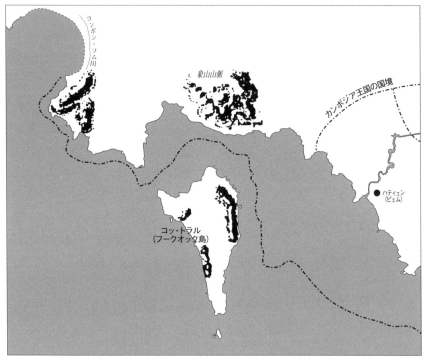

（Ch. メニアール「インドシナにおける第2帝政」407ページから抜粋）

補遺2
アン・ドゥン王のナポレオン3世皇帝宛書簡

　私、カンボジア国王パハー・ハリラク・リァ・マハー・イッスラ・ティポディは、フランス皇帝ナポレオン3世陛下および誠実なるフランス国民に対して、尊敬と親愛の気持ちにあふれております。

　陛下は、私の気持ちをご賢察くださり、ド・モンティニ大司教が回り道してカンボジアに立ち寄る許可を与えてくださいました。私は感謝の気持ちを表すため大司教を出迎えて礼を述べるべく、3人の大臣と別に高官15人をコンポートに特派いたしました。何年も前から、宣教師たちは口を揃えてフランス国を称賛します。「フランスの皇帝とフランス人は、カトリック教を篤信し、あらゆる不幸を和らげようとする心を持ち、その相手が何人であれ、利害を損なったり、侵害する気持ちはありません。そうです、フランスはあらゆる不幸な人たちを救済し、利益と繁栄を与えてくれるのです。いくつかのヨーロッパの諸政府が、堕落と害悪をもたらすことばかりに汲々としているのとは逆に、フランスの皇帝は、まことにすばらしい気概のある英傑です」。このような話を耳にしておりますので、感謝を込めて、私の気持ちを申し上げます。私は、陛下と同盟を結びたくお願い申しあげます。陛下には、長く継続的な友好関係を享受するとともに、民族として大きな可能性を秘めた私の王国にまでその恩恵を拡大していただく好機かと存じます。そこで、私は、私の気持ちを陛下にお伝えするため、ダンサラの司教であるミッシュ猊下に手紙を書いていただき、陛下に象牙4本、犀角2本、ゴム樹脂5キンタル［500キログラム］、砂糖5キンタル、コショウ5キンタルの贈り物をいたしましたが、ここ数年間何の音沙汰もございません。

　ここに、私はカンボジアの布地4種と象牙4本を陛下にお贈りします。本当に心ばかりの贈り物です。しかし、これはモンティニ大司教が、コシャンシンでご引見いただきました後、すぐにフランスに帰らず、中国まで旅を続けねばな

らなかったため、心ばかりの贈呈品になりました。私の誠意を汲み取っていただきますようお願い申しあげ、併せてさらに、かつてはカンボジア王国は広大であったことをどうかご理解ください。

　しかし、油断のならないアンナム人たちは、カンボジアと親しくなったのち、王国各地を次々と占拠して侵略してしまいました。かつてザーロン［嘉隆］帝が継承問題で競争相手と対立していたとき、ザーロン帝はシャム王国の救援を懇請しました。シャムでザーロン帝は私の父に出会って同盟を結び、カンボジア軍を率いてシャムとカンボジアから戻ると、その軍隊で敵を破り、コシャンシンにおけるただ1人の王になりました。それから、ザーロン帝は私の父王に、プリァッ・トロペン［チャビン］地方に税金と賦役を免除するよう要請してきました。ザーロン帝は、この地方に恩義があったのです。父王は、この仲直りの言葉を理解して、カンボジア領のこの地方からの奉納金を免除することに同意しました。しかしながら数年後、ザーロン帝はこの地方を奪い取りました。その後、父王がザーロン帝に救援を嘆願に行き、私がシャムに身を引いたとき、ザーロン帝の皇太子で後継者であるミンマン［明命］王は、カンボジア人に運河を掘削させて、ハティェンからモッ・チュルック[1]までのカンボジアの領土を二分してしまいました。そして占拠した地方にアンナムの行政機構とアンナム人を移住させました。私の兄は男児を残さず亡くなりましたが、ミンマン帝は私の兄の娘たちとその母親をサイゴン地方に追いやり、娘の1人は命を落としました。この地域のクメール人については、ミンマン帝は、クメール人住民と高官たちを、あちこちの島や中国に隣接する北部地方に追い払いました。クメール人たちは、アンナム王の不誠実さに我慢できず、加えて、コシャンシン人のあいだで数多くの犠牲者を出したので、シャム王に統治してもらうよう、私に頼んできました。時のシャム王ソムダチ・プレナォン・クラウ［ラーマ4世モンクット王（1851-1868）］は、5000人以上の軍隊とともにブディン司令官を派遣し、クメール人を援助するために巨額の出費をいたしました。この時には、アンナム人はすべての地方をくまなく占領してはおりませんでした。8年間の戦争ののち、コシャンシン王は和平を申し入れてきて、私の母と兄の娘たちを送り戻してくれ、同じく、あちこちに散らばっているクメール人高官とその住民を元に戻し、私をカンボジア国

1　チャウドック［タケオ州とベトナムの国境］。

王とみなし、私が統治する印としてアンナムの国印を授けると約束しました。王はそれから約束を果たしました。アンナム人に奪われたカンボジアの地方はすべて返還されます。このことで、ブディン司令官は私に言いました。和平にはこれで十分であると。こうして、和平が結実いたしました。ところが、1208年（カンボジア暦）、つまり1846年に、コシャンシンの王［グエン朝第3代皇帝ティェウ・チ (1841-1847)］は、カンボジアから奪った地方は、今後カンボジア王の命令に従うことをしてはならないし、カンボジア王に年貢を払うこともしてはならないと通告をしてきたのです。そして、クメール人が［グエン朝の］国内および港湾において商売をすることを禁じました。これが、カンボジア王国の状態でございます。私は、以下の豊穣な旧カンボジア領である地方名を陛下に知っていただきたいのです。まず、200年以上前に奪われた<u>ドンナイ地方</u>、ずっと最近では、<u>サイゴン</u>、<u>ロンホ・プサー・デーク</u>、<u>ミトー</u>、<u>プリャッ・トロペン</u>、<u>オンモー</u>、<u>クロムン・ソァ</u>、<u>トゥク・クマウ</u>、<u>ピェム</u>もしくは<u>ハティェン</u>、<u>コッ・トラル島</u>および<u>トレラチ島</u>です。万一、アンナム人たちが陛下にこの地域のどれかを進呈すると言ってきましたら、どうか受け取らないでください。なぜなら、これらはカンボジア領でありますから。どうか陛下、私たちがこれ以上何も失わないために、そしてこの狭い王国で窒息してしまうようなことにならないために、私と私の住民に同情をお寄せください。陛下から特別のご配慮を頂けるなら、私たちは陛下をさらに高く評価申し上げ、それが当地において立証されるでしょう。フランス人とクメール人は相互に気遣いを持ちつつ、将来、継続的な交易を維持することになりますよう希望いたします。

ウードン王宮にて署名・捺印、カンボジア暦1218年カドゥーク月、満月より13日目、火曜日1856年11月25日

　私、カンボジア国王　　プラ・ハリラク・リァ・
　　　　　　　　　　　　マハー・イッスラ・ティポディ

　　　　　　（Ch. メニアール「インドシナにおける第2帝政」429-432ページから抜粋）

補遺3
ソムダチ・サンガ・リァチ・テーンの伝記

　テーンという名のソムダチ・サンガ・リァチは、ニルという父と母レックの長男であった。1823年、キェンスワイ地方ポー・プリァッ・バート村で生まれた。8歳になった1831年、アンナム［ベトナム］とシャムが、カンボジアを占領するためキェンスワイ地方において戦火を交えた。

　ソムダチの家族は、シャムの捕虜になり、奴隷として連行された。テーンと祖母はバンコクに送られ、そこでパウという伯父に出会った。当時、伯父は、この同じバンコクにやはり人質として身柄が拘束されていたアン・ドゥン王子の小姓であった。残る家族は、バッダンボーン地方のモンクルボレイに落ち着いた。11歳の時、若いテーンは、バンコクの寺院で沙弥［見習い僧］となるよう命ぜられ、仏教を学んだ。彼の優秀な若い僧侶としての素質に、シャム王ラーマ3世ナン・クラウ王［1824-1851］は注目した。1844年、僧侶テーンはナン・クラウ王から、エメラルド仏教寺院で出家する許可を得た。25歳になった僧テーンは、その学識と仏教経典の写経の仕事ぶりで有名になった。1849年、シャム王は、アン・ドゥン王の要請で、国の仏教を再編するため、僧テーンを当時カンボジアの首都であったウードンへ派遣した。

　シャム王は僧テーンをプラン寺院の院長に任命した。その後、テーンは高僧への階段を登り続けた。30歳でモハー・ヴィムラトムの僧位に、31歳でモハー・プロモニの僧位に、そして1857年にソムダチ、すなわち国中の僧侶の最高位の肩書を授けられた。この時は、テーン高僧は王族4家の高僧たち全員を指導下に置いていた。

　1896年、ノロドム王の要請で、ソムダチ・テーンはプノンペンの銀の寺院建立を監督し、1902年に完成した。同時に、高僧テーンはその他の仏教寺院の建立の推進者でもあった。たとえば、ウードンのヴェァン・チャス寺院（1902年）、プラン寺院（1909年）、ウードンの丘の大仏のための大寺院および大仏の金メッ

キ（1911年）、チロイチャンヴァ［プノンペン東部］プラチュムサコー寺院、プノンペンのウナロム寺院の修復、コンポン・シェムのハンチェイ寺院、プノンペンのチャンクラン・タ・プロムなどである。

　伝記の補遺に、ソムダチ・テーンが89歳の時に出会ったE．フロージェルグの証言を掲載する。ソムダチはそれから2年後、1913年10月2日に亡くなった。

「弱々しい、にこやかな老人であった。めったに外出せず、日中は、象牙細工をちりばめた小円柱の前にうずくまって、タバコを吸ったり、キンマを噛んだり、僧侶たちあるいは訪ねてくる世俗人と面会したりして過ごす」

「国内の知識人数人の意見では、碩学の1人であった。パーリ語（シンハラ語転写・カンボジア語転写）を知っていて、サンスクリット語を聞き取り、シャム語を流暢に話した。フランス語はまったく知らなかった。その上、すばらしい数学者でもあった。この実直な僧侶は黄金の心を持っていて、常に人々をなぐさめ、人々に役立つことを心得ていた。僧侶たちとカンボジア住民から崇められていた。平和を愛し、カンボジア国内で発生した蜂起の時には、何度もその仲裁をした。1883年にはノロドムの弟、反乱を起こしたシヴォター殿下への助言に行く役目を引き受けた。かつての教え子である殿下が、ノロドム王に反旗をひるがえしたのである。師の言葉は聞き届けられ、殿下はそれに従った」

「生涯に、ソムダチ・テーンはパーリ語の高級試験を4回とりしきった。アン・ドゥン時代に1回、ノロドム時代に2回、そしてシソワット時代に1回である。最後の試験は、試験期の終わりまで監督できず、自分の席をモハー・ピモン（モハー・ヴィムラトム）とヴァナロトの両高僧に譲った。カンボジアの文筆家、特に僧侶は、匿名にするのが常であるが、故ソムダチが多くの詩や小説の執筆者であることは知られている。有名な作品の1つ『プラ・チノヴォン』は仏陀の前世からの伝承である」

　パーリ語の試験は、毎回4ヵ月間続いた。3月上旬に始まって、7月中旬に終わった。フロージェルグが言う4回のうちの3回は、1858年、1880年、1913年に行なわれた。ソムダチの執筆した仏法教義書は、『プリァッ・トマ・ソムプート』、『プリァッ・パデモク』、『トライ・ボム』である。

【参考文献】
Biographie de Samdach Sanghareach Teang, Phnom Penh, 1914, 28p.
E. Flaugergues, *La Mort du Chef Supreme des Bonzes*, RI, 1914, t. XXI, N°2, pp. 175-181.

補遺4
ソムダチ・プリァッ・ソクンテアティパディー・パンの伝記

　名前をパンというソムダチは、1824年にバッダンボーン州プレーク・プリァッ・スダチ村で生まれた。両親はストーン州、現在のコンポン・トム州の出身だが、多くのクメール人と同じく、この両親はモー兄弟が起こした紛争（1779-1783）の時、シャム軍がバッダンボーンに連行されてきたのである。

　1836年、12歳になった若者パンは、サォンケー村（バッダンボーン）にあるポー寺院で出家した。この寺院での仏教教育は嘆かわしい状態であったので、パンは1年後、バンコクへ出て学問を続ける決心をした。彼は祖父モゥン・ケウ・ディンに連れられて、タマユット派に属するワット・ボロムニヴェート［ワット・ボーウォーンニウェートウィハーン］へ行った。1837年、仏教教学の師は僧プリァッ・チョム・クラウであった。後のモハー・モンクット王（ラーマ4世：1851-1868）である。パンはこの時から、トリピタカ（三宝）の勉強に時間を割くようになった。そして1845年、ついにモハーの僧位を得て、年俸48バーツが与えられた。

　1854年、アン・ドゥン王は、カンボジアにおける仏教刷新の仕事を委ねたいとして、モハー・パンの帰還を懇請した。モンクット王ラーマ4世はカンボジア国王の懇願を大いに喜んだ。クメール人僧侶の帰国は、カンボジアのシャムへの文化的な結び付きを強化するにほかならなかったからである。そこでモンクット王は、首都ウードンに経典80巻を送り、モハー・パンには師であるシャムの大僧正プリァッ・アマラ・ピレックキタ、別に6人の僧侶と4人の忠実な在家を伴わせるよう命じた。アン・ドゥン王は、感激のうちにモハー・パンを迎え、サラコー寺院の僧院長に任命した。

　プリァッ・アマラ・ピレックキタ大僧正は、新しい宗派の順調な発展を確保するためにウードンに居住していた。僧院内の学校の要員8人のうち7人はシャム人であった（プリァッ・アマラ・ピレックキタと6人の僧侶）。さらに、定期的に学校の僧侶の定員を満たす努力をした。学校が順調に運営できるようになり、交代

のプリァッ・セレイ・サマティヴォンがシャムから到着して、やっとプリァッ・アマラ・ピレックキタはバンコクに帰国した。

　モハー・パンが昇格した宗教上の僧位の位階は、プリァッ・アリヤ・ヴォン、プリァッ・ヴィムラトァム、プリァッ・モハー・ヴィムラトァムなど。最後は1857年、王はパンをソムダチ・プリァッ・ソクンテァティパディー「タマユット派僧侶の主」の僧位に格上げした。

　パンは碩学であった。パーリ語、サンスクリット語、シャム語、ラオ語、ビルマ語、モン語、古クメール語に通じていた。エモニエにいくつかの古クメール語碑文の訳文を提供したのもモハー・パンであった。

　ノロドム王が首都をプノンペンに遷都したとき、パンは国王からボトム・ワーディー寺院建立の命を受けた。モハー・パンの指示によって、仏陀の教えを確認するため、プリァッ・セレカチェナトム・チャプと4人の僧侶がセイロンに派遣された。帰国に際して、僧侶たちは、仏陀の聖遺物、アラハトの聖遺物とポーの木を持ち帰った。ポーの木は、1887年、ボトムワーディー寺院の前に植えられた。その南側に、ソムダチ・パンは、1894年、2つの聖遺物を納めるための大ストゥーパを建立させた。しかし、この年の途中でソムダチは病に倒れ、68歳の生涯を閉じた。ストゥーパ建立の工事は、ソムダチ・モンクル・テペァチャ・イムの責任のもとで継続され、1909年に完成した。

（雑誌 *Preah Vinaya Vannana*, Phnom Penh, 1912, pp. 21-26 から抜粋）

補遺5
シャムのバッダンボーンおよびアンコール地方併合に関する情報（J. ムーラ）

1879年11月4日（提督 10.311）

　1782年、若い王（プリァッ・アン・マチャス・エン）［アン・エン王：1794-1796］の時代であるが、ソムダチ・チャウ・ポニェ・スー［オクニャ・ヴィボリャチ・スー］と大臣たち、チャウヴェァ・ムーとチャックレイ・ペァンのあいだで対立が起きていた。ポニェ・スーは、この2人の強敵との争いに持ちこたえられるほど強くないと感じ、カンボジア王が1779年にシャム王に引き渡したヨマリャチ・ベン［アパイティベス・ベン］に手紙を書いた。できるなら、カンボジアに急ぎ戻って、共通の敵を倒す手伝いをしてほしいという内容である。

　ベンは、おそらくシャムの担当長官になんらかの見返りを約束したのであろう、カンボジアに戻れることになった。2人の友はバッダンボーンでおちあい、ここで一緒に攻撃計画を立て、この地域一帯のクメール人を集めた。そして、支持者を補充しながらウードン近郊まで進んだ。

　首都ウードンで、彼らは王宮を攻撃して、排除したい高官たちを襲った。首相格のチャウヴェァ・ムーとその仲間のチャックレイ・ペァンがまず最初に殺された。しばらくして、ヨマリャチ・ベンは共に闘ってきたポニェ・スーの狂気に気づき、いつか自分がその犠牲になることを恐れ、先を越してスーを片付けた。

　スーの死後、ヨマリャチ・ベンの周辺には、彼の考えや行動の障害になるほど反抗する者はだれもいなくなり、ベンは首相のソムダチ・チャウヴェァ・リャチ・カーの肩書になった。権力の座に就くと、ベンは最初に、チャウヴェァ・ムーの弟でコンポン・スワイの長官デチョ・テンを逮捕させるために、チャックレイ・ケープを同地に派遣した。しかし、テンはうわさで危険を知り、逃げてしまった。

　ポニェ・スーはそのうちベンとの間にいざこざが生じるだろうと見越して、

死ぬ前に、友人のマハー・テープをタボーンクモンに送り込んであった。必要な時が来たら、この州の地方長官と謀って、人を動員するためだった。この動員は、スーの考えを支持するためのもので、彼の指示で動き出すはずだった。スーの死後も、ベン首相に対する攻撃の計画は消滅することがなかった。マハー・テープとタボーンクモンの地方長官オーチュンは、準備が整うとすぐ、ウードンに向かって進軍した。チャウヴェア・ベンは戦闘に持ちこたえる態勢になく、捕らえられると恐れ、シャムへ逃亡した。クロラホム［ポック］は、若い王と王の姉妹である2人の王女、王の伯母の1人を伴って、ベンのあとを追った。

これらの亡命者たちがバンコクに到着すると、シャム王は、カンボジア首相ベンにチャウ・ポニェ・アパイティベスという肩書、長官たち全員にバッダンボーンの副王が持つ肩書を与えた。どのような計画のもとに、この肩書と元大臣の身分の変更が行なわれたのか、これから見ていこう。

1794年、まだ正式な即位をしていなかったカンボジアの若い王は、シャムで即位し、新しい名前、プリァッ・バート・ソムダチ・プリァッ・リァチャを得た。この機会に王の養父クロラホムは、チャウヴェア・ベンに代わって、首相チャウヴェアの高位に昇格した。チャウヴェア・ベンには、その時期より早くバッダンボーン州地方の長官の肩書を与えていたが、本人はまだ現地に赴いていなかった。

1794年5月、シャム王ラーマ1世［1782-1809］はカンボジア王をカンボジア王国へ送り返した。新国王が再び政治権力を取り戻すのを助けるためシャム軍が随行した。シャム軍隊と政治問題の指揮は、元チャウヴェアで、バッダンボーンの地方長官に任命されたベンに委ねられていた。シャム王からベンへの指令は、カンボジア王を王権の座に復帰させるようにと命じるものだった。そしてベンは、その統治はシャム王に従属し、シャム王の命に従うというきびしい条件の下にバッダンボーン地方へ戻らねばならなかった。

アンコール地方も同じ運命をたどった。ここの地方長官は、バッダンボーンの副王の支配下に置かれた。今日では、両地方の行政は区別されている。

ベンは、最初の役目はきちんと果たした。カンボジア王を王座に復帰させたのである。彼は家族や大勢の支持者および友人たちと共にバッダンボーンに赴いて、新しい地位に就いた。

この時代からシャムによるバッダンボーンとアンコール両地方の占拠が始まった。両国の国王の間に、この両地方の統治に関して説明できるような口頭による合意があったかどうか？　また、2地方のシャムへの譲渡は当時シャム国王がカンボジア国王の復帰に協力した代価なのか？　とにかく何らかの合意あるいは協定といった約束の書類はまったく残されていない。カンボジアの政治家たちは、だれもが、この合併はシャム王との軽蔑すべきベンの取引であったと考えている。年代記は、ベンの野望、その陰謀とその罪を暴露しており、ベンは自身にとってもシャム王にとっても恥ずべきこの行為をもって生涯の仕事を終えた。カンボジアの若い王は、なすがままだった。この時の立場では他にどうすることもできなかったのである。

　1867年、フランスとシャムの政府間で条約が締結された時も、王はこの立場のまま放置されていた。この条約によって、以後バッダンボーンとアンコールの両地方は、シャム領土を構成する一部であると認められた。カンボジア王は、フランス政府に配慮しつつも、王の名前でもって、さらに王の同意なしに行なわれた王国の領土の一部譲渡であったことに対して抗議し、後継者のためにその権利は留保しておくと宣言した。

トンレ・ロポウ、サアク、ストゥン・トラェン地方のシャム併合に関する資料

　シャムがカンボジアから奪った領土は、これまで話してきた2地方だけではない。バッダンボーンとアンコールの両地方より遅く、カンボジアから不法に取り上げられ、シャム人たちが正当な理由のない時代から保持していた地方があった。

　1814年、アン・チャン王 [1806-1834] による王権復帰の数ヵ月後、かつて王に逆らってシャム人に味方したことがあったコンポン・スワイの地方長官デチョ・ミンは、その時の行動を追求されるのではと恐れ、自分の州と弟が統治しているバライ州から、アン・チャン王を相手に蜂起した。その目的は、かつて力を貸してくれたシャム人の新たな介入を引き起こして、自分と弟が統治する領土と住民をシャムに譲渡することであった。

　王は、1人の高官に引率された5000人の兵をコンポン・スワイに派遣し、反

乱を起こした長官を逮捕するよう命じた。しかし、デチョ・ミンは、弟とその2家族を連れて逃亡し、コンポン・スワイの北に位置するトンレ・ロポウに退いた。しばらくして、彼はシャムに赴いた。それはシャム政府を自分の立場に引きつけようとするためであって、自分が標的になっている今度の迫害は、バンコク宮廷の利害に関わったからにほかならないと説明した。この2人の高官にそそのかされて、シャム軍は1814年4月にコンポン・スワイの長官住居を攻撃し、バラト（副長官）は射殺された。デチョ・トゥン・マッ地方長官は、この急襲に驚き、コンポン・レーンに逃げるのがやっとであった。

1814年末、シャム軍がコーラート近くに布陣したという知らせが入った。カンボジア王は、ポーサットとトンレ・サープへの新たな侵略を恐れて、この方面の防衛する対策を講じた。しかし、シャム軍の目的はそこではなかった。彼らはコンポン・スワイの北に位置するトンレ・ロポウとサアク地方に直行して、警告も宣戦布告もなしに軍事力で占拠し、そのまま居座ったのである。コーン瀑布［現ラオス領］の下部、メコン川左岸のストゥン・トラエンも同じ運命をたどった。

バンコクのシャム政府をこの遠征に引き入れたのはデチョ・ミンであった。ミンはバンコクに対し、この3地方の住民たちがシャム領に併合されることを熱望していると証言したのである。3地方占領をそそのかしたミンは、シャムの慣例に従って、その地方の長官になった。

ムルー・プレイおよびストゥン・ポー地方のシャム関係の情報

1847年、現王ノロドムの父王アン・ドゥン王子をカンボジアの王座に即位させようとして、シャムがアンナムに対して仕掛けてくれた"ありがたい"戦争のあと、シャム政府は、この戦争でカンボジアのために貢献したことを恩に着せて、カンボジア王にではなく、コンポン・スワイの地方長官に、コンポン・スワイ州の北にあるムルー・プレイとストゥン・ポー地方の譲渡を要求してきた。

ムルー・プレイとストゥン・ポーの2州は、およそ25年か30年も前から、シャムが軍事的に占領していた。この地方にはシャム人将軍がいて、この地域の統治に大きな影響力を行使していた。かつてコンポン・スワイ長官の支配下に

あったこの小さな2州を合法的に文書でもって引き渡すべきであると要求してきたのはこの将軍である。コンポン・スワイの地方長官は、王にこのことを報告するためウードンに駆けつけた。

王は、そうかと返事をしただけであった。

「私は、なにも譲らない。しかし、あの者たち（シャム人）は非常に強い。それが望みならば、彼らはそれらの地方を占領し保持するであろう」

不幸なことに、デチョというこの地方長官はシャムの将軍の恩を受けていた。彼は、コンポン・スワイにおける現在の地位も将軍の大きな影響力のおかげであったことから、自分の責任で2地方をシャムに引き渡す文書に自分の印を押したのであった。この公文書は、シャムに保存されているに違いない。しかし、この文書は、シャム人たちが不当に得たこの地域に対する権利を正当化することはできない。

これらシャム王国併合地方についての所見

クメール人は、かつての自国領土を何も言わず掠奪されるままにしておいたのだから、今も将来も、返還要求などという考えは断念すべきなのであろうか？　時効の規則は、戦争もせず当事者同士の契約もなしに隣人の所有物を強奪するというやり方にも、正しく適用されうるのであろうか？

特にバッダンボーンとアンコール地方に関する問題では、元に戻ることは、1867年の条約締結によって、非常に難しい。しかし、1814年にカンボジアから奪い取られたトンレ・ロポウ、サアク、ストゥン・トラェン地方と、1847年に最終的にシャムに占領されてしまったムルー・プレイ、ストゥン・ポー地方のほうは、そうではない。早晩この問題に決着をつける状況が生じるかもしれない。

これら5州は広くもなく肥沃なわけでもない。この地域の山岳地帯にはまだ採掘されず発見もされていない鉱物資源があるというのでもない。しかし、このうちトンレ・ロポウ、ストゥン・トラェン地方は、交易上きわめて重要な地点であることに注目すべきである。一方はメコン川右岸に、もう一方は左岸に位置し、ラオスからのあらゆる産物および商品の集散地とみなされる地方の小国バサックに隣接している。

ストゥン・トラェン地方は、コーン瀑布の南に位置し、この航行不可能な障害物によってラオスから切り離されており、このあとに述べるトンレ・ロポウよりも重要性は見劣りがする。しかしながら、ストゥン・トラェンの領有はカンボジアにとって重要である。途中にコーン瀑布を形成して東西に走る山脈が、バサックの上流域の高原や盆地とカンボジアのそれらの間の境界線を形成している。ストゥン・トラェンはカンボジアの国境がこの山脈に接する位置にあるという点で重要なのである。

　このストゥン・トラェン地方を流れるのはセー・コン川（あるいはアタプー川）である。川の上流、未開の少数民族たちの領域に、重要な商業の中心地アタプー［現ラオス］があり、ここに集荷される産物が河川を通じてさばかれていく。セー・コン川は、メコン川との合流地点近くで3本の支流を持つ［正しくは、セー・コン、セー・サン、セー・スレポックの3本がメコンに合流］。支流は、まるでクモの巣のように、広大な地域を包みこんでいる。一帯に住んでいるのはほとんど未開の少数民族だけで、川沿いに部落を形成し、川砂を洗って砂金を手に入れている。

　この地方の産物は変化に富むが、量的にはそれほど大きくなく、すべてカンボジア市場に出まわる。瀑布を横切ってコーンあるいはバサック［共に現ラオス］へ、そしてバンコクへとは運ぶには、克服せねばならないいくつもの困難がある。この観点に立つと、コシャンシンおよびカンボジアの商業は、領土の返還が行なわれることに直結するほどの利害関係はない。

　ストゥン・トラェンの住民は、現在では、ラオ人、中国人、クメール人、および山岳未開人で構成されるが、どの人たちも怠け者でほとんど何も仕事をしない。

　カンボジアの税関は、ラオス産の製品に莫大な関税をかけていた。カンボジアやコシャンシンでラオスの産品が稀にしかないのはそのためであると長らく言われてきた。カンボジア王はこれらの租税をただ低くするようにとのフランス政府の要請で、少なくともコシャンシン向けの物には税を撤廃したが、商業活動はほとんど変わらなかった。何人かの中国人が、これに乗じてサイゴンに野生のカルダモン、わずかな量の蜜蠟、ゴムと、いくらかの象牙を運んだにすぎない。

　ラオス人も、人々が思っていたのとは違い、国境に税関を設けて高額の輸出・輸入税を徴収するようなことはしなかった。上流で物の流れを妨げている現実

的な理由は、下流でも全く同じで、言うまでもなく、航行の困難と危険、高くつく貨物積み換え費用、時間の浪費、貸船の入手が困難なことなどで、滝の手前も向こう側も事情は変わらない。しかし、商売に対する克服しなければならない障害は、これだけではない。他にもあるので、あとで述べよう。カンボジアにとっては、トンレ・ロポウを失ったことが、はるかに重大である。その理由は次のとおりである。トンレ・ロポウは、メコン川右岸沿いにあり、その北限はコーン瀑布の上部のバサック盆地に達する。もし、この地方がなおカンボジア領土であれば、滝の上部に位置するこの地域に商業の中心地を建設することは容易であり、やがてそこが重要になるであろう。この中心地はコーンの市場と接し、商売人は大型船でラオスの大市場であるバサックまで容易にさかのぼることができる。バサックは、ルアンプラバーンから、いや、なによりヴィエンチャンからコーンまでのメコン川の河岸流域の産品を集め、ウボン川［ムーン川］を利用して、ついでコーラートを通過する街道を経てバンコクへ輸出できるであろう。これはまさにユリシーズの旅である。森林地帯を横切り、住む人も少なく、盗賊の跋扈する、道なき道をたどって、商人はバンコクへ商品を運ばねばならない。河川航路は、コーン瀑布の障害はあるものの、より近道で、より経済的、より確実であるが、ラオスの商品を首都に持ってこようとするシャム政府は、私が述べたような方向に転換することはないであろう。そのようなことを避けるためには、ヨーロッパ人商人、さもなければ、少なくとも植民地政府の保護下にある現地人が、コーンあるいはバサックに腰を据える決心をすべきであろう。その時ラオス当局は、きっとわれわれの保護をわずらわしく思って、係わりあいになることを恐れるであろう。そして、自分たちがいいと思った商売方向に向かうだろう。

　しかし、私たちからすると、ラオスの産品が船積み港に到着するのにたどるべき経路は、このどちらでもない。私たちは、トンレ・ロポウ川［ダンレーク山脈を源流とする。現在カンボジアとラオスの国境］を利用すれば、時間もお金も節約になるであろうと考える。コーン瀑布の下流バサックで大河メコンに流れ込むトンレ・ロポウ川は、同名のトンレ・ロポウ地方を横切っているので、川を使って適当な地点まで産品を運べるだろう。そこからさらに南あるいは南々西に向かえば、コンポン・スワイ地方を走りトンレ・サープ湖に流れ込む小さな河川の

適当な場所に到達する。このルートは、ダンレーク山脈の隘路を通り、それからこの山々の南にある大平原に到達するので、道路の線引きと建設の困難さはかなり軽減されるであろう。長さは、約42もしくは44キロメートル、言い換えると、現在、隊商がたどる陸路ウボンからバンコクへの4分の1の距離である。

トンレ・ロポウ川とトンレ・サープ湖の支流とを運河で結ぶことができるとは考えていない。土地の標高が違うからである。おそらく多くの水門と人工的な工事が必要であり、それによって得る利得に引き合わないような犠牲を強いられるかもしれない。しかしながら、これは研究すべき問題、なんらかの方法で解決すべき問題である。

しかし、ラオス産品がカンボジアおよびコシャンシンへ流通することについての深刻な障害は、シャム王、シャムとラオスの王子や高官たちが、直接交易に関わっていることから生じる。これらの人物は、儲けになる商取引ができるような物産を独占しており、商取引に直接かかわるだけでは満足せず、中国人と現地人に推薦状を与えて、報酬のかわりに、コシャンシンやカンボジアの競争者に十分太刀打ちできる特権を認めていたのである。

トンレ・ロポウを所有すれば、つまりトンレ・ロポウが再びカンボジア領になれば、フランスの保護のもとにあるこの国で、フランス商人たちは豊かなバサック盆地に商館を設置できるであろう、そして、前述の不都合は徐々に消えていき、やがては完全になくなるであろう。

地図には、境界線はアンコール地方までで、それ以上東には記されなかったことに注目してほしい。私が報告の対象にした小さな5地方は画定されていない。さらに、ストゥン・トラェンがある東部州の北部同様、コンポン・スワイの北部の州境界線は未決定である。1868年、バッダンボーンとアンコールの境界線が画定されたとき、クメール人高官に付き添っていたフランス人将校は、この境界の線引き作業を東部地方まで、メコン川の対岸にいる未開人の集落まで続けるようにシャム人の使節に提案した。シャム人の目的は、ダンレーク山脈の北側に国境を設定し、小さな5州、サアク、ストゥン・ポー、ムルー・プレイ、トンレ・ロポウ、ストゥン・トラェン左岸をひとまとめにすることにあった。シャムの使節は、バッダンボーンとアンコールについてしか命令を受けていないと主張し、東部地方についての線引きをかたくなに拒否した。

補遺6
コシャンシンのカンボジア語地名と
ベトナム語呼称

カンボジア語地名		ベトナム語地名
チャンワー・トロペン	Changvar Trâpeang	ビエンホア
チェモッ・トメイ	Chhmoh Thmei	タンアン
クレアン	Khleang	ソクチャン
コッ・コン	Koh Kong	コ・コン
クロムン・ソァ	Krâmuon Sâ (Crémuon Sâ)	ラクザー
ロンホ	Long Ho	ヴィンロン
メ・サォ	Mé Sâr	ミトー
マォト・チローク	Moat Chrouk	チャウドック
オー・カップ	O Kap	ケープサンジャック
ピェム	Péam (Péèm)	ハティエン
ピェム・バリアチ	Péam Baréach	ロンスエン
プサォム・オムバウス	Phsâm Amboeus	ベンチェ
プサー・デーク	Phsa Dêk	サデック
プリァッ・スーキァ	Preah Suorkéa	バーリア
プリァッ・トロペン	Preah Trâpeang	チャビン
プレイ・ノコー	Prei Nokor/Prey Nokor	サイゴン
プルク・ルセイ	Prêk Russei	カントー
ポル・レァウ	Pol Lieu	バクリュウ
ローン・ダムレイ	Rong Dâmrei	タイニン
トゥク・クマウ	Tuk Khmao/Tiec Khmàu :	カマウ
トル・タモク	Tuol Ta Mok	トゥドゥモット

系図

1) アン・タォン・ノリァイ・リァチャ2世王の王子と王女たち

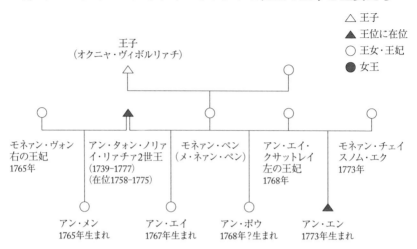

2) アン・エン王の王子と王女たち

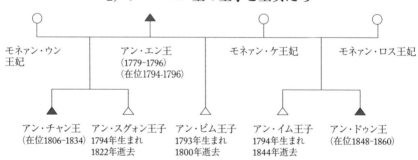

3) アン・チャン王の王子と王女たち

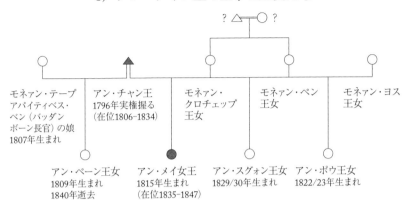

4) アン・ドゥン王の王妃たち、および王子・王女たち

	王妃たちの名前	王子・王女たちの名前	王子・王女たちの生年
1.	オン王妃	モン王女	1821
2.	エーヴ王妃	トロモル王女	1828
		ウー王女	1830
3.	ペン王妃	リァチャ・ヴォデイ(ノロドム)王子	1836
		チョンコラネイ王女	1839
		ケサネイ王女	1840
4.	イエン王妃	ダラカォ王女	1843
5.	メァス王妃	イン王女(チャン・ヴォデイ)	1844
6.	ポウ王妃	スラォ・オク(シソワット)王子	1840
7.	カム王妃	スラォ・ウー(シヴォター)王子	1841
8.	ポルティプ・ソヴァン	スリヴォン王子	1844
9.	モニ・チャゥト	(クサットレイ・ウボル)王女	1849
		(モンテア・ティプマト)王女	1855
10.	チャン・トー	チャン・ヴォン王子	1852
11.	ロンテ	スラォ・ウト王女	1853
12.	ヌォン	ヌッパロット王子	1854
13.	ソチァト・ネァリ	ケオ・モノ王子	1854
14.	コロパ・メァス	ポン・マリ王女	1857
15.	チェウト・チュム	チャン・チュム王女	1857
16.	イム	ニル・ヴォン王子	1859

地図

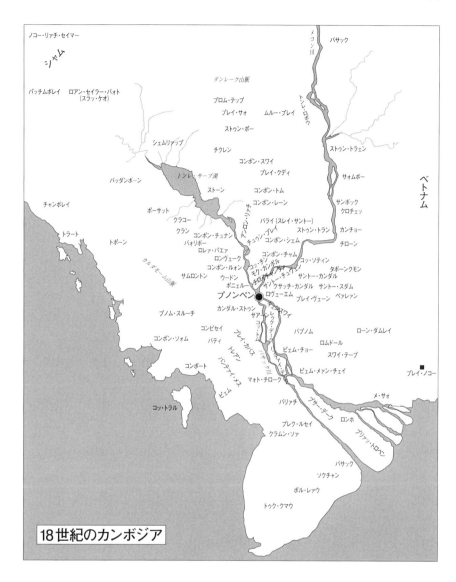

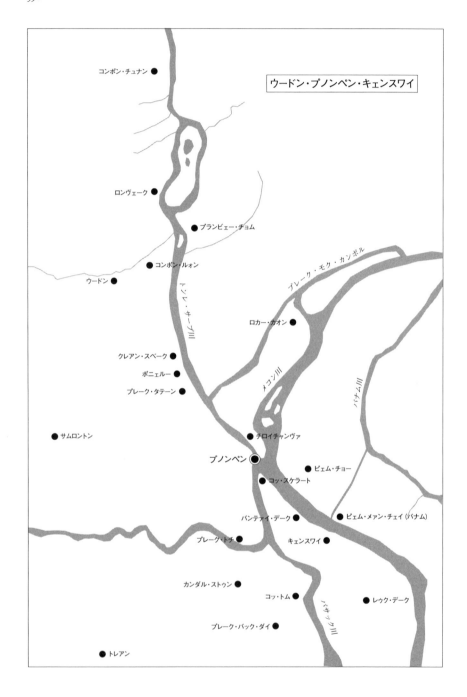

地図

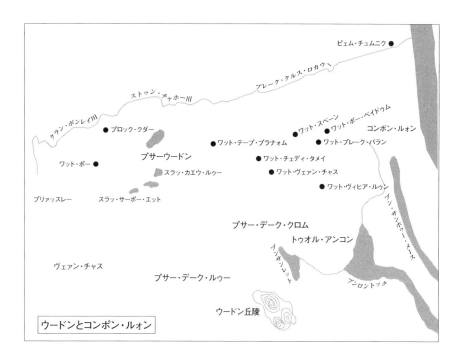

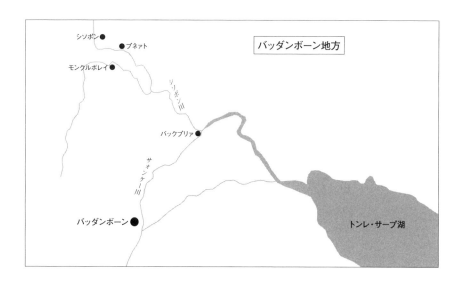

	年表（王の年号は在位）
1351	
1400	
1407	明の永楽帝ベトナムのホー朝を滅ぼす。
1417	
1427	ポニェ・ヤート王シャム軍をアンコールから駆逐。
	明、ベトナムから撤退。
1428	
1431	ポニェ・ヤート王バサーンに遷都。
1432	ポニェ・ヤート王プノンペンに遷都。
1433	
1463	
1468	
1475	スレイ・リァチャ王アユタヤを攻撃。
	スレイ・ソリヨーテイ反乱、メコン東岸を支配。
	プノンペンのスレイ・トマ・リァチャ王メコン西岸を支配。
1476	スレイ・リァチャ王帰国。スレイ・ソリヨーテイとの闘い。
	スレイ・ソリヨーテイ、スレイ・サントーで王位に就く。
1478	スレイ・トマ・リァチャ王プノンペンで即位。3王の乱立。
1504	
1509	アン・チャン、シャムへ。
1516	アン・チャン帰国。
1529	
1534	
1542	
1568	
1569	アユタヤ王朝、ビルマ軍によって攻略され、ビルマ領に。
1571	
1572	カンボジア王とラオス王の象合戦。
1576	シャム王マハータンマラーチャティラート、カンボジアに和平を求める。
1577	シャム王マハータンマラーチャティラート、国境標識敷設。
1579	
1581	カンボジア、西部4州をシャムから奪回。
1584	アユタヤ王朝再興。
1594	シャム王ナレースワン、ロンヴェークを攻略。スレイ・ソリヨーポールをアユタヤに連行。
1595	プリャッ・リアム・チュウン・プレイ、バサーンで即位。
1596	ベロソとルイスがバサーンを攻撃。
1598	
1599	ベロソ、ルイス、ボロム・リァチャ5世がチャム人に殺害される。
1600	
1601	スレイ・ソリヨーポール、アユタヤから帰国。
1604	チェイ・チェター王子アユタヤから帰国。
1605	スレイ・ソリヨーポール、ロヴェーエムに遷都。シャムに朝貢品を送るのを停止。
1610	
1615 ?	チェイ・チェターとベトナム王女アン・チョウ結婚。

●シャムとベトナムの王は本書に関連する王のみ記載。

カンボジアの王	シャムの王	ベトナムの王（皇帝）
	【アユタヤ王朝】	【ホー（胡）朝】 ホー・クイ・リ（胡季犛）(1400-1406)
ポニェ・ヤート (1417-1463)		
	ボーロマ・トライローカナート（リアメァスーン）(1448-1488)	【レ（黎）朝】 レ・ロイ（黎利）(1428-1433)
		ホン・ドゥック（洪徳）(1433-1442)
ノリアイ・リァチァ (1463-1468)		
スレイ・リァチァ (1468-1486)		
スレイ・ソリヨーテイ (1476-1486)		
スレイ・トマ・リァチァ (1478-1504)		
スレイ・ソクンタバォット (1504-1512)		
*スダチ・カォン (1512-1516)		
		【マク（莫）朝】 マク・ダン・ズン（莫登庸）(1527-1529)
アン・チャン・ボロム・リァチァ3世 (1529-1567)	チャイヤラーチャティラート（チェイ・リァチァ）(1534-1546)	【チン（鄭）朝)】 チン・キェム（鄭検）(1542-1570) ベトナム北部
ボロム・リァチァ 4世 (1568-1579)		【クアンナム・グエン（広南阮）朝】 グエン・ホアン（阮潢）(1558-1613) ベトナム中部・南部
	マハータンマラーチャティラート（モハー・トマ・リァチァ）(1571-1590)	
サッター・モヒン・リァチァ (1579-1595)		
	ナレースワン（ノレソ）(1590-1605)	
*プリァッ・リァム・チュゥン・プレイ (1595-1597)		
プリァッ・アン・タォン・ボロム・リァチァ5世 (1598-1599)		
ボロム・リァチァ 6世 (1599-1600)		
ポニェ・ニョム (1600-1602)		
スレイ・ソリヨーポール (1607-1618)	エーカトサロット (1605-1610)	
	ソンタム (1610-1628)	

＊王統一覧には記載されていない

1618	
1620	チェイ・チェター、ウードンに遷都。
1621	シャム王ソンタム、カンボジアに侵攻するが、敗れて撤退。
1623	プレイ・ノコーをベトナムに割譲、サイゴンとなる。
1626	
1627	
1628	シャム海軍、コンポートとバンテイ・メスを占領。
1630	
1631	
1636	
1638	
1644	サッター・リアメァティパディー王、イスラム教徒になる。
1653	アン・ソー、サッター・リアメァティパディーをサムロントンで撃破。
1655	サッター・リアメァティパディー、アン・ソーとベトナムの連合軍に敗れてフエに連行される。
1656	
1671	
1672	アン・チ王とアン・タォン、アン・ノンとの闘い。
1675	アン・ソー王、アン・ノンを破る。アン・ノン、ベトナムに亡命。
1680	アン・ノン、ベトナムから帰国。アン・ノンとアン・ソーの闘い。
1695	
1696	
1700	
1701	
1702	
1705	
1706	
1709	
1714	アン・イム王ウードンを攻撃。トマ・リァチャ王、息子のアン・イム、甥のアン・トンとアユタヤに亡命。
1715	シャムのブーミンタラーチャー王、バッダンボーンに進軍。
1716	アン・トン王子帰国、アン・イム王との対立。
1718	シャム海軍侵攻するが敗走。陸軍ウードンに侵攻。
1722	
1729	
1729	
1731	ベトナム、カンボジアに侵攻。
1732	ベトナム、カンボジアに侵攻。
1733	
1737	アン・イム王子アユタヤから帰国を求めるが、アン・チ王に拒否される。
	アン・チ王ロンヴェークから追放されてベトナムに亡命。
1738	
1747	カンボジア王室混乱。
1748	
1749	ブリァッ・クサット・エク高官が王の継承に異議を唱える。
1756	
1758	
1767	アユタヤ、ビルマ軍により陥落。
1771	シャム王タークシン、カンボジアに侵攻。アン・タォン王はベトナムに逃げる。
1775	ベトナム南部のタイソンでタイソン・グエン3兄弟の反乱。
1776	ベトナムのグエン(広南阮)朝の滅亡。

		【広南阮朝】【鄭朝】
チェイ・チェター2世 (1618-1625)		
ウテイ・リァチャ1世 (1626-1627)		
スレイ・トマ・リァチャ1世 (1627-1631)		
	プラサート・トーン (1630-1656)	
プリァッ・アン・トン (1631-1636)		
アン・ノン・ボトム・リァチャ (1636-1638)		
サッター・リァメア・ティパディー (1638-1655)		
アン・ソー (1656-1670)	ナーラーイ (1656-1688)	
ボトム・リァチァ2世 (1671-1672)		
アン・チ (1672-1675)		
アン・ソー (1675-1695)		
アン・タォン (1695)		
アン・ソー (1696-1700)		
アン・イム (1700-1701)		
アン・ソー (1701-1702)		
スレイ・トマ・リァチァ2世 (1702-1705)		
アン・ソー (1705-1706)		
スレイ・トマ・リァチァ2世 (1706-1714)		
アン・イム (1714-1722)	プーミンタラーチャー（ターイサ）(タイ・スラッ) (1709-1733)	
アン・チ (1722-1729)		
アン・イム (1729)		
アン・チ (1729-1737)		
	ボーロマコート（ボロムコサ）(1733-1758)	
スレイ・トマ・リァチァ2世(1738-1747)		
スレイ・トマ・リァチァ3世(1747-1748)		
アン・トン (1748-1749)		
アン・スグォン (1749-1755)		
アン・トン (1756-1757)		
アン・タォン (1758-1775)	ウトゥムポーン (1758)	
	スリヤートアマリン (1758-1767)	
	【トンブリー王朝】	
	タークシン (1767-1782)	
アン・ノン (1775-1779)		

1777	オパラチ・アン・トァムの暗殺。
1778	アン・ノン王に対する暴動。
1779	アン・ノン王、高官ムーに殺害される。ムーの摂政時代（〜1783）。
	高官ベン、バンコクへ。
1782	シャムのチャクリー将軍、カンボジア侵攻。
	摂政ムー、高官スーに殺害される。
1783	高官ベン、バンコクへ。王権の象徴たる聖剣をラーマ1世に贈呈。
	高官ベン、ポーサット、バッダンボーン、シェムリアップをシャムに譲渡。
	グエン・アイン（1784-1786バンコク王宮に滞在）の要請でシャム軍がタイソン（西山）軍を攻撃。
1786	グエン・アイン、ベトナムに帰国。
1787	高官ベンが実質的にカンボジアの首長になる（〜1794）。
1791	グエン・アイン、タイソン軍からサイゴンを奪取。
1794	アン・エン王、バンコクで即位。
1795	アン・エン王、バッダンボーン、モハーノコー、サォムナット、チョンカルの西部4地方をラーマ1世に譲渡。
1797	摂政ポック、アン・エン王の火葬をバンコクからウードンに変更。
1799	ラーマ1世の命で摂政ポックがグエン・アイン支援の軍を送る。
1802	グエン・アイン（ザーロン帝）、タイソン・グエンを滅ぼし、クアンナム・グエン（広南阮）を再興。
1806	アン・チャン王、バンコクでラーマ1世により戴冠され、帰国。
1809	ラーマ1世死去。
1812	シャムがカンボジアに干渉、アン・チャン王ベトナムに支援を求める。
1813	ベトナムがチロイチャンヴァにザーロン帝の肖像を納めた寺院を建立。
1814	シャム、カンボジア北部トンレ・ロボウ、サアク、ストゥン・トラエンを占領。
1815	ヴィンテ運河、ヴィンアン運河の建設。
1818	僧侶ケーの反乱（1820？）。
	ベトナムに対する反乱。トゥン・フォ、チャウ・ポニェ・ティ、ノレン・トル、ケー・プリャルの処刑。
1820	クメール人に対するベトナムの報復。シャムの介入。
1824	
1832	シャムとベトナム交戦。シャム退却。ベトナム、プノンペンに駐留。
1833	シャム軍カンボジア侵攻。
	アン・イム王子の逮捕。
1834	アン・チャン王サイゴンから帰国。
1835	アン・チャン王死去。アン・メイ王女がベトナムによって女王に戴冠させられる。
1836	オクニャ・ヴェアン・ノン、反ベトナム蜂起。チュオン・クンの報復。
1839	アン・イム王子、フエに連れ去られる。
1840	4人の王女がサイゴンに連れ去られる。
1841	アン・ドゥン王帰国。
	ポーサット、ウードンでシャムとベトナムが交戦。
1843	アン・ドゥン王即位。
1845	ベトナムとシャムが交戦。和平交渉。
1847	3王女解放。捕虜の交換、ベトナム軍撤退。
1850	ウードンとコンポートを結ぶ道路を建設。
1851	
1853	慣習法の改定。
1855	プリァッ・モハー・パン僧バンコクから帰国。
1858	タボーンクモンでチャム人4兄弟の反乱。
1860	アン・ドゥン王死去。
1861	シヴォター、スリヴォン王子がノロドム王に反旗。
1862	ノロドム、シャムの助けでウードンに戻る。
1863	カンボジア、フランスの保護国に。

王不在		**【タイソン・グエン（西山阮）朝】** グエン・ニャク（阮岳）＝タイ・ドゥック（1777-？） グエン・フエ（阮恵）＝クアン・チュン（光中）(1779-1792)
	【チャクリー王朝】 ラーマ1世 (1782-1809)	
アン・エン (1794-1796)		
アン・チャン (1806-1834)	ラーマ2世 (1809-1824)	**【グエン朝】** ザーロン（嘉隆）(1802-1819)
	ラーマ3世 (1824-1851)	ミンマン（明命）(1820-1840)
アン・メイ (1835-1847)		
アン・ドゥン (1843-1860)		ティェウ・チ（紹治）(1841-1847)
	ラーマ4世 (1851-1868)	トゥ・ドゥック（嗣徳）(1847-1883)
ノロドム (1860-1904)		

参考文献

A. *Ouvrages en cambodgien et en thaï*

Les ouvrages cités en abréviation sont :

KK : Sim Savan, 1944, *Preah Réach Pongsavadar Nokor Khmer*, de la pagode de Kok Kak.
SP : Pal Ros, 1941, *Nis Preah Réach Pongsavadar Khatiya Moharéach*, de la pagode de Setbaur.
VJ : Veang Thiounn, 1934, *Preah Réach Pongsavadar Krong Kampuchéa Thipadei*,Manuscrit n° K. 53., 8 vol

I. *Ouvrages en cambodgien**

ANG Duong, 1934, *Rœung Kakei* "Histoire de Kakei", Phnom Penh, 1ère édit., 50 p.
ANG Duong, 1962, *Chbap Srei* "Code de conduite pour les femmes", Phnom Penh, 1er édit., 32 p.
CHHIM Krâsém & CHAP Pin 1951, *Preah Réach Pithi Tvéa Tos Meas* "Cérémonies des douze mois", Phnom Penh, vol II, 198 p; vol. III, 173 p.
CHHIM Krâsém, 1958, *Sélacharoeuk Nokor Vat ning patéanukrâm* "Inscriptions Modernes d'Angkor et lexique", Phnom Penh, 2è édit. 206 p.
CHHIM Krâsém, 1969, *Preah Réach Pithi Tvéa Tos Meas* "Cérémonies des douze mois", Phnom Penh, 3è édit., vol. I, 201 p.
COL DE Monteiro, (copié par...) (s.d), *Rapal Khsat khê 1 khê 2* "la lignée des rois, vol. 1, vol. 2" (en caractères romains), ff. 67-93, manuscrit FK4, Bibliothèque Nationale, Paris.
COL DE Monteiro, (copié par...) (s.d.), *Ampal Khsatr* "La lignée des rois", ff. 148-150, manuscrit FK9. Bibliothèque Nationale, Paris.
ENG Soth, (1969), *Ekasar Moha Borâs Khmer* "Documents des grands hommes khmers", Phnom Penh, 1è édit., 1216 p.
INDA, l'acharya..., (traduit du siamois par...) 1909, *Preah Réach Pongsavadar,* "Chronique royale", manuscrit, cahier I, 108 p. cahier II, pp. 73-277, Bibliothèque des Missions Etrangères, Paris.
IV Tuot, 1930, *Prâvoat robâs Voat Povéal* "Histoire de la pagode de Povéal", Revue, *Kampuchéa Soriya,* Phnom Penh, 1930, n° s, 6, 7, 8 et 9.
Meas, 1907 ? *Rœung Bândam Ta Méas* "Recommandations de Ta Méas", Phnom Penh, 40 p.
NET & TITH, (copié par...) 1941, *Preah Réach Pongsavadar* "Chronique royale", document du bureau des Annales du Palais royal de Phnom Penh, oles de 32 liasses, 749 feuilles.
NHEK Nou, 1953, *Kbuon Réach Sap* "Vocabulaire royal", Phnom Penh, 1ère édit., 42 p.
NHOK Thèm, 1945, *Preah Réach Kret Krâm Chaovay Srok* "ordonance et code sur les gouverneurs", Rev. *Kampuchéa Soriya,*1945, n° 10, pp. 607-619; n° 11, pp. 663-692 et 1946, n° 2, pp. 76-94.
NORODOM Sotharoth, 1931, *Kbuon Réach Sap* "Vocabulaire royal", Bibliothèque

---
*. La liste des codes cambodgiens est longue. Voir Au-Chhieng, *Catalogue du fonds khmer*, rubrique "textes juridiques", p. 298.

royale, Phnom Penh, 42 p.
PAL Ros, (copié par...), 1941, *Nis Preah Réach Pongsavadar Khatiya Moharéach,* "C'est la Chronique royale des grands rois", copie originale de la pagode de Setbaur, Institut Bouddhique, Phnom Penh, oles n° 1364, 6 liasses, 189 feuilles.
PECH Botum Bârmei, 1958, *Rœung Robar Khsat Srok khmer* "Lignée des rois de pays khmer", Phnom Penh, vol. I, 80 p; vol. II, pp. 81-162.
PECH Botum Bârmei, 1876 ?, *Sastra Vat Krauch,* "Manuscrit de la pagode de Krauch", manuscrit de la Bibliothèque de l'Institut Bouddhique, Phnom Penh, n° d'inventaire 1049, oles, 3 liasses.
PHEANAVONG, 1917, *Rœung Kakei* "Histoire de Kakei", Phnom Penh, 35 p.
PHLONG Nuon, 1957, *Bañcheak Sakarach pi Puthasakarach 1 teou 5000 vassa,* "Tableau de correspondance des différentes ères à partir de l'an 1 jusqu'à l'an 5 000 de l'ère bouddhique" Phnom Penh, VII + 90 p.
SIM Savan, (copié par...), 1944, *Preah Réach Pongsavadar Nokor Khmer,* "Chronique royale du pays khmer", copie originale de la pagode de Kok Kak, Institut Bouddhique, Phnom Penh, oles n° 1403, 4 liasses, 196 feuilles.
SIM Savan, (copié par...), 1945, *Sachkdei Pongsavadar Sdach ban soy réach taing pi dœum tâ réang mok dâl sdach préah Sisovat,* "Texte de la chronique des rois régnant depuis l'origine jusqu'au roi Sisovath", copie originale de la pagode de Prêk Taméak, Institut Bouddhique, Phnom Penh, oles n° 1424, 3 liasses, 150 feuilles.
TRAN Nghia, 1973, *Prâvoatésas khmer* "Histoire du Cambodge", Phnom Penh, t. I, 203 p, t. II, 198 p.
VEANG Thiounn, 1903, *Preah Réach Pongsavadar preah moha krâsat khemara,* "Chronique royale des grands rois khmers", manuscrit, 4 volumes, 233 p. Collection personnelle de Madame Porée Maspéro.
VEANG Thiounn, 1934, *Preah Réach Pongsavadar Krong Kampuchéa thipadei* "Chronique royale du pays du Grand Kampuchéa". Institut Bouddhique, Phnom Penh, manuscrit n°K. 53, 8 vol., 1226 p.
X, 1902, *Néang Kakei* "La dame Kakei", Paris, 76 p.
X, 1939, *Pithi Thvay Bângkum ngéar* "Cérémonie de prise de fonction", Rev. *Kampuchéa Soriya,* n° 1, pp. 79-87.
X, 1952, *Pongsavadar nei prâtés Kampuchéa* "Histoire du pays de Kampuchéa", Phnom Penh, 208 p.
X, (s.d), *Preah Réach Pongsavadar khemara* "Chronique royale khmère", Bibliothèque de l'EFEO, Paris, manuscrit n° P63, 11 vol., 644 p.

II. *Ouvrages en thaï*

Kulap (Achar), 1904, *Annam Sayam Yudh* "Guerre entre le Vietnam et le Siam", Bangkok, vol. I, 470 p; vol. II, pp. 471-1104.
Snan Muang Vong, 1975, *Pravattisat thai Samai Thonburi Ratana Kosin* "Histoire de la Thaïlande : de la période de Thonburi jusqu'à celle de Ratana Kosin", Bangkok, 386 p.
X, 1938, *Preah Réach Pongsavadar chbap preah réach hathalkha,* "Annales royales, exemplaire dit de la main du roi", Bangkok, vol. I, 723 p; vol. II, 640 p.

B. *Ouvrages en langue européenne*

Les ouvrages cités en abréviation sont :

AME :	Archives des Missions Etrangères à Paris.
Amiraux :	Fonds des Amiraux, Dépôt des Archives d'Outre-Mer, Aix-en-Provence.
APF :	Annales de l'Association de la Propagation de la Foi, Paris.
BAVH :	Bulletin des Amis du Vieux Hué. Hanoï.
BEFEO :	Bulletin de l'Ecole Française d'Extrême-Orient. Hanoï et Paris.
BSEI :	Bulletin de la Société des Etudes Indochinoises, Saïgon.
CLE :	Choix les Lettres édifiantes écrites des Missions Etrangères, Paris.
FA :	France-Asie, revue mensuelle de culture et de synthèse Franco-Asiatique, Saïgon.
Indochine :	Fonds Indochine, Archives Nationales, Section d'Outre-Mer, Paris.
JA :	Journal Asiatique, Paris.
NLE :	Nouvelles Lettres Edifiantes, Paris.
PA :	Papiers d'Aymonier, Société Asiatique, Paris.
RI :	Revue Indochinoise illustrée, Hanoï, 1894 à 1926.
TP :	T'Oung Pao, Leide.

ARCHIMBAU, L., 1930, "Le retour au Cambodge d'Angkor et de Battambang", *in : La Revue du Pacifique*, 9e année, n° 1, Paris, 21 p.

ARCHAIMBAULT, Ch., 1967, "Les Annales de l'ancien Royaume de S'ieng Khwang" *in : BEFEO*, t. LIII, fasc. 2, pp. 557-647.

ARCHAIMBAULT, Ch., 1961, "Histoire de Campassak", *in : JA*, t. CCXLIX, fasc. 4, pp. 519-595.

AUBARET, G. 1863, *Gia-Dinh-Thung-Chi, Histoire et description de la Basse Cochinchine.* Paris, 359 p.

AU CHHIENG, 1953, *Catalogue du Fonds Khmer*, Ed. Bibliothèque Nationale, Paris, 316 p.

AUROUSSEAU, L., 1924, "Sur le nom de Cochinchine", *BEFEO*, t. XXIV, fasc. 3-4, pp. 563-579.

AYMONIER, E. 1874, *Dictionnaire Français-Cambodgien*, Saigon, Imprimerie Nationale, 184 p, lithographié.

AYMONIER, E. 1875, "Notice sur le Cambodge", *in : Revue bibliographique de Philologie et d'Histoire*, 70 p.

AYMONIER, E. 1876, *Géographie du Cambodge*, E. Leroux, Paris, 70 p. + carte.

AYMONIER, E. 1878, *Dictionnaire Khmer-Français*, Saigon, XVIII p. + 436 p.

AYMONIER, E. 1880, "Chronique des Anciens Rois du Cambodge", *in : Excursions et Reconnaissances*, n° 4, pp. 149-184.

AYMONIER, E. 1880-1883. "Chronique royale du Cambodge", *in : Revue de Cochinchine*.

AYMONIER, E. 1883, "Critique du "Royaume du Cambodge "de M. MOURA", *in : Excursions et Reconnaissances*, n° 5, pp. 207-220.

AYMONIER, E., 1900-1904, *Le Cambodge*, E. Leroux, Ed., Paris, t. I, 1900, "Le Royaume actuel", 477 p., 88 illustrations et 14 cartes; t. II, 1901, "Les Provinces siamoises", 481 p, 84 gravures et 10 cartes, t. III, 1904, "Le groupe d'Angkor et l'histoire", 818 p, 59 illustrations.

AYMONIER, E., 1918, "Un aperçu de l'histoire du Cambodge", Paris, A. Challamel.

BARBIER, V., 1922, "Voyages des Espagnols au Cambodge à la fin du XVI° siècle "*in: RI*, nos. 7-8, pp. 1-16, *RI,* 1923, nos. 3-4, pp. 375-387.
BARROW, J., 1926, "Quelques notes sur Gialong par un contemporain", *BSEI,* n° 2, pp. 208-214.
BARTH, A., 1901, "Compte-rendu du "*Le Cambodge* "d'Aymonier, Royaume actuel", *in : Journal des Savants,* 1901, pp. 435-451.
BASSET, D.K., 1962, "The trade of the english East India company in Cambodia, 1651-1656", *Journal of the Royal Asiatic Society of Great Britain and Ireland.* London, 1-2, pp. 35-61.
BATZ, 1931, "Historique de l'occupation militaire du Cambodge par les troupes françaises, de 1855 à 1910", *BSEI,* t. VI, fasc. 3-4, pp. 175-185.
BAZANGEON, Marie-Louis, 1881, "Aperçu sur le Royaume du Cambodge", *in : Bull. de la Sté. de Géogr. de Lyon,* t. IV. pp. 157-166.
BAZANGEON, L., 1890-1891, "Les annales officielles siamoises" *in : Bull. de Sté. de Géogr. de Rochefort,* pp. 1-149.
BERLAND, H., 1941, "Les papiers du Dr. Crawfurd, envoyé spécial au Siam et en Cochinchine par le gouvernement des Indes en 1821", *BSEI,* t. XVI, n° 1, pp. 7-134; t. XXIII, n° 1, pp. 43-71.
BERLAND, H., 1948, "Relation d'un voyage en Cochinchine en 1778 par Mr. Chapman", *BSEI,* t.XXIII, n° 2, pp. 7-75.
BERNARD, F., 1933, *A l'Ecole des diplomates. La perte et le retour d'Angkor,* Paris, 240 p.
BERNARD, J.B., 1902, *Dictionnaire Cambodgien-Français,* Hong-Kong, Imp. de la Société des Missions Etrangères, XLVII p. + 386 p.
BERVAL, R. de (publié sous la direction de ...), 1955, "Présence du Cambodge" *in : France-Asie,* Saigon, t. XII, Nov-déc., n° 114-115, pp. 317-560.
BIKER, 1883, "Les Portugais au Cambodge", Saigon, Imprimerie du Gouvernement, 11 p.
BILLARD, R., 1963, "Les cycles chronographiques chinois dans les inscriptions thaies", *in : BEFEO,* t. LI, fasc. 2, pp. 403-431.
BILLARD, R., 1971, *"L'astronomie indienne",* Publ. EFEO, vol. LXXXIII, 181 p., 52 figures.
BITARD, P., 1957, "Les Etudes Khmères : Les membres de la famille royale du Cambodge et leurs titres", *in : BEFEO,* t. XLVIII, fasc. 2, pp. 563-579.
BOUCHOT, J., 1926, "Saigon sous la domination cambodgienne et annamite", *BSEI,* n° 1, pp. 3-31.
BOUILEVAUX, C-E, 1858, *"Voyage dans l'Indochine" (1848-1856),* Paris, 376 p.
BOUILEVAUX, C-E., 1874, *L'Annam et le Cambodge,* Paris, 537 p.
BOUINAIS, A & PAULUS, A., 1884, *Le Royaume du Cambodge,* Paris, 76 p.
BRIGGS, L. Palmer, 1949, "Spanish intervention in Cambodia, 1593-1603", *in : T'P,* vol. XXXIX, livre 1-3, pp. 132-160.
BRIGGS, L. Palmer, 1950, *"Les missionnaires portugais et espagnols au Cambodge (1555-1603),* in : BSEI, n. s. 1er trimestre, vol. 25, fasc. 1, pp. 5-29.
BRIGGS, L. Palmer, 1951, *The Ancient Khmer Empire,* Ed. Philadelphia, 295 p. 58 fig., 16 cartes.
BROSSE, P. dela, 1907, "Dans les provinces cambodgiennes rétrocédées", RI, pp. 1149-1157.
BRUNET, J. *La musique et les chants dans le mariage cambodgien,* Thèse de doctorat de 3ème cycle, Paris, 1975, 226 p.
BUCH, W.J.M., 1936-1937, "La compagnie des Indes Néerlandaises et l'Indochine", *in:*

BEFEO, t. XXXVI, fasc. 1, pp. 97-196, et t. XXXVII, fasc. 1, pp. 121-237.

CABATON, A., 1908 "Le Cambodge et le Champa au XVI° siècle d'après les documents espagnols", *in : Bull. de Géograhie historique et descriptive*, vol. 23, pp. 404-409.

CABATON, A., 1908, "Quelques documents espagnols et portugais sur l'Indochine aux XVI° et XVII° siècles", *in : JA*, sér. X, t. XII, pp. 255-292.

CABATON, A., 1909, "Une intervention européenne au Cambodge à la fin du XVI° siècle", *in : RI*, décembre, pp. 1171-1188.

CABATON, A., 1910, "Missions en Espagne et au Portugal", *in : Bull. de Géographie historique et descriptive*, vol. 25, pp. 15-36.

CABATON, A., 1911, "Note sur les sources européennes de l'histoire de l'Indochine", *in : BCAI*, pp. 58-84.

CABATON, A., 1913, "L'Espagne en Indochine à la fin du XVI° siècle", *in : RHCF*, 1er trimestre, pp. 73-116.

CABATON, A., 1914, *Brève et Véridique Relation des événements du Cambodge par Gabriel Quiroga de San Antonio*, E. Leroux, éd., Paris, 261 p.

CABATON, A., 1914, "Les Hollandais au Cambodge au XVII° siècle", *in : RHCF*, 2° trimestre, vol. 2, pp. 129-220.

CABATON, A., 1914-1916, : "Le Mémorial de Pedrosevil à Philippe III sur la conquête de l'Indochine (1603) avec introduction et notes", *in : BCAI*, pp. 1-102.

CADIERE, L. & PELLIOT, P. 1904, "Première étude sur les sources annamites de l'histoire d'Annam", *BEFEO*, t. IV, juillet-septembre, pp. 1-55.

CADIERE, L., 1905, "Tableau chronologique des dynasties annamites", *BEFEO*, t. V, fasc. 9, pp. 129-145.

CADIERE, L., 1912, "Documents relatifs à l'époque de Gia-Long", *BEFEO*, t. XII, 7, pp. 1-82.

CADIERE, L., 1917, "Les Français au service de Gia-Long" : I. "La maison de chaigneau", *BAVH*, avril-juin, pp. 117-164; II. "Le tombeau de Forçant", *BAVH*, 1918, avril-juin, pp. 59-78; III. "Leurs noms, titres et appellations annamites", *BAVH*, 1920, janv-mars, pp. 137-176; VI. "La maison de J.B. Chaigneau, consul de France à Hué", *BAVH*, 1922, janv-mars, pp. 1-32; VII. "Les diplômes et ordres de service de Vannier et de Chaigneau", *BAVH*, 1922, avril-juin, pp. 139-180; IX. "Despiau, commerçant", *BAVH*, 1925, juill-sept, pp. 183-186; XI. "Nguyên-Anh et la maison; documents inédits", *BAVH*, 1926, janv-mars, pp. 1-50; XII. "Leur correspondance"; *BAVH*, 1926, oct-déc, pp. 359-447.

CARNE, Louis de, 1872. *Voyage en Indochine et dans l'Empire Chinois*, Paris, XIX + 524 p.

CHANDLER, David P. 1973, *Cambodia before the French : Politics in a tributary Kingdom, 1794-1848*. Thèse pour le Ph. D, L'université de Michigan, 212 p.

CHANDLER, David P. 1983, *A History of Cambodia*, Colorado, 237 p.

CHAU SENG, 1962, *Organisation bouddhique au Cambodge*, Publ. de l'Institut Bouddhique, n° 4, Phnom Penh, 29 p.

CHAVANNES, E., 1906, "Le cycle Turc des douze animaux", *in : T'P*, série II, vol. VII, pp. 51-122.

CHULA CHAKRABONGSE, (His Royal Highness Prince...), 1967, : *Lords of life a history of the kings of Thailand.*, Alvin Redman, éd. London, 2è éd. 352 p., 2 planches.

CŒDES, G., 1911, "Index alhabétique pour "Le Cambodge" de M. Aymonier", *in : BCAI*, n° 1, pp. 85-169.

CŒDES, G., 1911, "Les bas-reliefs d'Angkor Vat", *in : BCAI*, 2° livraison, Paris, pp.

170-220.
CŒDES, G., 1913, "La fondation de Phnom Penh au XV° siècle d'après la chronique cambodgienne", *in : BEFEO*, t. XIII, fasc. 6, pp. 6-11.
CŒDES, G., 1914, "Brève et Véridique relation des événements au Cambodge par Gabriel Quiroga de San Antonio (Compte-rendu de...), *in : BEFEO*, t. XIV, fasc. 9, pp. 44-47.
CŒDES, G., 1914, "Histoire du Cambodge par A. Leclère", (Compte-rendu) *in : BEFEO*, t. XIV, fasc. 9, pp. 47-54.
CŒDES, G., 1918, "A propos des anciens noms de Luang Prabang", *in : BEFEO*, t. XVIII, fasc. 10, pp. 9-11.
CŒDES, G., 1918, "Essai de classification des documents historiques cambodgiens conservés à la bibliothèque de l'EFEO", *in : BEFEO*, t. XVIII, fasc. 9, pp. 15-28.
CŒDES, G., 1928, "Documents sur l'histoire politique et religieuse du Laos occidental", *in : BEFEO*, t.XXV, fasc. 1-2, pp. 1-200.
CŒDES, G., 1934, "L'origine du cycle des douze animaux au Cambodge", *in : T'P*, vol. XXXI, pp. 315-320.
CŒDES, G., 1940, "Mots portugais en cambodgien", *in : Bull. Inst. Indochinois pour l'Et. de l'Homme*. Hanoï, vol. III, fasc, 1, pp. 67-68.
CŒDES, G., DUPONT, P., 1943-1946, "Les stèles de Sdok Kak Thom, Phnom Sandak et Prah Vihar", *in : BEFEO*, t. XLIII, pp. 56-134.
CŒDES, G., 1946, "L'ancienne civilisation khmère", *in : FRANCE-ASIE*, t. I, n° 7, pp. 398-405; t. II, n° 8, pp. 476-482.
CŒDES, G., 1949, "Les langues de l'Indochine", Extrait des conférences de l'Institut de linguistique de l'Université de Paris VII, année 1940-1948, pp. 63-81.
CŒDES, G., 1951, "Les règles de la succession royale dans l'ancien Cambodge", *in : BSEI*, n.s., t. XXVI, n° 2, pp. 117-131.
CŒDES, G., 1962, "La date d'exécution des deux bas-reliefs tardifs d'Angkor Vat", *in : JA*, t. CCL, fasc. 2, pp. 235-248.
CŒDES, G., 1962, *Les peuples de la péninsule indochinoise*, Dunod, Ed., Paris, 288 p., 16 planches.
CŒDES, G., 1964, *Les Etats hindouisés d'Indochine et d'Indonésie*, Nouvelle édition, revue et mise à jour, E. de Boccard, Paris, 494 p., 3 planches, 5 cartes.
CONDOMINAS, G. 1957, *Nous avons mangé la forêt de la Pierre-Génie Gôo*, Paris, 495 p.
CONDOMINAS, G. 1961, "Notes sur le droit foncier lao en milieu rural dans la plaine de Vientiane", Felicitation volume presented to Professor George Cœdès on the occasion of his seventy-fifth birthday. Artibus Asiae, vol. XXIV, 3/4, pp. 255-262.
CONDOMINAS, G. 1980, *L'espace social à propos de l'Asie du Sud-Est*, Paris, 539 p.
CORDIER, H., 1881, "Les codes cambodgiens", *Excursions & Reconnais-sances*, vol. III, n° 7, pp. 5-130; n° 8, pp. 175-260; n° 9, pp. 371-438.
CORDIER, H., 1909-1910. "La politique coloniale de la France au début du Second Empire, (Indo-Chine, 1852-1858)" *T'oung Pao*, vol. X, pp. 17-70; pp. 183-197; pp. 306-339, pp. 666-697, vol. XI, pp. 351-390; pp. 419-456; pp. 567-582; vol. XII, pp. 38-52; pp. 157-176.
COSSERAT, H., 1917, "Notes biographiques sur les Français au service de Gia-Long", *BAVH*, n° 3, pp. 165-206.
COSSERAT, H., 1921, "Les Français au service de Gia-Long. V. Une fresque de Vannier", *BAVH*, n° 4, pp. 239-242.
COSSERAT, H., 1925, "Les Français au service de Gia-Long X. L'acte de baptême du Colonel Olivier", *BAVH*, n° 3, pp. 187-188.

DANG-PHUONG-NGHI, 1969, *Les institutions publiques du Viêt-nam au XVIIIè siècle*, Publ. de l'*EFEO*, vol. LXIV, 145 p.

DANIELOU, A., 1957, *La Musique au Cambodge et au Laos*, Publ. de l'Institut français d'Indologie, Pondichéry, n° 9, 37 p.

DELVERT, J., 1955, "Présences géographique et humaine", *in : France-Asie*, t. XII, n° 114-115, pp. 312-325.

DELVERT, J., 1958, "La vie rurale au Cambodge", *FA*, t. XIV, n° 143, pp. 95-104.

DELVERT, J., 1961, *Le Paysan Cambodgien*, Mouton & Co, Ed., Paris, 740 p., 23 fig., 26 cartes.

DELVERT, J., 1983, *Le Cambodge*, Paris, 127 p.

DOURNES, J., 1977, *Pôtao, une théorie du pouvoir chez les Indochinois Jôrai*, Paris, 365 p.

ELLUL, J., 1973, "Le traité de la chasse aux éléphants de l'Uknha Maha Pithu Krassem", Annale de la Faculté d'Archéologie de Phnom Penh, n° 2, pp. 45-76.

ELLUL, J., 1983, *Le coutumier rituel des capteurs d'éléphants de l'Ouest du Cambodge*, Thèse de doctorat de 3è cycle, EHESS, dactylographiée, 385 p.

FABRICIUS, P., 1960, "Prolégomènes à l'histoire khmère", *in : France-Asie*, t. 17, n° 164, pp. 1451-1472.

FARAUT, F-G., 1910, *Astronomie cambodgienne*, Phnom Penh, 283 p.

FELS, J. de, 1976, *Somdet Phra Chao Tak Sin Maharat, le roi de Thonburi*, Thèse de doctorat de 3è cycle, Paris, 539 p.

FERRAND, G., 1920, "Les poids, mesures et monnaies des mers du Sud aux XVI° et XVII° siècles", *in : JA*,11° série, t. XVI, juill.-sept., pp. 5-150 et oct.-déc., pp. 193-312.

FILLIOZAT, J., 1965, "Kailasaparampara", *in : JSS*, Felicitation volumes of Southeast-Asian Studies presented to His Highness Prince Dhaninivat, Bangkok, vol. II, pp. 241-247.

FILLIOZAT, J., 1969, "Une inscription cambodgienne en pali et en khmer de 1566, K82, Vatt Nagar", *in : Académie des Inscriptions & Belles-Lettres*. Compte rendu des séances de l'année 1969, Janvier-Mars, Klincksieck, Ed., Paris, pp. 93-106.

FILLIOZAT, J., 1970, "Notice sur la vie et les travaux de M.G. CŒDES", *in : BEFEO*, t.LVII, pp. 1-24.

FISTIE, P., 1971, *La Thailande*, PUF, Ed. Paris, 128 p.

FLAUGERGUES, E, 1914, "La mort du chef suprême des bonzes", *R.I.*, t. XXI, n° 2, pp. 175-181.

FLAUGERGUES, E, 1914, "La crémation du chef suprême des bonzes", *R.I.*, t. XXI, n° 5, pp. 481-491.

FOURES, 1882, "Royaume du Cambodge", *Excursions & Reconnaissances*, n° 13, pp. 168-211.

GARNIER, F., 1871, "Voyage lointain aux Royaumes de Cambodge et de Laouwen par les Néerlandais et ce qui s'y est passé jusqu'en 1644", *in : Bull. de la Sté. de Géographie*, Paris, 6è série, n° sept-oct., pp. 249-289.

GARNIER, F., 1871-1872, "Chronique royale du Cambodge", *in : JA*, 6è sér. oct-déc. 1871, t. 18, pp. 336-385; août-sept. 1872, t. 20, pp. 112-144.

GARNIER, F., 1885, *Voyages d'exploration en Indochine en 1866, 1867, 1868 effectués par une commision française*, Librairie Hachette et Cie, Paris. XV + 662 p. et 2 cartes.

GASPARDONE, E. 1929, "Matériaux pour servir à l'histoire d'Annam", *BEFEO*, t. XXIX, pp. 63-105.

GASPARDONE, E., 1934, "Bibliographie annamite", *BEFEO*, t. XXXIV, pp. 1-173.

GERVAISE, N., 1688, *Histoire Naturelle et Politique du Royaume de Siam*, C. Barbin,

Ed., Paris, XVI + 324 p., tables et cartes.
GITEAU, M., 1957, *Histoire du Cambodge,* Didier, Ed. Paris, 183 p., 1 carte.
GITEAU, M., 1969, *Le bornage rituel des temples bouddhiques au Cambodge,* Publ. de l'EFEO, vol. LXVIII, 153 p., 14 planches, 39 photos.
GITEAU, M., 1974, *Histoire d'Angkor,* PUF. Ed., Paris, 128 p.
GITEAU, M., 1975, *Iconographie du Cambodge post-angkorien,* Publ. de l'EFEO vol. C, Paris, 381 p. 48 planches, 118 photos, 1 carte.
GITEAU, M., 1976, *Angkor. Un Peuple-Un art.,* Bibliothèque des Arts, Paris, 288 p., 30 ill. en couleur, 121 ill. en noir et blanc, carte et plans.
GOSSELIN, Ch. 1904, *L'Empire d'Annam,* Paris, 560 p.
GOULIN, Ch., 1965, *Phnom Penh, Etudes de géographie urbaine.*Thèse de Doctorat de 3° cycle de Géographie, le 25 juin 1965, Strasbourg, Faculté des Lettres, 242 p., ronéotypées, 12 cartes.
GRISON, P., 1955, "Présence historique et chronologie des Rois du Cambodge", *in : France-Asie, Saigon,* t. XII, n° 114-115, pp. 329-336.
GROSLIER, G., 1921, *Recherches sur les Cambodgiens,* A. Challamel, Ed., Paris, 432 p.
GROSLIER, B.P., 1952, "Histoire et ethnologie en Indochine" BSEI, t. XXVII, n° 3. pp. 333-342.
GROSLIER, B.P., 1958, *Angkor et le Cambodge au XVI° siècle d'après les sources portugaises et espagnoles,* Annales du Musée Guimet, Paris, t. LXIII, 194 p., 7 planches, 3 tableaux.
GROSLIER, B.P. & MEYER Ch., 1960, "Une version américaine de l'histoire du Cambodge", *FA,* t. XVII, n° 164, pp. 1531-1557.
GROSLIER, B.P., 1973, "Pour une géographie historique du Cambodge", *in : Les Cahiers d'Outre-Mer,* n° 104, 26è année, Oct.-déc., pp. 337-379.
GUESDON, J., 1914, *Dictionnaire Cambodgien-Français.* Ministère de l'Instruction publique et des Beaux Arts. Paris, 2 vol., 1982 p.
GUESDON, J., ?, *Dictionnaire Français-Khmer-Pali, d'après les textes khmers,* s.d.s.l., 237 p.
HAHN, P.E., 1978, *Médecine & Pharmacie traditionnelles au Kampuchea,* Thèse pour le doctorat en pharmacie, Tours, 181 p. + bibliographie.
HALL, D.G.E., 1970, *A History of South-East Asia,* Macmillon, Ed., London, 3è édition, XXIII + 1019 p.
HUARD, P., 1940 "Les Portugais et l'Indochine", in : Bull. de l'Instit. Indoch. pour l'étude de l'Homme, Hanoï, t. III, fasc. 1, pp. 47-65.
HUTCHINSON, E. W., 1942, "Les premières relations de la compagnie française des Indes et du Siam au XVIIème siécle", *BSEI,* t. XVII, n° 1, pp. 9-30.
HUTCHINSON, E.W., 1947, "Aventuriers au Siam au XVIIè siècle", *BSEI,* t. XXII, n°s 1-2, pp. 5-226.
IBOS, P. 1903, *La question des frontières du Siam et du Cambodge,* Paris, 31 p.
JANNEAU, G., 1870, *Manuel pratique de langue cambodgienne,* Saïgon, XVIII + 274 p., 1 carte.
JANNEAU, G., 1914, "Le Cambodge d'Autrefois", *in : RIC,* Hanoï, Nouvelle série, n° 3, pp. 265-272, n° 4, pp. 405-418, n° 5, pp. 511-521, n° 6, pp. 617-632.
JOUIN, B.Y. Dr., 1951, "Histoire légendaire du Sadet du feu", *in : BSEI,* t. XXXVI, fasc. 1, pp. 73-84.
KHIN Sok, 1977, "Les chroniques et l'Inscription Moderne d'Angkor, n° 39", *in : BEFEO,* t. LXIV, pp. 225-241.
KHIN Sok, 1977, "Les chroniques royales khmères", *in : Mon-Khmer Studies,*t. VI,

Hawaii, pp. 191-215.
KHIN Sok, 1985, "Quelques documents khmers relatifs aux relations entre le Cambodge et l'Annam", *BEFEO*, t. LXXIV, pp. 403-421.
KHIN Sok, 1986, "Quelques réflexions sur le valeur historique des chroni-ques royales du Cambodge", *BEFEO*, t. LXXV, pp. 1-18.
KHY Phanra, 1974, *La communauté vietnamienne au Cambodge à l'époque du protectorat français (1863-1953)*. Thèse pour le doctorat de 3° cycle, université Paris III, t. I : 271 p; t. II : pp. 272-556.
KONG Huot et CHAU Seng, (s.d.), *Tum-Teav*, Université Bouddhique Prah Sihanouk Raj, Collection : Culture et Civilisation khmères, n° 7, 90 p.
LABORDE, A., 1920, "Les titres et grades héréditaires à la cour d'Annam", *BAVH*, n° 4, pp. 385-406.
LAFONT, P.B., 1959, "Aperçu sur le Laos", *in : Comité de l'Alliance française au Laos*, Saigon, 57 p.
LAMANT, P. 1985, "Les prémices des relations politiques entre le Cambodge et la France vers le milieu du XIXè siècle", *Revue française d'Histoire d'Outre-mer*, t. LXXII, n° 267, pp. 167-198.
LAUNAY, A., 1884, *Histoire ancienne et moderne de l'Annam, Tonking et Cochinchine*, Paris, 251 p.
LAUNAY, A., 1894, *Histoire générale de la Société des Missions Etrangères*, vol. I : IX - 595 p; vol. II : 646 p; vol. III : 594 p.
LAUNAY, A., 1923, *Histoire de la Mission de Cochinchine*, Paris, vol. I : 643 p; vol. II: 447 p; vol. III : 539 p.
LE BOULANGER, P., 1931, *Histoire du Laos français*, Plon Ed., Paris, 381 p. XVI planches, 4 cartes.
LECLERE, A., 1890, *Recherches sur la législation cambodgienne* (droit privé), Paris, XIV + 291 p.
LECLERE, A., 1893, "Mœurs et coutumes des Cambodgiens", *in Revue Scientifique*, n° 3, pp. 65-72 et pp. 108-112.
LECLERE, A., 1894, *Recherches sur le droit public des Cambodgiens*, A. Challamel Ed., Paris, 329 p.
LECLERE, A., 1894, "Etude sur le régime des biens entre époux, les donations et les successions au Cambodge", *in Nouvelle Revue historique de droit français et étrangers*. 18 année, pp. 68-95.
LECLERE, A., 1894, *Recherches sur la législation criminelle et la procédure des Cambodgiens*, Paris, XX + 555 p.
LECLERE, A., 1898, *Les Codes Cambodgiens*, Paris, vol. I : XIX + 491 p; vol. II : 682 p.
LECLERE, A., 1899, *Recherches sur les origines brahmaniques des lois cambodgiennes*, Paris, 68 p.
LECLERE, A., 1899, *Le Bouddhisme au Cambodge*, Paris, 535 p.
LECLERE, A., 1903, "Mémoire de... sur une charte de fondation d'un monastère bouddhique où il est question du Roi du Feu et du Roi de l'Eau". (Extrait des comptes-rendus des séances de l'Académie des Inscriptions et Belles-Lettres), Paris, 10 p.
LECLERE, A., 1904, "Légende Djaray sur l'origine du Sabre Sacré conservé par le Roi du Feu", *in : RI*, n° 6, n.s., Hanoï, pp. 366-369.
LECLERE, A., 1904, *Le Phok tuk prah pipheak sachar ou phok tuk sambat* "Boire de l'eau du serment", *R.I.*, 1904, 30 novembre, pp. 735-741.
LECLERE, A., 1904, "Cambodge, le Thvœu bon Chaul Chhnam des Bakous", *RI*, n°

2, pp. 120-123.
LECLERE, A., 1904, "Le Thvœu bon chrat prak Angkéal", *RI*, n° 3, pp. 198-203.
LECLERE, A., 1905, "Cambodge, le roi, la famille royale et les femmes du palais", Saïgon, 26 p.
LECLERE, A., 1906, *Cambodge, la crémation et les rites*, Hanoï, 155 p.
LECLERE, A., 1910, "Le Sdach Kan", *in : BSEI*, 2è trimestre, n° 59, Saïgon, pp. 17-55.
LECLERE, A., 1913, "La cour d'un roi du Cambodge" : (Le roi, la famille royale, ses alliés et ses concubines), *in : Revue de l'Ethnographie*, n° 15 oct., pp. 41-76.
LECLERE, A., 1914, *Histoire du Cambodge depuis le 1er siècle de notre ère d'après les inscriptions lapidaires, les annales chinoises et annamites et les documents européens des six derniers siècles*, P. Geuthner Ed., Paris, XII + 547 p.
LEFEBVRE, P., 1887, *Une favorite de Norodômm. La folle de Oudon*, Paris, IX + 281 p.
LEMIRE, Ch., 1879, *Exposé chronologique des relations du Cambodge avec le Siam, l'Annam & la France*, Paris, IX + 48 p.
LE-THANH-KHOI, 1955, *Le Viêt-nam*, Histoire et civilisation, Paris, 587 p.
LEVY, P., 1974, *Histoire du Laos*, Paris, PUF, 128 p.
LEWITZ, S., 1957, "La Toponymie Khmère", *BEFEO*, t. LIII, fasc. 2, pp. 375-451.
LEWITZ, S., 1969, "Note sur la translittération du cambodgien", *BEFEO*, t. LV, pp. 163-169.
LEWITZ, S., 1970, "Textes en khmer moyen", Inscriptions modernes d'Angkor, n° 2 et 3", *BEFEO*, t. LVII, pp. 99-126.
LEWITZ, S., 1972, "Inscriptions modernes d'Angkor n° 1, 8 et 9", *BEFEO*, t. LIX, pp. 101-112; n° 10, 11, 12, 13, 14, 15, 16a, 16b et 16c", *BEFEO*, t. LIX, pp. 221-249.
LEWITZ, S., 1973, "Inscriptions modernes d'Angkor n° 17, 18, 19, 20, 21, 22, 23, 24 et 25, *BEFEO*, t. LX, pp. 163-203; n° 26, 27, 28, 29, 30, 31, 32, 33, *BEFEO*, t. LX, pp. 205-242.
LINGAT, R., 1931, "L'esclavage privé dans le vieux droit siamois", dans Et. soc. ethn. jur. n° 6, Paris, XI + 395 p.
LINGAT, R., 1952-1955, *"Les régimes matrimoniaux du Sud-Est de l'Asie"* Publ. de l'EFEO, Paris, t. I : 176 p., t. II : 195 p.
LOUVET, L. E., 1885, *La Cochinchine religieuse*, Paris, t. I : V + 507 p: t. II : 548 p.
MAK Phœun, 1981, *Chroniques royales du Cambodge, (de 1594 à 1677)*, Publ. de l'EFEO, Paris, 524 p.
MAK Phœun, 1984, *Chroniques royales du Cambodge, (des origines légen-daires jusqu'à Paramaraja 1er)*, Publ. de l'EFEO, Paris, 465 p.
MALALASEKERA, G. P., 1960, *Dictionary of Pali Proper Names*, Luzac & Company LTD Ed., London, vol. I, 1163 p.; vol. II, 1370 p.
MALLERET, L., 1935, "Eléments d'une monographie des anciennes fortifications et citadelles de Saigon", *in : BSEI*, n° 4, pp. 5-108.
MALLERET, L., 1942, "A la recherche de Prei Nokor", *in : BSEI*, n° 2, pp. 19-34.
MALLERET, L., 1946, "La minorité cambodgienne de Cochinchine", *BSEI*, t. XXI, n° s 1-2, pp. 19-34.
MALLERET, L., 1959, 1960, 1962, *L'archéologie du delta du Mékong*, Paris, Publ. de l'EFEO, t. I : XII + 475 p; t. II : 400 p; t. III : 501 p.
MARQUIS, E., 1932, "Oudong, la victorieuse", in *Extrême-Asie*, t. VI, n° 63, pp. 475-481.
MARTIN, M.A., 1971, *Introduction à l'Ethnobotanique du Cambodge*, CNRS Ed.,

Paris, 257 p., 4 fig., 20 planches.
MARTINI, F., 1949, "Histoire de dame Kakey", *FA*, t. IV, n° 37-38, pp. 965-972.
MARTINI, F., 1955, "Organisation du Clergé bouddhique", *in : France-Asie* t. XII, n.s., n° 114-115, pp. 416-424.
MARTINI, F., 1960 "Conditions et méthode de la recherche linguistique dans le Sud-Est Asiatique". Extr. d'une communication faite au Colloque sur les Recherches des Instituts Français de Sciences humaines en Asie, Paris, pp. 83-87.
MASPERO, G., 1904, *L'Empire Khmer*. Histoire et documents; Imp. du Protectorat, Phnom Penh, VII + 115 p.
MASPERO, G., 1915, *Grammaire de la langue khmère (Cambodgien)*, Paris, VIII + 489 p.
MASPERO, G., 1929-30, (publié sous la direction de ...), *Indochine, Un empire colonial français*, Paris, t. I, 357 p; t. II, 304 p.
MASSON, A. 1972, *Histoire du Vietnam*, Paris, 128 p.
MAYBON, Ch., 1920, *Histoire moderne du pays d'Annam, (1592-1820)*, Paris, 424 p.
MAYBON, Ch. B., 1919, "Nguyên Anh, empereur et fondateur de dynastie Gia-Long (1802-1820) dans *Rev. de l'hist. des colonies françaises*, 1er trimestre, pp. 47-126.
MENETRIER, E., 1933, *Le vocabulaire cambodgien dans ses rapports avec le Sanscrit et le Pali*, Phnom Penh, V + 171 p.
MIGOT, A., 1960, *Les Khmers des origines d'Angkor au Cambodge d'aujourd'hui*. Le Livre contemporain, Edit., Paris, 381 p.
MOOR, J. H., 1926, "Cochinchine", *BSEI*, n. s., t. I, pp. 89-102.
MOUHOT, H., 1968, *Voyage dans les Royaumes de Siam, de Cambodge, de Laos et autres parties centrales de l'Indo-Chine*, Paris, VIII + 335 p.
MOURA, J., 1878, *Vocabulaire français-cambodgien et cambodgien-français*, Paris, 235 p.
MOURA, J., 1882, "De Phnom Penh à Pursat en compagnie du roi du Cambodge et de sa cour", *Rev. de l'Extrême- Orient*, n° 1, pp. 84-112; n° 2, pp. 247-310.
MOURA, J., 1883, *Le Royaume du Cambodge*, E. Leroux Ed., Paris, t. I, 518 p. t. II, 481 p.
MULLER, H.P.N., 1917, *De Oast Indische Compagnie in Cambodja en Laos*, Publ. de la Soc. Linschoten, La Haye, vol. XIII, LXVII + 463 p., 1 carte et 3 illustrations.
NEELAKANTA Sarma, 1972, *Textes sanskrits et tamouls de Thailande*, Publ. de l'Institut français d'Indologie, Paris, n° 47, XI + 167 p.
NERSON, R., 1948, "L'abolition de l'esclavage en 1848", *FA*, n° 27, pp. 673-686.
NICOLAS, P., 1900, *Notices sur l'Indo-Chine*, Paris, 320 p.
NOTTON, C., (Traduction de ...), 1926-1932, *Annales du Siam*:
  I. Chroniques de Suvanna Khamdeng, Suvanna K'ôm Kham, Sinhanavati, XXIX + 220 p.
  II. Chronique de La : p'un,
  III. Chronique de Xieng Mai, Paris, Librairie Orientaliste Paul Geuthner.
NOTTON, C., 1939, *Légendes sur le Siam et le Cambodge*, Bangkok, II + 118 p., fig., planches.
NYANATILOKA, 1961, *Vocabulaire bouddhique de termes et doctrines du canon pali*, Paris, 336 p.
OSBORNE, M.E., 1969, *The French Presence in Cochinchina & Cambodia, Rule and Response (1859-1905)*, London, 379 p.
PANNETIER, A. et MENETRIER., E. 1922, "Elements de grammaire cambodgienne appliquée, Phnom-Penh", IV, 263 p.
PAVIE, A., 1882, "Excursion dans le Cambodge et le royaume de Siam" *Excursions*

& *Reconnaissances,* n° 11, pp. 197-212; n° 12, pp. 515-535; n°14, pp. 294-304.
PAVIE, A., 1898, *Mission Pavie, Indochine (1879-1895), Etudes diverses,* vol. II, Recherches sur l'histoire du Cambodge du Laos et du Siam, E. Leroux, Ed. Paris, 449 p., fig., cartes, 70 planches d'inscription.
PELLIOT, P., 1914, "Deux missionnaires portugais en 1564 ou 1570 avaient découvert Angkor", *in : JA,* II° série, juill-août, t. IV, pp. 196-204.
PELLIOT, P., (Traduits et annotés, par...), 1951, *Mémoires sur les Coutumes du Cambodge de Tchéou-Ta-Kouan,* A. Maisonneuve Ed. Paris, 178 p.
PERI, N., 1923, *"Essai sur les relations du Japon et de l'Indochine aux XVIe et XVIIe siècles",* in : BEFEO, t. XXIII, pp. 1-136.
PETITHUGUENIN, P., 1916, "Notes critiques pour servir à l'histoire du Siam", *in : BEFEO,* t. XVI, fasc. 3, pp. 1-21.
PIANET, J., 1928, "Histoire de la Mission du Cambodge", *in : Bull. de la Soc. des Missions Etrangères de Paris,* Hong Kong, n° 83, pp. 657-660.
PIAT, M., 1974, "Chroniques Royales Khmer", *in : BSEI,* n.s. t. XLIX, n° 1, 1er trimestre, pp. 35-144 avec 2 illustrations; t. XLIX, 4° trimestre, pp. 859-893.
PINIT POUVADOL, 1966, *L'influence khmère dans la littérature siamoise du XIII° au XVIII° siècles.* Thèse pour le Doctorat d'Université. Faculté des Lettres et Sciences humaines de Paris, ronéotypée, 195 p.
POREE MASPERO, E., 1958, *Cérémonies privées des Cambodgiens,* Phnom Penh, 81 p.
POREE MASPERO, E., 1960, "Le Cycle des douze animaux dans la vie des Cambodgiens", *in : BEFEO,* t. L, fasc. 2, pp. 311-366.
POREE MASPERO, E., 1961, "Traditions orales de Pursat et de Kampot", *in : Artibus Asiae,* Felicitation volume presented to professor George CŒDES on the occasion of his seventy-fifth birthday, vol. XXIV, fasc. 3/4, pp. 394-398.
POREE MASPERO, E., 1962, 1964, 1969, *Etude sur les rites agraires des Cambodgiens,* Mouton Ed., Paris, t. I, 282 p., t. II, 268 p., t. III, 409 p., 4 cartes.
POREE MASPERO, E., 1969, *La vie du paysan khmer,* Phnom Penh, 102 p.
POREE MASPERO, E., (s.d.), *Cérémonies des douze mois,* Phnom Penh, 84 p.
POZNER, P., 1980, "Le problème des chroniques vietnamiennes, origine et influences étrangères, in, *BEFEO,* t. LXVII, pp. 275-302. Présence du Cambodge, *FA,* numéro spéciale, n° 114-115, nov-déc. 1955, Saïgon, pp. 317-559.
RHYS DAVIDS, T.W. et WILLIAM, S., 1972, *The Pali text society's Pali-English dictionary,* The Pali text Society Ed., London, XV + 738 p.
ROBERT, P., 1972, *Dictionnaire alphabétique et analogique de la langue française,* Société du Nouveau Littré Ed., Paris, XXXII + 1971 p.
ROLLIN, V., 1968, *Histoire de la mission du Cambodge (1555-1967),* Phnom Penh, dactylographiée, fasc. 1, 73 p.; fasc. 2, 51 p.
SAHAI, S., 1970, *Les institutions politiques et l'organisation administrative du Cambodge ancien,* (VIè-XIIIè siècles), Publ. de l'EFEO, 183 p.
SAN JANUARIO, Vicomte de, 1907, "Documents sur les missions portugaises au Cambodge et en Cochinchine", *in : RI,* 15 juin, pp. 747-753.
SILVESTRE, J., 1880, "Rapport sur l'esclavage", *Excursions & Reconnaissances,* Saïgon, n° 4, pp. 95-147.
SILVESTRE, J., 1889, *L'Empire d'Annam et le peuple annamite,* Paris, 380 p.
SILVESTRE, J., 1915, "L'insurrection de Gia Dinh, la révolte de Khôi (1832-1834)", *R.I,* t. XXIV, pp. 1-37.
SILVESTRE, A., 1924, *Le Cambodge administratif.* Phnom Penh, 624 p.
STCHOUPAK, N., NITTI, L. et RENOU, L., 1972, *Dictionnaire Sanskrit-Français,* A. Maisonneuve Ed., Paris, 897 p.

TABOULET, G., 1955, *La geste française en Indochine*, Paris, t. I : 424 p.; t. II : pp. 429-935.
TANDART, S., 1910-1911, *Dictionnaire Français-Cambodgien*, Hong Kong, 1ère partie : 4 ff. n.n. + 1104 p.; 2ème partie, 1135 + 2 ff.n.n.
TANDART, S., 1935, *Dictionnaire Cambodgien-Français*, Imprimerie A. Portail, Phnom Penh, 2 vol., VI + 2468 p.
TATSUO HOSHINO, 1986, *Pour une histoire médiévale du Moyen Mékong* Bangkok, 283 p.
THIERRY, S., 1959, "La personne sacrée du roi dans la littérature populaire cambodgienne", Studies in the history of religions. Leiden, pp. 219-230.
THIERRY, S., 1963, "Les danses sacrées au Cambodge", *Sources orientales*, Paris, pp. 345-373.
THIERRY, S., 1964, *Les Khmers*, Paris, 190 p.
THIERRY, S., 1964-1965. "Contribution à une étude de la société cambodgienne", *Rev. de la Sté d'Ethnographie*, Paris, pp. 50-71.
THIERRY, S., 1969, "Le bétel". I. *Inde et Asie du Sud-Est*, Paris, Catalogue du Musé de l'Homme, 304 p.
THIERRY, S., 1971, "Un objet rituel cambodgien, le "popil", *Objets et Mondes*, 1971, t. XI, fasc. 4, pp. 339-354.
THIERRY, S., 1977, *Etude d'un corpus de contes cambodgiens traditionnels*, Paris, 1978, 553 p.
THIOUNN, 1907, "Cérémonial cambodgien concernant la prise de fonctions des mandarins nouvellement promus", *RI*, 31 janvier pp. 71-75.
THIOUNN, S-E., 1921-1923, "Prah Khan, (l'épée sacrée du Cambodge)", *Art, Archéologie Khmers*, t. I, pp. 59-63.
TRAN Van Hanh, 1904, "Inscription de la montagne de Vinh-Té (Châu-dôc)", BSEI, n° 48, pp. 20-45.
TRUONG VINH-KY, J.B., 1875-1877, *Cours d'histoire annamite à l'usage des écoles de la Basse Cochinchine*, Saïgon, vol. I : 184 p.; vol. II, 278 p.
TRUONG VINH-KY, 1885, "Souvenirs historiques sur Saïgon et ses environs", in : *Excursions et Reconnaissances*, Saigon, t. X, pp. 5-32.
VAULX, B. de, 1951, *Histoire des missions catholiques françaises*, Paris, 553 p.
VILLA, M., 1940, "La révolte et la guerre des Tay Son d'après les Franciscains Espagnols de Cochinchine", *BSEI*, t. XV, 1940, fasc. 3-4, pp. 65-106.
VILLEMEREUIL, A.B. de, 1875, *Doudart de Lagrée*, Paris, 2° édit., 62 p.
VILLEMEREUIL, A.B. de, 1883, *Explorations et Missions de Doudart de Lagrée*, Paris, XCIV + 684 p.
WALES, H.G.Q., 1931, *Siamese state ceremonies, their history and function*, Bernard Quaritch, London, XIV + 326 p. et XLV planches.
WALPOLA, R., 1961, *L'enseignement du Bouddha*, Paris, Seuil, 199 p.
WINKEL, Dr., 1882, "Les relations de la Hollande avec le Cambodge et la Cochinchine au XVII° siècle", in : *Excursions et Reconnaissances*, n° 12, pp. 492-514.
WOLTERS, O.W., 1966, "The Khmer King at Basan (1371-3) and the restoration of the Cambodian chronology during the fourteenth and fifteenth Centuries", in : *Asia Major*, n.s., vol. XII, part I, pp. 44-89.
WOOD, W.A.R., 1959, *A history of Siam*, Chalermnit Bookshop, Bangkok, 273 p. et 27 dessins.
WUSTHOF, G.V., 1871, "Voyage lointain aux royaumes du Cambodge et Laouwen par les Néerlandais et ce qui s'y passé jusqu'en 1644", in : *Bull. de la Société de Géograhie*, sept-oct., pp. 249-289.

X., 1906, "Monographie de la province du Pursat", *in : Géographie physique, économique et historique du Royaume du Cambodge,* Publ. de la Société des Etudes Indochinoises, Saïgon, fasc. I, 65 p. et 4 tables.

X., 1966, *Résultats finals du recensement général de la population en 1962,* Publ. de l'Institut National de la Statistique et des Recherches économiques, Phnom Penh, 885 p.

X., (s.d.), *Musique du Cambodge,* Direction du Tourisme khmer, Phnom Penh, 35 p.

訳者参考文献

Ⅰ) 19世紀前半の『王朝年代記』
1) *Preah Reach Pongsavadar.*(カンボジア語写本) タイ国立図書館蔵
2) *Phong Sawadan Kamen.*(タイ語訳本) タイ国立図書館蔵
3) De Lagrēe, E.D., *Chronique Royal du Cambodge*,〔A.B.de Villemereuil, Expoloration et Missions de Doudart de Lagrēe, Paris, 1883〕
4) Garnier, F., Chronique Royal du Cambodge, *Journal Asiatique*. oct-dec.1871, p.336-85 aout-sept. 1872, p.112-44.

Ⅱ) 19世紀後半の『王朝年代記』
1) Moura, J., "Pali Chronicle"〔*Le Royaume du Cambodge*, t.ll, Paris, 1883〕
2) Nupparat: *Preah Reach Ponsavardar*, 1877.(ノッパラット王子-[アンドゥン王の王子-] 著『王朝年代記』1878)
（カンボジア語原本は1983年にタイ国文化省芸術局ニコム・ムシカガマ局長に依頼して、訳者がタイ国立図書館より全冊のコピーを入手）

Ⅲ) 20世紀初めの『王朝年代記』
Vāmṅ Juon, Preah Reach Pongsavadar Maha Khsat Khmer Krong Kampuchea Thipadei.(カンボジア語写本2冊)

Ⅳ) 欧文による論文等
1) Bongert, Y.: Note sur L'ésclavage en droit khmer ancien, *Etudes d'Histoire du Droit Privé Offertes à P. Pétot*. Paris. 1959. pp.7-26.
2) Vickrey, Michael: *Cambodia after Angkor, the Chroniqular Evidence for the Fourteenth to Sixteenth Centuries*, 2 vols., thesis of Ph.D., Yale Univ. 1977.
3) Channvitkasetsiri: *Discovering Ayutthaya*, Bankok. 2003.（吉川利治訳『アユタヤ』タイ国トヨタ財団. 2007.）
4) Gervaise, N., *Histoire Naturelle et Politique du Royaume de Siam*, Paris, 1688.

Ⅴ) 阮氏関係史料
1) 鄭懷徳撰『嘉定城通志』全6巻. 明命年間(1820～41) 撰.
2) 『大南寔録前編』全1-14巻. 1961-1977. 慶応義塾大学言語学研究所.
3) 『大南正編列傳初集』巻之三十一. 外国伝一「高蠻」.

Ⅵ) 日本における『カンボジア王朝年代記』関係文献
1) 久光由美子「17世紀におけるカンボジアと阮氏ヴェトナムの接触について―カンボジア年代記を中心として」『南島史学』第6号. 1975. pp. 26-39.
2) 久光由美子「カンボジア・ソル王(1675-1715年在位) 時代の国際関係」『御茶の水史学』19号. 1975. pp. 20-38.
3) 吉川利治「19世紀前半カンボジア支配をめぐるタイ・ヴェトナム関係」『アジア経済』第16巻第99号. 1975. pp. 68-75.
4) 久光由美子「カンボジア年代記における建国説話」『お茶の水大学人文科学研究要』第30巻.

1977. pp. 35-47.
5) 北川香子「ポスト・アンコール期カンボジアの諸タイトルについて」『東南アジア—歴史と文化』No. 23. 1994.
6) 岩生成一『南洋日本人町の研究』岩波書店. 1995.
7) グロリエ、ベルナール・P.『西洋からみたアンコール—水利都市アンコールの繁栄と没落』(石澤良昭・中島節子訳) 連合出版. 1997年.
8) 遠藤正之「十五〜十六世紀におけるチャム人の移住と活動に関する一考察—カンボジアの事例を中心として—」『史苑』第63巻第1号. 立教大学史学会. 2002. pp.42-74
9) 北川香子「カンボジアの王朝年代記」岩波講座『東南アジア史』別巻. 2003. pp.129-132
10) 北川香子『カンボジア史再考』連合出版. 2006年.
11) 『カンボジア王の年代記』(坂本恭章訳、上田広美編) 明石書店. 2006.
12) 吉川利治「スコータイに対するクメールの影響—遺跡と刻文に関する分析」『タイ政治史・文化史論集』大阪大学言語文化研究科タイ語部会. 2012年. pp.148-174
13) 石澤良昭「西欧来航者が語る、ポスト・アンコール史(15〜19世紀)—歴史仮説の構築作業から—」『佛教藝術』337号. 仏教芸術学会(毎日新聞社). 2014年) pp.11-35
14) 北川香子「ヨーロッパの船が河を遡ってきた頃—17世紀カンボジア史再考」『南方文化』(天理南方文化研究会) 第41輯(2015年) pp.37-75
15) ブイユヴォー『カンボジア旅行記』(北川香子訳) 連合出版. 2007.

Ⅵ) タイ・ラオス・ベトナム関連
1) 石井米雄・桜井由躬雄編『東南アジア史Ⅰ大陸部』山川出版社. 1999.
2) パーリ学仏教文化学会上座仏教事典編集委員会編『上座仏教事典』めこん. 2016.
3) レ・タン・コイ『東南アジア史』(石澤良昭訳) 白水社. 1985.
4) 柿崎一郎『タイの基礎知識』めこん. 2016.
5) 日本タイ学会編『タイ事典』めこん. 2009.
6) 古田元夫『ベトナムの基礎知識』めこん. 2017.
7) 山田紀彦『ラオスの基礎知識』めこん. 2018.

キン・ソック博士について

　著者キン・ソック博士（Khin Sok）はカンボジア・カンダル州生まれ（1942年–2011年）。プノンペン王立芸術大学卒業、国立プノンペン大学助手（歴史学）。1973年からパリ第6大学東洋語文明研究所（もともとのラングゾー）のカンボジア語学科講師。

　キン・ソック博士は、かねてからカンボジア『王朝年代記』の研究に取り組み、同僚のカンボジア人マック・プン博士と手分けして、パリの各図書館・研究所等が所蔵する数種の王朝年代記の版本を渉猟し、クメール人歴史家として初めて本格的な『王朝年代記』版本の比較検討および校訂作業を開始した。

　これまでの「アンコール都城陥落後（1431年）」のカンボジア中世史・近世史は断片的で、年代が不正確だった。この2人の歴史家は各種版本を使いながら史料批判を行ない、その成果として正しい歴史年代を確定した。そして、キン・ソック博士は『カンボジア王朝年代記（ポニェ・ヤート王からロンヴェーク王都陥落まで）1417-1595』の原稿をフランス語に訳出し、学位論文としてパリ第6大学へ提出し、博士学位を取得した。同書は1988年にフランス極東学院の出版物（1988年）として刊行された。

　同博士は、特に比較校訂によりの版本正誤を確かめ、史実を検討しながら史料批判と地道な校訂作業に取り組み、マック・プン博士と共同でクメール人として新しい「ポスト・アンコール史（1431年–1860年）」の正しい年代を確立した。この校訂作業および史実の再確認は、これまで誰も成し遂げられなかった偉業であり、カンボジア民族にとって面目躍如の学術的成果だった。

　著者は、なかなかの愛国者で、カンボジア民族の存在（レゾンデイトル）を、そして両隣国タイとベトナムに対して、史実の歴史的意味あいを問いかけ、これまでの東南アジア大陸部の歴史展開をカンボジア人の立場から主張している。そして、「力が正義」の中世史・近世史を批判し、こうした3ヵ国関係史とその史実をクメール人として世界世論に投げかけている。その後も『王朝年代記』関係の版本研究から出発した史実の確認・研究を継続した。本書は学位論文の成果の続編にあたる。

　両博士の校訂によりこれまでのポスト・アンコールの歴史の年代が確定し、間違いだらけの中世・近世史が正しく校訂された。東南アジア史研究にとって、何よりの成果である。

　　　　　　　　　　　　　　　　　　　　　　　　　　　　（石澤良昭）

本書の刊行を心から喜びたい―あとがきに代えて―

　カンボジア王国の中世・近世の新しい歴史再発見と史実の確認は、クメール人2人の歴史学者キン・ソック博士とマック・プン博士の手により上梓されたことを何よりも喜びたい。

　キン・ソック博士は上智大学主催の2010年3月開催の国際シンポジウム「文化遺産教育戦略に資する国際連携の推進―熱帯アジアにおける保存官研究所の国際教育プログラム」のために来日され、基調講演をいただいた。2011年にご逝去されたキン・ソック博士のご冥福をお祈りいたしたい。

　アンコール都城以後（1431年）のカンボジアの歴史は、これまでまとまった良質な研究書はありませんでした。キン・ソック博士およびマック・プン博士は、カンボジア『王朝年代記』の各版本を検証し、徹底的に史料批判を重ね、歴史の再構築を試みた最初のクメール人学者でありました。

　本書の訳出にあたり、ベトナムの歴史については古田元夫先生、中野亜里先生、ラオスの歴史については菊池陽子先生、インドネシアの歴史については押川典昭先生にご教示いただいた。ここに両先生に御礼申しあげたい。

　また、本書のベトナム語地名等発音はベトナム人の森スアン氏、カンボジア語とタイ語の発音についてはカンボジア人のニム・ソティーヴン氏がチェックくださり、ご両人に謝意を申しあげたい。両人とも上智大学大学院で博士号の学位を取得されました逸材であります。そして、人名・地名・役職・肩書き等の語句の統一と校正をお手伝いくださったのは、本センターの隅節子さん、中井奈穂美さん、吉田桃子さんで、ここに厚く御礼申しあげます。

　本書はトヨタ財団の「隣人を知ろうプロジェクト」の成果であり、改めて公益財団トヨタ財団に御礼を申しあげたい。刊行までに時間がかかり、その間も激励くださり、辛抱強く待ってくださった、めこん（株）社長　桑原晨様に心から御礼申しあげたい。

石澤良昭

索引

「　」の州名は現在のもの。（　）の年号は王の在位を示す。

ア

アー・アッケマヘセイ　Ar-akkâmâchésey　「卓越した第1王女」……272
アーサート　Asath　「カンボジア暦6～7月」……24, 201
アーソッチ　Asoch　「カンボジア暦9～10月」……24, 136, 202, 310, 365
アーチニャ・ルォン　Achña Luong　「王の使節」……319, 320, 324
アーチャー　Achar　「宗教・儀礼担当者」……145, 146, 203, 204
アーチャー・テァン　Achar Tieng　「蜂起の指導者」……145, 146
アーニャ・シト　Aña Sith　「聖剣」……307
アーマート　Amat　「高位の近習」……253
アタプー　Attapeu　「ラオス南部」……382
アッカリァチ・テイ　Akaréach Tei　「高官」……104, 114, 172
アッカリァチ・プル　Akaréach Pol　「高官」……56
アピセーク　Abhisêk　「戴冠式」……255
アティヴォンサ・ポック　→　ポック
アドラン教区　Adran　「キリスト教の布教区域」……61, 69, 75, 88
アノチ・チェト王女　Anoch Chéat……247
アパイティベス・ベン　→　ベン
アユタヤ　Ayuthya　「タイ」……32, 33, 34, 35, 36, 37, 38, 39, 41, 42, 43, 44, 46, 49, 50, 51, 57, 66, 81, 87, 224, 261, 307
アランソン　Alençon　「フランス」……12, 15, 269, 292, 314, 315, 317
アレイクサット　Areikhsat　「ロヴェーエムの寺院」……42
アン・イム王子　Ang Im　「アン・チャン王の弟」……5, 88, 102, 108, 111, 112, 114, 120, 121, 128, 131, 135, 136, 137, 138, 139, 144, 145, 147, 158, 182, 183, 188, 262, 267, 354, 386
アン・イム王（1700-1701, 1714-1722, 1729）　Ang Im……47, 48
アン・イム王（スレイ・トマ・リァチャ3世）（1747-1748）　Ang Im / Srei Thomma Réachéa III……48, 49
アン・ヴォデイー王女　Ang Vodei……44, 45
アン・エイ王女（アン・エイ・クサットレイ）　Ang Ei / Ang Ei Ksatrei……56, 63, 72, 100, 101, 247, 274, 386
アン・エン王（1794-1796）　Ang Eng……56, 57, 62, 63, 65, 66, 69, 72, 73, 80, 82, 84, 85, 86, 87, 88, 89, 90, 91, 92, 93, 94, 95, 97, 99, 100, 101, 103, 126, 146, 158, 182, 247, 263, 274, 377, 386
アン・スグォン王（アン・スグォン・チェイ・チェター）（1749-1755）　Ang Snguon / Ang Snguon Chey Chetha　「アン・イム王の弟」……49, 51, 263

索引

アン・スグォン王子　Ang Snguon「アン・チャン王の弟」……88, 102, 105, 108, 109, 110, 111, 112, 113, 179, 182, 183, 386
アン・スグォン王女　Ang Snguon……128, 130, 131, 139, 387
アン・スレイ・ティダ王女　Ang Srei Thida……246, 247
アン・ソー・ウテイ・リァチャ王子　Ang Saur Outey Réachéa……264
アン・ソー・チェイ・チェスダ王（1675-1695, 1696-1700, 1701-1702, 1705-1706）　Ang Saur Chey Chésda……12, 47, 48, 52, 130, 191, 235, 246, 247, 248, 262, 267
アン・ソー・ボロム・リァチャ9世王（1656-1670）　Ang Saur Borom Réachéa ix……45, 46, 47, 246, 249, 267
アン・タォン　Ang Tân「プリァッ・ウテイの息子。アン・ソー王の弟」……45, 46, 47
アン・タォン・ウテイ・ソリョーヴォン　Ang Tân Outey Soriyovong「ウテイ・リァチャ1世の息子」……263
アン・タォン王（ウテイ・リァチャ2世）（1695）　Ang Tân / Outey Réaché II……262
アン・タォン王（ウテイ・リァチャ3世）（ノリアイ・リァチャ2世）（1758-1775）　Ang Tân / Outey Réaché III / Noréay Réachéa II……22, 49, 50, 51, 52, 53, 55, 56, 57, 58, 59, 60, 62, 63, 64, 92, 247, 264, 274, 386
アン・タォン・リアムメァ・ティパディー王　→　アン・トン王
アン・チャン王（ボロム・リァチャ3世）（1529-1567）　Angk Chant（Borom Réachéa III）……34, 35, 36, 51, 245, 247
アン・チャン王（1806-1834）　Ang Chan……4, 5, 6, 7, 8, 9, 88, 93, 94, 96, 97, 98, 100, 101, 102, 103, 104, 105, 106, 107, 108, 109, 110, 111, 112, 113, 114, 115, 116, 117, 119, 120, 121, 122, 125, 126, 130, 131, 135, 146, 166, 167, 168, 169, 170, 171, 172, 173, 174, 177, 178, 179, 180, 181, 182, 183, 186, 204, 217, 244, 275, 320, 355, 379, 386
アン・チャン・ボトム・リァチャ　Ang Chan Botum Réachéa「スレイ・トマ・リァチャ2世の息子」……267, 268
アン・チョウ　Ang Chéou「チェイ・チェター2世王の王妃（ベトナム人）。グエン朝から降嫁」……42, 43, 46, 275
アン・チ王（1672-1675）　Ang Chi……47, 247, 268
アン・チ王（1722-1729, 1729-1737）　Ang Chi……48, 49
アン・トァム王子　Ang Thoam……55, 56, 60, 69, 264
アン・ドゥン王子　Ang Duong「スレイ・トマ・リァチャ2世の息子」……268
アン・ドゥン王（1843-1860）　Ang Duong……7, 8, 9, 10, 11, 12, 16, 59, 108, 111, 112, 114, 121, 128, 131, 135, 136, 138, 139, 142, 143, 145, 146, 147, 148, 149, 150, 151, 152, 153, 154, 155, 156, 157, 158, 159, 160, 161, 187, 188, 189, 190, 191, 192, 193, 194, 195, 196, 197, 198, 199, 200, 201, 203, 205, 206, 209, 210, 212, 213, 214, 215, 216, 217, 218, 219, 220, 221, 222, 223, 224, 225, 226, 227, 228, 229, 230, 231, 232, 233, 234, 235, 236, 237, 239, 246, 259, 265, 266, 267, 268, 273, 274, 276, 279, 280, 281, 282, 287, 307, 313, 320, 326, 336, 337, 350, 355, 356, 360, 369, 371, 372, 373, 375, 380, 386
アン・トン・リァチャ王　→　ポニェ・ヌー・アン・トン・リァチャ王
アン・トン王（アン・タォン・リアムメァ・ティパディー2世）（1748-1749, 1756-1757）　Ang

Tong / Ang Tân Réaméa Thipadei II……48, 49, 54, 264
アン・ノン王（プリァッ・リァム・リァチァ）(1775-1779)　Ang Non / Preah Réam Réachéa……50, 53, 55, 56, 57, 58, 59, 60, 61, 62, 63, 64, 65, 68, 69, 78, 320
アン・ノン王（ボトム・リァチァ 1 世）(1636-1638)　Ang Non（Botum Réachéa I）……45, 248, 249, 267
アン・ノン・ボトム・リァチァ　Ang Non Botum Réachéa　「ウテイ・リァチァ王の甥」……263
アン・ピム王子　Ang Phim / Ang Bhim　「アン・エン王の息子」……88, 386
アン・ピム王子　Ang Phim / Ang Bhim　「アン・イム王の息子」……158, 188
アン・ヒン王子　Ang Hing……50
アン・ペーン王女　Ang Pèn　「アン・チャン王の娘」……128, 129, 130, 131, 139, 140, 275, 387
アン・ポウ王女　Ang Peou　「アン・トォン王の娘」……56, 72, 101, 128, 130, 139, 247, 386
アン・ポー　An Phou　「ベトナム人将軍」……137, 143, 144, 173, 174
アン・メイ女王 (1835-1847)　Ang Mei……10, 11, 126, 128, 129, 130, 131, 135, 138, 139, 140, 146, 147, 162, 164, 165, 174, 185, 189, 245, 246, 387
アン・メン王女　Ang Meñ　「アン・トォン王の娘」……56, 63, 72, 101, 126, 247, 386
アン・ヨン王子　Ang Yâng……47
アン・ケー高原　An-Khê　「ベトナム」……53
アンコール　Angkor……1, 4, 21, 22, 31, 32, 35, 37, 38, 39, 44, 91, 194, 197, 246, 248, 249, 259, 263, 265, 274, 275, 290, 296, 297, 302, 307, 308, 309, 312, 313, 321, 339, 340, 342, 345, 346, 358, 377, 378, 379, 381, 383, 384, 385
アンザン　An Giang　「ベトナム」……167
アンチン　Anching　「貨幣」……25
アントン・ロワ（アントニョ・ルイス）　Antôn Loi / Antonio Louis「ポルトガル人」……76
アンナム　Annam　「フランス領インドシナのベトナム南部」……42, 43, 46, 47, 49, 50, 51, 53, 54, 59, 61, 64, 65, 68, 75, 81, 87, 95, 96, 97, 98, 99, 108, 111, 121, 128, 129, 135, 138, 146, 154, 158, 165, 168, 172, 181, 184, 185, 190, 226, 228, 288, 332, 366, 370, 371, 372, 380
アンナム・サヤム・ユト　Annam Sayam Yuth　「地誌」……124
アンロン・リァチ　Anlong Réach　「コンポン・チュナン州」……317, 327, 328, 329
イサラッ・サンダラ　Isara Sundara　「イッサラストーン王子。後のラーマ 2 世」……102
ヴェアン・チャス　Veang Chas「ウードンの寺院、旧王宮」……93, 101, 372
ヴェアン・チョウン　Veang Thiounn　「『大カンプチア国王朝年代記』の作者」……4, 31, 34, 35, 37, 39, 53, 80, 126, 153, 155, 156, 158, 162, 166, 188, 192, 274, 276, 354, 355
ヴェアン・ナ → オパラチ・ヴェアン・ナ
ウードン　Oudong……5, 12, 31, 35, 40, 43, 45, 46, 47, 48, 49, 50, 55, 56, 58, 60, 61, 62, 63, 64, 65, 70, 71, 72, 73, 76, 78, 79, 82, 84, 85, 86, 87, 93, 94, 95, 96, 98, 100, 101, 102, 103, 106, 107, 108, 109, 111, 112, 113, 114, 120, 121, 122, 126, 129, 130, 135, 136, 144, 148, 152, 153, 154, 155, 156, 158, 159, 160, 161, 162, 164, 177, 179, 180, 182, 183, 187, 189, 194, 196, 197, 198, 199, 200, 203, 206, 207, 208, 210, 212, 215, 216, 219, 222, 225, 226, 227, 228, 229, 230, 232, 237, 239, 246, 259, 309, 320, 337, 356, 367, 371, 372, 375, 377, 378, 381

索引

ウー王女　Ou　「アン・ドゥン王の娘」……282, 287
ウテイ・リァチァ王（アン・チャン）(1806-1834)　Outey Réachéa……135
ウテイ・リァチァ1世王 (1626-1627)　Outey Réachéa I……41, 42, 248, 249, 263
ウテイ・リァチァ3世（アン・トォン）王 (1758-1775)　Outey Réachéa III……22
ウボン　Oubon　「東北タイのウボンラーチャターニー」……383, 384
エイ　→　オクニャ・エイ
エイセイ・スレイ・リァチ　Eisei Srey Réach　「最高位の苦行僧」……290
エイセイ・プーティバディー　Eisei Phoathipadei　「バクー長」……293
エイトコムノァップ　Eyt Kômnéap　「礼義知らず」……348
エーカトサロット王　Ekatosaroat　「エーカートッサロット王。アユタヤ朝第21代の王(1605-1610)」……42
エク、トー、トレイ、チェトヴァ　êk, to, trei, chatva　「1、2、3、4」……268, 299, 312
エストレス神父　Hestrest……210, 216, 219, 228, 229, 230, 231, 232, 236
エモニエ　Aymoniyer (E.)　「フランス人の植民地官吏」……18, 19, 20, 86, 91, 99, 192, 291, 295, 325, 326, 328, 341, 342, 346, 350, 356, 359, 360, 376
エンビエン塔　Iên Bien　「ベトナム人がプノンペンに建立した仏塔」……186
オーク　Ouk　「大僧正」……160
オーソレイユ神父　Aussoleil……229
オーチュン　Orchun　「地方長官」……378
オク　Ak　「官女の目付役」……279
オク・イァイ・チャッス・トム　Ak Yéay Chas Tum　「官女の目付役」……278
オクニャ・アー・チョウン　Okña Ar Choun　「地方長官」……315
オクニャ・アッカリァチ　Okña Akkearéach　「高官」……112
オクニャ・アティカ・ヴォンサ・ケオ　Okña Adhika Vongsa Kêv　「高官」……109
オクニャ・アティチャ・ケーム・ヴォァン　Okña Aticha Kéam Voan　「地方長官」……315
オクニャ・アティパティー・セナ　Okña Athipadei Séna　「皇太后家の高官長」……271, 317
オクニャ・アヌリァックテァニ　Okña Anureakthéani　「オパラチ家の高官」……271
オクニャ・アランニャ・サォンクリァム　Okña Arañña Sângkréam　「地方長官」……316
オクニャ・イサラッ・アッケリァチ　Okña Issara Akkearéach　「高官」……228
オクニャ・イサラッ・サクダ　Okña Issara Sakda　「高官」……316
オクニャ・イサラッ・ノリァック　Okña Issara Noreak　「王室内務局長官」……316
オクニャ・ヴィボルリァチ　Okña Vibol Reach　「海軍大臣」……317, 329, 386
オクニャ・ヴィボルリァチ・エク　Okña Vibol Reach Ek　「高官」……88
オクニャ・ヴィボルリァチ・スー　→　スー
オクニャ・ヴィボルリァチ・ベン　Okña Vibolréach Bén　「アパイティベス・ベンの息子」……102
オクニャ・ヴィボルリァチ・ロン　Okña Vibol Réach Long　「高官」……142
オクニャ・ヴェアン　Okña Veang　「官務および財務大臣」……8, 17, 57, 63, 95, 173, 307, 315
オクニャ・ヴェアン・スース　Okña Veang Suos　「高官」……88
オクニャ・ヴェアン・トン　Okña Veang Tun　「高官」……173

オクニャ・ヴェァン・ノン（ノリントリャティパディー・ノン）　Okña Veang Nong / Norintréathipadei Nong　「高官。ブラック夫人の夫。コンポン・スワイの反乱の首謀者」……7, 8, 9, 121, 134, 166, 173, 174, 175, 320
オクニャ・ヴェァン・ロン　Okña Veang Long　「高官」……95
オクニャ・ヴォンサー・アッケリァチ　Okña Vongsa Akkea Réach　「司法大臣」……271, 316
オクニャ・ヴォンサー・アッケリァチ・プリァプ　Okña Vongsa Akkeréach Préap　「高官」……150
オクニャ・ヴォンサー・アナチト　Okña Vongsa ânachit　「地方長官」……314
オクニャ・ヴォンサー・ウテイ　Okña Vongsa Outey　「地方長官」……317
オクニャ・ヴォンサー・サムサク　Okña Vongsa Sâmsak　「地方長官」……317
オクニャ・ヴォンサー・サングリァムティパディー　Okña Vongsa Sângréamthipadei　「地方長官」……315
オクニャ・ヴォンサー・ヌレク　Okña Vongsa Nurak　「司法大臣」……271, 317
オクニャ・ヴォンサー・プートー　Okña Vongsa Phouthor　「地方長官」……316
オクニャ・ヴォンサー・モントレイ　Okña Vongsa Montrei　「地方長官」……316
オクニャ・ヴォンサーティパディー　Okña Vongsa Thipadei　「高官」……335
オクニャ・ヴォンサーティパディー・スレイ　Okña Vongsathipadei Srei　「王宮などを建立する宮大工」……150
オクニャ・ヴォンサーティパディー・ソク　Okña Vongsa Thipadei Sok　「高官」……318
オクニャ・ウタラ・ポケイ　Okña Uttala Phokey　「中国人を担当する役人」……196
オクニャ・ウテイ・セナ　Okña Outey Séna　「地方長官」……315
オクニャ・ウテイティリァチ　Okña Outeythiréach　「地方長官」……316
オクニャ・ウテイティリァチ・ヒン　Okña Outeythiréach Hing　「サムロントンの地方長官」……140
オクニャ・ウドン・ポキァ　Okña Oudong Phokéa　「中国人を担当する役人」……196
オクニャ・エイ　Okña Ei　「高官」……8, 174, 175
オクニャ・エイ・ソー・メトレイ　Okña Ei Saur Métrei　「地方長官」……317
オクニャ・エカリァチ　Okña Ekarach / Okña Ekkarach　「司法大臣」……179, 271, 317
オクニャ・エンテョー・ヴィチェイ・デチョ　Okña Inthor Vichey Dêch　「地方長官」……315
オクニャ・カロン・ヴィチェイ　Okña Karong Vichey　「騎兵隊責任者」……309
オクニャ・クセトラティパディー・メァス　Okña Khsétrathipadei Méas　「高官」……119
オクニャ・クチェン・ネァヨク・メイ　Okña Kuchén Néayok Mei　「高官」……119
オクニャ・クロラホム　Okña Krâlahom　「海軍大臣」……17, 63, 149, 151, 216, 271, 307
オクニャ・クロラホム・モク　Okña Krâlahom Mok　「バッダンボーン州ピェム・ミァン・チェイ砦の責任者」……151
オクニャ・サォントップ・モントレイ　Okña Satup Montrei　「地方長官」……314
オクニャ・サテァラナカー　Okña Sathéaranakar　「高官」……190
オクニャ・スース → チャックレイ・スース
オクニャ・スールケロク　Okña Suorkealok　「地方長官」……114, 142, 189, 316, 320
オクニャ・スールケロク・カォス　Okña Suorkealok Kâs　「ポーサット州の長官」……114,

索引

189, 320
オクニャ・スールケロク・モク　Okña Suorkealok Mok　「ポーサット州の長官」……142
オクニャ・スネハーヌレク　Okña Snêhanurak　「地方長官」……315
オクニャ・スレイ・ソティプヴェアン　Okña Srei Sotipphvéang　「王宮大臣」……271, 317
オクニャ・スレイ・トーベス・リァチャ　Okña Srei Thoubès Réachéa　「高官」……335
オクニャ・スレイ・トメァティリァチ　Okña Srei Thomméathiréach　「王宮大臣」……271, 316, 317
オクニャ・スレン・サォンクリァム　Okña Srên Sâng kréam　「地方長官」……316
オクニャ・スレン・セナ・リティ　Okña Srên Sêna Rithi　「地方長官」……316
オクニャ・スレンティパディ　Okña Srênthipadi　「地方長官」……316
オクニャ・セナ・サォンクリァム　Okña Séna Sângkréam　「地方長官」……315
オクニャ・セナ・チュンナバォト　Okña Séna Chonabât　「地方長官」……315
オクニャ・セナ・メトレイ　Okña Sêna Métrei　「地方長官」……317
オクニャ・セン・カンヴァ　Okña Sên Khangva　「地方長官」……314
オクニャ・ソワット・トロァプイァ　Okña Sovat Troabhyéa　「中国人を担当する役人」……196
オクニャ・タベス・サォンクリァム　Okña Thbès Sângkréam　「地方長官」……316
オクニャ・ダロン・サォンクリァム　Okña Darong Sângkréam　「地方長官」……317
オクニャ・チェイ・ヨテァ　Okña Chey Yothéa　「地方長官」……315
オクニャ・チェイヨー・サンクリァム　Okña Cheyyo Sângkréam　「地方長官」……315
オクニャ・チャックレイ　Okña Chakrei　「陸運大臣」……17, 63, 104, 149, 307
オクニャ・チャックレイ・ケープ　→　チャックレイ・ケープ
オクニャ・チャックレイ・スース　→　チャックレイ・スース
オクニャ・チャックレイ・メァス　Okña Chakrei Méas　「高官」……189, 199, 228
オクニャ・チャクロヴァト　Okña Chakrâvat　「高官」……204
オクニャ・チュムネァス・サォンクリァム　Okña Chumneas Sângkréam　「地方長官」……316
オクニャ・テァリァティパディー　Okña Théaréathipadei　「地方長官」……315
オクニャ・テァリァティパディー・モク　Okña Théaréathipadei Mok　「プレイ・ヴェーン州の長官」……149
オクニャ・ティビン・モントレイ　Okña Thibin Montrei　「地方長官」……316
オクニャ・ティリァチ・エーソ・ティアン　Okña Thiréach Eiso Thien　「高官」……109
オクニャ・ティリァチ・サコー　Okña Thiréach Sakor　「地方長官」……317
オクニャ・デチョ　Okña Dêcho　「地方長官」……59, 314
オクニャ・デチョ・エイ　Okña Dêcho Ei　「将軍」……139, 149
オクニャ・トムメァ・デチョ　Okña Thomméa Dêcho　「地方長官」……171, 315
オクニャ・トムメァ・デチョ　Okña Thoaméa Dêcho　「隊長」……110
オクニャ・トムメァ・デチョ・モアン　Okña Thommea Dêcho Moan　「隊長」……106
オクニャ・ネヨック・チャンタクレーム　Okña Néayok Chantakréam　「地方長官」……315
オクニャ・ノリ・ノン　Okña Nori Nong　「軍人」……139
オクニャ・ノリントリァティパディー　Okña Norintréathipadei　「陸運大臣」……271, 317

オクニャ・ノン → オクニャ・ヴェアン・ノン
オクニャ・バォヴォ・サォンクリアム　Okña Bâvâr Sângkréam　「地方長官」……317
オクニャ・バォヴォ・ネァイヨク・スー → スー
オクニャ・バォヴォリアチ・ロス　Okña Bâvâreach Ros　「高官」……150
オクニャ・バラ・アンサ　Okña Bara Ansa　「高官」……204
オクニャ・ピスノロク　Okña Pisnalok　「地方長官」……315
オクニャ・ピチェイ・チャトゥロン・デチャス　Okña Pichey Chaturong Dêchas　「地方長官」……317
オクニャ・ピテアク・イサラッ　Okña Pitheak Issara　「王室親衛隊長官」……316
オクニャ・ピピト・サォムバット　Okña Piphit Sâmbat　「中国人を担当する役人」……196
オクニャ・ピペーク・ティペアリアチ　Okña Piphéak Tipearéach　「高官」……335
オクニャ・ピペーク・ニヴェス　Okña Piphéak Nivés　「王宮内務局長官」……316
オクニャ・ピベクティ・イッサラ・プク　Okña Pibheakdei Issara Phok　「高官」……204
オクニャ・プリァッ・ヴォリァ・ヌコル　Okña Preah Voréa Nukol　「馴象の担当者」……294
オクニャ・プリァッ・クレァン　Okña Preah Khleang　「高官」……122
オクニャ・プリァッ・スダチ　Okña Preah Sdach　「高官」……256, 258
オクニャ・プロアシティポー・リァチャチェイ　Okña Prâsithipor Réachéachey　「象捕獲人団長」……294
オクニャ・プロアシトチェイ　Okña Prâsitchey　「象捕獲人団長補佐」……294
オクニャ・プロアシティポー　Okña Prâsithipor　「象捕獲人団長補佐」……294
オクニャ・ペチ・デチョ　Okña Pech Dêcho　「地方長官」……314
オクニャ・ポァラー・サォムバット　Okña Phâla Sâmbat　「中国人を担当する役人」……196
オクニャ・ポキァ・アペイ　Okña Phokéa Abbhey　「中国人を担当する役人」……196
オクニャ・ボテス・リァチ　Okña Botés Réach　「海軍大臣」……269, 271, 317
オクニャ・モク・サコー　Okña Muk Sakor　「地方長官」……317
オクニャ・モノリァチ・スレイ　Okña Mnoréach Srei　「高官」……150
オクニャ・モノリァチデチァ・スレイ　Okña Mnoréachdêchéa Srei　「高官」……150
オクニャ・モハー・セナ・タォン　Okña Moha Séna Tân　「高官」……148
オクニャ・モハー・セナ・ペチ　Okña Moha Séna Pech　「高官」……119, 120
オクニャ・モハー・セナ・メァス　Okña Moha Séna Méas　「高官」……180
オクニャ・モハー・セナパディ　Okña Moha Sénapadei　「王旗長官」……310, 316
オクニャ・モハー・テープ　Okña Moha Tép　「高官」……310
オクニャ・モハー・モントレイ　Okña Moha Montrei　「高官」……310
オクニャ・モハー・モントレイ・タォン　Okña Moha Montrei Tân　「高官」……181
オクニャ・モハイ・ポキァ　Okña Mohai Phokéa　「中国人を担当する役人」……196
オクニャ・モハイ・ポッカポース　Okña Mohai Phokaphoas　「中国人を担当する役人」……196
オクニャ・モントレイ・クチェン・ユース　Okña Montrei Kuchen Yuos　「高官」……115
オクニャ・モントレイ・スネハ　Okña Montei Sneha　「地方長官」……317
オクニャ・モントレイ・スネハ・イン　Okña Montei Sneha Ing　「高官」……149

索引

オクニャ・モントレイ・ソリヴォン　Okña Montrei Soreivong　「高官」……179
オクニャ・モントレイ・チュンナバォト　Okña Montrei Chonabât　「地方長官」……315
オクニャ・モントレイ・デチョ　Okña Montrei Dêcho　「地方長官」……316
オクニャ・モントレイ・ニクム　Okña Montrei Nikum　「地方長官」……315
オクニャ・モントレイ・プートー　Okña Montrei Phouthor　「地方長官」……316
オクニャ・モントレイ・ペクディ　Okña Montrei Bheakdei　「地方長官」……314
オクニャ・モントレイ・リァチ・レト　Okña Montrei Reach Reth　「高官」……206
オクニャ・モントレイチャトロン・プン　Okña Montreichatorong Pong　「王宮建造担当者」……150
オクニャ・ヨス・デチョ　Okña Yos Dêcho　「地方長官」……316
オクニャ・ヨテァ・サォンクリァム・マ　Okña Yothéa Sangkréam Ma　「高官」……110, 111
オクニャ・ヨテァ・サォンクリァムティパディー　Okña Yothéa Sangkréamthipadei　「王旗長官」……316
オクニャ・ヨテァ・ティパディー　Okña Yothéa Thipadei　「地方長官」……314
オクニャ・ヨテァ・ルゥン・ロン　Okña Yothéa Roeun Rong　「地方長官」……315
オクニャ・ヨマリァチ　Okña Yomaréach　「法務大臣」……17, 60, 148, 256, 271, 307
オクニャ・ヨマリァチ・コン　Okña Yomréach Kong　「高官」……110
オクニャ・ヨマリァチ・セン　Okña Yomaréach Séng　「役人」……148
オクニャ・ヨマリァチ・プルム　Okña Yomréach Prum　「高官」……149
オクニャ・ヨマリァチ・モク　Okña Yomaréach Mok　「高官」……199, 213
オクニャ・ヨマリァチ・ルッス　Okña Yomaréach Ros　「高官」……168, 169
オクニャ・リ・チャックレイ　Okña Ly Chatrei　「地方長官」……315
オクニャ・リァチ・エーソ・オン　Okña Réach Eisau Ong　「高官」……181
オクニャ・リァチ・サラテイ　Okña Réach Sarathei　「戦車隊の責任者」……309
オクニャ・リァチ・セティ・ケプ　Okña Réach Sêthei Kêp　「軍人」……213
オクニャ・リァチ・デチァ　Okña Réach Dêchea　「オペヨーリァチ家の高官」……271
オクニャ・リァチ・デチァ・エク　Okña Réach Dêchea Ek　「高官」……199
オクニャ・リァチ・デチァス　Okña Réach Dêchas　「陸運大臣」……317
オクニャ・リァチャ・セティ　Okña Reachea Sêthei　「地方長官」……315
オクニャ・リァチャ・チョ　Okña Reachea Cho　「地方長官」……314
オクニャ・リァチャ・バォヴォリァチ　Okña Réachéa Bâvâréach　「陸運大臣」……371, 317
オクニャ・リァチデチェス　Okña Réachdêcheas　「軍人」……141, 142
オクニャ・リティ・サォンクリァム　Okña Rithi Sângkréam　「地方長官」……316
オクニャ・ルォン　Okña Luong　「高官」……319
オクニャ・レクサ・イサロ　Okña Reaksa Issaro　「王室親衛隊長官」……316
オクニャ・レクサ・プーミン・ソム　Okña Reaksa Phoumin Som　「高官」……150
オケオ　Oc Eo　「ベトナム南部。古代の港市」……210
オパラチ　Oparach　「王弟もしくは王子」……17, 24, 77, 130, 243, 245, 250, 261, 263, 264, 265, 267, 268, 270, 271, 281, 283, 284, 286, 313, 317, 326, 329, 330
オパラチ・アン・トァム　Oparach Ang Thoam　「将軍」……54, 55, 56, 60, 265

オパラチ・ヴェァン・ナ（ヴェァン・ナ）　Oparach Veang Na　「マハー・スラー・シンハート将軍。ラーマ1世の弟」……68, 72, 76, 101
オペヨーリァチ　Obhayoréachi　「2度目の王」……17, 24, 37, 55, 56, 102, 182, 243, 261, 262, 263, 265, 267, 268, 270, 271, 274, 281, 283, 284, 286, 313, 316, 326, 330, 341
オムアォン　Om-An　「元カンボジア領。ベトナム語呼称」……133
オロス　Orâs　「王族の子供の称号」……285
オン・タ・ティエン・クン　Ong Ta Tien Kun　「ベトナム人の将軍チュオン・クン＝チュオン・ミン・ザン＝オン・ルー」……151, 152
オン・バォマ　Ong Phâ Ma　「ベトナム人の将軍」……65, 68, 69
オン・トゥン・ヨゥン　Ong Toeung Yoeung　「ベトナム人の将軍」……75
オン・トン・チュ　Ong Thong Che　「サイゴンの司令官」……54
オン・バ・ホー　Ong Ba Ho　「ベトナム人の将軍」……61, 62
オン・ブン王　Ong Bun　「ラオスの王（1760-1778）」……57
オン・ヘァン・チョ　Ong Heang Thou　「ベトナム人の将軍」……46
オンモー　Ongmôr　「元カンボジア領。ベトナム語呼称（メコンデルタ地方）」……371
オン・ルー　Ong Loeu　「ベトナム人の将軍チュオン・クン＝チュオン・ミン・ザン＝オン・タ・テェン・クン」……144, 174

カ

カーティケヤ　Kartikeya　「戦いの神」……293
カイビェン　Khai-Biên　「アン・メイ女王時代の新州」……133
カイン　Canh　「グエン・アインの息子」……69, 76
カオ・ミエン・グク・ヴェオン　Cao Miên Quoc Vuong　「ベトナムが与えたアン・ドゥン王の称号」……187
カエーク・トム　Ka-êk Tum　「遺跡」……19
カォウ　Caâu　「アン・メイ女王時代の新州」……132
カォストム　Kâs Thom　「カンダル州」……196, 317
カォムラォス　Kâmlâs　「奴隷」……331, 339, 340, 341, 350
カォムラォス・プリァッ　Kâmlâs Preah　「寺院奴隷」……342
カォムラン　Kâmlaing　「兵員・平民」……333, 334, 336
カォン　Kân　「高官」……34, 73, 74, 78, 85, 86
カォン・ソイ　Kâng Soy　「楽曲名」……304
カォンメァス　Kâng Méas　「コンポン・チャム州」……316, 328
カケイ　Kakei　「アン・ドゥン王自作の小説」……235
ガスパール・ダ・クルス　Gaspar da Cruz　「ポルトガル人宣教師」……39
カスム（コッ・ソティン）　Kha-sum　「アン・メイ女王時代の新州」……133
カティン　Kathin　「10月に行なわれる上座仏教の儀式」……136, 202
カデゥク　Kadoeuk　「カンボジア暦10〜11月」……24, 88, 98, 136, 202, 310
カバト　Kha Bat　「アン・メイ女王時代の新州」……132

索引 425

カマウ　Camâu / Camao　「元カンボジア領。ベトナム語呼称（メコンデルタ地方）」……54
カム・サイ・ダイ・タン　Kham Say Dai Than　「ベトナム人の将軍」……49, 151, 153
カム・マン　Kham Mang　「ベトナム人の将軍」……126
カルダモーム山脈　Cardamomes　「カンボジア西部の山脈」……107, 293
カンカウ　Cancao　「元カンボジア領。ベトナム語呼称」……211
カンザー　Cân-Gio　「アン・メイ女王時代の新州」……133
カンダル・ストゥン　Kandal Stung　「カンダル州」……195, 317, 327, 328
カンダル州　Kandal……8, 110, 328, 330
カンチェ　Canché / Krâchês　「アン・メイ女王時代の新州。クロチエッ」……133
カンチョー　Kanhchor / Kañchor　「クロチエッ州」……133, 315
カントー　Cantho　「元カンボジア領。ベトナム語呼称（メコンデルタ地方）」……54
カンペーンペチ　Komphèng Pech　「タイのカムペーンペット」……307
キェンスワイ　Kéan Svay / Kien Svay　「プノンペン近郊」……42, 141, 196, 316, 372
キェンスワイ・クノン　Kéan Svay Khnong　「プノンペン近郊」……141
キムチュオン　Kim-truong　「アン・メイ女王時代の新州」……132
キュエノ神父　Cuénot……124
キン・ルォック　Kinh Luôc　「サイゴンの司令官（ベトナム人）」……54
クアンガイ　Quang Nghai　「ベトナム中部」……54
クァンビエン　Quang-biên　「アン・メイ女王時代の新州」……133
クィニョン　Qui Nhon　「ベトナム中部」……53, 54, 81
クイ族　Kuoys　「コンポン・トム州から東北タイにかけて居住する少数民族」……346, 347
グエン・アイン　Nguyên-Anh　「阮映。後のザーロン（嘉隆）帝（1802-1819）。グエン朝初代の王」……23, 54, 65, 68, 69, 73, 74, 75, 76, 77, 78, 82, 94, 95, 97
グエン・ヴァン・コイ　Nguyên Van Khoi　「サイゴンの副長官」……121, 124, 125
グエン・ヴァン・ティエン　Nguyên-Van Thieng　「ベトナムの大臣」……171
グエン・ヴァン・トァイ　Nguyên-Van-Thoai　「ベトナム人の地方長官」……167
グエン・ヴァン・トゥイ　Nguyên Van Thuy　「ベトナム人の将軍」……113, 116
グエン・ヴァン・ニャク　Nguyên-Van-Nhac　「阮岳。タイソン三兄弟のひとり」……53, 81, 82
グエン・ヴァン・フエ　Nguyên-Van-Hué　「阮恵。タイソン三兄弟のひとり」……53
グエン・ヴァン・ル　Nguyên-Van Lù　「阮侶。タイソン三兄弟のひとり」……53
グエン・ヒュー・トゥイ　Nguyên-Huu-Thuy　「ベトナム人の将軍」……65
クサッチ・カンダル　Ksach Kandal　「カンダル州」……196, 313, 317, 329
クチョル　Khchol　「カルダモーム山脈の丘陵」……107
クデ　Coudée　「長さの単位」……98
クニョム　Khnhôm　「奴隷/下僕/寺男/寺女」……14, 23, 273, 339, 340, 342, 343, 344, 345, 346, 350
クニョム・ケ　Khñom Ké　「下僕/奴隷（召使い）」……331, 332, 339, 343
クノァン・ポス　Khnâng Pos　「高官の責任者で目付役（蛇の背中）」……271
クム　Khum　「行政の最小単位。「集落」」……312
クラコー　Krâkor　「ポーサット州」……110, 178, 316

クラン　Krâng　「コンポン・チュナン州」……63, 110, 316
クラン・ポンレイ　Kraing Ponley　「ポーサット州」……71, 158, 197, 200
グランジャン神父　Grandjean……311
クルー・ペート　Kroupet　「王の主治医」……105
クレアン・スベーク　Khleang Sbêk　「トンレ・サープ川沿いの村」……45, 63, 69, 148
グロ　Gros (F.)　「フランス極東学院長」……2
クロァス　Klâs　「高位を表すパラソル」……272
クローチ寺院　Krauch　「コンポン・チャム州」……4
クロム・スロク　Krâm Srok　「王国の管理法」……321, 323, 332, 335, 341
クロチエッ州　Kratié / Krâchês……22, 72, 133, 239, 315
クロム・アーチニャ・ルーン　Krâm Achna Mana Padéphéas　「王の使者に関する王令」……13, 16
クロム・ヴィヴェート　Krâm Vivéat　「係争に関する王令」……16
クロム・ヴェアン　Krom Veang　「役人」……278, 279
クロム・カットサォンヌン　Krâm Katsâmnuon　「証人尋問に関する王令」……16
クロム・クボット・セゥック　Krâm Kbât Soeuk　「戦時の裏切りに関する王令」……16
クロム・サックシー・ピソト　Krâm Saksei Pisot　「法務試験に関する王令」……16
クロム・サンクレイ　Krâm Sangkrey　「道徳習慣違反に関する王法」……13, 14, 348
クロム・チュー　Krâm Chor　「犯罪人に関する王令」……15
クロム・テサー・カンマカー　Krâm Téasa Kammakâr　「奴隷に関する王令」……16, 339, 344, 346, 347, 350
クロム・トース・ペッリィアー　Krâm Tosa Phariyéa　「妻妾の過失に関する法」……13, 16
クロム・トトゥル・バォンデゥン　Krâm Totuol Bândoeung　「告訴の受理に関する王令」……16
クロム・トラカー　Krâm Tolakar　「裁判官に関する王法」……16
クロム・バォンノル　Krâm Bâmnol　「負債に関する王令」……16
クロム・ハロン　Krom Veang　「高官」……225, 227
クロム・ビアー　Krâm Béar　「賭博に関する王令」……16
クロム・プーク　Kram Preah　「裁判官に関する王令」……16
クロム・プリァッ・アレク　Krom Preah Alak　「王宮の執務室」……299
クロム・プリァッ・トマサート　Krâm Preah Toammasath　「侵すべからざる律法書」……16
クロム・プリァッ・トマヌン　Krâm Preah Toammanuñ　「法廷の構成に関する王令」……16, 289, 300
クロム・プリァッ・リァチ・カン　Krâm Preah Réach Khan　「新王令（アン・ドゥン王時代）」……16
クロム・プリァッ・プリティポス　Krom Préam Prithbas　「バクーの集団」……309
クロム・プロマトァン　Krâm Prumatoan　「犯罪者および軽犯罪者に関する王令」……16
クロム・モティー・ボル　Krâm Montir Bal　「王宮の警備に関する王令」……16, 279, 286, 299, 300
クロム・モロドック　Krâm Morodâk　「相続に関する王令」……16, 296

索引

クロム・リアチ・クリット・サンクレイ　Krâm Réach Kret Sangkrey　「風俗・習慣に関する王令」……16
クロム・リアチ・ニティサート　Krâm Réach Nitisatra　「法規」……254
クロムカー　Krâmkar　「王の妻妾」……276, 278
クロムカー　Krâmkar　「地方役人の現場担当グループ」……325
クロムン・ソァ　Krâmuon Sâ / Crémuon Sâ　「元カンボジア領。ベトナム語呼称ラクザー（メコンデルタ地方）」……54, 77, 82, 232, 371, 385
クロラーバンチー　Krâla Bânchi　「人を採用し登録する責任者」……107
クロラピアス　Krâlapéas　「地方役人」……325, 326
クロラホム　Krâlahom / Cralahom　「高官の称号」……59, 95, 96, 104, 106, 151, 224, 225, 233, 270, 314, 315, 318, 329, 378
クロラホム・エク　Krâlahom Ek　「バッダンボーン州の長官」……104
クロラホム・トゥン　Krâlahom Tœung　「高官」……138
クロラホム・パン　Krâlahom Pang　「高官」……68
クロラホム・プロム　Krâlahom Prom　「高官」……94, 95, 96, 98
クロラホム・マォン　Krâlahom Moan　「高官」……138, 139
クロラホム・モ　Krâlahom Mo　「司法長官」……192
クロラホム・モウン　Krâlahom Mœung　「高官」……102, 104, 105, 183
クロラホム・モク　Krâlahom Mok　「高官」……189
グロリエ　Groslier (G.)　「フランス人美術史家」……2, 193, 309
クロン　Khlong　「地名」……110
クロンテプ　Krung Tép　「クルンテプ（バンコク）」……92
クン　Khun　「高官の肩書」……269
クン・ソァルサッ・ブンマ　Khun Sarsiha Bunma　「チャオプラヤー・チャクリー将軍（ラーマ1世）の弟、マハー・スラー・シンハナート」……64, 65, 68
クン・リアム・プーベト　Khun Réam Phoubet　「タークシン王（1767-1782）の甥」……65, 68
ケアス・チャンロス・タボーン　Kéas Chanlos Thbaung　「蠟燭を死者の枕辺に灯すこと」……344
ゲアン　Nghê An　「ベトナム中部の省」……53, 82, 95, 98
ケイ　Key　「ポルトガル系の高官」……222
ケー　Kê　「僧侶」……113, 121, 166, 170, 171, 172, 186
ケー　Kê　「王の副官」……168, 169, 170
ケー・プリアル　Kê Préal　「軍人」……171, 172, 173
ケート　Khêt　「地方・州」……312, 324, 325
ケープ　→　チャックレイ・ケープ
ケオ・ウヴェア　Kêv hvéa　「高官」……131
ケオ・ドゥン　Kêv Duong　「高官」……80, 86
ケオ・マク　Kêv Mâk　「聖剣を管理するバクー」……308
ケム　Khem　「エモニエのカンボジア語図書」……342
コイ　Koy　「僧侶ケーの弟子」……170, 172

コーク・カーク　Kok kak　「寺院」……3, 354
コークカン　Kok Khan　「タイ、スリン県クーカン郡」……8
コークセツ　Kok Seh　「旧州（現在のコンポン・トム州に近い）」……58, 59, 60, 62, 65, 320, 338
コーラート　Korat　「タイ、ナコーンラーチャシーマー」……33, 65, 380, 383
コーン・ラム　Khon Ram　「奴隷」……23, 345
コーンクムイ　Kâun Khmuoi　「親しい人たち」……334
コーン瀑布　Khong　「ラオス南部、メコン川最大の滝」……380, 382, 383
コシャンシン　Cochinchine　「コーチシナ。フランス領インドシナのベトナム南部」……20, 22, 28, 54, 61, 65, 67, 69, 74, 76, 77, 81, 82, 88, 89, 121, 124, 125, 126, 142, 158, 174, 181, 184, 185, 206, 207, 208, 209, 211, 212, 213, 214, 215, 216, 217, 221, 228, 229, 232, 238, 239, 331, 354, 360, 361, 366, 369, 370, 371, 382, 384
コッ　Kâh　「チャム人」……206
コッ・カゥット　Koh Keut　「プノンペン周辺」……65, 69
コッ・クダーク　Koh Kdak　「コンポン・チャム州」……168
コッ・クロク　Koh Khlok　「プノムペン周辺」……44, 45
コッ・スラケート　Koh Sla Ket（Koh Sla Kœut）「プノンペン近郊」……8, 42, 111, 125, 126, 130, 140
コッ・スロル　Kâh Srâl　「ベトナム南部、メコンデルタ地方」……232
コッ・ソティン　Koh Sotin　「コンポン・チャム州、メコンの中州」……133, 171, 172, 313, 316
コッ・チン　Koh Chin　「トンレ・サープ川の東側」……109, 110, 156
コッ・ディ・エット　Koh Dei Eth　「ウードン周辺」……108, 111
コッ・トム　Kâh Thom　「カンダル州、メコンの中州」……312
コッ・トラル　Kâh Trâl / Koh Trâl（Phu Quoc）「南西部の島。ベトナム語でフークオック島」……69, 77, 232, 233, 366, 371
コッ・トロラッチ　Kâh Trâlach　「ベトナム南部、メコンデルタ地方」……232
コッ・メティン　Koh Méthien　「コッ・カゥットの現在の呼称」……65
ゴック・ヴァン　Ngoc-Van　「王女」……185
コムディン・ダイ・ナム・ホイ・デァン・スレ　Khâmdinh dai nam hôi diên snlè　「目録」……97
コラープ　Kulap　「『アンナム・サヤム・ユト』の執筆者」……124, 152, 155, 158
コル・デ・モンテイロ　Kol de Montéiro　「ポルトガル人」……107
コルディエ神父　Cordier（H.）……13, 14, 15, 20, 208, 219, 226, 348, 349
コルムペ　Columpè　「プノンペンのこと」……65
コン　Kong　「軍人」……139
コントゥム　Kontum　「ベトナム、中部高原」……53
コンドミナス　Condominas（G.）「フランス人研究者」……2, 306
コンピセイ　Kong Pisei　「バッダンボーン州」……196, 317
コンポート　Kompot　「南部海岸」……33, 38, 41, 44, 50, 148, 198, 199, 210, 211, 215, 216, 219, 220, 222, 223, 224, 225, 226, 227, 229, 230, 315, 336, 355, 356, 357, 366, 368, 369
コンポン・クラォサン　Kompong Krâsaing　「コンポン・チュナン州」……152

コンポン・クロビー　Kompong Krâbei　「サイゴン」……44
コンポン・サォム　Kompong Som　「南部の旧州。現在はシハヌーク・ビル州」……134, 316
コンポン・シェム　Kompong Séam（Kompong Siem）「コンポン・チャム州」……33, 34, 116, 123, 173, 206, 314, 329, 373
コンポン・スワイ　Kompong Svay　「以前はコンポン・トム州、現在はプリァッ・ヴィヒア州」……9, 42, 58, 59, 60, 61, 62, 63, 64, 65, 68, 72, 73, 101, 102, 104, 105, 111, 113, 119, 120, 123, 125, 134, 139, 161, 173, 174, 175, 239, 295, 313, 314, 320, 324, 327, 328, 338, 358, 359, 377, 379, 380, 381, 383, 384
コンポン・チャウヴァ　Kompong Chaovéa　「ウードン近郊の村」……152
コンポン・チャム州　Kompong Cham……4, 5, 32, 33, 116, 161, 204
コンポン・チュナン州　Kompong Chhnang……46, 63, 69, 85, 110, 111, 119, 141, 152
コンポン・トム州　Kompong Thom……36, 107, 174, 293, 308, 375
コンポン・トラベク　Kompong Trâbêk　「プレイ・ヴェーン州」……152
コンポン・ポー・トチ　Kompong Po Tauch　「コンポン・チュナン州とカンダル州の間にある村」……110, 111
コンポン・ルォン　Kompong Luong　「ポーサット州」……35, 45, 46, 49, 55, 56, 62, 65, 68, 69, 94, 98, 109, 110, 112, 150, 152, 153, 154, 155, 156, 180, 197, 201, 202, 206, 207, 208, 209, 213, 214, 264
コンポン・レーン　Kompong Lèng　「コンポン・チュナン州」……7, 8, 316, 327, 329, 380
コンポン・ロテス　Kompong Rotès　「トンレ・サープ湖岸」……122

サ

サアーン　Sâ-ang　「カンダル州」……196, 316
サアク　Saac　「プリァッ・ヴィヒア州」……379, 380, 381, 384
ザーディン　Gia-Dinh　「サイゴン」……68, 73, 121, 179
ザーディン・タゥンチ　Gia-Dinh-Thung-Chi　「ベトナムの書籍。嘉定通志」……75, 78, 97, 130, 167, 168, 178, 179, 183
ザーロン帝　Gia-Long　「グエン（阮）朝初代皇帝、嘉隆帝（1802-1819）」……23, 53, 54, 82, 97, 98, 99, 109, 112, 113, 115, 171, 177, 178, 179, 180, 184, 185, 186, 220, 354, 370
サイゴン（バン・ゲェ）　Saïgon（Ban Nghê）……5, 44, 54, 61, 68, 73, 74, 75, 77, 78, 82, 109, 112, 115, 117, 118, 121, 124, 125, 129, 137, 138, 140, 141, 155, 156, 167, 171, 172, 173, 178, 179, 188, 214, 215, 307, 360, 370, 371, 382
サウ　Sao　「プラック夫人の孫」……7, 8
サォエト　Sâ-ét　「マレー人」……204, 206
サォムナット　Samnat　「シェムリァップ州」……86
サォムボー　Sâmbaur / Sambor　「クロチェッ州」……132, 239, 315
サォムラップ　Sâmrap　「高位高官」……268, 269, 270, 271, 285, 329, 330
サォムラップ・エク　Sâmrap êk　「王家の高官」……268, 269, 270
サォムラップ・チャトヴァ　Sâmrap Chatva　「皇太后家の高官」……268, 269, 270, 271

サォムラップ・トー　Sâmrap To　「オペヨーレーチ家の高官」……268, 269, 270
サォムラップ・トレイ　Sâmrap Trei　「オパラチの高官」……268, 269, 270
サォンクレイ　Sângkrei　「役人」……17
サォンケー　Sangké　「バッダンボーン州の川・村」……136, 137, 375
サォントク　Santouk (Santuk)　「コンポン・トム州」……36, 107, 123, 314
サック　Sak　「位階」……268
サッター・モヒン・リァチァ王(1579-1595)　Satha Mahinda Réachéa……37, 38, 39, 40, 41, 196, 247, 250, 251, 262, 264
サッター・リァメァ・ティパディー王（ポニェ・チャン・リァメァ・ティパディー）（プリァッ・リァム・チョール・サッス）(1638-1655)　Satha Réaméathipadei / Poñéa Chan Satha Réaméathipadei / Prah Réam Chaul Sas……45, 104, 248, 249
サペク　Sapèque　「小銭」……178
サムボック　Sâmbok (san-bôc)　「クロチェッ州」「アン・メイ女王時代の新州」……132, 347, 348
サムロントン　Sâmrong Tong　「コンポン・スプー州」……46, 47, 55, 123, 133, 140, 141, 316, 328
サンガ・リァチ・テーン（ソムダチ・サンガ・リァチ・テーン）　Sangha ReachTeang / Tieng　「僧侶」……199, 200, 359, 372, 373
サンガ・リァチ・ヌー（ソムダチ・プリァッ・モハー・サンガ・リァチ・ヌー）　Sangha Reach Nou　「僧侶」……160, 199, 200
サントー　Santhor　「コンポン・チャム州」……4, 8
サンプ　Sanphu　「アン・メイ女王時代の新州」……132
シヴァカイヴァリヤ　Sivakaivalya　「バラモンの師」……259, 297
シヴァ神　Çiva　「ヒンドゥー教の三大神の1つ」……256, 257, 258, 290, 292, 293, 303
シヴォター王子　Sivotha / Sivutha　「アン・ドゥン王の王子」……222, 234, 239, 259, 373
シェムリァップ州　Siem Réap……65, 67, 71, 72, 73, 76, 85, 86, 90, 91, 92, 103, 107, 124, 160, 182, 189, 251, 312, 360
シソポン　Sisophon　「バンテアィ・ミァン・チェイ州。タイ語の呼称」……136, 182
シソワット王(1904-1927)　Sisawath　「アン・ドゥン王の王子」……9, 195, 203, 222, 234, 244, 267, 277, 304, 305, 308, 310, 373
シテァン・リァチァ　Sithéan Réachéa　「アン・チャン王(1529-1567)の従兄弟」……36
シトー・チュヴェン　Sithor Chhvéang　「コンポン・チャム州」……329
ジャック・リオ神父　Jacques……65
ジャノー　Janneau (G.)　「フランス人研究者」……291, 292, 332, 334, 338, 347, 356
ジャヤヴァルマン2世　Jayavarman II　「アンコール王朝初代の王(802-834)」……259
ジャヤヴァルマン7世　Jayavarman VII　「アンコール王朝繁栄時の仏教徒王(1181-1218)」……198, 357
ジャライ族　Djaray　「ベトナムの山岳民族」……15
シルチェイ　Sil Chey　「霊能者」……107
スイ・サ・アーコ　Suoy Sa Akâ　「貢物」……90

索引

スー　Sou　「チャム人反乱の指導者」……204
スー（オクニャ・バォヴォ・ネァイヨク・スー）（オクニャ・ヴィボルリァチ・スー）（ソムダチ・チャウ・ポニェ・スー）　Sou / Sûr / Okña Bâvâr Néayok Sou / Okña Vibolréach Sou / Samdach Chao Poñéa Sou　「高官」……54, 55, 56, 59, 60, 61, 62, 63, 64, 65, 69, 70, 71, 110, 274, 377, 378
スースディー　Suorsdei　「住民登録局」……17, 335
スーリヤヴァルマン1世（1002-1050）　Suryavaraman I……302
スダチ　Sdach　「王」……244
スダチ・カォン（1512-1516）　Sdach Kân　「スレイ・サントーを統治した王」……34, 35, 245, 246
スダチ・クラン　Sdach Krañ　「地方豪族」……307
スダチ・トラン　Sdach Trañ　「地方豪族」……293, 307, 308
スデゥン・チェイ　Sdœung Chey　「属領行政職」……293
ステェン族　Stieng　「山岳民族」……172
ストゥン・チャホー　Stung Chaho　「コンポン・チュナン州」……197
ストゥン・トラェン　Stung Trèng　「ラオス国境の州」……38, 40, 110, 172, 183, 379, 380, 381, 382, 384
ストゥン・トラン　Stung Trâng　「コンポン・チャム州」……33, 38, 40, 173, 314, 329
ストゥン・ポー　Stung Por　「コンポン・チャム州」……113, 161, 380, 381, 384
ストーン　Stong / Staung　「コンポン・トム州」……8, 9, 173, 174, 314, 375
スドック・コック・トム　Sdok Kak Thom　「1052年世襲祭儀家系の伝承を綴った碑文、現在はタイ国内にある遺跡」……297
スナォン　Snâng　「スロク長の補佐官」……325, 326
スナン・チャトロン・セナ　Snan Chatorung Séna　「レスリング大会」……310
スノム・エク　Snâm Ek　「王の妻妾の称号」……274
スメァン　Sméan　「地方役人」……326
スラープ　Srap　「カンボジア暦7～8月」……24, 202
スラォ・オク　Srâ Ok　「シソワット王の幼名」……244
スラッ・ケート　Srah Ket　「タイの寺院ワット・サケート」……80
スラッ・ケオ　Srah Kêv　「タイのサケオ」……33, 36, 44, 51
スリヴォン王子　Sirivong　「アン・ドゥン王の王子」……234, 239
スルン・トチ　Sloeung Tauch　「貨幣」……25
スルン・トム　Sloeung Thom　「貨幣」……25
スレイ・ヴォリァチー・ティーダ　Srei Voréachi Thida　「アン・エイ王女」……64
スレイ・サォチョー　Srei Sâchhor　「スレイ・サントー（コンポン・チャム州）の別名」……196, 313
スレイ・サォチョー・カンドル　Srei Sâchhor Kandal　「コンポン・チャム州」……196
スレイ・サォチョー・チュヴェン　Srei Sâchhor Chhvéang　「コンポン・チャム州」……196, 206
スレイ・サントー　Srei Santhor　「バサーン（バライ）。コンポン・チャム州」……4, 32, 33, 34,

40, 41, 150, 151, 246
スレイ・サントー・カンダル　Srei Santhor Kandal　「コンポン・チャム州」……317, 327
スレイ・サントー・チュヴェン　Srei Santhor Chhvéang　「コンポン・チャム州」……145, 317, 327
スレイ・スレゥンケアー　Srei Srœungkéa　「王の妻妾」……278
スレイ・ソクン・テェン　Srei Sokun Tieng　「謀反者」……150
スレイ・ソクンタバォット王（1504-1512）　Srei Sokonthabât……34, 274
スレイ・ソチャト王女　Srei Sochéta……247
スレイ・ソティプ・ヴェアン・カウ　Srei Sotip Veang Kao　「謀反者」……150
スレイ・ソリヨーテイ王（1476-1486）　Srei Soriyotei……33, 34, 248
スレイ・ソリヨーポール王（1607-1618）　Srei Soriyopor……37, 38, 41, 42, 52, 65, 99, 125, 128, 247, 250, 251, 263, 264, 266, 318, 356
スレイ・チェターティリァチ王　Srei Chéthathiréach　「スレイ・サントーを統治した王（スダチ・カォン）」……34
スレイ・リァチャ王（1468-1486）　Srei Réachéa……31, 32, 33, 34, 247, 248, 264
スレイ・トマ・リァチャ王（1478-1504）　Srei Thomma Réachéa「スレイ・リァチャ王の弟」……33, 34, 264
スレイ・トマ・リァチャ1世王（1627-1631）　Srei Thomma Réachéa I……44, 45, 235, 244, 247, 248, 255, 277
スレイ・トマ・リァチャ2世王（1702-1705, 1706-1714, 1738-1747）　Srei Thomma Réachéa II……48, 49, 247, 248, 262, 264, 267
スレイ・トマ・リァチャ3世王（アン・イム）（1747-1748）　Srei Thomma Réachéa III……49
スレイ・トマティリァチ　Srey Thommathiréach　「高官」……329
スレイ・ピロム　Srey Phirum　「称号」……329
スロク　Srok　「郡・州・地方」……4, 312, 313, 314, 318, 324, 325
スロク・クメール　Srok Khmer　「クメール国」……239, 324
スロク・シェム　Srok Séam　「タイ（シャム）国」……324
スロラウ　Srâlao　「寺院」……7, 8, 320
スワイ・リェン　Svay Rieng　「ベトナム国境の州」……152, 155
スワンカローク　Sovankhalok　「タイ北部」……359
セー・コン川　Sé Cong　「ストゥン・トラェン州」……382
セクデイ・アカッタニュー　Seckdei akataññu　「忘恩の行為」……303
セッ・サォムブー　Sêh Sambuor　「タボーンクモン州」……204
セトボー　Setbaur　「寺院」……3, 354
セデス　Cœdès (G.)　「フランス人研究者」……102, 249, 302, 360
セナパディー　Sénapadei　「地方長官・軍司令官」……310
ソ　So　「アユタヤの高官」……66
ソ　So　「ムーの弟の三兄弟の1人」……58, 59, 60, 61, 320, 357
ソヴァン・チェデイー　Sovan Chédei　「僧侶の称号」……14
ソカピセーク　Sokhabhisêk　「戴冠式」……254, 255, 258, 259

索引

ソクチャン　Soc Trang　「元カンボジア領クレアンのベトナム語呼称（メコンデルタ地方）」
　　……215, 216
ソクンテァティパディー・オーク　Sokunthéathipadei Ouk　「仏教教学の責任者」……199
ソチァト・ヴォディ　Sochéat Vadei　「王女」……247
ソチァト・サトレイ　Sochéat Satrei　「王妃」……37
ソベン・チュン　Sobén Chhun　「馴象職役人」……294
ソム　Som　「地方長官」……59
ソムダチ　Samdach　「称号、地位」……84, 269, 271, 281, 282, 283, 284. 285, 286, 287, 372, 373,
　　375, 376
ソムダチ・エイセイ・ポァット　Samdach Eisei Phaot　「バクーの長」……255
ソムダチ・サンガ・リァチ　Samdach Sangha Réach　「大僧正」……199, 200, 359, 372
ソムダチ・サンガ・リァチ・テーン　Samdach Sangha Réach Teang / Tieng　「大僧正」……199,
　　200, 359, 372, 373
ソムダチ・サンガ・リァチ・パン（ソムダチ・プリァッ・ソクンテァティパディー・パン）
　　Samdach Sangha Réach Pan　「大僧正」……359, 375, 376
ソムダチ・ソクンテァティパディー　Samdach Sokonthéathipadei　「仏教教学の責任者」……
　　160
ソムダチ・チェター・モントレイ　Samdach Chetha Montrei　「オパラチ家の高官長」……271
ソムダチ・チェター・モントレイ・パ　Samdach Chetha Montrei Pa　「高官」……199
ソムダチ・チャウ・ポニェ　Samdach Chao Poñéa　「オペヨーリァチ家の高官長」……189,
　　271, 316
ソムダチ・チャウ・ポニェ・スー　→　スー
ソムダチ・チャウ・ポニェ・スース　Samdach Chao Poñéa Suos　「地方長官」……114
ソムダチ・チャウ・ポニェ・ルス　Samdach Chao Poñéa Ros　「地方長官」……150
ソムダチ・チャウヴェア・ケオ　Samdach Chaovéa Kêv　「首相」……228
ソムダチ・チャウヴェア・トルハ　Samdach Chaovéa Tolha　「首相」……17, 57, 271, 307
ソムダチ・チャウヴェア・モハー・リァチ　Samdach Chaovéa Mohareach　「高官」……63
ソムダチ・チャウヴェア・リァチ・カー　Samdach Chaovéa Réach Car　「高官」……377
ソムダチ・チャウプネァ　Samdach Chauphnnéa　「高官」……204
ソムダチ・バォロム・リァチ・オルス　Samdach Bâraom Réach Orâs　「王子の肩書」……282
ソムダチ・バォロム・リァチ・ボトラ　Samdach Bârom Réach Botra　「王子の肩書」……282
ソムダチ・プリァッ・アーノチ　Samdach Preah Anoch　「王の弟」……287
ソムダチ・プリァッ・アォ・アッケ・モヘセイ　Samdach Preah Ar Akka Mohêsei　「王の妻妾
　　の肩書」……281
ソムダチ・プリァッ・アッケ・モヘセイ　Samdach Preah Akka Mohêsei　「王の妻妾の肩書」
　　……281
ソムダチ・プリァッ・アッケ・リァチ・テピ　Samdach Preah Akka Réach Tépi　「王の妻妾の
　　肩書」……282
ソムダチ・プリァッ・アヤ・ボト　Samdach Preah Aya Bot　「王子の肩書」……282
ソムダチ・プリァッ・アン・ケオ　Samdach Preah Ang Kêv　「高官」……17

ソムダチ・プリァッ・ヴォリァチニ　Samdach Preah Voréachini　「皇太后」……195, 287
ソムダチ・プリァッ・ヴォリァチニ・カティヤ・ヴォン・セレイ・セトー・ヴァロムドム・ボロム・ヴォリァトラ・サカォル・モンクル・ボロム・バピット　Samdach Preah Voréachini Khattiya Vong Sérei Sétho Varromdom Bârom Voréatola Sakâl Mongkol Bârom Bapit　「王の母の称号」……265
ソムダチ・プリァッ・エイセイ・ポッティパディー　Samdach Preah Eisei Phoathipadei　「高位のバクー」……292, 297, 308
ソムダチ・プリァッ・ケーヴァ・アン・ドゥン　Samdach Preah Kêvéa Ang Duong　「高官」……274
ソムダチ・プリァッ・ソクンテァティパディー　Samdach Preah Sokunthéathipadei　「タマユット派僧侶の主」……376
ソムダチ・プリァッ・ティウ　Samdach Preah Téav　「皇太后」……265
ソムダチ・プリァッ・バォロム・リァチ・ボトラ　Samdach Preah Bârom Réach Botra　「王子の肩書」……282
ソムダチ・プリァッ・ベアケアヴァドゥリ・プリァッ・スレイ・ソチエター　Samdach Preah Bheakeavaderei Prea Srei Sochéta　「アン・エン王の祖母」……84
ソムダチ・プリァッ・モハー・クロサット　Samdach Prah Moha Krâsat　「アン・メン王女」……56, 64
ソムダチ・プリァッ・モハー・サンガリァチ・ヌー　Samdach Preah Moha Sanghareach Nou　「王国最高位の大僧正」……160, 200
ソムダチ・プリァッ・モヘセイ　Samdach Preah Mohêsei　「王の妻妾の肩書」……283
ソムダチ・プリァッ・リァチ・オルス　Samdach Preah Réach Orâs　「王子の肩書」……282
ソムダチ・プリァッ・リァチ・ティダー・プリァッ・スレイ・ヴォラクサット　Samdach Preah Réach Thida Prea Srei Voraksat　「高官」……282
ソムダチ・プリァッ・リァチ・ティダー・プリァッ・モハー・クロサトレイ　Samdach Preah Réach Thida Prea Moha Krâsatrei　「高官」……282
ソムダチ・プリァッ・リァチ・ティダー　Samdach Preah Réach Thida　「王女の肩書」……282, 287
ソムダチ・プリァッ・リァチ・ボトラ　Samdach Preah Réach Botra　「王子の肩書」……282
ソムダチ・プリァッ・リァチ・ボトレイ　Samdach Preah Réach Botrei　「王女の肩書」……282
ソムダチ・プレナォン・クラウ　Samdach P're-nang Klao　「ラーマ4世」……370
ソムダチ・ボテス　Samdach Botes　「高官」……204
ソムダチ・モンクル・テペァチャ・イム　Samdach Mongkul Tépéacha Iem　「高僧」……376
ソリヨー・アペイ　Sorya Abhai　「チャクレイ（チャオプラヤー・チャクリー）将軍の甥」……67
ソンデン　Son-den　「ゴムを主成分とする塗料」……178

タ

タ・クン　Ta Kun　「ベトナムの将軍」……112, 115, 116, 157, 167, 168, 170, 171, 172, 173, 178,

索引

186
タ・メァス　Ta Méas　「メァス老。『ルゥン・バォンダム・タ・メァス』の著者」……9, 10, 122, 126, 159, 190, 195
タークシン　Tak Sin　「トンブリー王朝の王（1767-1782）」……50, 53, 57, 60, 64, 65, 66, 67, 68, 86, 138
タイ・スラッ　Thai Srah　「アユタヤ王朝第33代王プーミンタラーチャ（ターイサ）王（1709-1733）」……48
タイソン　Tây Son　「西山。タイソン阮朝」……53, 54, 65, 68, 69, 70, 73, 74, 75, 76, 77, 78, 81, 82, 84, 85, 94, 95, 96, 97, 98
ダォムナク・クロコッ　Dâmnak Krâkoh　「サムロントンの村」……55
ダォムレト　Dâmréat　「人頭税」……328
ダソーウロポリ神父　D'Isauropolis……124
タベール神父　Tabert (j. –L)……221
タボーンクモン……40, 72, 74, 150, 171, 172, 204, 206, 239, 315, 324, 329, 378
ダムロン親王　Damrong　「ラーマ5世の異母弟、内務大臣」……92, 93
ダルフォイユ　D'Arfeuille (M.)　「フランス人研究者」……347, 348
ダンレーク山脈　Dangrêk　「タイとカンボジアの国境の山脈」……8, 383, 384
チ　Chi　「金の重量単位」……194
チェイ　Chey　「兄弟の反乱指導者」……134
チェイ・チェスダ・アン・ソー王　→　アン・ソー・チェイ・チェスダ王
チェイ・チェター1世　Chey Chetha I　「サッター王の長男」……251, 262
チェイ・チェター2世（1618-1625）　Chey Chetha II　「ソリヨポール王の長男」……12, 40, 41, 42, 43, 44, 129, 191, 247, 248, 250, 255, 264, 275, 356
チェイ・ピペァ　Chey Piphéa　「高官」……329
チェイ・リァチャ王　Chey Réachéa　「アユタヤ朝13代の王、チャイヤラーチャーティラート王（1534-1546）」……35
チェイイェ　Cheyyéa　「王子の妻妾」……284, 285
チェート　Chêt　「カンボジア暦3〜4月」……24, 25, 201
チェス　Chésth　「カンボジア暦5〜6月」……24, 201
チェディー・タメイ　Chêdei Thmei　「ウードン都城近郊」……152, 153, 154, 197
チェム・クロセム　Chhim Krâsém　「クメール人文学者」……306, 307, 312, 313, 340
チクレン　Chikrêng　「シェムリァップ州」……9, 173, 314
チバップ・コール・バントプ　Chbap Kaul Bântup　「法のもととなる法」……339
チバップ・スレイ　Chbap Srei　「アン・ドゥン王の著作。女性の行儀作法の書」……235
チバップ・トヴィ・トス・メァス　Chbap Tvéa Tos Méas　「12ヵ月の行事に関する法」……255, 258
チバップ・トムニム・ピ・ボラン　Chbap Tumnim Pi Bauran　「古代伝統法」……14, 339
チバップ・トレイ・ネート　Chbap Trei Net　「養生訓」……44, 45
チバップ・ハイ・サトー・チョン　Chbap Hai Sathu Chon　「養生訓」……45, 235
チャープ　Chap　「軍人」……143, 174

チャープマン　Chapman (Ch.)　「フランス人研究者」……81
チャウ・ヴォンサ　Chao Vongsa　「アン・エイ王女の娘」……101
チャウ・コンポチ　Chao Kompoch　「高官」……101
チャウ・チャム　Chao Châm　「王の妻妾の肩書」……283, 284, 286, 287
チャウ・バン　Chau Ban　「村長」……287
チャウ・プト　Chao Put　「アン・エイ王女の娘」……101
チャウ・ポニェ　Chao Poñéa　「高官の敬称」……114, 269
チャウ・ポニェ・アパイティベス・ベン　→　ベン
チャウ・ポニェ・アパイリァチァ　Chao Poñéa Abhairéachéa　「高官」……138
チャウ・ポニェ・スース　→　チャックレイ・スース
チャウ・ポニェ・ティ　Chao Poñéa Tei　「高官」……171, 172, 173
チャウ・ポニェ・ペクディー・アンチト　Chao Poñéa Pheakdei Anchit　「高官」……325
チャウ・ポニェ・モントレイ・アンチト・トチ　Chao Poñéa Montrei Anchit Tauch　「高官」……109
チャウ・ポニェ・モントレイ・スネーハー・ソック　Chao Poñéa Montrei Snêha Sok　「高官」……110
チャウ・ポニェ・ルンロン・セナー・オック　Chao Poñéa Roeunrong Séna Ok　「高官」……150
チャウ・ムゥン　Chao Moeung　「地方長官」……287, 313
チャウ・リアム・リァック　Chao Réam Leak　「タークシン王の息子」……66
チャウヴァイ　Chaovay　「地方長官」……338
チャウヴァイ・ケート　Chaovay Khêt　「地方長官」……324
チャウヴァイ・スロク　Chaovay Srok　「郡長」……312, 313, 314, 315, 324, 325, 326
チャウヴェア・イッサレト・ヴォン・サン　Chaovéa Issaret Vang San　「プラバート・ソムデート・プラ・ピンクラオ・チャオ・ユーファ。ラーマ3世の弟」……148
チャウヴェア・トゥン・ファ　Chaovéa Tuan Phâ　「高官」……114
チャウヴェア・トルハ　Chaovéa Tolha / Chauvéa Tolha　「首相」……59, 71, 84, 92, 93, 96, 114, 149, 189, 283, 314, 318
チャウヴェア・トルハ・ポック　Chaovéa Tolha Pok　「ポック首相」……84, 86, 92, 93
チャウヴェア・ヌォン　Chaovéa Noan　「高官」……101, 126
チャウヴェア・ベン　→　ベン
チャウヴェア・ム　→　ムー
チャウヴェア・ロン　Chaovéa Long　「高官」……138, 140
チャウドク　Chao-Dôc / Chau Doc　「ベトナム（カンボジア語呼称マォト・チローク）」……113, 164, 209, 214, 215
チャウトルン　Chau-trung　「アン・メイ女王時代の新州」……132
チャウムゥン　Chaumuong　「小地方長官」……287, 313
チャウバン　Chauban　「村長」……287
チャオ・アヌ王　Chao Anu　「ラオスのラーンサーン王朝の王、アヌ・ウォン（1804-1828）」……138

チャック・アン・レー　Chak Ang Ré / Chak Angré　「プノンペン近郊」……140
チャックレイ・ケープ（オクニャ・チャックレイ・ケープ）　Chakrei Kêp / Okña Chakrei Kêp　「高官」……73, 74, 78, 85, 86, 94, 100, 102, 104, 105, 178, 209, 377
チャックレイ・スース（オクニャ・チャックレイ・スース）（チャウ・ポニェ・スース）　Chakrei Suos / Okña Chakrei Suos / Chao Poñéa Suos　「高官」……114, 119, 126, 180
チャックレイ・ティ　Chakrei Tei　「高官」……105
チャックレイ・ドゥン　Chakrei Duong　「高官」……64, 65
チャックレイ・ペアン　→　ペアン
チャックレイ・ベン　→　ベン
チャックレイ・メイ　Chakrei Mei　「高官」……150
チャックレイ・ロン　Chakrei Long　「高官」……115, 119, 125, 126
チャッス　Chas　「官女の目付役」……24, 279, 286
チャッス・チァ・バォリサット　Chas Chéa Bârisat　「官女の目付役」……279
チャッス・チァ・ボレイ　Chas Chéa Borei　「官女の目付役」……279
チャッス・バォリヴァ・クサット　Chas Bâriva Ksat　「官女の目付役」……279
チャッス・リァチ・アマチャー　Chas Réach Amachar　「官女の目付役」……279
チャット・スダム　Chato Sdâm　「4本の柱」……306
チャットテウス寺院　Chatotis　「ウードン」……108
チャトヴァ　Chatva　「4番目」……268, 269, 270, 271, 299, 312
チャムパ・トン物語　Champa Thong　「アン・ドゥン王の著作」……235
チャムバォク・メァス　Chambâk Méas　「ウードン都城近郊の村」……101
チャラロク　Chalalok　「チャオプラヤー・チャクリー、ラーマ1世王（1782-1809）」……64, 68, 70, 71, 73, 74, 77, 78, 79, 82, 84, 85, 86, 87, 88, 89, 92, 93, 94, 96, 98, 100, 101, 102, 177, 178, 182
チャン　Chan　「チョン・コッ寺院の高僧」……4, 5, 6
チャン・グワーン　Chanh Quan　「ベトナム人軍人」……110
チャン・ダウ　Chanh Dao　「ベトナム人将軍」……170, 171, 172, 173
チャン・パン・ヨゥー　Chanh Panh Yoeu　「ベトナム人将軍」……125
チャン・ラン・ビン　Chanh Lanh Binh　「ベトナム人将軍」……145
チャンクラン・タ・プロム寺院　Changkran Ta Prom……373
チャンタイ　Chan-tai　「アン・メイ女王時代の新州（プノンペン）」……132, 133
チャンタブン　Chantaboun　「タイのチャンタブリー」……74, 211
チャンタン　Chan-thanh　「アン・メイ女王時代の新州」……133
チャンボレイ　Chanborei　「タイのチャンタブリー」……33, 124
チュー　Chou　「兄弟の反乱指導者」……134
チュヴェア　Chvéa　「ジャワ人あるいはマレー人のこと」……204
チュークソァ　Chhouk Sâ　「ポーサット州」……206
チュゥン・エク　Choeung Ek　「プノンペン近郊」……342, 350
チュゥン・プレイ　Choeung Prei / Choeung Prey　「コンポン・チャム州」……8, 33, 39, 123, 173, 174, 175, 204, 293, 294, 314, 329

チュゥン・プレイ　Choeung Prei / Choeung Prey　「楽曲名」……304
チュムテァウ　Chumtéav　「高官の妻妾」……59
チュムテァウ・ラゥン　Chumtéav Lâng　「ムー三兄弟の母」……59, 60, 62, 71
チュムトゥプ　Chumtop　「副郡長」……269, 326
チョム・クラウ → ラーマ4世　Chom Khlav　「モンクット王ラーマ4世（1851-1868）」……199, 375
チョラモニ・チェーディー　Cholamoni Chêdei　「仏陀のストーパ」……202
チュラーロンコーン王ラーマ5世（1868-1910）　Cholalongkorn……92
チョン・コッ　Chong Koh　「コンポン・チャム州」……4
チョンカル　Chongkal　「バッダンボーン州」……86
チョンボリー　Chombori　「タイのチョンブリー」……43
チルゥイ　Chhloeuy　「捕虜」……190
チロイチャンヴァ　Chrouy Chângva　「プノンペン近郊」……44, 47, 54, 65, 123, 134, 137, 139, 186, 373
チローン　Chhlaung　「コンポン・チャム州」……315
チロレァン　Chrâloeung　「ノロドム王（1860-1912）の幼名」……244
ドァン・ディン・テァン　Dœung Dinh Tœung　「ベトナム人将軍」……109, 110, 111
ディー　Dey　「土地＝給与保有地」……310, 311, 314, 318
ティェウ・チ帝　Thieu Tri　「グエン（阮）朝第3代皇帝、紹治帝（1841-1847）」……145, 146, 147, 152, 154, 156, 157, 158, 187, 217, 371
ディン　Diong　「オパラチ・ヴェァン・ナ」……76
デヴァダー　Devatas　「女神」……257
デヴァラージャ　Devaraja　「儀式」……259, 297
テープ・ハリラック　Tép Harirak　「シャムの将軍」……74, 75
テープ・プラナォム　Tép Prânâm　「寺院」……160
テール　「貨幣」……25, 142, 311
デチョ　Décho　「地方長官」……381
デチョ・テン → テン
デチョ・トゥン・マッ　Décho Tuon Mah　「地方長官」……380
デチョ・ミン　Décho Ming　「地方長官」……379, 380
デチョ・モゥン　Décho Mœung　「地方長官」……101, 102, 108
デチョ・リァム　Décho Réam　「地方長官」……9, 123, 174
テピ　Tépi　「王妃の最高位」……276, 277
デュポン　Dupont (P.)　「フランス人美術史家」……296
デルヴェール　Delvert (J.)　「フランス人研究者」……80
テン　Tèn　「ムーの弟の三兄弟の1人」……58, 59, 60, 61, 62, 65, 72, 73, 74, 76, 77, 78, 80, 84, 86, 320, 357, 377
トゥク・クマウ　Tuk Khmao / Tiec Khmâu　「元カンボジア領。ベトナム語呼称カマウ」……77, 78, 232, 371
ドゥダール・ド・ラグレ　Doudart de Lagrée　「フランス人軍人。最初のメコン川探検隊長」

……17, 188, 196, 331, 356, 358

トゥ・ドゥック帝　Tu Duc　「グエン（阮）朝第4代皇帝、嗣徳帝（1847-1883）」……209, 213, 216, 217, 232

トゥル・アンクン　Toul Angkun　「タボーンクモン州」……40

トゥル・バレーン　Toul Barèn　「コンポン・チュナン州」……152

トゥン・リ　Tuon Li　「マレー人」……204

トゥン・フォ（トゥン・セト・アスミト）　Tuon Phâ / Tuon Sét Asmit　「マレー人」……204

ドゥン　Daung　「馴象役人」……294

ドゥン（チャクレイ）　Duong (Chakrei)　「チャオプラヤー・チャクリー将軍」……57, 64, 65

ドー・タン・ニオン　Dô Thanh Nhon　「ベトナム人軍人」……61

トードイ　Thâudoi　「メコンデルタ地方」……208

ドク・シム　Dok Sim　「ベトナム人将軍」……77

トトゥン・タガイ　Totung Thngay　「タボーンクモン州」……315

トマユット派　Dhammayuta　「タムマユット派。ラーマ4世が結成したタイの上座仏教会派」……199, 359, 375, 376

ドムリン　Dâmloeung　「貨幣」……25, 99, 194, 347

トメァ・ポック　Thomméa Pok　「軍人」……141, 142

トラート　Torat　「元カンボジア領、現タイ」……124

トレアン　Treang　「タケオ州」……41, 44, 134, 148, 167, 209, 239, 313, 314, 315, 320, 321, 324

トロモル王女　Trâmol　「アン・ドゥン王の娘」……282, 287

ドンナイ　Dong Nay / Donai / Donay　「元カンボジア領。ベトナム語の呼称」……42, 44, 184, 232, 371

トンレ・サープ　Tonré Sap　「湖・川」……35, 45, 55, 65, 91, 94, 103, 109, 110, 122, 123, 125, 136, 152, 206, 211, 293, 311, 312, 358, 380, 383, 384

トンレ・トチ　Tonlé Tauch　「カンダル州」……151

トンレ・ロポウ　Tonlé Ropeou　「プリァッ・ヴィヒア州」……8, 44, 51, 113, 175, 183, 312, 360, 379, 380, 381, 382, 383, 384

ナ

ナーラーイ王（1656-1688）　P'ra Narai　「アユタヤ王朝第29代王」……47

ナポレオン3世　Napoléon III　「フランス第2共和政の大統領（1848-1852）、第2帝政の皇帝（1852-1870）」……222, 223, 224, 227, 232, 233, 361, 366, 369

ナムビァン／ナムヴァン　Nam-Vang / Nam-Biang　「ベトナム語でプノンペンの呼称」……122, 132, 185, 217

ナン・クラウ王　Nang Khlav　「チャクリー王朝第3代王ラーマ3世（1824-1851）。チェートサダーボディン」……154, 187, 372

ヌック・プラ・オン・エン王子　Nuck Phra Ong Eam / Nuck Phra Ong Eng　「アン・エン王子」……89, 90

ネァ・クサットレイ　Néa Ksatrei　「チェイ・チェター2世の娘」……275

ネァイ　Néay　「称号」……269
ネァック　Anak　「王の妻妾の称号」……283
ネァック・アン・マチャス　Anak Ang Mchas　「王子の妻」……284, 285
ネァック・イァイ　Anak Yéay　「官女の目付役」……279
ネァック・イァイ・アッカ・エク・クサットレイ　Anak Yéay Akka Ek Ksatrei　「官女の目付役」……279
ネァック・イァイ・ソカォロ・ピセーク　Anak Yéay Sokâl Phisêk　「官女の目付役」……279
ネァック・イァイ・チャッス・トム　Anak Yéay Chas Tum　「官女の目付役」……
ネァック・イァイ・テプ・コモル　Anak Yéay Tép Komol　「官女の目付役」……279
ネァック・イァイ・バォヴォー・テレーク　Anak Yéay Bâvâr Térêk　「官女の目付役」……279
ネァック・オク　Anak Ak　「官女の目付役」……279
ネァック・オク・エク・アッケ・カンニャ　Anak Ak Ek Akka Kañña　「官女の目付役」……279
ネァック・オク・ソチェター・チァティー　Anak Ak Sochéata Chéata Chéatei　「官女の目付役」……279
ネァック・オク・リァチャ・ノポン　Anak Ak Réachéa Nopong　「官女の目付役」……279
ネァック・オク・リアチヴォン・ウッタラ　Anak Ak Réachvong Uttala　「官女の目付役」……279
ネァック・オン・グエン　Neac-Ong-Nguyên　「アン・スグォン王」……179
ネァック・オン・チャン　Neac-Ong-Chan　「アン・チャン王」……179, 183
ネァック・カォルヤン・ケセイ　Anak Kâlyan Kései　「王の妻妾の肩書」……278
ネァック・ゲァー　Neac-Ngéar / Neak Gnéa(r)　「奴隷」……23, 273, 331, 332, 339, 340, 341, 342, 350
ネァック・ソヴァン・ソペァ　Anak Sovan Sophéa　「王の妻妾の肩書」……278
ネァック・ソペァク・モンサ　Anak Sopheak Mongsa　「王の妻妾の肩書」……278
ネァック・チァ　Neak Chéa　「自由民」……331, 332, 335, 339, 350
ネァック・チュムテァヴ・モハー・クロサット　Neak Chumtéav Mahakrâsat　「摂政ポックの妻テプ」……84, 96
ネァック・チョヴィー・ソポァン　Anak Chhâvi Sophoan　「王の妻妾の肩書」……278
ネァック・ネァン・キンナォ・ソピァ　Anak Néang Kinnâr Sobhéa　「王の妻妾の肩書」……278
ネァック・ネァン・キンノラ・カイラス　Anak Néang Kinnara Kailas　「王の妻妾の肩書」……278
ネァック・ネァン・スレイ・カンナラ　Anak Néang Srei Kannara　「王の妻妾の肩書」……278
ネァック・ネァン・チァット・キンノレイ　Anak Néang Chéat Kinnorei　「王の妻妾の肩書」……278
ネァック・プリァッ・ネァン・ソクンティロス　Anak Preah Néang Sokuntharos　「王の妻妾の肩書」……278
ネァック・プリァッ・ネァン・ピトー・サイヤペァク　Anak Preah Néang Pidor Sayyapheak　「王の妻妾の肩書」……278

ネァック・プリァッ・ネァン・プルティップ・ソヴァン　Anak Preah Néang Phâltip Sovan 「王の妻妾の肩書」……278
ネァック・メ・ネァン　Anak Mê Néang 「王の妻妾」……277
ネァック・メ・ネァン・ノップ　Anak Mê Néang Nop 「アン・ドゥン王の王妃」……277
ネァック・メ・ネァン・ポウ → モネァン・ポウ
ネァック・メ・ネァン・ペン → モネァン・ペン
ネァック・メ・ネァン・ロス（ネァック・モネァン・ロス）→ モネァン・ロス
ネァック・モネァン　Anak Mnéang 「王の妻妾」……265
ネァック・モネァン・クリム　Anak Mnéang Khlim 「アン・ドゥン王の王妃」……276, 287
ネァック・モネァン・ケサォ　Anak Mnéang Késâ 「王妃」……37
ネァック・リァチ・ヴォン　Anak Réach Vong 「王族の妻妾」……265, 285
ネァムゥーン　Namœun 「高官」……268, 331
ネァムゥーン・クノン　Namœun Khnong 「内務高官」……270
ネァムゥーン・クラウ　Namœun Krao 「外務高官」……270
ネァムゥーン・サック・ダップ・ホー・ポァン　Namœun Sak dâp hou poan 「禄高1万の高官」……269
ネァン・パウ　Néang Peou 「スレイ・ソクンタバォット王の妻妾」……34, 274
ネァン・ユー　Néang You 「モゥン・メァスの妻妾」……7, 8
ネァン・ユー　Néang You 「ケーの未亡人」……170
ネーン　Nên 「貨幣」……25, 187, 234, 355
ノコー・サヴァン　Nokor Savan 「シャム人の将軍」……73, 74
ノコー・シェムリァップ　Nokor Siemréap 「シェムリァップの都城」……92
ノコー・リァチ　Nokor Réach 「楽曲名」……304
ノコー・リァチ・セイマー　Nokor Réach Seima 「ナコーンラーチャシーマー。タイ東北部」……33, 44, 65, 68, 123
ノッパロト王子　Nopparot……234
ノリァイ・リァチァ王（1463-1468）　Noréay Réachéa……32, 33, 247, 262, 264
ノリァイ・リァメァ・ティパディー王（アン・エン王）　Noréay Réaméathipadei……84, 85, 92
ノリン・ヨーテァ　Norin Yothéa 「副長官」……151, 152
ノレソ　Noresso / Neresso 「アユタヤ王朝第20代王ナレースワン王（1590-1605）」……35, 37, 38, 41, 42, 43
ノレン・トル　Noren Tol 「軍人」……171, 172, 173
ノロドム王（1860-1904）　Norodom 「現在のカンボジア王室はノロドム王の子孫が継承」……12, 15, 16, 18, 20, 21, 90, 158, 162, 188, 191, 195, 199, 200, 201, 203, 206, 216, 222, 234, 239, 244, 259, 260, 264, 266, 288, 299, 300, 307, 308, 309, 310, 318, 326, 328, 334, 335, 336, 337, 346, 347, 350, 359, 366, 367, 372, 373, 376, 380
ノン → オクニャ・ヴェァン・ノン

ハ

バー・クワン・チャウ　Ba Quan Chua　「ベトナム人高官」……130
バー・ホー　Ba Ho　「ベトナム人将軍」……49, 115, 117, 118, 121
バート　Bat　「貨幣」……11, 25, 113, 194
バイ・ダォメラム　Bay Dâmeram　「香りをつけた水で炊いた米飯」……201, 202, 203
ハイタイ　Hai-Tay　「アン・メイ女王時代の新州」……133
ハイドン（エンヴィチェイ）　Hai-Dong（Envichey）　「アン・メイ女王時代の新州」……132
バイヨン寺院　Bayon……309
バォヴォ・ネァイヨク・オック　Bâvâ Néayok Ouk　「高官」……109
バォヴォリァチ・ロス　Bâvâreach Ros　「高官」……150
バォムロ　Bâmro　「使者」……338
バォリボー　Bâribor　「ポーサット州」……203, 316
バォルクン　Phâlkun　「カンボジア暦2〜3月」……24, 25, 202
バク・クナ　Bak Khna　「ポーサットの村」……294
バクー　Bakou / Baku　「王宮の祭官」……129, 201, 245, 246, 255, 257, 259, 260, 281, 290, 291, 292, 293, 294, 295, 296, 297, 298, 299, 303, 305, 308, 309, 319, 351
バサーン　Basan　→　スレイ・サントー
バサック　Basak　「メコンデルタ」……54, 77, 78, 82, 232
バサック　Bassac / Bassak（Ba-thâc）　「ラオス南部、現在のチャンパーサック一帯」……57, 61, 71, 381, 382, 383, 384
バサック川　Bassac……53, 59, 60, 69, 76, 77, 81, 82, 149, 152, 166, 232, 313
バックプリア　Bakpréa　「バッダンボーンの村」……136
バッダンボーン　Battambang　「タイとカンボジアの国境の州。1907年にカンボジアへ返還された」……8, 11, 21, 33, 38, 43, 48, 65, 69, 71, 72, 73, 76, 79, 84, 85, 86, 89, 90, 91, 92, 102, 104, 105, 110, 112, 117, 118, 119, 122, 124, 131, 135, 136, 137, 138, 139, 140, 142, 150, 151, 160, 182, 189, 229, 239, 251, 275, 312, 324, 358, 360, 372, 375, 377, 378, 379, 381, 383, 384
パッチムボレイ　Baschimborei　「タイのプラーチンブリー（元カンボジア領のタイ語呼称）」……33
バティ　Bati　「タケオ州、旧州」……195, 313, 314
ハティェン　Hatien　「ベトナム南部。元カンボジア領ピェム」……68, 69, 74, 82, 122, 166, 213, 370, 371
パティン・デチャ・シン　Padin Déchéa Sing　「シャム人の将軍」……120, 121, 122, 142, 143, 144, 146, 148, 149, 150, 151, 152, 153, 154, 155, 156, 157, 158, 161, 187, 359
バナム　Banam　「アン・メイ女王時代の新州（ピェム・メァン・チェイ）」……132, 145
ハノイ　Hanoi……97
ハビン　Ha-Binh　「アン・メイ女王時代の新州」……132
バプノム　Baphnom　「プレイ・ヴェーン州、扶南の都城」……8, 41, 72, 95, 119, 141, 149, 170, 171, 172, 239, 315, 321, 324, 329
パヤ・チャクリー　Phaya Chakri　「チャオプラヤー・チャクリー将軍。後のチャクリー王朝

索引

　　　　初代王ラーマ１世」……57, 64
バヨァンコァ　Ba Yang Ko　「タケオ州」……68
バライ　Barai / Baray　「コンポン・チャム州スレイ・サントー（バサーン）」……4, 5, 6, 8, 9, 32, 33, 58, 59, 60, 76, 111, 123, 132, 139, 168, 173, 174, 175, 292, 293, 308, 314, 320, 338, 379
バラト　Balat　「スロク（郡）長の補佐官」……325, 380
バーリア　Baria　「元カンボジア領のベトナム語呼称。メコンデルタ地方」……42, 44, 184
パリ外国宣教会　Missions Etrangères……20, 67, 69, 219, 220, 231
ハリレク・リァメァ・イッサラティバディー　Harirak Réaméa Issarathipadei　「シャムが与えたアン・ドゥン王の称号」……187
パルゴア司教　Pallegoix（Mgr）　「タイ在住のカトリック神父」……224, 231
バレイ・カォン・チャク　Balei Kâng Chak　「17世紀の伝説に出てくる人物」……203
バロー神父　Barreau……218, 219
バン・ゲェ　Banh Nghê　「サイゴン」……44, 112, 173
バンコク　Bangkok……11, 57, 59, 68, 70, 72, 75, 79, 81, 84, 85, 87, 88, 91, 93, 100, 101, 102, 105, 112, 113, 114, 122, 123, 124, 136, 148, 149, 152, 154, 155, 156, 157, 158, 182, 183, 188, 189, 211, 220, 223, 224, 229, 232, 233, 239, 244, 259, 357, 358, 359, 372, 375, 376, 378, 380, 382, 383, 384
ハムサ　Hangsa　「ブラフマー神が乗る白い鵞鳥」……193
バンダーカー　Bândaka　「贈り物」……90
バンチー　Banhchi　「目録」……334
ハンチェイ　Han Chei　「コンポン・チャム州」……116, 186, 373
バンテァイ・デーク　Banteay Dek　「バサック川沿いにある砦（地名）」……149, 151, 152
バンテァイ・メス　Banteay Méas　「カンボジア南部、扶南の都城。現ベトナムのハティエン」……44, 68, 74, 77, 134, 148, 156, 167, 313, 314, 325, 329
ピエ　Pied　「高さの単位」……178
ピェム　Peam / Péèm　「メコンデルタの元カンボジア領。ベトナム語呼称ハティエン」……48, 69, 77, 82, 85, 122, 124, 166, 167, 213, 232, 313, 315, 368, 371, 385
ピェム・チュムニク　Péam Chumnik / Péam Chum Nik　「コンポン・ルォン周辺、トンレ・サープ川沿いにある水路」……55, 152
ピェム・チョー　Péam Chor　「カンダル州」……151, 168, 315
ピェム・メァン・チェイ　Péam Méan Chey　「カンダル州」……132, 145, 149, 151, 152
ピェム・ロク　Péam Lok　「コンポン・チュナン州」……203
ピクル　Picul　「重さの単位」……178, 222, 224, 295, 296
ピサーク　Pisakh　「カンボジア暦４〜５月」……24, 25, 201
ピティ・チャン・ダイ・トラ　Pithi Châng dai tra　「儀式」……304, 305
ピニョー・ド・ベエヌ司教　Pigneau de Behaine……220
ピマイ　Phimai　「タイ東北部」……307
ヒム　Him　「マレー人」……204
ピュピェ　Pupier　「宣教師」……181
ビラール　Billard（R.）　「作家」……354

ピリト・アーチャー　Prith Achar　「宗教・儀礼担当者」……253
ビンディン　Binh Dinh　「ベトナム中部」……53
ビンティン（コッ・アンチァン）　Binh-thiên (Koh-Anthien / Koh Anchien)　「アン・メイ女王時代の新州」……132
ファン・ヴァン・トゥエン　Phan-Van-Tuyên　「ベトナム人の将軍」……167
ファン・タン・ザン　Phang Thang Giang　「ファン・タイン・ザン（潘清簡）。ミンマン帝の国務大臣」……184, 185, 186
ブイユヴァオー神父　Bouillevaux (C. E.)……331
フーイェン　Phuyên　「ベトナム中部」……54
フイェン　Huyen　「ベトナムの行政単位（県）」……185
ブゥイネ　Bouinais (A.)　「フランス人研究者」……351
フークオック島　Phu Quôc (Kâh Trâl / Cô Trol / Koh doot)　「元カンボジア領コッ・トラル島のベトナム語呼称」……228, 233, 368
プータイァ　Phoatayéa　「王からの報酬」……296
ブーレル司祭　Beurel (Abbé)……223, 226
フエ　Hué　「グエン朝の首都」……44, 48, 73, 78, 112, 128, 129, 130, 135, 137, 138, 139, 145, 147, 154, 155, 156, 157, 177, 179, 180, 182, 185, 187, 189, 195, 214, 221, 224, 226, 245, 266, 356, 360
フエ・ヴオン　Hué Vuong　「ベトナムの王」……54
フェン　Huyên　「ベトナム人将軍」……186
プサー・デーク　Phsa Dêk　「元カンボジア領。ベトナム語呼称サデック（メコンデルタ地方）」……74, 75, 77, 93, 232, 371, 385
ブス・モク・プラウン　Buos Muk Phloeung　「親が亡くなったとき一時的に出家すること」……344
プタチャウ　Puthachao　「チャクリー王朝第5代王チュラーロンコーン王ラーマ5世（1868-1910）」……86
フッテス　Butés　「身分」……106
ブディン　Budin　「ラーマ4世下の司令官」……370, 371
プネァト寺院　Phneat……136
プノム・スルーチ　Phnom Sruoch　「コッコン州」……141, 195, 313, 315, 317
プノム・スロク　Phnom Srok　「バッダンボーン州」……8, 320
プノム・プリァッ・リァチ・トラオプ　Phnom Preah Reach Troap　「ウードン丘陵のふもと」……35
プノンペン　Phnom Penh……2, 4, 5, 8, 31, 32, 33, 35, 39, 40, 41, 45, 47, 50, 53, 54, 65, 66, 69, 72, 74, 75, 76, 77, 81, 103, 104, 106, 108, 111, 113, 116, 121, 122, 125, 128, 131, 132, 133, 134, 137, 139, 140, 141, 144, 145, 147, 148, 149, 151, 152, 154, 156, 157, 160, 162, 164, 168, 170, 171, 172, 173, 175, 178, 180, 185, 186, 196, 197, 205, 206, 207, 208, 209, 217, 219, 239, 245, 288, 289, 302, 313, 316, 327, 329, 334, 338, 340, 342, 346, 348, 350, 354, 356, 357, 372, 373, 376
プノン族　Penongs / Phnong　「少数民族」……15, 332, 346, 347

索引

プム　Phoum　「村（行政単位）」……312, 324, 325, 326, 345
プラ・クラン　Prah Khlang　「高官」……225, 226
プラ・チノヴォン　Prah Cinovan　「ソムダチ・テーンの著作」……373
プラ・ヴォー　Phra Vor　「ラオスの大臣」……57
プラー・タバォン　Phra Tabâng　「タイ語でバッダンボーン州の名前」……92
プライ・レァチ　Pray Léach　「炒り米を投げる」……344
プラック・スレゥン　Prak Sloeung　「貨幣」……194
プラック・セマー　Prak Séma　「貨幣」……193
プラック・バート　Prak Bat　「貨幣」……193
プラック・バート・トチ　Prah Bat Tauch　「貨幣」……194
プラック・バート・トム　Prak Bat Thom　「貨幣」……194
プラック・フォン　Prak Huong　「貨幣」……194
プラック夫人　Prak……7, 8
プラテァピセーク　Prapdabhisêk　「戴冠式」……254, 259, 255, 259, 260
プラヤ・アパイティベス　Praya Abhaithibes　「シャム人の司令官」……92
プラン寺院　Prang　「ウドン」……12, 159, 200, 372
プリァッ・アーノチ　Preah Anoch　「王の弟」……287
プリァッ・アッケ・チェイィエ　Preah Akka Chayyéa　「王の妻妾の肩書」……282
プリァッ・アッケマヘセイ　Preah âkkâmâhésey　「第１王妃」……272, 274
プリァッ・アマラ・ピレックキタ・カゥト　Preah Amara Bhirakhita Kœt　「高僧」……199, 375, 376
プリァッ・アン・エイ・クサットレイ　→　アン・エイ王女
プリァッ・アン・ケオ　Preah Ang Kêv　「官職の最高位」……39, 85, 100, 102, 103, 131, 275
プリァッ・アン・ケオ・ドゥン　Preah Ang Kêv Duong　「高官」……64, 68, 70, 78, 84, 85, 86, 100, 110, 178
プリァッ・アン・ケオ・マ　Preah Ang Kêv Ma　「長官。ベンの息子」……100, 115, 116, 117, 118, 121, 122, 131, 140, 146, 148, 275
プリァッ・アン・タォン・ボロム・リァチァ５世王（ポニェ・タォン）（1598-1599）　Preah Ang Tân Borom Réachéa V / Poñéa Tân……37, 40, 41, 42, 262, 321
プリァッ・アン・トン王（1631-1636）　Preah Ang Tong……45, 248, 249
プリァッ・アン・ネイ　Preah Ang Nây　「タークシン王の息子、チャウ・リァム・リァック」……64, 65, 68
プリァッ・アン・マチャス　Preah Ang Machas　「王の子供の肩書」……284, 285, 286, 286
プリァッ・アン・マチャス・エン　Preah Ang Machas En　「アン・エン王」……377
プリァッ・アン・マチャス・ポウ　Preah Ang Machas Peou　「アン・ポウ王女」……130
プリァッ・アン・マチャス・リァチァ・ヴォデイ　Preah Ang Machas Reachea Vodey　「ノロドム王」……200
プリァッ・インティベス　Preah Inthibét　「軍事教育担当バクー」……295, 310
プリァッ・イント・コルプカー　Preah Ind Korupkar　「バクーの称号」……292
プリァッ・イント・リァム　Preah Ind Réam　「バクーの称号」……292

プリァッ・ヴェサンダオ　Preah Vesandar　「クメール王」……292
プリァッ・ヴォリァ・ヌコール　Préas Voréa Nukaul　「戦象軍の責任者」……309
プリァッ・ヴォリァチニ　Preah Voréachini　「皇太后」……195, 243, 261, 265, 287
プリァッ・ヴォン／プリァッ・ヴォンサー　Preah Vong / Preah Vongsa　「王族」……39, 285, 288
プリァッ・ウテイ → ウテイ・リァチャ 1 世王
プリァッ・ウテイ・リァチャティリァチ・リァメア・ティパディー（プリァッ・ウテイ・リァチャ）（アン・チャン王）（1806-1834）　Preah Outey Réachéathiréach Reameathipadei / Preah Outey Réachéa……96, 100
プリァッ・エリヤ・アックサォ　Preah Eriya Aksâr　「王の妻妾の肩書」……277
プリァッ・オク　Preah âk　「目付役」……279
プリァッ・オク・チャット・ウドム　Preah âk Chéat Oudâm　「目付役」……279
プリァッ・オク・ティダー・ピロム　Preah âk Thida Phirum　「目付役」……279
プリァッ・オク・バォロム・ヴォンサー　Preak âk Bârom Vongsa　「目付役」……279
プリァッ・オク・モンクル・クサットレイ　Preah âk Mongkol Ksatrei　「目付役」……279
プリァッ・オロス　Preah Orâs　「王子の息子の称号」……284, 285
プリァッ・カォムチャイ　Preah Kamchai　「戦いの神」……293, 295
プリァッ・カォムナム　Preah Kâmnam　「王の妻妾」……283
プリァッ・カムベト・スダム　Preah Kambét sdam　「右の神聖な刀」……294
プリァッ・カムベト・チヴェン　Preah Kambét chhvéng　「左の神聖な刀」……294
プリァッ・クサット・エク　Preah Khsat Ek　「高官の称号」……49
プリァッ・クレァン・ソク　Preah Khleang Sok　「謀反者」……150
プリァッ・クレァン・ティパディー・ソム　Preah Khleang Thipadei Sâm　「特使」……58
プリァッ・クロムカー　Preah Kramkar　「王／オペーヨリァチ／オパラチの妻妾」……273, 283
プリァッ・ケーヴァ　Preah Kêvéa　「王の末子または長男、娘婿」……243, 261, 267, 268
プリァッ・ケート・メァレア　Preah Kêt Méaléa　「伝説の王」……290, 294
プリァッ・スノム　Préas Snâm / Preah Senâm / Preah Snâm　「王の妻妾の肩書」……273, 283, 286
プリァッ・スノム・エク　Preah Snâm êk　「王の右の妻妾」……278
プリァッ・スノム・エク・カン・チュヴェン　Preah Snâm êk khang chhvéang　「王の左の妻妾」……278
プリァッ・スレイ・カンニャ　Preah Srei Kañña　「王の妻妾の肩書」……277
プリァッ・スレイカー　Préas Sreykar　「王の妻妾の肩書」……273, 283
プリァッ・スレゥンケア　Préas Sroengkéar　「王の妻妾の肩書」……283
プリァッ・セレカチュナトム・チャプ　Preah Serekachenathom Chap　「高僧」……376
プリァッ・ソクンテァティパディー・ペム　Preah Sokuntheadhipadei Pem　「アン・タォン王の家庭教師」……56
プリァッ・ソチァット・サトレイ　Preah Sochéat Strei　「王の妻妾の肩書」……275
プリァッ・ソチァット・ネァリー　Preah Sochéat Néari　「王の妻妾の肩書」……277

索引　447

プリァッ・ソトァト　Preah Sotoat　「地方長官」……69
プリァッ・チェイイェ　Preah Cheyyéa　「バクーの肩書」……292
プリァッ・チャウ・ソン・タム　Preah Chau Song Tham　「ソンタム王。アユタヤ王朝第23代の王（1610-1628）」……43
プリァッ・チャォム・アーチャー　Preah Châm Achar　「バクーの肩書」……292
プリァッ・チョム・クラウ　Preah Châm Klaw　「ラーマ4世モンクット王」……375
プリァッ・テァウ　Preah Téav　「皇太后」……243
プリァッ・ティダー　Preah Thida　「王子の娘の肩書」……284, 285, 287
プリァッ・テープ・アーチャー　Preah Tép Achar　「バクーの肩書」……292
プリァッ・テープ・レケナー　Preah Tép Lakhana　「王の妻妾の肩書」……277
プリァッ・テピ　Preah Tépi　「王子の妻妾の肩書」……284
プリァッ・テピ・モンクル　Preah Tépi Mongkol　「王の妻妾の肩書」……276
プリァッ・トーン王　Preah Thong　「伝説の王」……19
プリァッ・トマ・ソムプート　Preah Thoamma Samphaut　「ソムダチ・テーンの執筆したパーリ語教義書」……373
プリァッ・トムヴィパサナ　Preah Thoamvipassana　「高僧」……107, 108
プリァッ・トレイ・ベイ・ドァク　Préas Trey Bey Dâk　「律蔵・経蔵・論蔵の仏教三経典」……253
プリァッ・トロペン　Preah Trâpeang　「元カンボジア領。ベトナム語呼称チャビン（メコンデルタ地方）」……54, 232, 370, 371, 385
プリァッ・ネァン　Preah Néang　「王の妻妾の肩書」……286
プリァッ・ノリントリァティパディー（プリァッ・ノリン）　Preah Norintréathipadei / Preah Norin　「地方長官」……136, 137
プリァッ・バォロム　Preah Bârom　「王の妻妾の肩書」……277, 283
プリァッ・バォロム・アーチャー・アックソァー　Preah Bârom Acchar Aksâr　「王の妻妾の肩書」……277
プリァッ・バォロム・スレイ・カンニャ　Preah Bârom Srei Kañña　「王の妻妾の肩書」……277
プリァッ・バォロム・チャット・クサットレイ　Preah Bârom Chéat Ksatrei　「王の妻妾の肩書」……277
プリァッ・バォロム・テヴィア・ティダー　Preah Bârom Téva Thida　「王の妻妾の肩書」……277
プリァッ・バォロム・テピ　Preah Bârom Tépi　「王の妻妾の肩書」……277
プリァッ・バォロム・ピヨー　Preah Bârom Piyo　「王の妻妾の肩書」……277
プリァッ・バォロム・メ・ユオー　Preah Bârom Mê Your　「王の妻妾の肩書」……277
プリァッ・バォロム・リァチ・テピ　Preah Bârom Réach Tépi　「王の妻妾の肩書」……277
プリァッ・パデモク　Preah Padémok　「ソムダチ・テーンの執筆したパーリ語教義書」……373
プリァッ・バート・ソムダチ・プリァッ・リァチャ　Preah Bat Samdach Prea Reachéa　「アン・エン王」……378

プリァッ・バート・チュアン・チュム　Preah Bat Choam Chum　「高官」……203
プリァッ・ピヨー　Preah Piyo　「王の妻妾の肩書」……276, 277, 283
プリァッ・プーヴァーミン　Preah Phouvamin　「バクーの肩書」……292
プリァッ・プタヤットファ／プリァッ・プット・ヤトファ・チャラロク王　Preah Puthayâtfa / Prah Put Yatfa Cholalok　「チャクリー王朝初代王チュラーロンコーン王ラーマ1世（1782-1809）、チャラロク王」……92
プリァッ・プトラウト・ラ／プリァッ・プトラウト・ラ・ノピァライ王　Preah Putlœut La / Preah Putlœut La Nobhéalao / Nobhéa Lai　「チャクリー王朝第2代王イッサラストーン王ラーマ2世（1809-1824）」……102, 108, 111, 112, 115, 124, 125, 182
プリァッ・プロム・チェイ　Preah Prom Chey　「聖剣の保管責任者」……308
プリァッ・プロムメア　Preah Promméa　「バクーの肩書」……292
プリァッ・プロメティペン　Preah Promethibén　「軍事教育担当」……310
プリァッ・プロモニ・ノン　Preah Promoni Nong　「アン・ドゥン王の王師」……108
プリァッ・ペッケァヴォティー　Preah Pheakeavadei　「王妃」……40
プリァッ・ポニェ　Preah Ponhéa　「官女」……273
プリァッ・ボムレゥ　Preah Bâmrœu　「王の妻妾の肩書」……273
プリァッ・マヘセイ　Preah mâhésey　「すぐれた王妃」……272
プリァッ・メ・ネァン　Preah Mê Néang　「王の妻妾の肩書」……273, 274
プリァッ・メ・ネァン・ヴォン　Preah Mê Néang Vong　「王の妻妾の肩書」……274
プリァッ・メ・ネァン・コントー・ボトム　Preah Mê Néang Konthor Botum　「王の妻妾の肩書」……278
プリァッ・メ・ネァン・スレイ・ボパー　Preah Mê Néang Srei Bopha　「王の妻妾の肩書」……278
プリァッ・メ・ネァン・メァレァ・バォヴォ　Preah Mê Néang Méaléa Bâvâr　「王の妻妾の肩書」……278
プリァッ・メ・ネァン・メァレァ・ボパー・ヴォティー（モネァン・ヴォン）　Preah Me Néang Méaléa Bopha Vaodei / Mnéang Vong　「アン・メン王女の母」……56
プリァッ・メ・ネァン・レクサー・ケサォ　Preah Mê Néang Raksar Késâr　「王の妻妾の肩書」……278
プリァッ・メ・ユオー　Preah Mê Your　「王の妻妾の肩書」……277
プリァッ・メァン・トラォプ　Preah Méan-Tréap　「ウドン近郊の山」……129
プリァッ・モネァン　Preah Mnéang　「王の妻妾の肩書」……286
プリァッ・モハー・パン　Preah Moha Pan　「高僧」……199
プリァッ・モハー・プロム・モニ・マ　Preah Moha Prom Moni Ma　「高僧」……200
プリァッ・モンクル・テヴィ　Preah Monkol Tévi　「王の妻妾の肩書」……276
プリァッ・モンクル・テペァチャー　Preah Mongkol Tépéachar　「宗教界高官の責任者」……160
プリァッ・リァチ・ヴォン　Preah Réach Vong　「王族の子供の肩書」……285
プリァッ・リァチ・オロス　Preah Réach Oras　「ソムダチの男の子供の肩書」……284
プリァッ・リァチ・ティダー　Preah Réach Thidas　「ソムダチの女の子供の肩書」……285

索引   449

プリァッ・リァチ・テピ　Preah Réach Tépi　「王の妻妾の肩書」……277, 284
プリァッ・リァチ・ボトラ　Preah Réach Botra　「王子の肩書」……282, 285
プリァッ・リァチ・ボトレイ　Preah Réach Botrei　「王女の肩書」……282, 285
プリァッ・リァチ・ポンサワーダー・カテヤ・モハリァチ　Preah Réach Pongsavadar Khatéya Moharéach　「大王王朝年代記」……3
プリァッ・リァチ・ポンサワーダー・クロン・カンプチャティパディー　Preah Réach Pongsavadar Krung Kampuchéathipadei　「大カンプチア国王朝年代記」……4
プリァッ・リァチ・ポンサワーダー・チバップ・プリァッ・リァチ・ハタレカー　Preah Réach Phongsavadar Chbap Prah Reach Hathalekha　「王朝年代記」……92
プリァッ・リァチ・ポンサワーダー・ノコー・クメール　Preah Réach Pongsavadar Nokor Khmer　「クメール国王朝年代記」……3
プリァッ・リァム・チュウン・プレイ王(1595-1597)　Preah Ream Choeung Prei / Prey　「スレイ・サントーの王」……39, 40, 196, 246
プリァッ・リァム・チョール・サッス(1638-1655)　Preah Réam Chaul Sas　「背教者王」「サッター・リァメァ・ティパディー」「ポニェ・チャン・リァメァ・ティパディー」……45
プリァム　Préam　「バラモン祭官、バクー」……290, 292, 293, 296
プリァム・プリティポス　Préam Prithibas　「バクーの集団」……293, 294
プリァム・ボロヘット　Préam Borohét　「王宮付バラモン／バクー」……290
ブル・ロス　Pal Ros　「カンボジア人文学者」……6
プルーウ・エ・クロム　Phleou ê krom　「下流にある道」……197
プルーウ・トレイ　Phleou Trey　「魚の道」……151
プルーウ・ユーン　Phleou Yuon　「ベトナムの道」……134
プルーウ・ルォン　Phleou Luong　「王道」……197
プレイ・ヴェーン州　Prey Véng……95, 120, 132, 149, 171, 315, 329
プレイ・カバス　Prei Kabas / Prey Kabas　「タケオ州」……122, 167, 196, 313, 315, 328
プレイ・クディ　Prei Kdei　「コンポン・トム州」……49, 59, 317, 327, 328
プレイ・ゲァー　Prey Ngéar　「官女」……273
プレイ・サォ　Prey Sâ　「コンポン・スワイ州」……113
プレイ・トック　Prei Touk　「バッダンボーン州」……69
プレイ・ノコー　Prei Nokor / Prey Nokor　「サイゴンのカンボジア語呼称」……44, 51, 184, 232, 307, 356, 360, 385
プレーク・タテーン　Prêk Tatèn　「コンポン・チュナン州」……46
プレーク・チク（プレーク・ユーン）　Prêk Chik (Prêk Yuon)　「ベトナム語でヴィンテ運河。プレーク・ユーンはベトナム運河という意味」……166
プレーク・トチ　Prêk Tauch　「バサック川の運河、カンダル州」……149
プレーク・バック・ダイ　Prêk Bac Dai　「バサック川の運河、カンダル州」……149
プレーク・プリァッ・スダチ　Prêk Preah Sdach　「バッダンボーンの村」……375
フロージェルグ　Flaugergues (E)……373
プロコンドル　Poulo Condore　「島」……138, 139, 141
プロヒタ　Purohita　「王の顧問」……296, 297

プロマキト　Promakito　「韻律法」……4
プロム・テップ　Prum Tép　「コンポン・スワイのスロク」……314
プロム・バォリレック　Prum Bârireak　「パティン・デチァ将軍の息子」……151, 152
ブンナーク　Bunnak　「アユタヤ王朝の高官」……66, 67
ペアル族　Pear　「少数民族」……346, 347
ペァレァン　Pea Raing　「タボーンクモン州」……196, 317, 329
ペァン　Péang　「ムーの弟の三兄弟の1人」……58, 59, 60, 61, 62, 63, 71, 320, 357, 377
ペチ → ボトム・バォルメイ・ペチ
ペトロボット　Bhatrobot　「カンボジア暦8～9月」……24, 140, 180, 202, 308, 310
ペン・モンテイロ → モンテイロ・ベン
ベン（アパイティベス・ベン）（ヨマリァチ・ベン）（チャックレイ・ベン）　Abhaithibès / Abhai Thisbès Bén / Yomaréach Bén / Chakrei Bén　「高官」……59, 60, 61, 62, 63, 64, 68, 70, 71, 72, 73, 74, 76, 77, 78, 79, 80, 82, 84, 85, 86, 87, 91, 92, 96, 100, 102, 104, 115, 117, 131, 183, 275, 377, 378, 379
ベン・サムリト　Beng Sâmret　「ウードン近郊」……197
ベン・プサー・デーク　Beng Phsa Dêk　「ウードン近郊」……93, 101
ベンポ　Beng Po　「コンポン・チュナン州」……119
ポ・プリァッ・バート　Po Preah Bat　「コッ・スラケート」……8, 137, 141, 152
ホアギー　Hoa-Gi　「アン・メイ女王時代の新州」……133
ポァン　Poan　「禄高1000の官位」……268, 269
ホー → ヨマリァチ・ホー
ポー・ベイ　Po bei　「ウードン周辺」……152
ポー・ベイダゥム　Po Beidoeum　「ウードン周辺」……98, 153, 154
ホー・ポァン　Hou Poan　「禄高1万の官位」……196, 268, 269, 298, 300, 321
ポーサット　Pursat……22, 33, 36, 41, 48, 71, 72, 73, 76, 85, 105, 108, 109, 110, 114, 115, 119, 137, 138, 143, 145, 154, 173, 179, 183, 197, 206, 239, 251, 293, 294, 315, 316, 320, 324, 328, 330, 358, 359, 380
ポー寺院　Po　「バッダンボーン」……194, 375
ボース　Bos　「カンボジア暦1月」……24, 25
ポーナスラォム　Pornasrâm　「解放された奴隷」……346
ポーリュス　Paulus　「研究者」……351
ボーロマ・トライローカナート王（1448-1488）　Boroma Trailokanat　「タイのアユタヤ王朝第6代の王」……34
ホーン　Huong　「金貨」……194
ホーン・ヨン　Hœung Yong　「マォト・チロークの軍司令官」……206
ボダーパヤ　Bodaw Paya / Bodawpaya　「ボードーパヤ王。ビルマのコンバウン王朝の王（1782-1819）」……94
ポチェントン　Pochentong　「プノンペン近郊」……197
ポック（アティヴォンサ・ポック）　Pok / Adhivongsa Pok　「摂政」……57, 63, 71, 72, 78, 80, 84, 85, 86, 88, 92, 93, 94, 95, 96, 98, 99, 378

索引

ボト・スレイ　Bot Srei　「王族の娘」……285
ボト・ブロス　Bot Pros　「王族の息子」……285
ボトム・バォルメイ・ペチ　Bâtum Bârmei Pech / Botum Bârmei Pech　「『ロバー・クサット・スロク・クメール』の著者」……4, 5, 6, 8, 9, 10, 107, 109, 115, 117, 118, 123, 126, 167, 168, 175, 195, 355
ボトム・リァチャ1世王　→　アン・ノン王（ボトム・リァチャ1世）
ボトム・リァチャ2世王（1671-1672）　Botom Réàchéà II……46
ボトム・ワーディー寺院　Botom Vadi　「プノンペン」……376
ポニェ・アン・ボロム・リァチャ6世（1599-1600）　Poñéa An Borom Réachéa VI……41
ポニェ・ヴィチェイ　Poñéa Vichay　「高官」……187
ポニェ・オン王子　Poñéa Ong　「スレイ・リァチャ（1468-1486）の息子」……34
ポニェ・コサティボディー　Poñéa Kosathibodei　「将軍」……48
ポニェ・サォクボレイ　Poñéa Sakborei　「シャム軍の隊長」……66, 67
ポニェ・スー　→　スー
ポニェ・タォン　→　プリァッ・アン・タォン・
ポニェ・チェイ・ポン　Poñéa Chey Phon　「アン・ドゥン王下の首相」……189
ポニェ・チャクレイ（・ドゥン）　Poñéa Chakrei Duong　「チャオプラヤー・チャクリー将軍」……56, 64, 65, 66
ポニェ・チャン・リァメァ・ティパディー王（1638-1655）　→　サッター・リァメァ・ティパディー王
ポニェ・トー・スレイ・トマ・リァチャ1世王（1627-1631）　→　スレイ・トマ・リァチャ1世王
ポニェ・トムメァ　Poñéa Thoaméa　「シャム軍の隊長」……65
ポニェ・ニョム王（1600-1602）　Poñéa Ñom……41, 42, 250, 251, 266
ポニェ・ヌー・アン・トン・リァチャ王　→　プリァッ・アン・トン王
ポニェ・ノコー・リァチ　Poñéa Nokor Réach　「シャム人将軍」……123
ポニェ・プロム・バォレク　Poñéa Prum Bârireak　「パティン・デチャ将軍の息子」……187
ポニェ・ヤート王（1417-1463）　Poñéa Yat……32, 246, 262, 264, 265
ポニェ・ユース王子　Poñéa Yuos……274
ポニェ・ヨマリァチ　Poñéa Yomaréach　「隊長」……110, 112
ポニェ・リァチ・ヨーテァ　Poñéa Reach Yothéa　「シャム人将軍」……122
ポニェルー（ピニャルー）　Ponea Lu / Pinhalu　「プノンペンの北部近郊（日本人町のあったところ）」……66, 110, 156, 206, 207, 219, 220, 315, 336
ボパー・ヴォディー王女　Bopha Vadei……277
ポプル　Popil　「祭具」……258
ポラット　Porat　「チャム人」……41
ポル　Pol　「奴隷」……23, 273, 331, 335, 339, 340, 341, 342, 343, 350
ポル・スマウ・ドムレイ　Pol Smao Dâmrey　「奴隷」……302
ポル・プリァッ　Pol Preah　「寺院の奴隷、寺男・寺女」……341, 342, 349
ポル・プリァッ・ロタナトレイ　Pol Preah Roatanatrei　「仏教三宝の奴隷」……342

ポル・プレイ　Pol Prei　「森林の奴隷」……14
ポル・レァウ　Pol Lév　「奴隷」……14
ボレル神父　Borelle……218, 219
ボロヘット　Borohoet　「王宮内での諸儀式の責任者、王の師」……253
ボロムコサ王　Boromakosa　「タイの王」……50
ボロム・リァチャ3世王（1529-1567）　→　アン・チャン・ボロム・リァチャ3世王
ボロム・リァチャ4世王（1568-1579）　Borom Réachéa IV……31, 36, 37
ボロム・リァチャ5世王（1598-1599）　→　プリァッ・アン・タォン・ボロム・リァチャ5世
ボロム・リァチャ6世王（1599-1600）　→　ポニェ・アン・ボロム・リァチャ6世
ボロムコサ　Baromakosa　「アユタヤ王朝第31代王ボロマラーチャティラート3世（1733-1758）」……50
ボワスリエ　Boisselier（J.）　「フランス人研究者」……357
ホン　Hun　「重量単位」……194
ホンチュン　Hoang Cung　「プノンペンの王の寺院」……186

マ

マ（アパイティベス・ペンの息子）　→　プリァッ・アン・ケオ・マ
マージット・シン　Marjit Singh　「ミャンマーの王」……180
マォ・スダム　Mâ Sdam　「右の野生象の補獲人」……293
マォ・スレイ　Mâ Srei　「野生象の女性補獲人」……293
マォ・タウ　Mâ Thav　「バクー集団」……293
マォ・チヴェン　Mâ Chhveng　「左の象補獲人」……293
マォ・トラーイ・エー・カゥット　Mâ Troeuy ê Kœut　「野生象の補獲人」……293
マォ・トラーイ・エー・レチ　Mâ Troeuy ê Lech　「野生象の補獲人」……293
マォ・ブロス　Mâ Pros　「野生象の捕獲人」……293
マォト・チロール　Moat Chroul　「ベトナム人司令官」……209
マォト・チローク　Moat Chrouk　「南部、ベトナムとの国境。ベトナム語呼称チャウドク」……113, 122, 145, 146, 150, 152, 154, 157, 166, 168, 188, 206, 209, 232, 385
マスペロ　Maspéro（G.）　「フランス人研究者」……12, 36, 249, 258, 287, 344
マットルト　Mât-Luât　「ベトナム」……133
マリカ　Malika　「王女」……58, 177, 181
ミカセ　Mikasé　「カンボジア暦11～12月」……24, 202
ミッシュ司教　Miche（Mgr）……20, 79, 192, 194, 204, 205, 206, 207, 209, 212, 213, 214, 215, 216, 218, 219, 220, 222, 223, 224, 225, 226, 227, 228, 229, 233, 236, 336, 337, 344, 355, 356, 357, 369
ミトー　Mitho　「ベトナム、メコンデルタ地方」……371
ミンマン帝　Minh Mang　「グエン（阮）朝第2代皇帝、明命帝（1820-1840）」……121, 124, 125, 126, 128, 131, 134, 137, 138, 142, 156, 171, 180, 184, 185, 217, 370
ムー（チャウヴェア）　Mou（Chaovéa）　「チャウヴェア・ムー。アン・エン王の摂政」……54,

索引

56, 57, 58, 59, 60, 61, 62, 63, 64, 65, 66, 68, 70, 71, 72, 320, 357, 377
ムーオ　Mouhot（H.）「フランス人研究者」……194, 197, 198, 211, 234, 237
ムーラ　Moura（J.）「フランス人研究者」……21, 91, 99, 105, 106, 161, 162, 164, 165, 191, 199, 200, 204, 230, 259, 260, 263, 267, 288, 290, 291, 292, 295, 300, 301, 351, 356, 377, 379, 381, 383, 385
ムルー・プレイ　Mluo Prei / Mlou Prey　「プリァッ・ヴィヒア州」……113, 161, 183, 312, 360, 380, 381, 384
メ・カォムラン　Mé Kamlaing　「隊長」……333, 334, 336, 338, 357
メ・スロク　Mé-srok　「村長」……269, 319, 324, 325, 326
メ・ネァン　Mê Néang　「王の妻妾」……278
メ・ネァン・ヴォン　Mê Néang Vong　「アン・トォン王の妻妾」……274
メ・ネァン・ペン　→　モネァン・ペン
メ・ネァン・メン　Mê Néang Mèn　「アン・トォン王の妻妾」……274
メ・ユオー　Mê Your　「王の妻妾」……277
メァク　Méakh　「カンボジア暦1〜2月」……24, 202
メァス（タ）　→　タ・メァス
メァス（モゥン）　→　モゥン・メァス
メイボン　Maybon（Ch.）「研究者」……95, 97, 115, 116
メカォン　Mécang　「グループの長」……319
メコン川　Mékong（Mêcong）……4, 23, 32, 33, 42, 58, 61, 65, 77, 81, 91, 116, 120, 125, 126, 151, 152, 166, 168, 170, 189, 198, 204, 207, 209, 239, 312, 360, 380, 381, 382, 383, 384
メナム川　Ménam　「タイのチャオプラヤー川」……40
メニアール　Meyniard（Ch.）「研究者」……224, 228, 367, 368, 371
モゥン　Mœung　「高官の称号」……269, 320
モゥン・ケウ・ディン　Mœung Keuv Din　「高官」……375
モゥン・ネイ　Mœung Ney　「補佐官」……123
モゥン・メァス　Mœung Méas　「高官。ブラック夫人の息子」……7, 8, 320
モク・カンポル　Muk Kâmpoul　「プノンペン近郊」……327, 328
モク・モントレイ　Mukh-montrei / Muk-montrei　「王の顧問の娘」……273, 283
モッ・チュルック　Mot-Chruc　「タケオ州」……370
モネァン・ヴォン　Mnéang Vong　「アン・メン王女の母」……101, 386
モネァン・ウン　Mnéang Aut　「アン・チャン王の母」……84, 104, 386
モネァン・カム　Mnéang Kham　「アン・ドゥン王の妻妾、シヴォター王子の母」……239, 387
モネァン・ケオ　Mnéang Kêv　「王の妻妾の肩書」……84
モネァン・チェイ　Mnéang Chey　「アン・トォン王の妻妾」……56, 274, 386
モネァン・テープ　Mnéang Tép　「アン・トォン王の妻妾。アパイティベス・ペンの娘」……100, 115, 117, 119, 124, 131, 140, 148, 275, 355, 387
モネァン・ペン（メ・ネァン・ペン）　Mnéang Pên / Mê Néang Pên　「アン・トォン王の妻妾。アン・エイ王女の母」……56, 60, 274, 386
モネァン・ペン　Mnéang Pên　「アン・チャン王の妻妾。アン・スグォン王女の母……387

モネァン・ペン　Mnéang Pèn　「アン・ドゥン王の妻妾。ノロドム王子の母」……195, 239, 276
モネァン・ポウ　Mnéang Peou　「アン・ドゥン王の妻妾。シソワット王子の母」……195, 277, 287, 387
モネァン・ポルティプ・ソヴァン　Mnéang Phâltip Sovan　「アン・ドゥン王の妻妾。スリヴォン王子の母」……239, 387
モネァン・ロス（ネァック・メ・ネァン・ロス）　Mnéang Ros / Anak Mê Néang Ros　「アン・タォン王の妻妾。アン・ドゥン王の母」……84, 111, 137, 145, 195, 265, 266, 287, 337, 357, 386
モハー・オパラチ　Moha Oparach　「称号」……182
モハー・クサットレイ　Maha Khsatriya　「王」……321
モハー・ヴィムラトム　Moha Vimulathoam　「僧位」……372
モハー・クロサットレイ　Moha Krâsatrei　「王女」……247
モハー・サンガリァチ　Moha Sangharéach　「大僧正」……160, 255
モハー・チャクラボァット王　Moha Chakrabatti　「シャムの王」……34
モハー・トマ・リァチァ王　Moha Thamma Réachéa　「アユタヤ朝第13代王、チャイヤラーチャーティラート王（1534-1546）。チェイ・リァチャ王」……35, 36, 37, 38
モハー・ノコー　Moha Nokor　「シェムリアップ州」……107
モハー・ピモン　Moha Pimon　「僧位」……373
モハー・プロモニ　Moha Promoni　「僧位」……372
モハー・プロモニ・ノン　Moha Promoni Nong　「高官」……111
モハー・モントレイ　Moha Mongtrey　「侍従長」……300
モハー・ルセイ　Maha Risey　「大道士」……253
モハット　Mohat　「奴隷」……23, 331, 339, 340, 341
モハニカイ　Mohanikaya　「カンボジア上座仏教の最大の会派」……199
モンクット王　Mongkut　「チャクリー王朝第4代王ラーマ4世（1851-1868）」……92, 148, 194, 199, 216, 224, 225, 229, 236, 370, 375
モンクルボレイ　Mongol Borei　「バッダンボーン州」……131, 136, 137, 372
モンタラム　Mong Ta Lam　「ウードン近郊」……144
モンティニ　Montigny（Ch. de）　「フランス人枢機卿」……223, 224, 225, 226, 227, 228, 229, 230, 231, 232, 233, 236, 355, 361, 369
モンテイロ・コンスタンチーノ　Monteiro（Constantino）　「ポルトガル人の高官」……105, 106, 107, 218
モンテイロ・ベン　Monteiro Bén　「ポルトガル人の主治医」……105, 106, 107
モントレイ・ソリヴォン　Montrei Sorivong　「シャム人高官」……90, 93 112
モントレイ・トム　Montrei Thom　「高官」……321

ヤ

ヨマリァチ　Yomaréach　「高官の称号」……104, 114, 116, 168, 170, 314
ヨマリァチ・カォン　→　カォン

索引

ヨマリァチ・ノーン　Yomaréach Noan　「高官」……96
ヨマリァチ・ベン　→　ベン
ヨマリァチ・ホー　Yomaréach Hou　「高官」……114, 115, 119, 120, 125, 126, 138, 140, 141

ラ

ラーマ1世　Rama Ⅰ　「チャクリー王朝初代王（1782-1809）（チャラロク）」……50, 64, 68, 69, 70, 72, 73, 76, 82, 84, 86, 92, 100, 156, 177, 182, 378
ラーマ2世　Rama Ⅱ　「チャクリー王朝第2代王（1809-1824）（プリァッ・プトラゥト・ラ）」……102, 108, 110, 179, 180, 182, 183, 263
ラーマ3世　Rama Ⅲ　「チャクリー王朝第3代王（1824-1851）（ナン・クラウ）」……124, 131, 136, 137, 138, 139, 142, 147, 148, 149, 151, 154, 155, 156, 157, 158, 187, 372
ラーマ4世　Rama Ⅳ　「チャクリー王朝第4代王（1851-1868）（モンクット）」……92, 148, 194, 199, 216, 224, 370, 375
ラーマ5世　Rama Ⅴ　「チャクリー王朝第5代王（1868-1910）（チュラーロンコーン）」……92
ラヴェン　La-Vên　「アン・メイ女王時代の新州」……132
ラヴォ　Lavo　「タイのロップリーの旧名」……224
ラクザー　Rach-gia　「元カンボジア領クロムン・ソァのベトナム語呼称（メコンデルタ地方）」……82
ラクサマナ　Laksmana　「アン・タォン・ボロム・リァチャ王を殺害したチャム人」……41, 104
ラジョンキエール　Lajonquière (L.)　「フランス人軍人」……86
ラルノーディ司祭　Larnaudie (Abbé)　……231
ランゴーティ　Langouti　「衣装」……237, 238
リァス　Réas　「庶民、一般の人」……268, 331
リァチ・ヴォー　Réach Votr　「王の行動基準」……252, 253, 254
リァチ・テピ　Réach Tépi　「王の妻妾の肩書」……277
リァチ・トム　Réach Thom　「王の規範」……252
リァチャ・ヴォデイ　→　ノロドム王
リァチャ・セティー　Réachéa Sêthei　「地方長官」……69
リァチャ・デチァス・カォス　Réachéa Dêchas Kâs　「高官」……114, 121
リァチャ・デチァス・ノン　Réachéa Dêchas Nong　「地方長官」……149
リァチャ・メトレイ　Réachéa Mêtrei　「高官」……316
リァチャピセーク　Réachéabhisêk　「戴冠式」……254, 255, 257
リァプ・アピァピピァ　Réap Apéah Piphéah　「結婚式」……272
リエル・バラン　Riel Baraing　「貨幣」……11
リエル・ルゥン　Riel Luong　「貨幣」……11, 25
リガチュール　Ligature　「貨幣」……25, 167, 178, 319, 328, 335, 342, 352
リゴー・ド・ジュヌーイ　Rigault de Genouilly　「提督」……214, 219, 231
ル・ポー　Le Po　「ベトナム人将軍」……157

ルイ・ド・カルネ　Louis de Carné　「フランス人探検家」……212
ルイ14世　Louis XIV　「フランス王 (1643-1715)……69
ルイス・ブラス　Ruiz Blas　「ポルトガル人、地方長官」……321
ルゥン　Luong　「王、高官」……244, 269
ルゥン・トロン・リァチ　Luong Trong Réach　「統治する王」……244
ルゥン・バゥンダム・タ・メァス　Rœung Bândam Ta Méas　「タ・メァスの回想録」……9
ルゥン・ペチナ・ピチェト・モゥン　Luong Pechna Pichet Moeung　「高官」……96
ルゥン・マチャス・チヴィト　Luong Mchas Chivit　「生命の主である王」……244
ルクレール　Leclère (A.)　「フランス人研究者」……13, 14, 15, 105, 106, 107, 129, 132, 134, 167, 170, 190, 204, 238, 245, 253, 257, 266, 267, 268, 272, 273, 276, 302, 319, 327, 333, 336, 347, 349, 356
レ・ヴァン・ドゥエト　Lê van Duyêt　「サイゴンの司令官」……171
レァウ　Lieu　「将軍」……112
レゥク・デーク　Lœuk Dêk　「プレイ・ヴェーン州」……315
レゥン・ネァック・タ　Lœuk Anak Ta　「儀礼」……304, 305
レジェロー神父　Régéreau……121, 122, 125, 217, 354, 358
レス　Leah　「チャム人」……206
レッカナッ・トース・ペクリィァー [ペッリィァー]　Lakhana Tosa Pheakriyéa　「妻妾の過失に関する法」……348
ロアン・セイラー・バォト　Ro-Ang Seila Bat　「タイのサケオ(カンボジア国境の近く)」……36, 44
ロヴィト　Lô-Viet　「アン・メイ女王時代の新州(元ロンヴェーク)」……133
ロヴェーエム　Lovéa Em　「カンダル州」……42, 43, 72, 106, 186, 196, 317, 329
ローン・ダムレイ　Rong Dâmrei　「元カンボジア領。ベトナム語呼称タイニン(ベトナム南部)」……74
ロカー・コォン　Roka Kong　「コンポン・チャム州」……120
ロカー・ポプラム　Roka Popram　「タボーンクモン州」……204
ロク・ネァック・イァイ　Lok Anak Yéay　「目付役」……279
ロク・ネァック・イァイ・ヴォレック・アネク　Lok Anak Yéay Vorak Anêk　「目付役」……279
ロク・ネァック・イァイ・オーペァス・スーン・ソァク　Lok Anak Yéay Orbhéas Suon Sak　「目付役」……279
ロク・ネァック・イァイ・スレイ・ピレァス　Lok Anak Yéay Srei Philéas　「目付役」……279
ロク・ネァック・イァイ・ネァリ・ネァック　Lok Anak Yéay Néary Anak　「目付役」……279
ロク・プリァッ・オク・チャム・クサットレイ　Lok Préah Ak Châm Ksatrei　「目付役筆頭」……278
ロックモールル　Rocquemaurel (de)　「フランス人司令官」……222
ロップリー　Lopbori　「タイ。旧称ラヴォ」……224, 307
ロバー・クサット　Robar Khsat　「王朝年代記」……104, 131, 137, 138, 139, 143, 168, 171, 173, 174

ロバー・クサット・スロク・クメール　Robar Khsat Srok Khmer　「クメール王国諸王の物語」
　　……4, 9, 113, 114, 167
ロムドール　Romduol　「プレイ・ヴェーン州」……95, 119, 155, 315, 324
ロムペン・チェイ　Lompèng Chey　「軍人」……144
ロヤォン　Royâng　「タイのラヨーン」……33
ロレァ・パエァ　Roléa Phâea　「コンポン・チュナン州」……111, 119, 203, 316, 325
ロン・セン　Long Sèn　「ヴィンアン運河」……166
ロン・トン　Long-Tôn　「アン・メイ女王時代の新州」……133
ロンヴェーク　Longvek / Lovêk　「旧王都」……11, 31, 32, 34, 35, 36, 37, 38, 39, 49, 74, 76, 119,
　　133, 206, 245, 246, 251, 316, 327, 328, 330, 356
ロンスエン　Long-xuyên　「南部、ピェム・バリァチのベトナム語呼称」……82
ロンホ　Long Ho　「メコンデルタ地方の元カンボジア領。ベトナム語の呼称ヴィンロン」……
　　120, 122, 125, 140, 232, 385
ロンホ・プサー・デーク　Long-ho Psar Dèc　「メコンデルタ地方の元カンボジア領」……371

石澤良昭（いしざわ よしあき）

1937年生まれ。上智大学外国語学部卒業。文学博士（中央大学）。第13代上智大学学長（2005-2011）。現在、上智大学教授（特任）、上智大学アジア人材養成研究センター所長、上智大学アンコール遺跡国際調査団団長。これまでに文化庁文化審議会会長、外務省・文部科学省共管「文化遺産国際協力コンソーシアム」会長などを歴任。2017年カンボジアのアンコール遺跡の保存修復および人材養成への貢献により「ラモン・マグサイサイ賞」を受賞。2018年にはカンボジア王国ノドロム・シハモニ国王から「モニサラポン勲章（Royal Order Of Monisaraphon）」受章。

専攻：東南アジア史（特にアンコール王朝時代の碑刻学）

主な著書：『東南アジア多文明世界の発見（学術文庫）』（講談社）、『新・古代カンボジア史研究』（風響社）、『アンコール・ワットへの道』（JTBパブリッシング）、『カンボジア密林の五大遺跡』（連合出版）、『アンコール・ワットと私』（連合出版）など。

カンボジア近世史
カンボジア・シャム・ベトナム民族関係史(1775-1860年)

初版第1刷発行　2019年7月20日

定価5000円＋税

著者　キン・ソック
訳者　石澤良昭
装丁　水戸部功
発行者　桑原晨

発行　株式会社めこん
〒113-0033 東京都文京区本郷3-7-1
電話 03-3815-1688　FAX 03-3815-1810
ホームページ http://www.mekong-publishing.com

印刷　株式会社 太平印刷社
製本　株式会社 新里製本所

ISBN978-4-8396-0315-1　C3022　Y5000E
3022-1902315-8347

JPCA 日本出版著作権協会
http://www.e-jpca.com/

本書は日本出版著作権協会（JPCA）が委託管理する著作物です。本書の無断複写などは著作権法上での例外を除き禁じられています。複写（コピー）・複製、その他著作物の利用については事前に日本出版著作権協会（電話 03-3812-9424　e-mail:info@e-jpca.com）の許諾を得てください。